FESTSCHRIFT FÜR ERNST FUCHS

Ernst Fuchs

FESTSCHRIFT FÜR ERNST FUCHS

Herausgegeben von
GERHARD EBELING · EBERHARD JÜNGEL
GERD SCHUNACK

1973

J. C. B. Mohr (Paul Siebeck) Tübingen

©

J. C. B. Mohr (Paul Siebeck) Tübingen 1973
Alle Rechte vorbehalten
Ohne ausdrückliche Genehmigung des Verlags ist es auch nicht gestattet,
das Buch oder Teile daraus
auf photomechanischem Wege (Photokopie, Mikrokopie) zu vervielfältigen.
Printed in Germany
Druck: Gulde-Druck, Tübingen
Einband: Heinrich Koch, Großbuchbinderei, Tübingen

ISBN 3 16 135102 9

INHALT

GRUSSWORTE von KURT SCHARF, ERICH VELLMER, HARTMUT
    STEGEMANN/OTTO KAISER VII
Freundesbriefe von Ernst Fuchs
    herausgegeben von GERHARD EBELING 1
EUGEN BISER, Sprache und Person. Zur Signatur des antipersonalen Sprachtyps 67
GÜNTHER BORNKAMM, Heidelberger Universitätsgottesdienst im Wintersemester 71/72. Predigt über Römer 9, 14—24 91
HERBERT BRAUN, Gott, die Eröffnung des Lebens für die Nonkonformisten. Erwägungen zu Markus 2, 15—17[1] 97
CHRISTOPH DEMKE, Theologie und Literarkritik im 1. Thessalonicherbrief 103
HELMUT GOLLWITZER, Predigt über Offenbarung 12, 7—12 . . . 125
LEIF GRANE, Divus Paulus et S. Augustinus, Interpres Eius Fidelissimus. Über Luthers Verhältnis zu Augustin 133
A. H. J. GUNNEWEG, Urgeschichte und Protevangelion 147
WOLFGANG HARNISCH, Die Berufung des Reichen. Zur Analyse von Markus 10, 17—27 161
HELMUT HOLZHEY, Metakritik des „Kritischen Rationalismus" . . 177
EBERHARD JÜNGEL, Gott ist Liebe. Zur Unterscheidung von Glaube und Liebe 193
GÜNTER KLEIN, Ende des Vernehmens? Hans Alberts Herausforderung an die Theologie 203
ETA LINNEMANN, Jesus und der Täufer 219
KNUD E. LØGSTRUP, Kommentar zur Jugendrevolte 237
MANFRED MEZGER, Was darf ich predigen? Besinnung über das freie Wort 251

Christian Möller, Welche Bedeutung hat der biblische Text für die Predigt? 263
Walter Schmithals, Die Weihnachtsgeschichte Lukas 2,1—20 . . 281
Gerd Schunack, Textverständnis, Textbegriff und Texttheorie . 299
Robert Schuster, Unterricht zwischen Gesetz und Evangelium 323
Wilhelm Weischedel, Was heißt Wirklichkeit? 337
Verzeichnis der Veröffentlichungen von Ernst Fuchs 347

ERNST FUCHS * 11. JUNI 1903

Kennengelernt habe ich Sie, lieber Bruder Fuchs, in der Zeit des Kirchenkampfes — ich meine, schon 1934. Sie gehörten zur Sozietät der württembergischen Kirche. Mit den Gebrüdern Diem leiteten Sie die Sozietät. Der Nazistaat hatte Sie sogleich 1933 aus Ihrer Bonner Dozentur geschaßt. Sie waren übergegangen in ein schwäbisches Pfarramt. Zwischen der Bekennenden Kirche in der Mark Brandenburg und der Schwäbischen Sozietät hatten sich — durch Heinrich Vogel und Günter Jacob — sehr schnell enge Beziehungen ergeben. Wir Berlin-Brandenburger nahmen Kirchenregiment wahr in einer durch Staatseingriff zerstörten Kirche. Unser sogenannter Evangelischer Oberkirchenrat in Berlin wie das Berlin-Brandenburger Konsistorium waren von Bevollmächtigten des Staates usurpiert. Wir bestritten ihnen, die staatliche Behörde geworden waren, jede kirchliche Legitimität. In Stuttgart hatten sich Bischof, Kirchenbehörde, Pfarrerschaft und Gemeinden gegen den Staatseingriff erfolgreich zur Wehr gesetzt. Ihre Kirche hatte eine in Kontinuität legale Leitung behalten. Dennoch waren Sie mit ihr nicht zufrieden. Ihre „noch einmal davongekommene" Kirchenleitung war Ihnen nicht entschieden genug im Widerstand, nicht klar genug im Zeugnis gegen Terror und Verlogenheit der neuen staatlichen Herren. *Sie* von der Sozietät griffen die politischen Machthaber an vorbei an den kirchlichen Oberen. *Wir* waren den politischen Machthabern und ihren Polizeiorganen ohnehin unmittelbar ausgesetzt als eine illegale Organisation. So fanden wir zueinander. Sie, Bruder Fuchs, sind damals mehrfach bei uns gewesen zu Generalkonventen der Pfarrer der Bekennenden Kirche. Ich entsinne mich besonders Ihrer Referate und Predigten zu Advents- und Pfingstrüsten unserer Pfarrerschaft und der Bruderräte.

Auch nach 1945 waren Sie umstritten. Der radikale Sozietätler hing Ihnen noch an, vielleicht auch der vermeintlich radikale Existentialist und Entmythologisierer. Zehn Jahre nach Beginn eines kirchlichen Wiederaufbaues in Berlin berieten wir über die Berufung des außerplanmäßigen Tübinger Professors Ernst Fuchs in eine ordentliche Professur des kirchlichen Lehramtes an der Kirchlichen Hochschule. Es war in der Wohnung von Heinrich Vogel. Günther Bornkamm und Gerhard Ebeling gaben fachkundige Urteile über Sie. Außer der wissenschaftlichen Leistung, die sie rühmten, der Akribie in der Exegese, der Fähigkeit, das Weltbild und die geistige Situation des Neuen Testamentes in das Denken unserer Zeit zu übertragen, bekannten beide hervorragenden Gelehrten und Meister der modernen Theologie, daß sie im literarischen, noch mehr im unmittelbar persönlichen Gespräch mit Ihnen immer wieder erlebt hätten, wie unter einem Wort von Ihnen, einer knappen Entfaltung einer Frage, gleichsam im dichten, dunklen Wald komplizierter Problematik sich unerwartet eine lichte Schneise aufgetan habe, ein Durchblick voran auf eine erleuchtende Klarheit am Ende des Pfades. Beide verwandten in ihrer Schilderung das Wertwort „genialisch".

So haben wir Sie dann hier ein paar Jahre unter uns haben können — nicht nur als einen Lehrer unserer Studenten und als Glied des Dozentenkollegiums der damals größten kirchlichen Ausbildungsstätte im Ostbereich der deutschen evangelischen Christenheit, sondern auch als einen Mann der Kirche, als einen, der in kirchlicher Verantwortung mitdachte und mittat, wie Sie es in der Sozietät in den dreißiger Jahren getan hatten, — bis in die Fragen des Kirchensteuerrechtes.

Wir danken Ihnen, lieber, verehrter Bruder Fuchs, für Ihr Wirken damals in Berlin und ebenso dafür, daß Sie nach Ihrer Rückkehr in den Westen Deutschlands uns hier und der Theologenschaft, den Ausbildungsstätten, in der Deutschen Demokratischen Republik die Treue gehalten haben. Ihre Kurse in Ost-Berlin allein oder mit anderen westlichen Kollegen zusammen, Ihre Gastvorlesungen bis in die letzten Jahre beeinflussen das theologische Denken und Lehren der Dozenten und das Verständnis von Kirche und Amt unter Studenten und Pfarrerschaft im andern deutschen Staatsgebiet nachhaltig.

Wir danken Ihnen und grüßen Sie aus Berlin und der Deutschen Demokratischen Republik mit dem Predigttext Ihres 70. Geburtstages, des Pfingstmontages 1973, den Versen 16—21 aus Johannes 3. Sie bleiben im Dienst dessen, durch den die Welt gerettet wird. Lehren Sie uns auch künftighin, durch das Tun der Wahrheit zum Licht zu gelangen! Ihre Werke wie die Ihrer Schüler seien, wie unser Herr es seinen Jüngern zusagt, in Gott getan! Eben das werde den Menschen unserer Tage wie an anderen so auch an Ihnen mehr und mehr offenbar!

In alter Verbundenheit
Ihr
Kurt Scharf

GRUSSWORT ZUM 70. GEBURTSTAG VON PROFESSOR D. ERNST FUCHS

Verehrter, lieber Herr Professor Fuchs!

Während ich diesen Gruß zu Ihrem 70. Geburtstag schreibe, denke ich zurück an die Jahre gemeinsamer Begegnungen, bei denen Sie als neutestamentlicher Lehrer\ an unserer Landesuniversität in Marburg sich interessierten für die Fragen und Probleme der Kirche und ich als der Bischof dieser Kirche mir gern Rat in theologischen Fragen bei Ihnen holte. Sie sind ja selbst Pfarrer gewesen und haben der Ihnen anvertrauten Gemeinde in einer Zeit großer Anfechtungen beigestanden. Den Pfarrern und Gemeinden wollten Sie auch als theologischer Lehrer Hilfen anbieten. Darum versagten Sie sich keiner Einladung, auf amtlichen Konferenzen oder in Pastoralkollegs Vorträge zu halten und klärende Gespräche zu führen. Unvergessen bleibt Ihre Teilnahme an einem Treffen mit der Schmalkaldener Pfarrerschaft, bei dem nicht nur der Theologe, sondern auch der Seelsorger Ernst Fuchs zu Worte kam.

Wir sind beide Schüler von Rudolf Bultmann und haben bei ihm gelernt, die Bezüge zwischen exegetischer und systematischer Theologie zu sehen. Bei ihm haben wir intensiv die paulinische und die johanneische Theologie studiert und sind mit den Fragen der Hermeneutik befaßt worden.

Sie haben dieses Thema der Hermeneutik aufgenommen und dabei immer auch die Verkündigung im Blick gehabt. Deshalb verschob sich der Akzent von der Geschichtlichkeit auf die Sprachlichkeit der menschlichen Existenz. Und es ist begreiflich, daß dabei die Gleichnisse Jesu eine besondere Anziehungskraft auf Sie ausübten.

Daß echte Predigt ein Sprachereignis ist, nicht eine bloße Wiedergabe von Fakten der Vergangenheit, sondern Ereignis, durch das mit dem Hörenden etwas geschieht —, diese immer wieder auch durch Sie vermittelte Erkenntnis hat junge Studenten ermutigt, den Schritt ins Pfarramt zu wagen und dem Wort zuzutrauen, daß es mehr ist als ein bloßes Kommunikationsmittel, wie man heute in Rahmenplänen für den Deutschunterricht behauptet — zum Schaden der zu unterweisenden Schüler.

Sie haben auch mutig aufgezeigt, daß die Frage der Sprachlichkeit der menschlichen Existenz eng zusammengehört mit dem Problem der Sagbarkeit Gottes. Und wenn ich Sie richtig verstanden habe, dann haben Sie unermüdlich deutlich zu machen gesucht, daß zum christlichen Glauben wesentlich gehören: die Freude an Gott und die daraus erwachsende Hinwendung zur Welt, damit sie eine menschliche Welt werde.

Ich meine, alles hängt in der Theologie davon ab, daß sie diese beiden Momente des Glaubens zur Sprache bringt. Darum verbinde ich mit meinem herzlichen Dank an Sie zugleich den Wunsch, Sie möchten durch Ihre weitere Arbeit dazu helfen, daß in unserer Zeit die Theologie theologisch bleibe in dem Sinne, wie Martin Luther in seiner „Enarratio Psalmi LI" das „Proprium" der Theologie beschreibt:

„Nam Theologiae proprium subiectum est homo peccati reus ac perditus et Deus iustificans ac salvator hominis peccatoris. Quicquid extra hoc subiectum in Theologia quaeritur aut disputatur, est error et venenum." WA 40, 2; 328, 17—20

In herzlicher Verbundenheit grüße ich Sie als Ihr

Erich Vellmer

HOCHVEREHRTER, LIEBER HERR KOLLEGE FUCHS!

Der Fachbereich Evangelische Theologie der Philipps-Universität in Marburg an der Lahn grüßt Sie in herzlicher Verbundenheit und Dankbarkeit zu Ihrem 70. Geburtstag. Sie haben vom Beginn des Sommer-Semesters 1961 bis zum Ende des Winter-Semesters 1969/70 in unsrem Kreise als ordentlicher Professor für Neues Testament und Hermeneutik gewirkt und unsren Studenten darüber hinaus bis zu Ihrer von uns allen bedauerten, aber verstandenen Rückkehr in die schwäbische Heimat Übungen gehalten. In diesen mehr als zehn Jahren haben Sie uns, Ihre Kollegen, Freunde, Schüler und Studenten, beständig und bewußt herausgefordert, uns der eigentümlichen Aufgabe theologischer Existenz zu stellen. Sie duldet keine reinliche Scheidung zwischen distanzierter wissenschaftlicher Kenntnis und persönlichem Bekenntnis, weil die Sache der Theologie unbeteiligt weder zu haben noch zu vertreten ist. So haben Sie auch hier in Marburg wie vorher in Ihren Tübinger und Berliner Jahren den, der eine nur intellektuelle Antwort zu suchen schien, oft statt mit einer Antwort mit einer Frage entlassen. Dabei waren Sie fast väterlich besorgt, Reflexion und Person aneinander zu binden und theologisches Raisonnement in glaubendes Denken zu verwandeln. Sie haben die unter Ihren Kollegen, die philologische und historische Kenntnisse bereitstellten, nicht gering geachtet, weil Sie um Geschichte und Geschick der Sprache wissen. Aber Sie wollten, daß aus bloßer Kenntnis Erkenntnis wird, weil der in dem Wort von Jesus Christus offenbare Gott in der Welt anders nicht erfahren und bezeugt werden kann. So könnte man Ihrer ganzen Tätigkeit als Forscher und Lehrer die Überschrift geben: „Eine Anleitung, von der theologischen Kenntnis zur theologischen Erkenntnis zu gelangen, oder Studium der Theologie als Einübung in die konkrete Reflexion christlicher Existenz." Daß es keine christliche Existenz ohne das Wort des Neuen Testaments gibt und geben wird, füllte eben Ihren Tag und sei hier nur bezeugt, um Sie gegenüber einem sich vielleicht aus den gegenwärtigen Auseinandersetzungen nahe legenden Mißverständnis der Beschreibung Ihres Wirkens ganz herauszuhalten.

Um Ihnen zu zeigen, daß wir Sie in Ihrer Absicht verstanden haben und uns mit Ihnen in der Aufgabe einig wissen, dürfen wir einen Satz aus Ihrem Aufsatz „Über die Möglichkeit, Gott zu erfahren" zitieren. Dort sagen Sie: „Sobald wir uns z. B. ernsthaft fragen, was wir angesichts einer unwiederbringlich verlorenen Zeit noch anfangen können, befinden wir uns in einer Situation, in welcher das Leben das Wort nahm. Können wir der Situation entsprechend antworten, so hat vielleicht Gott gesprochen. Gerade unsre Antwort ist dann die Bedingung dafür, die ratio cognoscendi, *daß* uns Gott in der Sprache des Lebens *begegnet*." Eben in dem Bemühen, auch als Theologe der Situation entsprechend zu antworten, waren Sie unser, kamen Sie als Schüler des von uns allen hoch verehrten Seniors unsres Fachbereiches Rudolf Bultmann zu uns zurück nach Marburg, um uns allen und damit der Kirche und in ihr den Menschen zu helfen, daß verständlich und in einem tieferen Sinne als dem äußerlicher Modernität verstehbar Gott in Jesus Christus bezeugt werde, damit wir der Situation entsprechend antworten können.

Aber wer wüßte besser als Sie, der Sie die Studierstube nicht als Abgrenzung gegenüber der Zeit und ihren Aufgaben verstanden haben und lange genug schwäbischer Dorfpfarrer gewesen sind, wie oft wir nicht der Situation entsprechen und daher im Nächsten und uns selbst Gott verfehlen. Sie haben erkannt und uns immer wieder auf dem Katheder, der Kanzel und an Ihrem Schreibtisch daran erinnert, daß die eigentliche Aufgabe der Theologie dort beginnt, wo menschliches Versagen Grundzug auch unserer Geschichte und Resignation unser unvermeidliches Schicksal zu sein scheint. „Nichts", so haben Sie einmal vor Jahren der Tübinger Fachschaft zugerufen, „vermag den Menschen als Menschen zu retten als der Glaube an Gottes freie Gnade." Daß uns der Anblick Jesu zum Glauben ruft, das Wort der Hoffnung unser Versagen und unsre Verzweiflung überwindet und uns auf den Weg der Liebe weist, haben Sie uns nicht nur mit Ihren Worten, sondern oft genug als Friedensstifter in schweren Zeiten mit der Tat bezeugt. So war es für Sie eine Sache des Glaubens, daß Sie sich der Theologischen Fakultät in einem ihrer kritischsten Momente ein zweitesmal als Dekan zur Verfügung stellten und später Ihren Nachfolgern helfend und freundschaftlich zur Seite standen, um dafür zu sorgen, daß das Neue in der Verbindung mit dem Alten wachse. Wir bleiben Ihnen für all das in Dankbarkeit verbunden und sind gewiß, daß draußen in den Gemeinden viele Ihrer ehemaligen Studenten und Schüler sich in Gedanken unserem Glückwunsch anschließen. Und da der Neutestamentler Ernst Fuchs dem Alten Testament enger verbunden war, als es von außen zu erkennen war, fassen wir ihn in die Erinnerung an das Wort des Exilspropheten Jesaja 46,4.

Hartmut Stegemann, Dekan   Otto Kaiser

FREUNDESBRIEFE VON ERNST FUCHS

herausgegeben
von

GERHARD EBELING

Vorbemerkung

Mit dem grundsätzlichen Einverständnis von Ernst Fuchs, aber allein verantwortlich für die Auswahl, lege ich hier aus einer knapp zehnfachen Anzahl seiner an mich gerichteten Briefe und Karten einiges vor, was ohne Verletzung der Diskretion einem größeren Leserkreis zugänglich gemacht zu werden verdient. Auf diese Weise etwas von dem Dank für das Geschenk der Freundschaft und das darin Empfangene öffentlich abzustatten, erschien mir deshalb als sinnvoll, weil sich Ernst Fuchs hier in einer Einheit des Menschseins und des Theologeseins zeigt, in die Einblick zu nehmen man anderen nicht vorenthalten sollte. Deshalb wurde die Wiedergabe nicht auf rein theologische Darlegungen beschränkt, die freilich in den Briefen um ihres eruptiven Charakters willen besonders reizvoll zu lesen sind. Ich habe darüber hinaus auch situationsbedingte und persönliche Ausführungen einbezogen, weil sie in hohem Maße dem Verständnis dessen förderlich sind, worum es dem Theologen Ernst Fuchs geht. Selbstverständlich konnte dabei auf Auslassungen nicht verzichtet werden, obschon sich in den Briefen nirgends Äußerungen finden, die deshalb nicht publizierbar wären, weil sie den Geist barmherziger Menschlichkeit vermissen ließen. Habe ich die Grenze der gebotenen Rücksicht gelegentlich überschritten, so am ehesten wohl an zwei Stellen, die mich selbst betreffen und die mit aufzunehmen mir etwas Überwindung kosteten.

Erläuterungen zum Editionsverfahren

Auslassungen sind durch Punkte gekennzeichnet, die in eckigen Klammern stehen, zur Unterscheidung von der Gewohnheit des Briefschreibers, am Ende eines Gedankengangs gelegentlich zwei oder drei Punkte zu setzen.

Handschriftliche Überarbeitung der meist mit Maschine geschriebenen Briefe (Streichungen, Unterstreichungen, Änderungen, Hinzufügungen) wurde vermerkt, sofern es sich nicht um bloße Korrekturen von Schreibfehlern handelt. Sofern solche stehengeblieben sind, wurden sie stillschweigend verbessert. Eigentümlichkeiten in Orthographie und Interpunktion blieben davon unberührt. Unterstreichungen im Original sind durch Kursiv-Satz wiedergegeben. Da die Unterschrift selbstverständlich immer handschriftlich ist, wurde dies nicht jeweils ausdrücklich angegeben.

Vereinheitlicht wurden die Schreibweise des Datums und die Abkürzungen biblischer Bücher.

In der Markierung der Absätze folgt die Wiedergabe dem Original, obwohl dies z. T. die Übersichtlichkeit erschwert.

Einige kommentierende Bemerkungen waren unerläßlich. Bei Namen bin ich damit im Gedanken an Ps 103,16 eher weiter gegangen, als es für die Mehrzahl heutiger Leser erforderlich ist.

Abkürzungen

Anfz.	Anführungszeichen
Br.	Brief
gestr.	gestrichen
hs.	handschriftlich
korr.	korrigiert
ms.	maschinenschriftlich
S.	Seite(n)
S. o.	Siehe oben
S. u.	Siehe unten
Ustr.	Unterstreichung (im Druck kursiv)
+	hinzugefügt

Die Anmerkungsziffern beziehen sich bei Fragen der Textgestalt jeweils auf das vorangehende Wort oder Schriftzeichen (z. B. Komma oder Unterstreichung mehrerer Wörter) und gegebenenfalls auf das in ‹ › Eingeschlossene.

Tübingen, 14. 6. 1954¹

Lieber Gerhard!

Die Anfrage Meyers² an Dich bewegt mich doch mehr, als ich erwartet hatte, — ich meine nicht in Jena erwartet, denn ich wußte ja gar nicht, ob Meyer die Anfrage noch wagen würde, nachdem ich ihm fast jede Aussicht genommen hatte, nein, ich meine: heute morgen erwartet, obwohl mir Dein Anruf natürlich gleich zu schaffen machte. So will ich mich dem Papier anvertrauen, behalte mir aber vor mir selber vor, ob Du diese Zeilen bekommst. Rechne also, falls ich Dir meine Herzensergießungen trotzdem übereignen sollte, nicht mit einem „Brief" — so ist das, was jetzt folgt, nicht gemeint.

Ich fürchte sehr, daß unser guter Hanns³ sehr voranmachen wird, sobald er merkt, daß plötzlich eine ernsthafte Gefahr drohen könnte, weil er Dich um jeden Preis wird halten wollen. Ach, wenn Du doch alles verlangsamen wolltest! Man ist so schnell verloren und wird so langsam gerettet. Aber es muß wohl so sein. Ginge es beim Menschen langsam, so müßte es bei Gott schnell gehen, — und das bekäme uns noch viel schlechter. Aber wahr ist dies: unsern Tod machen *wir*, denn beim Tode folgt die Passivität auf die Aktivität; unser Leben dagegen folgt aus Gottes Werk, denn beim wahren Leben geht die Aktivität aus der Passivität hervor. Also muß man wohl dort aktiv sein, wo es nicht um das eigene Leben geht, passiv dagegen beim eigenen Leben. Und so ist es sinnvoll, wenn die Meyer usw. zu Werkzeugen Gottes werden — denn da merkt man wirklich, was ein „Ruf" ist. Wie habe ich mich dagegen innerlich aufgelehnt! Und jetzt finde ich plötzlich alles in schönster Ordnung, bloß weil Du auf einmal durch das gleiche Feuer sollst. Ist das Liebe zum Dramatischen? Ich glaube, es wird auch so etwas im Spiele sein. Aber ich freue mich im Augenblick ganz einfach darüber, daß 2.Kor 3,18 gilt: einer sieht am Andern, was gespielt wird (dies scheint mir der Sinn des medialen Partizips dort); einer spiegelt für den andern Jesu Herrlichkeit ab, aber nicht vor sich und nicht für sich.

Denk' darüber nach, daß doch viel Unsicherheit in Deinem Entschluß steckt, Systematiker zu werden. Es hat etwas Mißliches, fast wie der Wechsel eines Studiums. Natürlich drängt Dich etwas Legitimes. Ob aber nicht auch einfach jene Unzufriedenheit eine Rolle dabei spielt, die Dich so oft an Tübingen mit Recht irregemacht hat? Man ist, solange man lebendig ist, in dieser Fakultät mit ihrem Hintergrund sicher für jede Veränderung anfällig, die ein neues Leben verspricht. Es könnte sein, Du erwachtest wie aus einem Traum, wenn Du nun anderswo wirklich ein neues Leben begönnest, ohne daß Du Dein Fach aufgäbest. Jedenfalls zieht mich etwas Ähnliches an Jena an; und ich halte das bescheidene Milieu dort gegenüber Berlin auch wieder für einen Vorteil, nicht nur für einen Nachteil. Du wärst auf Deine eigenen Gaben angewiesen wie noch nie — und das scheint mir etwas sehr Gutes.

Darf ich auch das Andere sagen: daß Du mit mir zusammen vielleicht doch mehr fertig bringst als auf dem geplanten Tübinger Wege? Ich darf jetzt nicht um den Kern herumgehen und sage einfach: nach meiner Überzeugung Ja. Ist denn unsere Freundschaft ein bloßer Zufall? Das glaube ich nicht. Sollten wir zur selben *Sache* berufen sein? Gerhard, Du verstehst mich, daß ich das mit Staunen überlege. Aber wie, wenn diese Sache bisher sachte und zuletzt doch immer deutlicher auf uns zugekommen wäre, weil wir beide nun einmal ihres Dienstes in einer jener ganz seltenen persönlichen Zweiergemeinschaften gewürdigt wären: dürften wir da eine falsche Demut üben? Und wären wir nicht, wenn wir die Winke dazu außer acht ließen, in einer so maßlosen Weise schuldig, daß wir uns jedes spätere Versagen nur selbst zuschreiben könnten? Was sind schon die Sünden gegen die zweite Tafel gegen die Sünde am Geist selbst? (Die erste ließ ich schamhaft aus; ich dachte grade nur an die üblichen Reaktionen meines Gewissens.) Sollte für Dich die Wahl zwischen einer nur mit Deiner *Hilfe*[4] überstark werdenden Geistlosigkeit und dem von selbst stärkenden Geist, sollte für Dich der Überschritt zum Geist akut geworden sein, weil es *diese* Gelegenheit eben noch weniger beliebig gibt als den Übertritt in ein anderes Fach? Und sollte das Zuvorkommen des angebotenen Fachwechsels einer jener merkwürdigen Fälle sein, in denen sich hinter dem zuerst Faszinierenden ein anderes, zweites Kommen anmeldet, das es äußerlich mit dem Ersten nicht aufnehmen kann, weil es so viel wahrer und wichtiger, bedeutender ist?

Du weißt, daß ich mich durch die Hilfe, die das für mich bedeuten müßte, nicht blenden lassen will, und daß ich *diesen* „Grund"[5] nicht zulasse, weil er erst als Erfahrung wirklich plausibel sein wird. Du weißt ferner, daß ich mich nicht auf eine romantisch verstandene Freundschaft zurückziehe. Was mich bewegt, ist eine sehr merkwürdige Fügung, die ich zu ahnen glaube, und in der Tat eine Evidenz, die mir gegen jeden Einwand gefeit zu sein scheint — was beim Fachwechsel nicht der Fall war. Was die Praxis betrifft, so könnte man ja schwere Bedingungen stellen. Aber ich finde, wir beide werden im Augenblick in noch einmal anderer Weise auf die Probe gestellt. Und ich will es aussprechen: daß das so ist, scheint mir beim Rückblick gar nicht verwunderlich zu sein. Denn wir waren bisher beide zu etwas unterwegs, was nicht bloß um unseretwillen werden will. Will sich der Geist in uns regen, will er's wirklich, so ist's nicht unser Hausgeist, sondern jener andere, viel bessere. Und wir haben immer wieder einmal eine Art Vorprobe davon gehabt. Meinst du nicht?

Das sieht nun alles wie ein Zureden aus, ist es auch vielleicht so oder so. Was tut's? Zureden kann ja sehr richtig sein. Bei Deinem Fachwechsel hab' ich immer wieder geschwankt. Geht es um das Einzige, so schwanke ich nicht, sobald es mich erfaßt, weil ich sehe, daß und was da zu *tun* ist. Denn jetzt ist mein Leben in einer ganz anderen Hand, und ich muß bloß noch das meine tun, das richtig zu bezeugen, damit die Meinen glauben können und jede Resignation abstreifen. Wenn es sich nun ergäbe, daß Du Dein Leben in derselben Weise plötzlich als in der anderen Hand geborgen erkenntest, würdest Du die ganze Kraft, die Dir geschenkt werden will, *frei*[6] dienen lassen können. Gerhard, ich bitte Dich, besinne Dich, begnüge Dich nicht mit einem Darf-glauben, frage Dich, ob Dir jetzt plötzlich einmal wieder der *ganze* Glaube angeboten ist! Denk', was da aus Deiner Arbeit werden könnte! Wenn der neue Stil geboren werden will, geht Dich der Maßstab der Kirchengeschichte alten Stils nichts mehr an. Ich glaube, ich schreibe das alles weniger aus Angst für Dich oder mich, als aus einem nicht abzuweisenden Gefühl für die echte Möglichkeit eines im Grunde langsamen, aber ungemein kräftigen Geschehens, in dem ich die andere Hand spüre. Man kann davon nur in dringlichem Tone schreiben. Es ist nicht alle Tage eine Geburt fällig. Und daß wir dabei mit *unseren*[6] Worten und Gedanken mit dazu genommen werden, ist ein Zeichen dafür, daß kein Spiritualismus im Spiel ist. Und so gehört denn auch ein Meyer dazu. ‹So laß Du mich heute abend Deinen Meyer sein...›[7]

Ob ich Dir nun diesen Brief gebe?

Dein Ernst

---

[1] 2 S. ms.
[2] Br. des Dekans der Theologischen Fakultät der Friedrich-Schiller-Universität Jena, Prof. Dr. Rudolf Meyer, v. 10. 6. 54: vorläufige Anfrage, ob ich gegebenenfalls bereit sei, einen offiziellen Ruf auf das kirchengeschichtliche Ordinariat (Nachfolge Prof. Dr. K. Heussi) anzunehmen. Schon vorher waren Bemühungen im Gange, Ernst Fuchs für den dortigen neutestamentlichen Lehrstuhl zu gewinnen. Mit Rücksicht auf die bereits schwebende Angelegenheit meines Disziplinenwechsels in Tübingen, in der ich

durch eine Eventualzusage meinerseits seit Ende Mai gebunden war, gab ich nach Jena am 17. 6. 54 einen vorläufigen Bericht über die Situation und schrieb am 30. 7. 54 definitiv ab. Auch die Berufung von Ernst Fuchs kam nicht zustande. In einem Br. v. 30. 9. 54 an mich schrieb darüber R. Meyer: „Wie Sie ja gehört haben werden, hat es mit der Berufung von Herrn Fuchs nach Jena nicht geklappt, aber ich glaube mit aller Entschiedenheit sagen zu dürfen, daß es nicht an Jena gelegen hat, und ich darf mir wohl schmeicheln mit der Feststellung, daß, wenn die Dinge anders gelaufen wären, die Fakultät Herrn Fuchs nicht nur beim Staatssekretariat, das der Berufungsangelegenheit sehr wohlwollend gegenüberstand, sondern auch bei der Kirchenleitung durchgebracht hätte." Fuchs übernahm mit Wirkung vom 10. 11. 55 den Lehrstuhl für Neutestamentliche Theologie an der Kirchlichen Hochschule Berlin (Nachfolge Prof. D. Martin Albertz).
[3] Prof. D. Dr. Hanns Rückert, Tübingen.
[4] Ustr. hs.
[5] Anfz. hs.
[6] Ustr. hs.
[7] Hs. +.

[Berlin] 2. 3. 56[1]

Mein lieber Gerhard!

„Zeit" — vor mir steht drohend die Aufgabe, daß ich Ende April/Anfang Mai zugleich als Semestereröffnungsrede meine Antrittsvorlesung über: „Der Ursprung des christlichen Glaubens"[2] nicht bloß zu halten, sondern erst einmal anzufertigen habe ... Dazu kommt am 9. April ein Vortrag vor dem Jahrestag der Berliner Missionen (Andler[3] ist zuständig; der Titel der Veranstaltung ist ein anderer) über die (alte) Verkündigung und den modernen Menschen, während ich höchstens über die moderne Verkündigung und den alten Menschen etwas sagen kann (nämlich, daß sie einander wert sind). Am 7. März beglücke ich die Zehlendorfer Pfarrer mit meinem Schülervortrag über „Die Frage nach dem historischen Jesus"[4], und vorgestern beglückte ich Berliner und Hamburger Studienstiftler mit einem Vortrag über „Das Gespräch der Theologie mit den andern Wissenschaften"[5], in dem ich die Wahrheit als die „Möglichkeit der Wiederholung" definierte[6]. Bin ich hemmungslos geworden? Schwerlich, wenn ich bedenke, daß ich phlegmatisch dahinlebe, Einleitung lesen und drucken will, also ins Detail vorzudringen einige Anstalten mache und gemacht habe. Es macht mir eben Spaß, wohldosierte Körnerportionen zu streuen, geistliche Preußen zu ‹säen(!)›[7], um womöglich noch beobachten zu können, was dann aus dem Sand ausschlüpfen wird. Und im übrigen bin ich sogar zu alledem gezwungen, weil ich einfach Heimweh habe, brutal herausgesagt, nicht nach Württemberg mit seinen [...] und [...], sondern nach Dir und Hanns[8] und eben unserer nie mehr wiederkehrenden schönen Zeit. Das kannst Du jetzt nicht verstehen, weil Du selber gerade am Abflug bist[9]. Aber später wirst Du dann schon wissen, was für ein Elend diese Langeweile um einen her bereiten kann. Übrigens siehst Du ja, daß ich mich dem nicht einfach überlasse. Aber meine „Tatkraft" ist immerhin *auch* eben doch Ausweg und nicht, wie es sein sollte, nur Einzug in ein zu okkupierendes Gebiet, bzw., um das böse Bild netter zu prägen, mehr Okkupation als Vermählung. Ich befinde mich im akuten Übergang zu meinem Altersstil. Wenn damit wirklich Stil verbunden ist, kann ich noch froh sein. Gelassenheit muß über die Tobsucht siegen, denn über wen sollte ich hier toben? Die entziehen sich hier solchen Möglichkeiten durch serienweise Schlaganfälle [...]. Statt höheren Geistesdruck auszuüben ergeben sie sich der einfacheren Steigerung ihres Blutdrucks, aber das bekommt ihnen *auch* nicht. [...]

Herzlich grüßt Dich
Dein nicht immer elegischer Ernst.

---

[1] 2 S. hs.
[2] Am 2. 5. 56. ZThK 53, 1956, 210—229. Abgedr. in: E. Fuchs, Ges. Aufs. I, Zum hermeneutischen Problem in der Theologie, 1959, 45—64.
[3] Oberkonsistorialrat Erich Andler, Berlin.
[4] Offenbar eine Vorform des am 25. 5. 56 über dasselbe Thema in Zürich gehaltenen Vortrags: E. Fuchs, Ges. Aufs. II, Zur Frage nach dem historischen Jesus, 1960, 143—167.
[5] Veröffentlicht unter dem Titel: Die Theologie im Gespräch mit den andern Wissenschaften, in: E. Fuchs, Ges. Aufs. I, 1959, 167—180.
[6] AaO 177.
[7] Verbessert aus „sehen". „(!)" wohl nachträglich eingefügt.
[8] S. o. Anm. 3 zu Br. v. 14. 6. 54.
[9] Anfang April Übersiedlung nach Zürich.

[Berlin] 1. 7. 1956[1]

Mein lieber Gerhard!

Am Freitag wirst Du Deinen Geburtstag feiern. Wie Deine Lieben, so denke auch ich schon heute an diesen schönen Tag und fange gleich mit meinem Brief an, weil mir die allernächsten Tage schwerlich Ruhe und Zeit dazu gönnen. Du bekommst also meinen Glückwunschbrief schon im Voraus!

Allerdings auch aus einem technischen Grund. In meinem ZThK-Aufsatz[2] übersah ich [...] Vielleicht läßt sich das noch korrigieren. Im übrigen sieht man wieder, wie anders sich ein Vortrag *liest* — was für ein Geplätscher! Einen Vortrag sollte man nicht drucken. Aber die Diskussionslage zwang allerdings zu dieser Publikation. Deshalb bereue ich sie nicht.

Als Wunsch an Dich: bitte schreib doch Smend[3] (Rektor der K. H.[4]), *daß* Du im Januar kommst. Alles übrige kann man ja immer noch vereinbaren. Ich möchte Dich als Gastprofessor in unsrem Vorlesungsverzeichnis sehen, als Zeichen dafür, daß man bei uns alles tut, um die Arbeit anzupacken. Da ich Römerbrief lese, paßt Dein Besuch hier ja ausgezeichnet.

Meine Schüler lud ich auf 27./29. Oktober nach Berlin ein. Vorher ist Bultmanntagung[5]. Das bedeutet, daß ich *nicht* nach Neukirchen[6] kommen kann. Ich habe Wolf[7] und Käsemann[8] abgesagt und bemerkt, man müßte den Kreis eher verkleinern als vergrößern — dann wäre er auch beweglicher. Außerdem wisse ich gar nicht, was schriftgemäß sei und fürchte nur, Diem[9] macht sich darüber Illusionen. Ich habe das Gestoppel satt, das ja, wie 1955 zeigte, dem Mangel an echter Freiheit entspringt.

Wie ist es Dir in Basel[10] ergangen?? Morgen und übermorgen wirst Du wieder in Tübingen sein. Ich habe Hanns als Echo auf seinen ausgezeichneten Radiovortrag[11] einen Freundschaftsbrief geschrieben und hoffe, er wird Dir das Deine daraus nicht vorenthalten. Inzwischen konnte ich mir das Manuskript *Deines* Vortrags[12] verschaffen (der Sender gibt Vervielfältigungen ab; Du kannst den ganzen Satz der Reihe kostenlos anfordern). Ich bin mit Deinen Ausführungen einverstanden, sie sind ausgezeichnet formuliert. Ich würde freilich die biblischen Texte nicht mehr „Quelle" nennen, „aus der zu aller Zeit die christliche Verkündigung entspringt". Zwar sind sie auch nicht „Norm" einer Lehre. Aber sie sind um des in ihnen zutag tretenden Sprachgewinns willen Vorgabe der christlichen Existenz, also Ortsangabe der Offenbarung, nicht Offenbartheit, wohl aber Einräumung des Ortes, an dem der Mensch ein Gerufener ist und wo er deshalb die Frage vernimmt, in der ihm Gott begegnet. Die Texte halten also Jesu Ort fest. Sie bezeugen uns die Übersetzung, mit der Gott in Jesus zu uns übersetzt. Deshalb kann ich die Überschrift von § 9 der Hermeneutik[13] auch so fassen, daß ich das „und" durch ein „ist" ersetze: der konstitutive Zweck dieser Texte *ist* ihre existentiale Interpretation. Quelle der Verkündigung ist dann nicht der Text, sondern Gott selbst am Ort dieser Texte, Gottes Begegnung mit uns in Jesus bzw. der mit der Kirche gegebene Zwang, *über* Jesus im Blick auf die Bibel zu predigen, also alles Aussagen *über* Jesus (= die Tradition) in Aussagen zu verwandeln, die unsre Gemeinschaft *mit* Jesus zum Ziel haben. Was kommt dabei heraus? Nach meinem Züricher Vortrag[14] die ungeheure Behauptung, daß der Mensch selbst Gottes Willen und Gegenwart „entscheidet", nämlich zu entscheiden hat — *das* ist also die „Gemeinschaft" mit Gott! Stell-vertretung Gottes, sein, wo Gott ist! Im Kampf mit uns selbst entscheidet sich Gottes Gegenwart. Deshalb kann das christliche *Bewußtsein* Gottes Gegenwart als Kampf mit Gott erfahren (Gen 32). Und so kann ich auch sagen: dieser Kampf bzw. unsre Anfechtung durch die biblischen Texte ist jene „Quelle". Tatsächlich läuft Dein Vortrag darauf hinaus. Denn Du zeigst ja, daß das historische Denken an diesen Texten in unsre durch die dogmatische Theologie zu bewältigende Anfechtung durch diese Texte umschlägt. Also wird auch nur die Predigt das legitime Ende der theologischen Bemühung um die Bibel sein. So könnte ich auch sagen: die Quelle der Predigt ist die Predigt bzw. *Jesu Glaube für uns*. Und Gott ist kein Was, und ein Wer nur im Wo der Gemeinschaft mit Jesus, jenes Du, das mich will. Wenn [NN.] zum Jüngsten Gericht kommt, wird Gott sagen: geh' weg! Und wenn der Bischof fragt, wohin er denn gehen soll, dann wird ihm Gott antworten: das weiß ich nicht. Gott ist menschlicher als der menschlichste Mensch. Er ist der Sieg der Freude über die Angst, der Mut selbst und die herrliche Klarheit in einem Sein, das den Schrecken des Dunkels in die Natürlichkeit des Selbstverständlichen verwandelt, weil der Geist alles klärt.

Daß Dir das Leben die Anschauung solcher Klarheit gewährt und Deine Seele in die Freude an Gottes überlegener Gegenwart stimmt, ist mein Geburtstagswunsch für Dich, lieber Gerhard! Laß Dich mit den Deinen von uns aufs herzlichste grüßen!

Dein Ernst.

---

[1] 4 S. hs.

² S. o. Anm. 2 zu Br. v. 2. 3. 56. Im folgenden wird nur ein Druckfehler verbessert.
³ Prof. D. Dr. Friedrich Smend.
⁴ Kirchliche Hochschule Berlin.
⁵ Theologischer Arbeitskreis Alter Marburger, 22.—26. 10. 56 in Hofgeismar.
⁶ Gespräch zwischen Barth- und Bultmann-Schülern in Neukirchen Ende Oktober 1956. Ein erstes derartiges Gespräch hatte bereits vom 30. 10 bis 1. 11. 55 in Neukirchen stattgefunden, an dem auch Fuchs und ich teilgenommen hatten.
⁷ Prof. D. Dr. Ernst Wolf, Göttingen.
⁸ Prof. D. Dr. Ernst Käsemann, damals noch in Göttingen.
⁹ Prof. D. Hermann Diem, Tübingen.
¹⁰ Vortrag vor der Theologischen Fachschaft der Universität Basel über „Was heißt ‚Theologie'?" am 25. 6. 56. Unveröffentlicht.
¹¹ Innerhalb einer Vortragsreihe des Senders Freies Berlin im Frühjahr 1956. Den Gesamttitel der Reihe und das Thema des Beitrags von H. Rückert konnte ich leider nicht mehr ausfindig machen. Eine Anfrage beim Sender Freies Berlin blieb unbeantwortet.
¹² Über das Thema: „Die Theologie in der Gefährdung durch das historische Denken", gesendet am 25. 5. 56.
¹³ E. Fuchs, Hermeneutik, 1954, 149—158: § 9 Der konstitutive Zweck der neutestamentlichen Texte und ihre existentiale Interpretation.
¹⁴ S. o. Anm. 2 zu Br. v. 2. 3. 56. Die folgenden Bemerkungen beziehen sich auf die Ausführungen 226 ff. oder 163 ff.

[Berlin] 9. 10. 1956¹

Lieber Gerhard!

Deine Sonntagskarte von Eurem Ausflug mit Vorsters² erfreute uns um so mehr, als die Lebenszeichen so sachte spärlicher werden! Da muß ich eben nachhelfen. So schrieb ich jüngst an Hanns Rückert³ einen langen Antwortbrief auf seine mir anläßlich meines neuen Aufsatzes⁴ gestellte Frage nach dem Sakrament. Dir selber habe ich zuerst einmal meine Freude über das neue Heft der ZThK⁵ auszudrücken, das sich wahrhaftig sehen lassen kann. Besonders angetan hat es mir der Aufsatz von Ernst Heitsch⁶ (die „Ernste" vermehren sich scheint's...). Dieser Aufsatz — Heitsch und ich tauschten erst mal Sonderdrucke aus — zeigt zwar die Spuren der Käsemannschen Fragestellung und vor allem die von N. Hartmanns Ontologie, aber er ist meisterhaft klar und deshalb wirklich förderlich. Ich stieß nun dabei auf ein von ihm gebrachtes Bultmannzitat, das mir erlaubt, meine z. Zt. ebenfalls mit Bultmann selbst im Gang befindliche Aussprache zu präzisieren. Heitsch zitiert Bultmanns

Satz (Gl. u. V. II, S. 234 = ZThK 203): daß die existentiale Interpretation „die wirkliche (geschichtliche) Existenz des Menschen, der nur im Lebenszusammenhang mit dem von ihm ‚Verschiedenen', nur in den Begegnungen existiert, in den Blick fassen und verstehen" will. An diesem Satz zeigt sich nun in der Tat Bultmanns Recht und Mangel. Denn der Mensch existiert zwar in den Begegnungen, darin hat Bultmann ganz Recht, aber nicht in den Begegnungen mit dem von ihm Verschiedenen, sondern in den Begegnungen mit dem ihm Gleichen! Wohl aber ist wahr, daß zu unserem Lebenszusammenhang auch das von uns Verschiedene gehört. Jedoch begegnen wir dem nicht, sondern wir stoßen auf das von uns Verschiedene. Bultmann mischt also zu Sonderndes. Dieser Fehler enthält jedoch auch etwas Positives. Denn im Phänomen der „Welt" liegt in der Tat beides ineinander, das von uns Verschiedene und das uns Gleiche. Eben deshalb hat ja auch die Sprache die Struktur des über etwas zu jemand Redens. Nun kommt alles darauf an, daß wir ein Kriterium finden, das uns erlaubt, in der Welt das uns Gleiche von dem uns Verschiedenen zu sondern. Dieses Kriterium liefert die Zeit. Zwar hat auch die Zeit an beidem, dem uns Gleichen und dem von uns Verschiedenen, ihren Teil. Aber eigentlichen *Umgang* mit der Zeit gibt es nur für das uns Gleiche. In diesem Sinne frage ich in meiner Hermeneutik nach der Sprache im Horizont des Umgangs mit der Zeit. Allein diese Fragestellung nenne ich existentiale Interpretation. Weiter! Da die existentiale Interpretation nichts erklärt bzw. nichts kausal ableitet, aber ebensowenig sich damit begnügt, nach Sinn und Bedeutung zu fragen, sondern vielmehr beschreibt, wie sich die Sprache aus dem Umgang mit der Zeit entfaltet und welche Entscheidungen sie ans Licht bringt, deshalb ist für mich auch die methodologische Alternative von Heitsch überwunden. Man muß vielmehr sehen, daß das, was Heitsch selber das „letzten Endes" Unableitbare jedes geschichtlichen Augenblicks nennt (S. 201), in Wahrheit der Existenz zugehört, die um der Begegnungen willen immer auch jedem unerlaubten Zugriff entzogen bleibt und insofern Geheimnis ist, eben deshalb aber auch Entscheidungen bergen kann, die erst in den Begegnungen an den Tag kommen. Das gilt auch gegenüber Jesus. Er wird uns dadurch nicht ungleich. Im Gegenteil, er ist uns gerade darin gleich, daß er uns begegnet, indem er eine Frage entscheidet, die wir als eine uns angehende Frage anerkennen können (und sollten), vgl. S. 228 meines Aufsatzes[7]. Und jetzt bekommt Bultmann mit seinem Satz von dem Daß des Gekommenseins Jesu Recht (bei Heitsch S. 200). Denn dieses Daß entspringt gar nicht erst an Ostern, sondern durchaus *schon* in Jesu Entscheidung (vgl.

das Bultmannzitat bei Heitsch S. 201, 2 aus der Theologie S. 45 f[8]). Der Osterglaube erkennt also Jesu Vollmacht an, nachdem diese Frage durch das Kreuz endgültig gestellt war. Aber noch etwas ist zu sagen. Heitschs[9] Frage nach der „Diskontinuität"[10] zwischen Jesus und der Urgemeinde bzw. deren Glauben an ihn ist falsch gestellt bzw. falsch geklärt. Was haben denn Jesu Jünger mit ihm und der Urgemeinde gemeinsam? Gewiß, zunächst weniger Jesu Verkündigung, wenn man auf den Außenseiter Paulus blickt. In Wahrheit haben sie alle Jesu *Zeit* gemeinsam, nämlich die Zeit, in welcher jene Entscheidungsfrage im Blick auf unsern Zugang zu Gott gestellt war und gestellt werden sollte, wenn Jesus Recht hatte. Diese Zeit ist Zeit der Freiheit zu Gott für Sünder. Sie wirkt sich deshalb in einer Sprachfreiheit aus, für die es gar nicht darauf ankam, daß Jesu Worte rezitiert wurden, sondern für die es darauf ankam, daß das neue Verhältnis zu Gott betätigt wurde. Es ist ja ‹auch nicht›[11] so, daß die Urgemeinde sich damit begnügt hätte, ihre Bekenntnisformeln[12] herzusagen, wie sie sich angesichts der Entscheidung für Jesus nach der Kreuzigung ergaben[13]. In Wahrheit hat man hier die Zeit der Freiheit zu Gott weitergelebt, wie man das vor der Kreuzigung begonnen hatte. Und gerade Paulus hat dieses Sein dadurch geklärt, daß er über das Bekenntnis zu Jesus theologisch reflektierte. Er hat es dadurch möglich gemacht, daß daraufhin auch Jesu Verkündigung selber,[14] in der neuen Situation nach dem Bekenntnis zu Jesus,[14] wieder zu Ehren kommen konnte in den Evangelien. Denn nun gelang es, Jesu Sprache als Bestandteil der Sprache der Freiheit zu Gott zu fassen, wenn auch, von uns aus gesehen, mit Verzerrungen. Von da aus ist nun freilich auch der Geschichtsbegriff neu zu fixieren. Zwar ist Jesus das Ende derjenigen Geschichte, die sich notwendig an uns vorbei vollziehen muß und uns insofern sowohl verwahrt als auch vom Heil abschließt. Von dieser Geschichte ist zu unterscheiden die Geschichte der Freiheit im Verhältnis zu Gott, die gleichzeitig Geschichte der Sprache des Wortes Gottes selber ist. Diese Geschichte ist nicht mehr und nicht weniger wahr als die andere, und sie wird allerdings säkularisiert und so zum Weltgeschehen. Eben[15] daran zeigt sich, daß der Mensch geschichtlich ist, daß sein Wesen strukturell Geschichtlichkeit heißen muß. Immer geht ein Riß durch die Geschichte, weil sie sowohl an uns vorbeiläuft als auch uns selber trifft und unsre Existenz aufschließt. „Die" Geschichte enthält also ein Geheimnis, das auch durch das Auseinandertreten von Natur, Weltgeschichte und Heilsgeschehen nicht beseitigt wird, sondern das sich im Gegenteil dadurch nur um so kräftiger anmeldet. Dieses Geheimnis ist das Geheimnis der Begegnung zwischen Gott und den Menschen in der Zeit *zur* Sprache, eine Zeit, die freilich „augenblicklich" ist, mag auch der Augenblick eine ganze Epoche währen oder konstituieren, wie jene zwischen Jesus und Paulus: für Luthers Zeit gilt grundsätzlich dasselbe. Es gilt also, den Riß nicht nur zwischen Geschichte und Natur anzusetzen, wie Herrmann[16] wohl noch meinte (obwohl ich vermute, daß er de facto weiter war), sondern den Riß in der Geschichte selber als das Ereignis echter Sprache zu entdecken. Dann wird die reine „Behauptung"[17] möglich: hier und jetzt spricht Gott, und man *muß* dann sehen, wann er einst gesprochen hat, sofern ja gerade unsre Situation eine geschichtlich *bedingte* bleibt. Nur jenes paulinische „von Gott her", das auch für Jesus zutrifft, ermächtigt uns zu dieser Behauptung. Eben deshalb entdecken wir, daß gerade unsre Zeitgeschichte als Geschichte der Weltzeit an der Sprache des Glaubens ihr Gepräge fand. Die uns geschenkte und geschichtlich als Erbe auferlegte „Gabe" ist nun einmal die *Sprache*[18] der Freiheit Jesu, den wir, gemessen an uns selbst, an unsrer geschichtlichen Unfreiheit, Gottes Wort nennen, indem wir uns zu seiner Sprache bekennen, die also Sprache der Begegnung ist. Heißt die Begegnung materiell Liebe, so heißen ihre Existentiale Freude und Dankbarkeit und Freiheit zum endlichen Werk, aber auch Hoffnung. In alledem gewährt sich uns Gott als Der, der nicht abseits von uns da ist, sondern der sich gerade auch *an* uns als der zeigt, der er ist (Gogarten hat dieses „an" uns zu Recht früh betont). —

Du siehst, der Brief meint auch Bultmann. Ich schicke ihm deshalb eine Kopie für unser Gespräch. Am 22. fahre ich nach Hofgeismar[19]. Wirst Du kommen? Laß Dich herzlich grüßen!

Dein Ernst

‹Ich danke Dir für „Die mündige Welt" II!›[20]

---

[1] 2 S. ms.

[2] Pfarrer Friedrich Vorster in Wankheim b. Tübingen, später Dekan in Nürtingen.

[3] S. o. Anm. 3 zu Br. v. 14. 6. 54.

[4] S. o. Anm. 2 zu Br. v. 2. 3. 56.

[5] ZThK 53, 1956, H. 2: 129—263.

[6] E. Heitsch, Die Aporie des historischen Jesus als Problem theologischer Hermeneutik. ZThK 53, 1956, 192—210.

[7] S. o. Anm. 2 zu Br. v. 2. 3. 56. Die angegebene Stelle in Ges. Aufs. II, 165.

[8] Heitsch (s. o. Anm. 6) 201 Anm. 2. R. Bultmann, Theologie des Neuen Testaments, 1953, 45 f.

[9] Ursprünglich „Die", hs. korr.

[10] Anfz. hs.
[11] Ursprünglich: „gar nicht"; hs. „gar" gestr., „auch" aus „nicht" korr., „nicht" ergänzt.
[12] Aus „Bekenntnisformel" hs. korr.
[13] Aus „ergab" hs. korr.
[14] Komma hs.
[15] Aus „Aber" hs. korr.
[16] Wilhelm Herrmann. Vgl. E. Fuchs, Hermeneutik, 1954, § 3, 27—47.
[17] Anfz. hs.
[18] Ustr. hs.
[19] S. o. Anm. 5 zu Brief v. 1. 7. 56.
[20] Die mündige Welt, II. Bd., 1. Weißensee — 2. Verschiedenes, hg. von E. Bethge, 1956.

[Berlin] 24. 7. 1957[1]

Mein treuer Gerhard!

So schreibst Du und so rede ich Dich gleich an, damit Du weißt, daß Du natürlich auf gar keinen Fall bei der Tagung (14.—18. 10.)[2] fehlen kannst — um Deinetwillen kommen sie aus ganz Deutschland, fast 60 sind schon angemeldet (dazu kommen noch etwa 30 ortsansässige)! Schon diese Tagung wird sich mit dem paul. Glaubensverständnis zu beschäftigen haben. Doch die Versuchung, nicht zu kommen, ist nicht groß: auch Mezger[3] ist der Meinung, daß Du wie schon das letzte Mal darnach[4] im *Januar* kommen solltest, um an der *Hochschule* zu wirken[5]. Grund: wir brauchen mit unsern Berliner[6] Studenten eine Anlaufzeit, damit sie auf Dich vorbereitet sind. So kommen, um nur ein Beispiel zu nennen, mindestens 12 neu[7] aus Württemberg, wie wir überhaupt im Winter aus West und Ost Zulauf haben. Dazu kommt, daß Du eine Art Tradition begründen solltest; man darf ruhig wissen, daß der Januar sozusagen Dein Monat ist. Ich halte von festen Zeiten viel; das braucht der Mensch, schon um sich der Versuchungen leichter zu erwehren. Also: tu' mir das nicht an, daß Du unsicher wirst! Das wäre von hier aus betrachtet ein ganz schwerer Schaden. Hätte ich die Tagung um mich allein sammeln wollen, so hätte ich sie kleiner aufziehen müssen. [NN.] kommen nicht (was wohl gar nicht schlimm ist). Aber bei Dir ist das etwas anderes! Wir sind jetzt so weit, daß wir bestimmte Furchen in den Acker ziehen. Dabei muß man so grade als möglich pflügen, damit unsre kommende Generation den richtigen Elan gewinnt. Und da wir zum Unterschied von den Barthianern ganz neu angefangen haben, müssen wir eine feste Ordnung einhalten, und gerade auch deshalb, weil wir nicht dulden wollen, daß sich die Probleme selbst verhärten. So muß es dabei bleiben: im Oktober bist Du bei der Tagung und im Januar an der Hochschule, lieber Gerhard! Ich bitte Dich ebenso dringend wie herzlich: wanke nicht! [...] ‹Endlich: ist Dir das recht, so trage doch bei der Tagung schon etwas über den Glauben vor!›[8]

Auch aus einem anderen Grunde ist es sehr gut, daß wir zweimal, also im Oktober und im Januar, zusammenkommen, ich meine jetzt Dich und mich: ich bin daran, den Glauben gegenüber meinen bisherigen Aussagen ganz neu zu präzisieren. Ob ich damit Recht habe, muß ich unbedingt zur Diskussion stellen. Bisher drohen zwei Gefahren: 1. von Baur und Bultmann her: daß der Glaube vom Negativen her bestimmt wird, als non-imputatio peccati, so sehr das Luther ist, und damit letztlich als Konsequenz aus dem Judentum, nämlich als aus dem Mangel selbst herausgesponnener Zuspruch. Zwar steckt im Glauben eine Negation. Aber diese ist neu zu bestimmen. 2. die andere Gefahr ist die m. E. besonders bei Bultmann drohende, daß man, während man das Sakrament eliminiert, aus dem Glauben selbst ein Sakrament macht, also so: verbum accedit ad me et homo fit sacramentum. Der Erfolg ist dann, daß man andauernd „theozentrisch" reden muß, um das Göttliche nicht mit dem Menschlichen zu verwechseln. Dadurch wird das Menschliche zweideutig und immer nur im Glauben eindeutig (wobei sich die Zweideutigkeit des „Sinnes"[9] unsres Tuns, wie sie etwa von Dilthey her aufgedeckt werden kann, mit der geistlich verstandenen Zweideutigkeit unsrer Existenz coram Deo merkwürdig mischen kann!). Der Glaube bleibt dann in einem antipsychologischen Zug gerade dem Psychischen verhaftet. Nun sage ich selber 3.: der Glaube bezieht sich ganz allein auf den Unterschied zwischen Gott und Mensch, während die Sünde diesen Unterschied stets verwischt. Aber: der Mensch ist gleichwohl im Guten und im Bösen der „Konkurrent" Gottes, weil der Mensch ein Handelnder ist und als Handelnder stets selbst anzufangen hat, ja für sein Anfangen gerade verantwortlich bleibt. Nicht die Existenz im Man ist die Sünde, sondern stets die Existenz in der Eigentlichkeit. Was also Sünde ist, läßt sich anthropologisch gar nicht exakt bestimmen. Sünde ist Verzweiflung an *Gott*[10] und im Blick auf uns Lüge. Die Verzweiflung tut so, als habe Gott nichts für uns getan, als sei er gar nicht da. Aber der Glaube hört und glaubt, daß uns Gott schon voraus ist und daß wir, für uns selbst, gerade nichts zu tun, gerade nicht anzufangen haben. Das Interesse des Glaubens hängt nun ganz am Werk Gottes und gibt die Werke des Menschen frei. Gott ist Gott, wenn der Mensch Mensch ist. Der Imperativ hat bei Paulus gar nicht den Sinn, unsre Existenz aus Gott und zu Gott zu „realisieren", als gälte es, immer neu sich der Entscheidung des Glaubens, jener Bultmannschen Sinnentscheidung, zu stellen, sondern dieser Imperativ hat den Sinn, das Menschliche unsrer Existenz offenzuhalten, damit wir das Verständnis für das Göttliche behalten. Die Tendenz des Glaubens geht also dahin, das Endliche endlicher werden zu lassen, weil das Göttliche göttlicher werden will. Nun läßt sich aber der Imperativ noch konkreter bestimmen: dieser Imperativ schickt uns in den Kampf mit der Natur! Das meint Paulus mit seinem sarx-Begriff, der weder zu eng noch zu weit gefaßt werden darf. Und was tut Gott? Gott wirkt grade auch in der Natur und verteidigt sie gegen uns. Und hier steckt nun die entscheidende Negation: die Natur wird verneint und doch zugleich bejaht. In diesem Vorgang eröffnet sich dann die nuda misericordia dei angesichts der nuda miseria des Menschen — und, so meine ich, diese Konzeption wird auch Luther noch besser gerecht als die Bultmanns. Ich meine nun, man könne am Sakrament, besonders am Herrnmahl, zeigen, daß dem so ist. Denn der Glaube unterscheidet nun den Menschen von sich selbst, indem er ihn wenigstens[11] prinzipiell von der Natur unterscheidet, und er einigt den Menschen mit dem vom Menschen grade ‹an der Natur›[12] unterschiedenen Gott, weil der Mensch, der eigentliche Mensch, sich als der ihm auferlegten Konkurrenz mit Gott nicht gewachsen zeigt. D. h. wir müssen handeln und können doch niemals vom Handeln leben! Dort dagegen, wo unsre Endlichkeit echt aufbricht, angesichts der Natur, zeigt es sich, daß wir vom *Wort*[13] leben. Dieses Wort ist Sprache Gottes in Geschichte *und*[13] Natur, Sprache der Gnade und der Strenge. Wir glauben, indem wir Gott beim *Wort*[13] fassen und gegen ihn an ihn selbst appellieren. Wir glauben also, daß sich das Wort auch angesichts der Natur durchsetzt, den Vorsprung behält. Und darin sind wir mit Jesus eins, nur daß ihn derselbe Vorsprung des Worts schon gegenüber der Natur verherrlicht, während wir noch je und je darauf warten, daß das Licht vom Wort her wie auf Jesus so auch auf uns fällt. Und so kann man sagen: der Glaube kennt den wunderbaren Schein, der wie auf das Antlitz des Gekreuzigten so auf seine Gemeinde fällt, indem er auf alles fällt. Die Heraufkunft dieses Scheins auf alles wird gerade im (eschatologischen) Herrnmahl gefeiert. So sitzt also das Interesse des Glaubens ganz bei dem Einen, daß uns Gott grade von der Natur her ins Helle tritt, wie

Herrmann[14] m. E. meinte. Der Glaube glaubt an das Wort vom Licht als an das Machtwort Gottes. Der Glaube glaubt so an *Eines!* Er sammelt um Eines. Er sammelt alle um Jesus, um von ihm her alles ins Licht getaucht werden zu lassen, 2.Kor 4,6. Und so glaubt denn der Glaube, daß Gott in Jesus *begonnen*[15] hat, uns *mit*[15] der Natur in die Schöpfung heimkehren zu lassen. Wer stirbt, der geht zu Gott, und die Erde soll ihm nicht mehr verfremdet sein. Was uns dann zum Besten dient, das ist und bleibt Gottes Sache und Arbeit. Die Theologie soll endlich aufhören, Gott die Arbeit abnehmen zu wollen. Glaube ich, so werde ich immer menschlicher, weil ich nun Gott in *meinem*[15] Bereich erfahre und mich nicht mehr überschlage, um das Göttliche extra zu bezeichnen! Das ist's. Grade weil ich zwischen Gottes Tun und meinem Tun recht unterscheide, bin ich in der Lage, von Gott *menschlich*[15] zu reden, in dem Meinen zu reden‹, ἐν Χριστῷ als ἐν πνεύματι!›[16]

Natürlich druckst Du in der ZThK! Fang doch gleich im kommenden Heft an! *Hier*[17] suchen Dich unsre Leute; die ZThK darf nicht Lücken bieten!

Nun für heute ist das Stoff genug! Ich freue mich Deines nächsten Briefes! Von Herzen

Dein Ernst.

---

[1] 2 S. ms.
[2] Außerordentliches Neutestamentliches Seminar Berlin. Gesamtthema: Das Sakrament bei Paulus. Die Zahl der Teilnehmer betrug 142, vgl. Theologia Viatorum VI, Jahrb. der Kirchlichen Hochschule Berlin 1954—1958, hg. von G. Harder, 1959, 138.
[3] Prof. D. Dr. Manfred Mezger, der vom Beginn des Wintersemesters 1956/57 bis 1. April 1958 eine Professur für Praktische Theologie an der Kirchlichen Hochschule Berlin innehatte und dann einem Ruf nach Mainz folgte.
[4] Nachträglich ms. +.
[5] Vom 8. bis 11. 1. 58 hielt ich Vorlesungen über „Der Glaube bei Jesus und im Urchristentum" und ein Seminar über Luthers Thesen De fide von 1535 (WA 39, 1; 44—48). Vgl. Theol. Viat. VI (s. o. Anm. 2), 137.
[6] Nachträglich ms. +.
[7] Hs. +.
[8] Hs. +. Am 16. 10. 58 trug ich eine Erörterung über die Rolle des Glaubens innerhalb der Christologie vor.
[9] Anfz. hs.
[10] Ustr. hs.
[11] Hs. +.
[12] Hs. +.

[13] Ustr. hs.
[14] Vgl. Anm. 16 zu Br. v. 9. 10. 56.
[15] Ustr. hs.
[16] Punkt hs. in Komma geändert und das Folgende hs. +.
[17] Ustr. hs.

[Berlin] 29. 10. 1957[1]

Mein lieber Gerhard!

Du wirst jetzt schon tief im Semester stecken, während bei uns erst in der kommenden Woche mit den Vorlesungen begonnen wird. Ich berichte Dir über die Zeit zwischen Deiner Abreise[2] von hier und dieser kommenden Woche, indem ich diese Gelegenheit benütze, mir einige Gedanken noch einmal klarzumachen, die meine kommende Arbeit lenken sollen, sodaß Du, wenn Du im Januar kommen wirst, weißt, wie alles hier weitergehen sollte.

Zunächst zum äußeren Gang! M. Mezger[3] referierte am Donnerstag, 17. 10., über das Problem des Elements im Sakrament. Die Aussprache darüber war lebhaft, obwohl M. Mezger durch eine bei ihm ausbrechende Grippe stark behindert war, deren Folgen sich noch jetzt bemerkbar machen. Ich mußte den letzten Tag, also den Vormittag des 18., allein bestreiten und tat das in über zwei Stunden sich erstreckenden freien Ausführungen, aber in guter Laune. Dabei fand ich nun den zu meinem Referat[4] notwendig noch hinzuzufügenden Gedanken; für *mein* Bewußtsein ein großes Geschenk: man muß konzedieren, daß Jesus sehr wahrscheinlich selber apokalyptische Erlebnisse nach der Art von 2.Kor 12, 1—5 kannte, wie die Rede vom „offenen Himmel" nahelegt. Während nun aber z. B. Riesenfeld[5] meint, Jesus habe dergleichen seinen Jüngern vertraulich erzählt, sage ich: gerade nicht, sondern er fing seinerseits von vorne an, indem er z. B. dieses „soziale" Mahl feierte; d.h. Jesus setzte die Wahrheit solcher Erlebnisse völlig aufs Spiel, indem er seinerseits mit der Zeit der Basileia begann. Das hatte zur Folge, daß seine Jünger nur diese *Tat* Jesu im Auge behalten konnten, wenn sie ihrerseits die Zeit der Basileia anerkannten, und es hatte ferner zur Folge, daß die Jünger auch ihre eigenen apokalyptischen Erlebnisse an Ostern usw. nicht unmittelbar als Ausgangspunkt ihres eigenen Tuns in Anspruch nehmen durften, wenn sie in der Bahn von Jesu Tat bleiben wollten — eben deshalb hat Paulus *nur*[6] den Glauben zum Inhalt des Gottesverhältnisses gemacht. Jesu Tat ist also höchst sonderbar und auf nichts anderes reduzierbar, d. h. die Zeit der Basileia weist sich selbst aus, indem sie einfach ihren Anfang nahm, ohne daß die Nachfolger etwas anderes tun könnten, als daß sie eben gleichfalls entweder diese Zeit zur Voraussetzung ihrer Existenz machen oder eben wie die „Welt" sich den Grund oder Ursprung ihrer Existenz selber verschaffen. Das besagt: Jesus hat *verstanden*[6], daß Gott der Ursprung unsrer innerzeitlichen Existenz werden wollte und daß er grade so das Jenseits unsrer innerzeitlichen, endlichen Existenz bleibt. An unsrer Übernahme der *Endlichkeit*[6] weist sich aus, ob wir Zukunft haben. Geschieht das, so ist der Himmel auch für uns „offen", Gott offenbart sich *als*[6] Gott. Diese Offenbarung weist sich nur daran aus, daß sie *inner*zeitlich[6] von Gottes Kommen und Gekommensein spricht, daß sie uns also dazu antreibt, *über* Gott zu reden. Die christliche Rede über Gott unterscheidet sich von der traditionellen Rede über Gott ganz allein darin, daß sie existentiell bleibt, d. h. daß sie sich ausdrücklich auf Jesu Tat bezieht. Und Jesu Tat bleibt Tat, weil sie gerade verdeutlicht, daß wir das Jenseits unsrer Existenz, den Ursprung, Gott, nur im Diesseits, nur da haben, wo wir wie Jesus damit beginnen, diesen Ursprung als das uns zufallende Geschenk zu existieren, wie das Jesus mit den Zöllnern und Sündern tat. So wird das Endliche endlicher und Gott göttlicher. Da sich aber unser so Existieren auf Jesu Tat zurückbezieht, ist *unsre*[6] Tat zugleich Stellungnahme zu Jesus. Hier schließt nun gleich die in Jugenheim[7] verhandelte Hauptfrage an: warum bleibt unsre Tat auf Jesu Tat zurückbezogen? Meine Antwort lautet: weil unser christliches Existieren teilweise gelingt, sodaß wir alle Ursache haben, gegenüber den endlichen Anfechtungen in der Welt, angesichts der christlichen Rückschläge, die ja Erfolge voraussetzen, nun nicht auf uns zu blicken und so die Zukunft zu verlieren (wozu eine feine Gegenwart verlockt), sondern die *Kontingenz*[8] der Offenbarung darin festzuhalten, daß sie eben in Jesus selbst, mit ihm, angeboten war. Gerade deshalb ist die *Kontinuität*[8] der Geschichte der christlichen Existenz ihr Bestes. Denn diese Kontinuität zeigt nicht nur die Verfälschungen, sondern zuvor und mit ihnen bzw. neben ihnen, daß es möglich ist, an Jesus festzuhalten;[9] daß er also recht daran tat, gerade nicht apokalyptisch zu belehren, sondern die Freiheit von der Nötigung zum Existenzgrund *als*[10] Freiheit zu üben, kurz, eben zu praktizieren. Wie jene „Begehung"[11] bedacht sein will, um dann herausgeworfen zu werden, so will das apokalyptische Erleben bedacht sein, um dann ebenfalls herausgeworfen zu werden! Das ist die sich methodisch ergebende Pointe. ‹(Vgl. 2.Kor 5,7!)›[12]

Ich habe das in Jugenheim[13] nicht so deutlich entwickelt, weil ich mir meinen Gedanken nicht nehmen lassen wollte. Aber ich machte von ihm Gebrauch und bin so Bultmann gegenüber im Vorteil geblieben, der meine Methode nicht durchschaut hat. Aber er fragte dann doch auch selber, inwiefern die Predigt schon[14] zu Jesus gehörte, wenn doch Jesus in die Predigt gehöre; das war ein Fortschritt, bei dem man ihn behaften kann. —

Die Sozietät in Stuttgart brachte ich dazu, beieinander bleiben zu wollen. —

Inzwischen kündigte ich nun an, daß wir, Du und ich, 1958 an Römer 7 herangehen wollen. Das werden wir im Januar ja besprechen. Jedenfalls bin ich guten Muts und freue mich unseres Zusammenseins, lieber Gerhard! Hoffentlich bist Du mit den Deinen wohlauf! Für heute [...]

Dein Ernst

---

[1] 2 S. ms.
[2] Ich mußte das Ao-Seminar (s. Anm. 2 zu Br. v. 24. 7. 57) vorzeitig verlassen, um bei einem Gespräch zwischen EKU und VELKD ein Referat zu halten. Vgl. meinen Aufsatzband Wort und Glaube I, (1960) ³1967, 161—191.
[3] S. o. Anm. 3 zu Br. v. 24. 7. 57.
[4] E. Fuchs hatte am 15. 10. 57 im Ao-Seminar einen Vortrag über „Das urchristliche Sakramentsverständnis" gehalten. Unter diesem Titel veröffentlicht in der Schriftenreihe der Kirchlich-Theologischen Sozietät in Württemberg H. 8 (1958) ²1965.
[5] Prof. Dr. Harald Riesenfeld, Uppsala.
[6] Ustr. hs.
[7] Theologischer Arbeitskreis Alter Marburger, 21.—25. 10. 57 in Jugenheim.
[8] Ustr. hs.
[9] Komma hs. in Semikolon korr.
[10] Ustr. hs.
[11] Vgl. in dem o. Anm. 4 zitierten Aufsatz S. 5: „Ich gebrauche zunächst um der Unbefangenheit der Exegese willen den religionsphänomenologischen Sakramentsbegriff und definiere das Sakrament fürs erste als eine ‚Begehung'. Eine sakramentale Begehung will sich Göttliches oder eben Übermenschliches oder Übernatürliches mittels eines magisch wirksamen Aktes aneignen, versteht also das Sakrament als δρώμενον, d. h. ex opere operato. Ich gehe also davon aus, daß das Phänomen des Sakraments vorchristlich ist."
[12] Hs. +.
[13] S. o. Anm. 7.
[14] Hs. +.

Berlin, 26. 2. 1958[1]

Mein lieber Gerhard!

Deine Thesen über den Glauben[2] finde ich ganz ausgezeichnet — ich danke Dir herzlich, schicke Dir aber diesen Aulavortrag nicht gleich zurück! [...]
Ich finde freilich, daß Du Deine Sachen drucken sollst. Je früher, desto besser. Der neue Vortrag, die Vorlesungen hier, die Erwägungen zur Christologie usw. Ich rate nicht zu einer Reihe, sondern zu einer gesonderten Broschüre. Das wird Mohr ja auch noch schaffen!
[...] Ich muß mir immer wieder vorsagen, daß es normal ist, wenn der Mensch im Amt seinen Aufgaben nicht gewachsen ist[3]. Und meinen Studenten, die sehr an mir hängen, sage ich, daß jeder gut tut, es in den wenigen Jahren seiner Lebenszeit mit Jesus zu halten, ohne viel nach rechts und links zu sehen, und wohl zu bedenken, daß der Mensch von uns im Stillen erwartet, daß wir eben bei ihm stehen. Und mein letzter Satz im Kolleg am Donnerstag wird lauten: „Gott ist das Wort und behält das Wort, weil er allein erhört." So hat Bach in der Johannespassion jenes „er neigte das Haupt" interpretiert; vgl. 2.Kor 1,20. Das „Wort"[4] sagt Dir, wer Dich *anhören*[5] will. Also: im Anfang war der, der anhören will und kann. Er heißt dann mit Recht der Vater. Das ist der Name, den er sich in Jesus gab. So gilt: 1. Der Mensch soll sich in Gott wiedererkennen (als was? 1. Art.). 2. Gott will sich im Menschen wieder erkennen (2. Art.). 3. Gott will Jesus in uns wiedererkennen (3. Art.), und zwar den historischen Jesus! Ich kann noch weitergehen und sagen: Gott *hat*[5] so erkannt (äußere Trinität), ja, Gott allein ist der Erkennende (innere Trinität), um den Dogmatikern eine Freude zu machen und meine Studenten in der Dogmatik nicht hilflos zu lassen. Aber ich streite über solche Sätze nicht. Das mußt Du also mit Vogel[6] und Anderen ausmachen. Mir macht es nur Spaß, auch mal dazwischen zu ballern.
Nun, Du siehst, ich mag nicht unglücklichen Stimmungen nachgeben. Im Kolleg sagte ich, wir wollen es mit David halten, der wieder aß und trank, als das Kind tot war[7]. Du kannst natürlich sagen, ich hätte mich eben an das Essen saurer Trauben gewöhnt. Aber die Fabel sagt es anders. Und ganz ohne süße Kost verläuft mein Leben glücklicherweise nicht. Dafür hast ja wahrhaftig auch Du gesorgt, lieber Gerhard! Vielleicht bin ich ab 5. März in Württemberg, für eine Woche. Ich weiß es

noch nicht. Nun nimm herzliche Grüße v. H. z. H. und sei vergnügt und erhole Dich!

Immer Dein Ernst

[1] 1 S. ms.
[2] Was heißt Glauben? SgV 216, 1958. Am 20. 2. 58 als Aulavortrag in der Universität Zürich gehalten.
[3] Nimmt Bezug auf vorher kurz erwähnte enttäuschende Vorgänge in Berlin.
[4] Anfz. hs.
[5] Ustr. hs.
[6] Prof. D. Heinrich Vogel an der Kirchlichen Hochschule Berlin.
[7] 2.Sam 12,15—23. Vgl. o. Anm. 3.

Berlin, 7. 5. 1958[1]

Mein lieber Gerhard!

Gestern früh kam Dein Brief, gestern mittag Dein Manuskript[2]. Ich setzte mich gleich hin und studierte das Ganze durch, so gut ich es vermochte; Du kennst mich ja: wenn Gerhard Exeget wird, werde ich nicht widerstehen — obwohl ich jetzt, in diesem Augenblick, ein leises und halb spöttisches, halb unsicheres Lächeln auf Deinen jugendlichen Lippen liegen sehe... Du wirst in meiner Erinnerung immer jünger! Ob das der innere Weg des Menschen ist: daß er äußerlich so ungemein erfahren und innerlich so unmittelbar wird, wie er es als Kind nicht sein konnte? Dann würde ja jeder seine Eltern durch sich selbst zu ersetzen haben, um im schönen Gegensatz zu seiner vita am Ende ganz er selbst zu sein, der kleine Gerhard z. B.?! Also dazu bist Du unterwegs, Lieber, und bedarfst meiner Hilfe nicht! Irgendwo hört auch das Wort des Freundes auf, hilfreich zu sein. [...]

Also zu Deiner Arbeit! [...] Es ist doch merkwürdig, daß im AT tatsächlich das Wort zwischen Gott und dem Menschen und den Menschen untereinander steht. Warum nicht einfach Taten oder Eindrücke, Gefühle? Deshalb, weil es um Israels Sein geht, das eben nur als angesprochenes, verheißendes Sein „besteht"? War das Königtum ein Abfall, also die staatliche Wirklichkeit, dann ist der Sitz im Leben für den Glauben das Wort und für das Wort nicht der gewisse, sondern der zu sich selbst zurückkommende, der freie Glaube. Macht der Glaube frei? Frei dafür, daß ein Mensch (in Israel) seinen Weg so geht, wie er seinen Gott Gottes Weg gehen sieht? Dann sagt das Wort, was bei Gott ist, und verbindet sich mit einem Sehen, wie es dem Glauben erschlossen ist. Für das NT bedeutet das, daß freilich der Glaube an Gottes Allmacht partizipiert[3], aber so, daß ihm die Lust vergeht, dergleichen auszuüben. Ihn bewegt vielmehr die „Möglichkeit", die ja von der Sünde bestritten wird. Freilich ist bei Gott Wirklichkeit, was wir nur als Möglichkeit kennenlernen und — bestreiten. Aber Gottes Wirklichkeit gliedert die unsrige etwas anders als wir, so, wie und daß sich die Glaubenden (erfüllt) verstehen. Und auch dabei geht es um die Erfahrung der Freiheit, die mir immer gefällt, ob ich nun unmittelbar daran teilnehme oder nicht. Wie könnte es auch ‹‚ganze"›[4] Freiheit geben, solange wir von Sterbenden umgeben und von Gestorbenen verlassen sind? Diese eschatologische Mystik — so nennt man das wohl — ist nur solange geheimnisvoll, als wir ungläubige Kategorien auf sie anwenden. Der Glaube wird niemals einen Berg ins Meer stürzen lassen, weil dies das Gericht über diejenigen wäre, die auch er liebt. Ich halte 1.Kor 13,2 für jüdisch und nur die Senfkornpointe für Jesu Ausdruck dabei: wer auch nur mit einer Zehe innerhalb der Gottesherrschaft steht, der versteht: Gott schützt uns im Glauben gerade auch vor sich, vor Gott. Mit großen Herren ist nicht gut Kirschen essen, weiß sogar der Rabbi. Und Jak 2,18 ff, Hebr 11,6; Hermas mand I,2 gehören m. E. ins vorchristliche Judentum, das das Glaubensbekenntnis zu dem Einen Gott als das erste Werk des dem Menschen geziemenden Gehorsams ansah, wie ihn Abraham hatte. An 1.Kor 8,6 sieht man dann, wie diese Glaubensformel vom Christentum weiterentwickelt wurde. Die Sentenz, Dein Glaube hat Dich errettet, kann ich nicht von der Taufsprache trennen, in welcher es doch grade um solche persönliche Errettung geht. Paulus betont dann vom Gewissen her diesen persönlichen Glauben in Röm 14,4.5.22. Jesus schilt wohl das ungläubige Geschlecht. Aber er sah Gott in der Gottesherrschaft am Werk und wollte, man solle sich darauf einrichten: es hat keinen Zweck mehr, sich um das Recht zu streiten, wenn Gott am Werk ist und Recht schafft, — nicht bloß „sich holt", wie Käsemann sagt[5]. Der Glaube sollte bei Jesus so in der Schwebe bleiben, daß er einerseits ganz unsre, der Blinden Sache ist, die sehend werden sollen, und andererseits diejenige Umkehr ist, in der man weiß, daß wir nicht leben werden, solange gestorben wird. Alles andere mitsamt der

Partizipation an der Allmacht würde ich auch bei Sokrates zu finden meinen, grade auch diesen Glauben, der noch nicht *alles*[6] mit den Toten, mit der Welt Ende, mit der neuen Schöpfung zusammendenkt, wie es aber[7] Jesus m. E. tat. Dein schmaler Grat ist m. E. zu lexikographisch bestimmt. Ach, nun hast Du so viel erarbeitet! Was soll ich sagen? Ich finde, es geht bei Jesus nun einmal nicht ohne die Gottesherrschaft, die er ja auch modifiziert hat, und bei Dir steht eben doch immer wieder die Terminologie Luthers im Hintergrund, sozusagen als Muster aus der Modezeitung, — nicht wahr, ich darf meinen blöden „Witz" spielen lassen, als schriebe ich garnicht, sondern wir unterhielten uns eben? Mir gefällt auch die Kategorie des „Ganzen" nicht mehr; sie ist griechisch, obwohl sie ihr Gegenstück, das Punktuelle, überwindet. Aber um welchen Preis? Wahr ist das extra se. Aber Gott als die Möglichkeit (insofern sicher als Zukunft!) ist schon in sich genug: der Mensch vereinigt sich nie mit Gott — eben darum vertrete ich keine „Mystik" (im handelsüblichen Sinn) —, sondern er ist und bleibt Mensch, insofern „ganz" angewiesen auf Gottes Werke. Aber: Gottes Werke beziehen sich nun nicht mehr auf Israel, sondern auf die Gottesherrschaft, auf die Einheit von Leben und Tod, aber nicht wie bei Sokrates, sondern so, daß Gott dem Menschen das Leben schenkt, indem sich Gott vor dem Menschen als der Gott der Toten ausweist. Deshalb bezeugen Jesu Leidensweissagungen, die unhistorisch sind, mehr von ihm als alle seine Worte, sobald man sie auf Gottes Art und augenblicklichen Willen bezieht, dem Menschen die Steige zu ebnen, auf denen uns die Toten begegnen, wenngleich noch nicht erscheinen. Jesus räumt in der Welt auf, weil Gott grade im Hades aufräumt, mit allen Unterschieden, die dabei walten. Mir liegt an der *lokalen*[8] Parallele zwischen Gottes und unsrem Bezirk, obwohl diese Parallele nur zum soteriologischen Zweck von Gott gezogen wird und das Letzte noch nicht zeigt: daß Gott fortwährend „schafft". Also ist der Glaube das religiöse dolce far niente, das weiß, daß der sündige Mensch den Bezirk des Tuns verdirbt, weil er auch *religiös*[8] handeln will, während doch Gott und Mensch, jeder auf seine Art, zusammenwirken würden im echten, je Gott und dem Menschen angemessenen Beieinander, wenn der Mensch das Religiöse Gott überließe. Das Wort Mt 17,20 meint dieses Beieinander: Glauben? haltet euch erst einmal an mich, dann wird sich finden, was das erste Gehorsamswerk des Glaubens sein wird, ihr Vorwitzigen! Also auch dies ein Kampfwort? Ich denke wohl. Übrigens behält sich Bultmann im Jesusbuch vor, ob er trotz seines Gebrauchs davon ein derartiges Wort für authentisch erklären würde; sei vorsichtig (A. 77[9]). Was sagen denn

Moore, Montefiore, Loisy, Black? Was Du von Wolfson[10] bringst, bewegt mich; der scheint gut zu sein.

Siehst Du, ich mache Dir bloß Schwierigkeiten! Hättest Du mich nur nicht gefragt! Selbstverständlich kannst Du das Ganze drucken und wirst sicher Erfolg haben. Aber ich habe nun einmal eine andere Optik, andere exegetische Assoziationen, das ist das Dumme, und ich fürchte, Dein eigenes Resultat nimmt schon zuviel vorweg, was Gott selbst betrifft. Barths höhnischer Einwand ist nicht unberechtigt, solange z. B. nicht auch das herauskommt: grade der Glaube ist Tat des *Menschen*[11], etwas, wofür er selbst verantwortlich ist und was er deshalb Gott schuldet, sobald Gott gesprochen hat. Grade um dessen willen, was schon geschehen ist, mutet Gott den Glauben zu, sobald einer merkt, daß Gott so gehandelt hat, daß der Zusammenhang dieses Handelns Gottes selbst wieder nur im Wort zugänglich ist. Es geht also darum, *was* einer vom Wirken Gottes zu *sagen*[11] hat. Und dieses Was ist dem Glauben jeweils erschlossen, Enttäuschungen hin oder her — ‹die interessieren›[12] den Glauben garnicht. Der wortkundige Jesaja kann gar keinen Glauben erwarten und weiß das auch — er ist Gerichtsprophet. Nur deshalb spricht er vom Glauben. Meinst du nicht? Der Glaube ist also ein Wissen. Jesus weiß. Daß der Glaube dann betont auftritt, kommt davon her, daß der Glaube als Gehorsamswerk des Bekenntnisses zu Gott von Jesus zu sprechen hat, weil Jesus selber Gottes Werk für uns geworden ist: *das* weiß der Glaube jetzt. Jetzt weiß der Glaube auch noch, was uns zu *tun*[13] bleibt: miteinander in der Erwartung von Gottes Weiterarbeit zu leben und damit zu beweisen, daß der Mensch in dieser Erwartung so zu leben vermag, wie das in dieser Welt noch nötig ist, solange Gott das Bessere zurückhält. Aber er hält nicht alles zurück. So sind z. B. Christen imstande, dem Nächsten gerecht zu werden, ihm das Wort zu gönnen und das Wort zu hüten, das zwischen Menschen wirkt. Und grade an ihren Möglichkeiten zum konkreten Wort ermessen sie, an welcher Ecke Gott grade mit seinem Besen hantiert. Jenseits und Diesseits gehen passim ineinander über, ohne zu verschmelzen, und doch wechselt die Situation dauernd. So wäre am Ende der Glaube die jeweilige Möglichkeit eines von Gott her und zu Gott hin Sagens? Ja, nicht mehr und nicht weniger. Ich ahne, daß Du auf so etwas hinauswillst, aber ich fürchte tatsächlich, daß Deine Strukturanalyse zu sehr irrlichtert, weil Deine Basis in der Tat zu schmal, zu wenig vorformend war, sodaß ein Gemisch von Beobachtungen und doch sehr persönlicher Reflexion entstand: ist der Satz von der Erweckung des Glaubens S. 21 o.[14] so richtig und zwingend? Ist es richtig, den Glauben als „Gewißheit" zu kennzeichnen, S. 25 u.[15], während doch der Glaube sich um Zweifel überhaupt nicht mehr kümmert? [...][16]

Ich will mich schwach machen und Dir ein Protokoll meines W.S.-Seminars schicken, um einiger Einzelheiten willen. Aber ich weiß nicht, was ich Dir raten soll. Deine Arbeit flattert zum Schluß, wie mir scheint. Das liegt am Sachverständnis. Vielleicht störe ich Dich auf einem für Dich einfach notwendigen Weg. Du kannst auch sagen, ich selber bewege mich auf einem Dir viel zu expressionistischen Wege. Und es ist wahr: die Freundschaft und das gegenseitige Verstehen dürfen nicht dazu führen, daß man sich behindert. Ich wehre mich eben gegen das „Ganze" als Struktureinheit, wenn auch nicht als Ziel (dagegen wehre ich mich nicht, obwohl wir da Überraschungen erleben werden), und ich möchte, daß grade bei Jesus so viel wie nur möglich offen bleibt. Die lexikographische Verlegenheit gehört Jesus gegenüber zur Sache — was Du ja auch meinst. Glaube wird eben ganz und gar zur vox theologica, und so auch gegenüber Jesaja und Herrn Weiser[17] etwas noch einmal anderes und Neues, so wie die Taufe etwas anderes und Neues ist gegenüber jeder Lustration. Und ich bin immer noch davon überzeugt, daß pisteuein für das Urchristentum erst in der Taufsprache die das Wort prägende Bedeutung gewinnt — als Verb des Sagens, wie homologein, und zwar des Sagenkönnens, ja Müssens. Der Glaube sieht halt ganz auf Gott ‹; Gott hat es ihm ermöglicht.›[18]

Nun will ich Dein Manuskript noch etwas behalten, falls Du mir antworten willst. Tue, was Dir ein guter Schlaf eingibt, und halte mich für befangen, befangen in einer eigenen Konzeption. —

Wir fingen das Semester diese Woche an, wenigstens ich. Morgen muß ich bei der Immatrikulation predigen; ich rede über Sokrates und Jesus und lasse nur darin einen Unterschied zu, daß Gott eben bei Jesus mehr gesagt hat als in Delphi. Mein Kolleg, Johannes, ist recht groß, etwa 200 oder 190. Nun, das wird schon wieder abnehmen. Immatrikulierte haben wir trotz Mezgers Abgang[19] über 315; dazu kommen die bekannten Gasthörer; es geht also stark auf 400 zu. [...]

Mein lieber Gerhard, ich danke Dir und wünsche Dir und den Deinen ein recht schönes Semester! Herzliche Grüße v. H. z. H.!

Dein Ernst

¹ 5 S. ms.
² Jesus und Glaube, ZThK 55, 1958, 64—110, abgedr. in Wort und Glaube I, 203—254.
³ Vgl. aaO (Anm. 2) 105 ff. oder 248 ff.
⁴ Hs. +.
⁵ E. Käsemann, Neutestamentliche Fragen von heute. ZThK 54, 1957, 1—21. Abgedr. in: Ders., Exegetische Versuche und Besinnungen, 2. Bd. 11—31. Die zitierte Wendung: 15 bzw. 24.
⁶ Ustr. hs.
⁷ Hs. +.
⁸ Ustr. hs.
⁹ Die Ziffer bezieht sich auf das Manuskript. Im Druck (s. o. Anm. 2): 92 Anm. 4 oder 234 Anm. 80.
¹⁰ AaO 80, 85 oder 220 f, 226.
¹¹ Ustr. hs.
¹² Ursprünglich: „das interessiert", hs. korr.
¹³ Ustr. hs.
¹⁴ AaO 98 oder 241.
¹⁵ AaO 104 oder 247.
¹⁶ Eine technische Korrektur.
¹⁷ Bezieht sich auf meine Zitierung von A. Weiser, ThW VI, 182—197 aaO 69—72, 76 oder 209—212, 217.
¹⁸ Punkt hs. in Semikolon korr. Das Folgende hs.
¹⁹ S. o. Anm. 3 zu Br. v. 24. 7. 57.

Berlin, 13. 7. 1958[1]

Mein lieber Gerhard!

[...] Mein Referat beim Theologentag[2] hat scheint's Eindruck gemacht. Vogel[3] war es neu, daß ich[4] über Jesu Logien zum Logos vordringen wolle, wie er mein Vorgehen definierte, und ich bestätigte ihm, daß ich in der Tat den historischen Jesus für den Gegenstand des Glaubens halte. Meine Zwischenbemerkung bei jenem Referat, es gehe nicht um den homo coram Deo, sondern um den Deus coram homine[5], bewegt ihn sichtlich. Ich sagte ihm, das Soteriologische sei überhaupt nur ein Hermeneuticum; es käme auf die Offenbarung Gottes selbst an. Und jetzt füge ich hinzu: nicht der von Gott geliebte Mensch der Barthianer, sondern der vom Menschen geliebte Gott ist der Inhalt des Evangeliums.

Meine Joh.-Vorlesung — ich lese das ja zum ersten Mal! — ist dramatisch. Ich sehe jetzt immer deutlicher[6], daß und wie die Liebe selbst in diesem Evangelium das verschlüsselte Thema ist und daß ich Recht habe, wenn ich die Toten nicht weglassen will. In der Sozietät lesen wir ja Platos Kratylos; das setzen wir im Winter fort. Eine fantastische Sache: Plato bringt unter dem Schleier seiner Götternamenetymologien alle Bezüge seiner Seinslehre! Heidegger *muß* das genau kennen. ‹(!)›[6] Ich sage nun so: die Sprache ermöglicht als „onoma"[7] das Innestehen im Geliebtsein, d. h.: an der Möglichkeit des Namen*gebens*[8] entscheidet sich das Sein, *in*[8] dem einer ist. So weist der Name aus, worin du bist. Gleichzeitig birgt und verbirgt sich das Sein in dieser Sprache der Namen. So muß Jesus im Joh.-Evangelium den rechten Namen haben, den des Sohnes, weil die von ihm Erreichten, die Gefundenen und Erwählten ‹(nicht bloß: die Einzelnen!)›,[9] als damit *schon* Wiedergeborene im Geliebtsein die Möglichkeit gewonnen haben, den Vater und einander als die Liebenden deshalb zu *nennen*[10], weil sie in der Sendung Jesu den *Grund* für diese Namengebung empfangen *haben* — positiv ist der Glaube immer aoristisch ein Empfangenhaben; *nur negativ*[10] heißt es dann „nicht empfangen oder annehmen" im Präsens! Das habe ich entdeckt. Indem der Glaube Jesus ‹(als dem ὑπάγων)›[11] den jenem zustehenden Namen zu geben vermag, hat er das Insein in der Liebe zwischen Gott und der Welt gewonnen. Von diesem Grunde ‹(der geschehenen Erhörung!)›[11] hat der Christ seine Existenz, und die Liebe sorgt selbst für die ihr entgegenstehenden Schwierigkeiten, die nicht mehr soteriologische, sondern kosmologische Schwierigkeiten sind, in der aus ‹und in›[11] der Liebe erscheinenden zoe. — *Wahr* ist also, was oder wen Du zur Sprache zu bringen vermagst! Damit ist der Anschluß an meine Hermeneutik da, wenn ich noch sage, daß sich die Sprache im „Einverständnis"[12] sogar wie[13] lautlos ausschwingt, weil das Geheiß des Seins ergangen ist, z. B. im Abendlied ‹, das uns ins Sein „stimmt".›[14]

Na ja, ich muß Dir doch einiges Wenige streuen, damit Du schön brennst ... Also viel Glück in der neuen Wohnung! Meine Frau hat ziemlich ernstlich mit ihrem Magen zu tun; hoffentlich wird sie bald Herr drüber. Darum Wallgau. Nun aber herzliche Grüße von uns zu Euch!

Immer Dein Ernst

¹ 2 S. ms.
² Die Sprache im Neuen Testament. In: Das Problem der Sprache in Theologie und Kirche. Referate vom Deutschen Evangelischen Theologentag 27.—31. Mai 1958, hg. von W. Schneemelcher, 1959, 12—35.
³ S. o. Anm. 6 zu Br. v. 26. 2. 58.
⁴ Ursprünglich: „man", hs. korr.
⁵ AaO 29.
⁶ Hs. +.
⁷ Anfz. hs.
⁸ Ustr. hs.
⁹ Hs. +.
¹⁰ Ustr. hs.
¹¹ Hs. +.
¹² Anfz. hs.
¹³ Hs. +.
¹⁴ Punkt hs. in Komma korr., das Folgende hs.

Berlin, 6. 9. 1958[1]

Lieber Gerhard!

Als gestern Deine Nachricht kam, daß Du Dir den linken Arm gebrochen hast, wurde bei uns im Lauf des Tages der Beschluß geboren, meine alte „Erika" reparieren zu lassen oder aber beim Ankauf einer neuen Maschine in Zahlung zu geben. Das Ergebnis siehst Du hier an meinem kläglichen Versuch, die neue Maschine, eine „Torpedo", einzuweihen. Die ersten Versuche wurden von der Familie unternommen. Wie lange die angeblich unverwüstliche Maschine halten mag? Ob sie, wie meine liebe Maria will, als Erbstück glänzen wird? Diese technischen Wunderdinger versachlichen freilich mein und nicht nur mein Inneres vielleicht bis zur Betrübnis. Auf meiner alten Maschine konnte ich ein Blatt abreißen, während ich bei dieser neuen sofort entscheiden muß, wieviel ich schreiben werde, weil nichts abgerissen werden kann. Damit ist mir das Geheimnis Deiner Briefschreiberei weitgehend enthüllt, lieber Gerhard! Schon bevor Du das erste Wort schreibst, hast Du eine innere Bremse ausgelöst, also ein halbes Blatt eingespannt, und die Versuchung, Dein ganzes Herz endlich einmal wieder einfach wie einen Topf auszuleeren, ist glänzend gebannt. Ein Topf dieser Art könnte freilich nach Jeremia 1[2] auch allerlei Zorn enthalten. Aber Du weißt ja, auch Dein Zorn wäre mir ein liebliches Schauspiel, das ich freilich noch nicht erlebt habe. Statt so böse Worte wie Zorn zu gebrauchen, will ich denn zur Vorsicht doch lieber sagen: Gerhard in Fahrt ... Denn daß Du irgendwie in Fahrt bist, Gerhard, ist mir sicher. Ich wollte freilich, ängstlich, wie ich bei meinen Lieben bin, ich könnte oben drüber schweben und so ein bißchen da und dort Seitenwind geben. Und grade das wirst Du nicht wollen ... Kurz und gut, wisse, auch ich habe mir den Einstein-Infeld[3] gekauft und in den Ferien gelesen, auch meinen Sohn Martin interviewt, bevor der nach USA fuhr, als in in Wallgau bei uns war. Dazu las ich noch A. March[4], aus derselben Reihe. Weyl (Handbuch der Philosophie)[5] wird hinterher kommen. Aber das Wichtigste sind mir die Arbeiten von Stenzel[6], weil der etwas von Mathematik verstand, obwohl er Philologe war. Ich werde auch im nächsten Semester mit meiner Sozietät in der Lektüre des Kratylos fortfahren. Im übrigen bin ich der Meinung, daß ich erkenntnistheoretisch von den Mikrophysikern nichts lernen kann. Meine eigene Position kommt in der Dir übersandten Johannesschlußvorlesung[7] recht deutlich zum Ausdruck. Diese Vervielfältigung gibt es nur in einer ganz kleinen Anzahl von Exemplaren, sodaß ich weiß, wem ich eins davon gegeben habe.

Nun aber zu Deinem linken Arm! Lieber Gerhard, Du bist eben ein Sohn der Tiefebene, geboren in der Nähe eines damals noch nicht existierenden Berges[8], und solltest Dir recht deutlich klar machen, was Dir Deine alpinen Erlebnisse zu sagen haben: wer immer strebend sich bemüht, bei uns hinaufzuklettern, den senden wir, die Berge, zu seiner Ebene zurück, falls er dort zu Hause ist! Lieber, es gibt schon so etwas wie eine leibliche Heimat — ach, diese neue Maschine zeigt mir[9], wie heimatlich ich mit meiner Erika verbunden war — sie will sich auch nicht beherrschen lassen! So habe ich mir grade zur Abwechslung eine Brasil angesteckt — obwohl mir die Pfeife in der Regel lieber ist. Eine kleine Ekstase ist schon nötig, wenn man sich mit diesen Klapperkästen abgeben soll. Am Ende werde ich zu der Feder zurückkehren — das Klappern beleidigt mein Ohr. Links fängt das Untier ganz weich an, rechts klappert sie mit zunehmender Energie wie der „Bolero" von Ravel. Also Dein linker Arm! Wie war das mit dem Bein? Auch das linke? Herzseite? Es ist doch scheußlich: wer den Schaden hat ... und sogar unter guten Freunden! Aber ich will Dir ja nur zu Gemüt führen, daß ich mich mit Deinem Exil in Zürich nimmermehr abfinden werde. Daß ich trotzdem an Dir festhalte, dh sehr, sehr freundlich zu Dir bin, obwohl Du mir dieses

Zürich angetan hast, verdankst Du nur meinem Verständnis für Deine liebe Frau, der ich wirklich gönne, daß sie mindestens eine Weile glücklich war, in ihrer alten Heimat. Daß Du selber in Zürich heiterer geworden bist, bemerkte ich auch. Aber wir sind nicht dazu da, heiter zu sein, sondern, Du wenigstens, zu dem Zweck, die Theologie vorwärts zu treiben und dh doch wohl, näher an ihren Ursprung heranzuführen. Wo ist sie denn entstanden, die christliche Theologie? Bultmann meint ja mit Herrn Werner[10], bei der Enttäuschung der Jünger, also bei Petrus. Du weißt, daß ich das nicht glaube. Sie entstand, als man sich klar machte, warum man in Jesus alles empfangen hatte, was der Mensch auf dieser Welt von Gott bekommen kann, ob er nun links gebrochen ist oder nicht. Und diese schöne Aufgabe nachzuvollziehen soll also auch Dein Lebenswerk sein, lieber Gerhard! Damit bist Du ja wohl einverstanden. Dann vergiß aber auch nicht, dorthin zu streben, wo Dein Gebein in Ordnung bleibt! Nun, ich strafe mich Lügen, indem ich bekenne, daß auf so ein halbes Blatt doch schrecklich viel hingeht mit dieser Perlschrift, die ich nicht gewöhnt bin. Also sei es für heute ausgeklappert. [...] Du aber grüne weiter und laß mir die Lutherblätter[11] zukommen — es brauchen ja gar nicht so viele zu sein! Fast sollte man die Disp. De fide[12] noch einmal verwenden, finde ich. Nun aber Schluß! Meine Maria steht grade neben mir und kontrolliert den Vorgang sehr freundlich. Von ihr und mir an Euch die herzlichsten Grüße aus der Ebene des Klamottenbergs![13] Ich habe für 20. Okt. 9.30 Uhr PAA nach Frkf. gebucht. In Jugenheim[14] wohne ich im Hotel, wie immer, da, wo Bultmann wohnt. Angemeldet habe ich mich noch nicht.

Dein Ernst

[1] 2 S. eines halben Blattes ms.
[2] Jer 1,13.
[3] A. Einstein, L. Infeld, Die Evolution der Physik. Von Newton bis zur Quantentheorie, rde 12.
[4] A. March, Das neue Denken der modernen Physik, rde 37.
[5] H. Weyl, Philosophie der Mathematik und Naturwissenschaft, Handb. d. Philosophie, hg. von A. Baeumler und M. Schröter, Bd. II Abschn. A, 1928.
[6] Vermutlich: J. Stenzel, Zahl und Gestalt bei Platon und Aristoteles, 1924, ²1933. Ders., Sinn, Bedeutung, Begriff, Definition. Ein Beitrag zur Frage der Sprachmelodie. Jahrb. f. Philologie 1, 1925, 160—201. Separat 1958 in: Libelli Bd. XLIII. Ders., Metaphysik des Altertums. Handb. d. Phil. Bd. I Abschn. D, 1931. Ders., Philosophie der Sprache. Ebda. Bd. IV Abschn. A, 1934. Ders., Kleine Schriften zur griechischen Philosophie, hg. von B. Stenzel, 1956, ²1957.

⁷ Vom 24. 7. 58.
⁸ Der sogenannte Insulaner (Trümmerberg nach dem zweiten Weltkrieg) an der östlichen Grenze von Berlin-Steglitz.
⁹ Die unterste Zeile verläuft schief.
¹⁰ Prof. Dr. Martin Werner, Bern.
¹¹ Texte für das nächste Ao. Seminar.
¹² S. o. Anm. 5 zu Br. v. 24. 7. 57.
¹³ S. o. Anm. 7.
¹⁴ Theologischer Arbeitskreis Alter Marburger, 20.—24. 10. 58 in Jugenheim.

Berlin, 29. 10. 1958[1]

Mein lieber Gerhard!

Herzlichen Dank für Deine Karte! Gewiß sollst Du Dein Referat[2] drucken, schon um unsres Seminars 1959 willen! [...] Doch nun laß mich einen kurzen Überblick über die theologische Situation gewinnen!

1. Bultmann hält sich steif und fest an die Naherwartung Jesu, die er mir gegenüber *betonen* müsse, wie er mir sagte (im Unterschied zum Jesusbuch). Darin folge ich ihm nicht. Ich könnte sonst nicht einmal die Seligpreisungen verstehen (Mt 5,3 ff).

2. Das Ende der Geschichte. Gewiß, hier hängt vieles. Muß ich diesen Begriff aufgeben? Dann, wenn er ebenfalls durch die Naherwartung geprägt sein soll, gewiß. Aber ist das der Fall? Am Ende des Aufsatzes gegen Bornkamm verstand ich die Geschichte als Kehre[3]. Ich will sagen, die Geschichte enthülle sich an ihrem Ende als die Kehre, daß unser Tun statt Gott herbeizuzwingen vielmehr zum Weg Gottes zu uns und mit uns werde, sodaß die Geschichte eine Art Zugbrücke darstellt, die sich endlich niederließ. Aber das sage ich nur, weil ich den Unterschied zwischen Gott und Mensch festhalte. Kommt Gott, so kommt Der, auf den ich mich „einlassen" kann, wie Du in Berlin formuliert hast. Und dann ist der Mensch wirklich Mensch geworden.

3. Unser Tun. Weder das Gesetz noch das Fleisch noch die Welt sind die endgültigen Oberbegriffe für unser Tun, sondern unser Tun ist der Oberbegriff über Gesetz, Fleisch und Welt. Das läßt sich aber nur sagen, wenn wir verstehen, daß nicht wir die Geschichte „machen". Gott läßt geschehen. Aber wenn wir unser Tun nicht in seinen Grenzen halten können, dann wird die Geschichte unser verhängnisvolles Werk. Das ist aber die Situation auch des Christen in einer Welt, die nicht glaubt. So werden Gesetz, Fleisch und Welt unentbehrliche Kriterien für die rechte Un-

terscheidung zwischen Gottes und des Menschen Tun. Glaube ich an Gottes Kommen und Dasein, so merke ich, daß ich nur das tun soll, was ich wirklich tun kann, nicht mehr, aber auch nicht weniger. Und die Predigt sagt mir und hilft mir, Gesetz, Fleisch und Welt richtig zu interpretieren, d. h. deren Wandlungen mitzumachen, sodaß ich für Gottes Tun wieder frei werde.

4. Die Anfechtung. Sie besteht darin, daß auch der Glaube und gerade er sehen muß, daß auch Gott in seinem Tun verschieden verfährt, ja verfahren muß, weil es ihm um den Menschen geht. Weil Gott Gesetz, Fleisch und Welt nicht einfach dem Einzelnen zuliebe sozusagen glatt machen kann, stellt er Jesus vor mich hin und spricht: den sieh an, an den halte dich, solange ich mit Euch allen beschäftigt sein muß! So wird nicht Gottes Tun mit dem Ganzen, also die Heilsgeschichte, sondern der Glaube selbst zum Maß meiner Standortbestimmung coram Deo. Der Glaube wird also die Schmerzen der Liebe fühlen, die er nicht beseitigen kann. Und gerade so bleibt das Ende des Ganzen aus; die Toten werden nicht zu Gunsten des Einzelnen abgeschrieben, Gott bleibt Gott. Wohl aber wird nun klar, daß sich immer wieder das Sichtbare vordrängen wird, damit, ja damit mir Jesus, das wahre Wort Gottes, nicht entschwindet. Auch diese Situation können wir nicht meistern. Und so bleibt die Christuspredigt das rettende Wunder in einer auf das Ende noch angewiesenen Welt, 2.Kor 6,10. Der Glaube lehrt wohl die Wahrheit über Gesetz, Fleisch und Welt, aber er hat dabei Gottes Tun im Auge, auf das er sich erst nur einlassen kann.

5. Was ich vorhin die Schmerzen der Liebe nannte, nenne ich jetzt den Schmerz des Glaubens. Sollte ich von da aus wirklich den Zugang zu dem historischen Jesus verfehlen? Was ist denn schon Naherwartung, wenn es in Wahrheit um die Nähe Gottes selber und um das Ende des Bösen geht? Bultmann ist jetzt drauf und dran, Gottes Gegenwart im Auftreten Jesu zu verkürzen. Es geht nicht um Antithesen, sondern um Offenbarung selbst. Gib den Offenbarungsbegriff nicht auf!

Herzlichst

Dein Ernst

---

[1] 1 S. ms.
[2] Erwägungen zur Lehre vom Gesetz. Vorgetragen in Jugenheim (s. o. Anm. 13 zu Br. v. 6. 9. 58) am 21. 10. 58. ZThK 55, 1958, 270—306. Abgedr. in Wort und Glaube I, 255—293.

[3] Glaube und Geschichte im Blick auf die Frage nach dem historischen Jesus. Eine Auseinandersetzung mit G. Borkamms Buch über „Jesus von Nazareth". ZThK 54, 1957, 117—156. Abgedr. in: E. Fuchs, Ges. Aufs. II, Zur Frage nach dem historischen Jesus, 1960, 168—218. Dort 156 bzw. 217 f.

Berlin, 29. 11. 1958[1]

Mein lieber Gerhard!

Vergnügten Gruß voraus! Ich sitze hier am Vormittag des Sonnabend, hole Luft und schenke Dir das Produkt meines Sauerstoffs — womit denn auch der ganze Unterschied zwischen Natur und Geist angezeigt wäre. Denn ginge es um Natur, so bekämst oder hättest Du allenfalls eine Portion Stickstoff zu erwarten (da unsre Natur den Sauerstoff dazu benützt, uns von überflüssigem Stickstoff zu trennen — ein wahres, wenn auch platonisches apeikasma[2] des Todes). Nun sind wir aber erfreulicherweise Geist und haben manchmal auch dergleichen. Um dem nachzuhelfen, ist es uns verstattet, auch dazu uns des Sauerstoffs zu bedienen. So nehme ich mit meiner Natur Sauerstoff ein, um Dir über das Papier nicht Stickstoff, sondern Geist abzugeben, nicht als ob Du nicht selber genug von diesem Ungreifbaren hättest, sondern deshalb, weil den Geist nach Geist verlangt, wenn Paulus und Platon, jeder auf seine Weise, Recht haben. Solltest Du freilich gerade mehr[3] mit der vorhin angegebenen naturhaften Trennung beschäftigt sein, so habe ich Pech. Aber darauf will ich es ankommen lassen, weil ich ja sonst mindestens das Wagnis echter Existenz verfehlen würde. Und das wäre denn doch sogar ein Vergehen gegen den Advent! Denn auch dies ist ein Zweck dieses Briefes: er grüßt Dich zum Advent! Du wirst da ja noch manchen andern Gruß erhalten. Aber der meine ist auch dabei, mein Gerhard!

Nun zu den Geschäften!

Im Auftrage unseres Bruders Rektor[4] erinnere ich Dich an Deine Halb- und-Halb-Zusage, daß Du uns im Januar[5] wieder Deine neuesten Erzeugnisse auf dem Gebiet der systematisch-theologischen Überlegungen vorlegen und zueignen willst, damit wir Randsiedler einer theologischen Hasenheide wieder merken, daß es auch edleres Wildpret gibt. Unsre stille Anstalt nimmt am 8. Januar 1959 wieder ihre Anstrengungen auf, würdig und erzieherisch junge Menschen in ihre Hörsäle und Baracken

hereinzuholen. Um das nun mit mehr Zuversicht tun zu können und um
die ihr anvertraute erwartungsvolle Jugend nicht allzusehr zu enttäu-
schen, legt sie großen Wert darauf, Dir, unserem lieben Freunde, guten
Bruder und edlen Stern, durch mich, ihr geringstes Glied, das viel mit der
rechten Scheidung zwischen Natur und Geist zu kämpfen hat, eine aus-
reichende Zahl von Stunden beflügelter Rede als Neujahrsangebinde ums
Hälschen zu legen, eine Serviette des Geistes und der Liebe, und fragt bei
Dir an, wie Thema usw. anzukündigen sei? Am 8. 1. meine 2 Stunden
von 11—1 Uhr, am Nachmittag meine 2 von 5—7 Uhr zum Seminar
(De fide[6] Fortsetzung?), am Freitag und Samstag zus. 6 Stunden, am
Montag 12. zus. wieder 4 Stunden, — das wären 8 Vorlesungs- und 6
Seminarstunden, die aber noch zum 13. Januar ausgedehnt werden könn-
ten. Ich hörte gerne ein neues Stück Deiner Lehre von Gott — dieser
Begriff bewegt mich am meisten. Bitte, teile mir also die Themen mit.
Den Stundenplan wollen wir in unsrer Sitzumg am 10. Dez. endgültig
festlegen. Bis dahin sollte ich Deinen Bescheid haben. ‹Anderes Thema:
Das Gesetz!›,[17]

[...] Anderes, z. B. den von mir Siebeck vorgeschlagenen Plan, einige
Aufsätze von Dir, mir, Bultmann, Käsemann auf Englisch für Amerika
zu drucken, können wir dann besprechen. Ich werde auch meine Aufsätze
sowieso gesammelt herausgeben müssen.

Lieber Gerhard, Tu' bitte fein, worum ich Dich bat, laß Dich herzlichst
grüßen von uns zu Euch Allen und erfreue mich und Deine Lieben hier
mit einem guten Wiedersehen im Januar 1959! Von Herzen

Dein Ernst

---

[1] 1 S. ms. (weitzeilig).
[2] Für ἀπείκασμα, Abbild, gibt Liddell-Scott (= copy, representation) nur zwei Belege: Platon, Crat. 402 d, 420 c. Vgl. die Erwähnung der Kratylos-Lektüre in Br.
v. 13. 7. 58 und 6. 9. 58.
[3] Hs. +.
[4] Prof. Dr. Karl Kupisch.
[5] S. u. Br. v. 5. 12. 58.
[6] S. o. Anm. 5 zu Br. v. 24. 7. 57.
[7] Hs. +.

Berlin, 5. 12. 1958[1]

Mein lieber Gerhard!

Eben erhalte ich Deinen lieben Brief mit Deiner Zusage, wenigstens vom 8.—10. Jan. 1959 bei uns tätig zu sein! Dafür danke ich Dir im Namen unsrer Hochschule! Ich werde den Rektor sofort informieren. Da Vogel in diesem Semester De servo arb. behandelt, rief ich ihn vorhin gleich an, ob es ihm recht ist, daß Du im Seminar Dich auch mit der Einleitung dazu beschäftigen willst. Er antwortete, er lasse Dir völlig freie Hand. Das meint er auch so. Ich sagte, es gefiele mir dieses Zusammentreffen sehr, weil die Studenten dadurch vorbereitet sind und andererseits Anregungen für die weitere Diskussion im Semester empfangen. Ich denke, diese Bemerkungen leuchteten ihm völlig ein. Er empfand meinen Anruf als Freundlichkeit.

Nachdem ich also in jeder Beziehung absolute Korrektheit gewahrt habe, bitte ich Dich, das vorgeschlagene *Seminarthema* so zu lassen: Libera assertio — servum arbitrium (M. Luther, Einleitung zu De servo arbitrio, Clem. 3; 97,19—100,33). Zeit: Do und Fr 8. u. 9. 1. 59, je nachmittags, wohl von 5—7 Uhr. Was die Vorlesung betrifft, so möchte ich mich für Deinen 1. Vorschlag entscheiden: Zur Lehre von Gott und vom Worte Gottes. Bitte, bleib' bei Deinem Stoff, wenn er auch etwas zusammengestoppelt ist, wie Du sagst: also a) Erwägungen zur Lehre von Gott, b) Zur Lehre vom Gesetz, c) Über den tertius usus legis. Du magst die Themen später noch präzisieren. Das kannst Du machen, wenn Du da bist. Ich nenne sie einmal so, wie sie jetzt lauten, für unsre Sitzung am 10. Dezember und lasse dann Einladungen ergehen, sobald die Zeit endgültig feststeht: also am 8., 9. und 10. Januar je zwei Stunden am Vormittag, beginnend am 8. mit meinen Stunden von 11—1 Uhr. Wir werden dann wohl in einem ganz kleinen Kreis auch ein Zusammensein arrangieren. Da ich z. Zt. mit niemand Händel habe, hoffe ich, dieses Zusammensein zur Freude aller Beteiligten stattfinden lassen zu können; vermutlich handelt es sich um ein kleines Mittagessen, bei dem ich darauf achten will, daß Du nicht wieder eine Dir nicht bekömmliche Speise vorgesetzt bekommst, zumal Du ja mit Deinen Vorschlägen auch auf unsre geistigen Mägen Rücksicht genommen hast. (Ich halte es für besser, in sich geschlossene Vorträge zu lesen als ein Kollegfragment.) —

Ich habe Bedenken, „Kreuz und Auferstehung" als den „Grund" des Glaubens zu bezeichnen, wie es nach dem Thema Deiner öffentlichen Vorlesung Nr. 5[2] scheinen kann. Der Grund des Glaubens ist doch wohl das „Wort"? Jedenfalls möchte ich gegen Bultmann sagen, daß das „Wort" nicht an Ostern „entsprungen" ist (K. u. M. 47)[3], sondern umgekehrt, daß auch[4] „Ostern" durch das Wort kam und daß ‹dann, freilich,[5] der Glaube durch die Ostererfahrung als Glaube an den Gekreuzigten präzisiert wurde: das eschatologische Ereignis offenbarte sich als das Beieinander im Gang des Liebens in der Zuversicht, daß die Liebe „alles" neu macht und zwar durch ihr Wort, an dem sich die Menschen scheiden und sammeln. Sagt man: Gott ist die Liebe, so spricht man im Selbstverständnis des Glaubens. Sagt man: Gott ist das Wort, so spricht man von dem Grund dieses Selbstverständnisses ‹in Jesus›[6]. So partizipiert der Glaube an[7] dem *Wort*[8] in der Liebe,[9] an dem Wirken Gottes ‹seit Jesus›[10], hält aber gerade so den Unterschied zwischen Gott und Mensch offen und ein. Im Kolleg (Anthropologie) rede ich grade vom *Zeitverständnis*[11] und behaupte, daß die Zeit, sobald sie mit dem Mut des Glaubens *nur*[11] als jeweilige Zeit erfahren wird, den Übergang zum Beieinander öffnet, weil wir dann nicht mehr sehen wollen, was wir noch[12] nicht ‹und nicht mehr›[12] sehen können, sondern hören, was zwischen uns als Wort zur Sprache gebracht wird ‹(oder ausbleibt)›[12]. *Wo das Wort so gehört wird, da geht man miteinander und bleibt beieinander*[13]. ‹Während vorher das Wort die Anmerkung zur Zeit war (z. B. Jes 6,1), wird jetzt die Zeit zur Anmerkung des Worts (z. B. 2.Kor 6,2).›[14] Liebe heißt also, wie gesagt, beieinander bleiben, nicht mehr und nicht weniger — und dies wird im Neuen Testament als das eschatologische Ereignis verstanden, ohne daß das damit verbundene *begriffliche*[15] Umdenken[16] über die Zeit korrigiert würde. Verstehe ich also die Zeit als *simul*[17], so hängt nunmehr alles davon ab, daß ich festhalte, *wer*[17] dabei mit uns zusammen geht: Gott mit dem Menschen. Nun verzichte ich auf alle Gattungsbegriffe, lasse Gott Gott und den Menschen den Menschen sein und halte mich *nur*[17] an ihr Beieinander. Denn das simul ist ja im[18] Beieinander als das sowohl dem Alltag als auch dem Tod als auch der Natur und der Geschichte Überlegene behauptet. Vermutlich hat Kierkegaard mit dem Augenblick dasselbe gemeint; aber auch Bultmann und Barth haben einst so ungefähr argumentiert. Was fehlte, war die auch von Heidegger unterlassene *Ausarbeitung der Zeit als simul*[19]; und die erfordert freilich die Einsicht nicht nur in die mit der Zeit ereignete Kehre ins Beieinander ‹(ein Winkel von 90°)›[20], sondern auch die Einsicht in das Wort, das als Ereignis im Beieinander den Augenblick, d. h. den *Mut zum Währenden als dem nur*[20] *jeweils ereigneten miteinander Gehen*[21] ‹voraussetzt oder fordert›[22] und so also als[22] das *Wort der Gemeinschaft*[23] im Beieinander zu fassen ist. *So ist die Zeit der Übergang in den Raum des Beieinander durch das Wort im Mut zum jeweiligen gemeinsamen Gang*[23]. Was den Inhalt des dort und so jeweils sich Ereignenden betrifft, so[24] muß er[24] formal offen bleiben; er[24] ist aber materiell für den Blick des Glaubens die Geschichte der Liebe im Horizont des Gehörs für die Liebe. ‹Ist die Geschichte die Geschichte der Lieblosigkeit oder der Liebe? —›[24]

Die *Hermeneutik*[25] analysiert nicht das Verstehen, sondern ‹seine Methoden; sie›[26] fragt, wie es zum *Vorgang*[27] des Verstehens kommt, und erörtert so die Voraussetzungen des Fragens selbst im Blick auf die in alledem leitende Frage nach dem Ort der Wahrheit, die ihrerseits durch die schon aufgefaßten, aber in Aporien führenden Wirkungen der Wahrheit ‹immer neu›[28] ausgelöst wird. Also macht die Hermeneutik die Beziehungen zwischen der Frage nach der Wahrheit und den Wirkungen der Wahrheit klar, wie sie im Durchsprechen der Wahrheit und in den Erfahrungen mit dem Wort selbst platonisch und christlich gefaßt worden sind: nicht nur ‹oder erst›[28] das tua res agitur verschärft die Frage, sondern schon der Zwiespalt zwischen den traditionellen Auffassungen der Wahrheit und den Wirkungen der Wahrheit sonst, also zwischen der Tradition und dem Leben ‹(z. B. in der Rechtsprechung)›[28]. *Das grundlegende hermeneutische Prinzip*[29] ist *die Wiederholung*[29], wenn die Wahrheit die Möglichkeit der sprachlichen[30] Wiederholung des Einmaligen ist;[31] durch *die*[32] Sprache ‹wird auch›[33] vermittelt[34] die[35] Rückkehr an den Ort der Wahrheit, d. h. an den Ort, wo wir miteinander sprechen, weil wir beieinander sind. Deshalb gründet alles Verstehen im „Einverständnis". Jede Hermeneutik entwickelt die Prinzipien, die uns zeigen, wohin wir zurück gehen[35] müssen, wenn wir verstehen wollen, worauf wir also *verzichten*[36] müssen, wenn wir einen *Text*[36] übersetzen, der ja nie unmittelbar das Wort der Wahrheit im Ereignis bleibt. ‹Verstehen heißt: selber entscheiden können, was jetzt zu sagen ist, nachdem Andere gesprochen haben; heißt: für die Sprache verantwortlich werden.›[37] Vielleicht kannst Du mit diesen Aphorismen etwas anfangen. Herzlichst

Dein Ernst

---

[1] 2 S. ms.

[2] Es handelt sich um die Vorlesung für Hörer aller Fakultäten über „Das Wesen des christlichen Glaubens", 1959 im Druck erschienen. Die fünfte Vorlesung unter der Überschrift „Der Grund des Glaubens" wurde am 26. 11. 58 gehalten.

[3] R. Bultmann, Neues Testament und Mythologie. In: Kerygma und Mythos, hg.

von H. W. Bartsch, 1948, 15—53. Der oben zitierte Gedanke findet sich auf S. 47 ff nur dem Sinne nach, wörtlich steht er S. 51: „... das im Osterereignis entsprungene Wort der Verkündigung gehört selbst zum eschatologischen Heilsgeschehen."
4 Hs. +.
5 Ustr. und Kommata hs.
6 Hs. +.
7 Aus „mit" hs. korr.
8 Ustr. hs.
9 Komma hs.
10 Hs. +.
11 Ustr. hs.
12 Hs. +.
13 Ustr. hs.
14 Vom oberen Rand her eingewiesen, hs.
15 Ustr. hs.
16 Aus „Denken" hs. korr.
17 Ustr. hs.
18 Aus „als" hs. korr.
19 Ustr. hs.
20 Hs. +.
21 Ustr. hs.
22 Hs. +.
23 Ustr. hs.
24 Hs. +.
25 Ustr. hs.
26 Hs. +.
27 Ustr. hs.
28 Hs. +.
29 Ustr. hs.
30 Hs. +.
31 Aus Komma hs. Semikolon, nachfolgendes ms. „die" hs. gestr.
32 Ustr. hs.
33 Hs. +.
34 Ursprünglich „vermittelte", Schluß-e hs. gestr.
35 Hs. +.
36 Ustr. hs.
37 Hs. am Rand und hier eingewiesen.

Berlin, 27. 11. 1959[1]

Lieber Gerhard!

Hier schicke ich Dir einen Brief Bultmanns, damit Du weißt, was er gegen meinen Tutzingvortrag[2] einwendet; ich denke, ich darf das, will ihm aber zur Information eine Kopie dieses Briefes schicken. Als Begleitwort noch einige Bemerkungen, die zugleich für Bultmann bestimmt sind! Ich habe ihm zweimal zu seinem Brief geschrieben; die Kopien lege ich ebenfalls bei; bitte, gib mir alles bald zurück! Ich bin in Unruhe wegen dieser Auseinandersetzung. Sie enthält zu viele Mißverständnisse. Und es ist so schwer, in einem Brief auch nur das Wichtigste zu treffen. Trotzdem laß ich nicht nach. Ich finde, daß Bultmann durchaus in der Lage ist, seine Gedanken glänzend zu formulieren, und daß wir, jedenfalls ich, uns die größte Mühe zu geben haben, ihm zu sagen, was wir wollen.

Eine Hauptschwierigkeit in der Sache selbst scheint mir mangelnde Übereinstimmung über das Thema[3] zu sein. Bultmanns Thema kann man wohl so formulieren: Begegnung mit Gott. Sie ist eine geschichtliche. Deshalb ist sie verständlich. Und sie ist eine eschatologische. Deshalb ist sie zwingend. Denn sie fordert Entscheidung. Bis dahin dürfte Bultmann zustimmen, daß ich ihn richtig wiedergebe. Treffe ich seine Meinung auch noch, wenn ich sage: das Geschichtliche an der Begegnung ist der Grund für die „Diskontinuität", daß infolge des Kreuzes Jesu eine neue Situation für seine Anhänger entstand? Und daß das Problem für ihn‹, B.,›[4] besteht, ob man von der Begegnung in Jesu Verkündigung und von der Begegnung im Glauben der Urgemeinde sagen kann, nach Ostern, es handle sich dennoch, obwohl es sich um geschichtlich verschiedene Begegnungen handelt, in beiden Begegnungen um ein und dieselbe eschatologische Begegnung? Dann droht natürlich der Einwand, daß die Struktur der Begegnung heimlich den Inhalt der eschatologischen Begegnung bestimme, d. h. daß die geschichtliche Begegnung als Entscheidung —[5] eben in der Aussage, es handle sich um Entscheidung, —[5] die eschatologische Begegnung inhaltlich so präformiere, daß im Grunde jede geschichtliche Begegnung als eschatologische Entscheidung aufzufassen wäre, nur daß diese Auffassung eben erst durch das Glaubensverständnis der Urgemeinde bzw. des Paulus ans Licht gekommen sei? Das würde bedeuten, daß die eschatologische Begegnung lediglich eine Radikalisierung der geschichtlichen Begegnung darstellt, und daß diese Radikalisierung eben nicht mehr eine Angelegenheit des Denkens, der Reflexion auf das Wesen der Begegnung, sondern eine Angelegenheit der Existenz selbst, der Faktizität ihres Sich-ereignens, ist. —[5] Hält er mir vor, daß ich die Worte Jesu ihres Inhalts beraube, indem ich überall in ihnen dasselbe herauslese, so könnte ich ihm dann vorhalten, daß er die Offenbarung‹, ihre Idee,›[6] radikalisiere. Aber beides ist m. E. eine unangebrachte Konsequenzmacherei. Denn er hat verlangt, daß die Rechtfertigung auch im

Denkbereich durchgeführt werden solle. Das akzeptiere ich und das tue ich. Was heißt das?

Bultmann versteht das Denken zunächst als Objektivation. Das genügt mir nicht. Ich weiß, daß ich mich damit auch gegen Jonas[7] wende, der das Problem zwar sah, aber nicht klärte. Es geht vielmehr gerade auch im Denken stets um einen *Zusammenhang*[8] (= das Sein). Dieser Zusammenhang kann das eine Mal gerade in einer Objektivation bestehen. Dann hat man etwa die Natur erfaßt. Das andere Mal objektiviert man die Geschichte. Dann haben wir die Historie. Es genügt nun nicht, demgegenüber die Begegnung, also das Existentielle, das tua res agitur, so geltend zu machen, daß Bultmann sagt, die geschichtlichen Phänomene hätten ihre eigene Zukunft. Das würde nur bedeuten, daß ein Zusammenhang hervortritt, in welchem zwischen den geschichtlichen Phänomenen und ihrer Zukunft ein Platz zur Stellungnahme und damit zur Entscheidung freibleibt oder freibleiben kann. Vielmehr geht es um deutlichere›, um›[9] Lebenszusammenhänge. Welche das sind, steht von Fall zu Fall dahin. Was das Neue Testament betrifft, so sage ich nun nicht, es gehe eben um die Liebe. Sondern ich behaupte: es geht um die *Macht*[10] der Liebe. Und so sage ich nicht nur, es gehe um ein Wollen (obwohl ich durchaus mit Bultmann der Meinung bin, daß z. B. die Frage, was Jesus gewollt hat, genügt, um uns, die wir selbst etwas wollen, in das Verstehen einzuführen, in welchem Jesu Wille dem unsrigen begegnet und so den einen Willen, den Jesu, an unserem, und den unsrigen an demjenigen Jesu, klärt!). Ich sage vielmehr, es geht um ein *Können*[10]. Ob die Liebe *vermag*[10], was sie soll, das ist die Frage! Ich bestreite gar nicht, daß man den Plato des Symposions auch so fragen kann. Eben deshalb ist das Neue Testament *verständlich*[10]. Aber ich sage, daß die Frage, ob *ich*[10] kann, was die Liebe soll, nicht ausreicht. Es geht vielmehr nicht um die Idee der Liebe — die hat man überall —, sondern um das Können, um die Leistung, um das Wirken der *Liebe*[10] selbst[11]. Und dazu sagt der „natürliche" Mensch: leider schafft die Liebe nicht, was sie soll, so daß wir den Zusammenhang unseres Lebens anders einrichten müssen, z. B. mit Hilfe des Gesetzes, also des Zwanges. Dem widersteht das Neue Testament, indem es sagt: nein, vielmehr ist die Zeit gekommen, in der nur die Liebe den Lebenszusammenhang schafft, der allein für euch Menschen Lebenszusammenhang genannt zu werden verdient. Das sollt ihr glauben! Ihr sollt also an die *Zeit*[12] zur *Macht*[12] der Liebe glauben. Und das sagt es im Namen Jesu. Umgekehrt hatte Jesus im Namen Gottes dasselbe gesagt. Was ist der Unterschied? Gar keiner.

Warum Sprache? Weil die konkrete Zeit zur Macht der Liebe nicht gedacht werden, sondern nur zugesprochen und geglaubt werden kann. Denn sie hält sich total im Existentiellen. Woran erkennt man das, daß sie sich total im Existentiellen hält? An den Existentialen (sie sind keine Existentialien! Hier besteht ein Unterschied zu Bultmann, der m. E. das vorhin über das Thema des NT Gesagte akzeptieren müßte, wenn er seinem Ansatz bei der Rechtfertigung treu bleibt, der eben ein *Können* im Auge behalten *muß*!). Diese sind Seinsweisen der Existenz, z. B. in der Angst, *als*[12] Angst u. dgl. *Hier*[12] verhält sich ein Mensch zu sich selbst, wie er *ist*[12] ‹(Da-sein)›[13]. Und deshalb steht hier immer der ganze Lebenszusammenhang auf dem Spiel. In der Angst begegnet die Welt anders als sonst. Ebenso das je schon verstandene Leben. Dieses je schon verstandene Leben hat seine ihm je anders zu eigene Zeit (siehe den reichen Kornbauern). Und deshalb geht die Sprache dieses je schon verstandenen Lebens dem objektivierenden Denken *voraus*[14], wie die Existenz selbst allem andern vorausgeht. Ist das denn so schwer zu begreifen? Eine Sprache des Mutes sieht anders aus als die der Resignation usw.

Nun könnte mir Bultmann einwenden, ich poetisiere die Sprache und damit das Denken. Nun gut, dann leben wir eben alle poetisch. Das ist gar nicht so falsch. Aber wenn sich nun die Sachen hart im Raume stoßen, sind wir dann dem Problem überantwortet, wie wir diesen Zwiespalt bestehen? Ich denke: ja. Und ist das nicht der Hintergrund des Leib-Seele-Dualismus? Bedarf es dazu noch ausdrücklich des Phänomens der moralischen Schuld, an dem freilich Paulus den Zwiespalt *zunächst*[14] entwickelt hat? Das Wesentliche ist doch auch in dieser Lage das Verhängnis, daß wir überhaupt keinen Lebenszusammenhang mehr *festhalten*[14] können! Und dann entsteht sofort die Frage, was wir denn in solcher Lage „können"? Aufbrechen, wohin wir wollen? „Können"[15] wir einen neuen Anfang? Eben nicht. Und doch *müssen* wir ebendeshalb stets neu anfangen, weil kein Lebenszusammenhang da ist. Wir müssen ihn entwerfen. Und so „rechtfertigen"[15] wir das Sein, den Zusammenhang, ohne den es nicht geht und den wir in Wahrheit als Lebenszusammenhang nicht haben, durch unsre Entwürfe von Anfängen, die natürlich je ein Ende includieren. Aber eins schließen wir ohne Glauben stets aus: eben die Zeit zur Macht der Liebe. Deshalb wird sie, aus Gnade, zur Sprache gebracht. Und dann erkennen wir, daß wir diesem Wort nichts zutrauen. Und doch hängt alles an diesem Wort, eben der Lebenszusammenhang, der sich jetzt als ein Zusammenhang in der Liebe enthüllt. Und das verstehen wir, ob wir glauben oder nicht; wir[16] merken, daß das

Denken mit der Sprache nicht fertig wird. ‹Jetzt folgt der Rückzug auf „das" Denken (Descartes).›[17]

Dies Letzte ist der Grund, warum Kant das Phänomen der Geschichte nicht voll gelten lassen kann (und Schiller ist ihm darin in seiner Antrittsvorlesung[18] gefolgt). Hier steckt nun das wahre Problem bei Bultmann. Die Frage ist: hält sich das Denken in der Struktur der Objektivation unter allen Umständen durch? Das bestreite ich, obwohl ich nicht behaupten will, daß es etwa Heidegger schon gelang, nun seinerseits die wahre Struktur des Denkens ausreichend zu klären. Das Denken *folgt*[19] vielmehr den Zusammenhängen, die es entwirft. Es folgt also dem jeweiligen Entwurf des Seins. Und je nachdem ist das Denken ein anderes, durch die Wandlungen des Seins, also der Zusammenhänge, verschiedenes. (Kriterium dafür ist die jeweilige Auffassung der Zeit!) Das sind keine Subjektivismen. Die Zeit der Natur ist zuverlässig, so wahr ich im Flugzeug sicher bin. Es gibt also verschiedene Zeiten. Und je nach dem Zusammenhang steht eine andere Zeit auf dem Spiel. Ich behaupte ja auch nicht, daß die oben genannten „Entwürfe" Einbildungen seien. Trotzdem gilt, daß es nicht gelingt, für uns Menschen einen allgemein verbindlichen Lebenszusammenhang zu entwerfen, so wahr z. B. die ethische Forderung des ‹„Du sollst!"›[20] Gesetze mit Zwangsgewalt nicht erübrigen kann. Insofern ist auch die Zeit der Macht der Liebe nur ein Entwurf, solange man sie[21] bloß denken wollte. Denken hieße dann eben: Vorstellen. Aber die Vorstellung von diesem Lebenszusammenhang der Zeit der Macht der Liebe könnte sich ja nur als Postulat darstellen. Dieses Postulat widerspräche aber den konkreten Postulaten der Liebe selbst, sofern diese, wie ich in meinem Brief vom 24. 11. S. 4[22] gesagt habe, *Begegnungen*[23] der Liebe postuliert. Die Liebe *muß*[23] es sich versagen, einen Lebenszusammenhang „vorzustellen"[24]. Sie hat vielmehr beim Ereignis zu bleiben. Und das tut sie, wenn sie, nach dem Neuen Testament, an das Wort von der Zeit zur Macht der Liebe glaubt, indem sie dem Augenschein zum Trotz eben liebt, d. h. jederzeit gerade die Zeit zur Begegnung in der Liebe offenhält. Das wieder bedeutet aber doch, daß ich dem Einzelnen, ihm selbst, die Möglichkeit einräume, daß er als er selbst leben *wird*[25]. Ich habe gerade in der Liebe das Geheimnis des Seins in der Liebe, daß sie als Ereignis *durch nichts bedingt*[25] ist, zu wahren. Da aber die Sprache allein fähig ist, dem Ereignis *als*[25] Ereignis zu „entsprechen"[26], d. h. zu antworten und zu sprechen bzw. zu versprechen, so habe ich die Sprache der Liebe zu hüten, indem ich die Sprache selbst hüte, d. h. offenhalte für das *Ereignis*[27] der Liebe, konkret: ihrer Macht.

Historisch geurteilt: dies konnte Jesus! Dies konnte aber auch z. B. Paulus. Doch erst nach Jesus, hinter ihm. Und daran zeigte sich, daß Jesu Können als Offenhalten der Sprache der Macht der Liebe ein Anfang der Zeit zur Macht der Liebe *war*[27]. Die Frage an uns ist deshalb lediglich die, ob wir dabei zu bleiben vermögen. Und diese Frage erhebt der Glaube an diese weitergehende Zeit zum neuen Wort an uns oder an unsere Mitmenschen usw. So ist Jesus der Zeuge des Glaubens und außerdem sein Inhalt, weil mit der *Zeit*[27] zur Macht der Liebe ihr *Anfang*[27] in Jesus weiterhin[28] *behauptet*[29] wird. Es geht eben in alledem um einen Zusammenhang. Und diesen Zusammenhang bezeichnet das Neue Testament als unser Leben, das also mit Jesus seinen Anfang nahm‹ — und das kein Ende nimmt!›[30]

Ist das nun Spekulation? Bevor Bultmann das sagen darf, müßte entschieden werden, ob ‹nicht er›[31] das Denken zu sehr isoliert, die Sprache depraviert (wie Kant) und seiner eigenen[32] Forderung, die Rechtfertigung im Denken durchzuführen, nicht entsprochen oder aber[32] — entsprochen *hat*[33]. M. E. darf *dann* auch von „Einsamkeit" gesprochen werden, wenn nämlich klar ist, daß sie nicht bloß eine denknotwendige Konsequenz gegenüber[34] einem Denkansatz ist, der überhaupt nicht geschichtlich denkt und sich zufällig mit einer moralischen Situation trifft. Das war der Fehler Ritschls, soviel ich sehe ‹; Ritschl destruierte das Denken nicht, obwohl er die Metaphysik mit Recht verwarf.›[35]

In meinem Tutzingvortrag[36] meint das „er" auf S. 39 gemäß S. 41 natürlich das „keiner", nicht Jesus (Z. 4 v. u.)[37]. M. E. darf man den Faktor der konkreten Zeit bei der Interpretation dieser Gleichnisse nicht ausschalten. Aber darauf will ich jetzt nicht mehr eingehen. —

Du kommst also nach Berlin und arbeitest bei uns vom 7. an[38]. Fein! Bitte, bleib' doch bei de s. a.[38], gib die Partien an — ich munterte die Studenten schon dazu auf, einstweilen in de s. a. zu lesen, was sie in Arbeitsgemeinschaften tun; bitte halte auch uns Deinen 2 Reichevortrag[38]. — Hanns[39] geht es wieder besser; ich telefonierte mit ihm.

Und nun herzliche Grüße!

Dein Ernst

---

[1] 4 S. ms.

[2] Was wird in der Exegese des Neuen Testaments interpretiert? ZThK 56, 1959, Beih. 1, 31—48. Abgedr. in: E. Fuchs, Ges. Aufs. II, Zur Frage nach dem historischen Jesus, 1960, 280—303. Das Rudolf Bultmann zum 75. Geburtstag gewidmete Referat war im Rahmen einer von der Evangelischen Akademie Tutzing am 25./26. 5. 59 ver-

anstalteten Arbeitstagung über Probleme der Leben-Jesu-Forschung vorgetragen worden.

[3] Ein nachfolgendes „selbst" hs. gestr.

[4] Hs. +.

[5] Gedankenstrich hs.

[6] Kommata hs., „ihre" hs. für „als".

[7] H. Jonas, Gnosis und spätantiker Geist II, 1, 1954, 1—23 (Zum Problem der Objektivation und ihres Formwandels).

[8] Ustr. hs.

[9] Hs. +.

[10] Ustr. hs.

[11] Hs. +.

[12] Ustr. hs.

[13] Hs. +.

[14] Ustr. hs.

[15] Anfz. hs.

[16] Vor „wir" ms. „weil", hs. gestr., durch „wenn" ersetzt und wieder gestr.

[17] Hs. +.

[18] Was heißt und zu welchem Ende studiert man Universalgeschichte? Eine akademische Antrittsrede (26. u. 27. 5. 1789 in Jena). Schillers Werke, Nationalausgabe, begr. v. J. Petersen, hg. von L. Blumenthal und B. v. Wiese, 17. Bd. Hist. Schriften, 1. Teil, hg. v. K.-H. Hahn, Weimar 1970, 359—376.

[19] Ustr. hs.

[20] Anfz. und Ausrufzeichen hs.

[21] Aus ms. „ihn" hs. korr.

[22] Bezieht sich auf einen Brief an R. Bultmann. Die mir zugesandte Kopie ging wieder an Fuchs zurück, s. o. Z. 5 f. dieses Briefs.

[23] Ustr. hs.

[24] Anfz. hs.

[25] Ustr. hs.

[26] Anfz. hs.

[27] Ustr. hs.

[28] Hs. +.

[29] Ustr. hs.

[30] Hs. +. Dabei der ms. Punkt hs. in Gedankenstrich korr.

[31] Hs. umgestellt, ursprünglich: „er nicht".

[32] Hs. +.

[33] Ustr. hs.

[34] Aus ms. „aus" hs. korr.

[35] Ms. +., dabei ms. Punkt hs. in Semikolon korr.

[36] S. o. Anm. 2.

[37] Gemeint sind die Sätze aaO 39: „Was noch keiner sieht, das hört er schon: seine Berufung durch Gott." Und 41: „So füllt Jesu Wort bei seinen Zuhörern den Platz aus, an dem sie Gott sonst vielleicht nur schwer wahrnehmen könnten." In Ges. Aufs. II, 291 und 293.

[38] Der Besuch wurde auf den 20. bis 22. 1. 60 verlegt. Ich hielt zwei Vorlesungen: Glaube und Unglaube im Streit um die Wirklichkeit (Wort und Glaube I, 393—406)

und: Die Notwendigkeit der Lehre von den zwei Reichen (ebda. 407—428). Dem Seminar lagen nicht Texte aus De servo arbitrio, sondern aus der Großen Galaterbriefvorlesung (WA 40,1; 40,1—52,2) unter dem Thema „iustitia fidei — iustitia operum" zugrunde. Vgl. Theologia viatorum VIII. Jahrb. der Kirchl. Hochsch. Berlin 1961/62, 1962, 314.

[39] S. o. Anm. 3 zu Br. v. 14. 6. 54.

Berlin, nach dem 1. Advent 1959[1]

Meine lieben alten und jungen Freunde!

Ihr solltet doch in dieser Adventszeit des Jahres 1959 einen Gruß von mir bekommen, der das Hin und Her bekräftigt, das sich immer wieder einmal zwar nicht „jäh"[2], aber erfreulich geltend macht — so übrigens auch neulich am 7. November, als Herr Liebing[3] und Herr Kaiser[4] meiner lieben Frau den Übergang in eine neue Epoche ihres Lebens telegraphisch erleichterten. Es wurde ein schönes Marienfest ohne jeden dogmatischen Beigeschmack. Die festliche Stimmung geleitet uns hier noch immer wie ein Advent, —[5] und es ist ja Advent geworden, —[5] in der Versammlung des Kollegs. Ich bemühe mich, ganz einfache Sächelchen z. B. über die Stilformen der synoptischen Tradition allemal wieder auf eine Art weihnachtlichen Gabentisch für die studierende Jugend zu legen, kann es mir aber nicht versagen, hie und da doch auch einen Sektpfropfen knallen zu lassen, obwohl mir am Sekt sonst gar nichts liegt. In dieser gehobenen Stimmung beschloß ich, im Sommersemester „Hermeneutik des Glaubens" zu lesen, eine Theologie des Neuen Testaments für alle, denen alles andere gleichgültig geworden ist, kurz, als solennen Bruch mit der traditionellen dogmatisierenden Theologie. Und so bringe ich Dich, lieber Gerhard, wieder einmal in Verlegenheit — oder auch nicht. Wir freuen uns hier, bis Du, der feine Junge in der Theologie[6], am 7. Januar[7] bei uns erscheinst, um den doch tatsächlich stillen Schein des Weihnachtsflämmchens noch eine Weile bei uns glänzen zu lassen. M. Heidegger schickte mir seine beiden neuesten Bücher, das von der Gelassenheit und „unterwegs zur Sprache"[8]. Auch diese Adventsgaben halfen uns weiter. Ich wünsche ihm freilich, daß er versucht, das Seine von der Landschaft des Weges[9] in der Sprache Jesu zu sagen, die doch auch in den Legenden von Lukas 1 und 2 so vernehmlich „spricht". Die ewige Rücksichtnahme auf jene Kerls mit den „gespreizten Federn"[10], wie Ludwig Thoma[11] sagen würde, lohnt sich doch nicht. Wer in die Stille[12] führt, der, den die

Stille anleuchtet, er darf sich jener Winke[13] bedienen, die aus der Weihnachtsgegend[14] in die Weihnachtsgegend „winken"[15], und sich jener Inständigkeit[16] überlassen, die mit ihrer Geduld auch unsere heimlichste Klage stillt[17], wie ein gutes Feuer den feinsten Stoff in liebliches Aroma zu verzehren vermag. Dieses Aroma der geduldigen Liebe — es ist der Hauch des Wortes Gottes, der den Glauben durchweht — wünsche ich Euch Allen aus dem Kreis des uns versammelnden Gottes. Lest jene Perikopen vor Euch hin, griechisch und deutsch; dazu sind sie da. Sind sie auch als Legenden nur der Ersatz für die Verkündigung, so sind sie doch ein allerbester Ersatz, und selber wohl nicht Flamme, aber ein guter, kräftiger Schein, der keines Zaubers mehr bedarf, das Lob des wahren Herrn, für den die Gestalt des Kindes ein echtes Symbol ist. Und so kehren wir in die Einfalt ein, aus der unsre Texte stammen und die unsre Arbeit für uns wertvoll macht.

Euer Freund im Lehren und Lernen

Ernst Fuchs

---

[1] 1 S. ms. — Der Brief ist an die in Zürich studierenden Schüler von E. Fuchs gerichtet und mit dem hs. Vermerk versehen: „Gerhard — bitte gib's dem Kreis bekannt!"

[2] Anspielung auf M. Heidegger. Z. B. Unterwegs zur Sprache (s. u. Anm. 7) 26.

[3] Prof. Dr. Heinz Liebing, damals Tübingen, jetzt Bochum.

[4] Prof. Dr. Otto Kaiser, damals Tübingen, jetzt Marburg.

[5] Gedankenstrich hs. +.

[6] Vgl. dazu Br. v. 8. 12. 59.

[7] Vgl. Anm. 38 zu Br. v. 27. 11. 59.

[8] Beide 1959 bei Neske, Pfullingen, erschienen.

[9] Diese Wendung bezieht sich vor allem auf „Zur Erörterung der Gelassenheit. Aus einem Feldweggespräch über das Denken", in: Gelassenheit 29—73, sowie auf „Der Weg zur Sprache", in: Unterwegs zur Sprache 239—268.

[10] Anfz. hs.

[11] Schriftsteller, 1867—1921.

[12] M. Heidegger in Auslegung eines Gedichts von Trakl: „Die Sprache spricht als das Geläut der Stille", Unterwegs zur Sprache 30.

[13] Über den „Wink" als den „Grundzug des Wortes" im Unterschied zum „Zeichen im Sinne der bloßen Bezeichnung": Heidegger, Unterwegs zur Sprache, 114 und 119.

[14] Das Wort „Gegend" spielt eine wichtige Rolle bei Heidegger, Gelassenheit 40 ff.

[15] Anfz. hs.

[16] Zu „Inständigkeit" vgl. Heidegger, Gelassenheit 62. Auch schon in der Einleitung der fünften Auflage (1949) zur Freiburger Antrittsvorlesung (1929): Was ist Metaphysik?, ^{8}1960, 15.

[17] M. Heidegger: „Die Stille stillt, indem sie Welt und Dinge in ihr Wesen austrägt. Das Austragen von Welt und Ding in der Weise des Stillens ist das Ereignis des Unter-Schiedes." Unterwegs zur Sprache 30.

Berlin, 8. 12. 1959[1]

Mein lieber Gerhard!

Zuerst einmal spende ich Dir mein hohes Lob, daß Du Deine Kollegs alle neu machst in diesem Semester! Das ist das einzig Richtige. Ich schreibe ebenfalls ein völlig neues Kolleg (Synoptiker mit dem Ziel: historischer Jesus). Jetzt, vor Weihnachten bin ich mit den einleitenden §§, die zugleich eine Stoff- und Stileinführung waren, fertig und kann mit der Detailexegese beginnen. Das Ganze wird immer spannender und der erste Teil der dann im Sommer zu lesenden Theol. des NT, die ich ja als „Hermeneutik des Glaubens"[2] lese, d. h. als Hermeneutik, die den Text als die Hilfe auffaßt, die in die Situation des Glaubens hineinhilft. Diese Situation ist grundsätzlich diese: wer in echten Begegnungen lebt — und das kann *jeder*[3] —, der erfährt, daß das Leben immer schwerer wird. Diese Schwere des Lebens kann zur Verzweiflung bringen. Was hat Jesus dazu zu sagen? Was der Glaube? Was die Theologie des NT? Bleibt sie dieser Situation treu? Oder läßt sie sich durch die positiven Folgen des Glaubens überspielen? Oder durch Gegensätze? Durch polemische Situationen? Inwiefern *mußte*[3] Paulus einseitig werden? Also diese Fragen beherrschen mich jetzt im Blick auf Jesus, im Sommer im Blick auf Paulus und das NT. Ich bezeichne unsre Hermeneutik als „neue" Hermeneutik[4], weil wir nicht mehr nur nach dem Sinn des Textes fragen, sondern nach der mit dem Text selbst gegebenen hermeneutischen Hilfe. Das ist etwas völlig Neues. Und da Du da ja darin[5] mit mir völlig einig bist, greife ich Dir kaum vor, wenn ich von einer „neuen" Hermeneutik spreche und sie gelegentlich als die „unsre", d.h. als die Deine und meine, bezeichne. Daß jeder von uns beiden auf seinem Wege zu diesem Resultat kam, ist ja deutlich genug. Aber ich denke, Du bist damit einverstanden, daß Gemeinsamkeiten auch als solche bezeichnet werden. Am Mangel solcher Gemeinsamkeiten ist die „Bultmannschule" in Verlegenheit geraten. (5 Ich bin nicht gegen die Bezeichnung einer „Schule", wenn eine solche da ist. Man ist aber[6] durch nichts gezwungen, so etwas auf „ein" Haupt zurückzuführen‹!)›[7] Das Bild der „Ehe" ist zu „intim". Übrigens, der „feine Junge in der Theologie" ist doch eine sehr hübsche Gelegenheitstitulatur — ich habe Dich auf diese Weise Heidegger vorgestellt, der Sinn für so etwas hat. Und ich möchte schon die Gesichter sehen, wenn Du *das*[8] in Zürich *auch* vorliest! Das darfst Du doch nicht unterschlagen! Du kannst doch nicht sagen: ich bin kein feiner Junge! Da Du einmal unser aller

Liebling bist, kommt halt so was vor. Und ich finde, der grausame „Ernst" der Zunft soll und darf auf diese Art schlagartig gesprengt werden. Dergleichen Ereignisse im Persönlichen sind in Wahrheit, sei es bei mir mal im Ausdruck, sei es bei Dir im tatsächlichen Verhalten, unsre Stärke in der allgemeinen theologischen Trostlosigkeit. Und das verstehen die Studenten. Ich las den Brief natürlich nicht im Hörsaal vor, aber meiner Sozietät. Die haben ihn richtig verstanden. Es ist ja auch ein Brief in die „Ferne". Aus dieser Ferne immer wieder etwas Positives zu machen, daran liegt mir wie Du weißt sehr viel. Und es gelingt ja bisher auch immer wieder, wie ich zu fühlen glaube.

Und nun das Fühlen! Ich behaupte neuerdings, daß der Mensch primär nicht der Denkende, sondern der Fühlende sei, und zwar eben tiefer als das Tier, und daß Luthers Anthropologie aus seiner Aussage abgelesen werden könne, es komme auf Gottes *Herz*[8] an. Dieses Herz ist nicht nur auf hebräische Weise Sitz des Wollens, sondern gerade des Fühlens. Daraus ergeben sich allerlei Konsequenzen in der Frage nach der Art und Weise, wie in der Existenz ein „Lebenszusammenhang"[9] auf dem Spiel steht und welcher.

Außerdem begann ich damit, philosophische Axiome zu diktieren, im Seminar; doch davon ein andermal. Es geht mir hier um die Geschichte, weil Bultmann die Geschichtlichkeit nur als Möglichkeit zur Entscheidung versteht; das ist zu wenig.

[...]

Daß Du Deine Vorträge herausgibst, ist sehr richtig! Deine Tübinger Wortdefinitionen[10] sollten aber dabei sein! Das wäre also ein Stück Vorlesung. Ich finde es richtig, wenn die Leute merken, wie Du in Deinen Kollegs vorgehst. Im übrigen hast Du ja eine Menge Vorträge. Und daß sie gekauft werden, ist mir sicher. In Frage kommen doch auch Luthervorträge[11] im Ausland? Überhaupt sind die Lutheraufsätze so wichtig, daß Du *zwei*[12] Bände machen solltest: Allgemeines (Hermeneutica) und Luther dann für sich. Sei großzügig! Hast Du etwas über den Persona-Begriff bei Luther? Es wird richtig sein, den Lutherband als zweiten für 1961 vorzusehen. Über Jesus würde ich dagegen an Deiner Stelle schon im 1. Band publizieren. Das paßt sehr gut zu den übrigen hermeneutischen Sachen. Die Lutherhermeneutik käme dann ziemlich an den Beginn des 2. Bandes? Alles in *einem*[12] Band würde ich *nicht*[12] bringen. Die Leser *sollen*[12] in zwei Gängen Dasselbe zu bedenken lernen. Das ist ja auch der Sinn meiner zwei Bände[13]. Wir bringen dann wieder gleichzeitig

unsre Bände heraus. Ich finde das hocherfreulich und für die Sache höchst nützlich und keineswegs zuviel!
[...]
Lieber Gerhard, fertig wirst Du natürlich mit keinem Termin, auch nicht mit der RGG! Das ist ganz egal! Viel, viel wichtiger ist Deine Arbeit in Zürich und hier. Bedenke, wieviele da kommen werden![14] Ich habe jetzt schon 285 in meiner Baracke; im ganzen haben wir 385; — dazu kommen also noch mehr im Januar, wenn Du da bist; das lohnt sich wahrhaftig! Herzlichst

Dein Ernst

[1] 2 S. ms.
[2] Anfz. hs.
[3] Ustr. hs.
[4] Die Bezeichnung taucht, soweit ich sehe, hier zum ersten Mal auf. Dieses Vorkommen steht dem Aufsatz „Hermeneutik?" zeitlich verhältnismäßig nahe, der nach der Interfac-Tagung Mai 1960 (s. u. Anm. 2 zu Br. v. 22. 5. 60 und Anm. 6 zu Br. v. 20. 6. 60) entstanden ist (Theol. Viatorum VII, Jahrb. d. Kirchl. Hochsch. Berlin 1959/60, 1960, 44—60 [erschienen im August 1960]; abgedr. in: E. Fuchs, Ges. Aufs. III, Glaube und Erfahrung. Zum christologischen Problem im Neuen Testament, 1965, 116—135). In ihm begegnet freilich das Stichwort ebensowenig wie in dem Aufsatz „Das Neue Testament und das hermeneutische Problem" (ZThK 58, 1961, 198—226; abgedr. in: Ges. Aufs. III, 136—173), der bei der Consultation on Hermeneutics an der Drew University in Madison N. J./USA (26.—28. April 1962) auf englisch gehalten wurde. In beiden Aufsätzen finden sich allerdings Wendungen, die in diese Richtung weisen. Ges. Aufs. III, 131: „Die Hermeneutik, die mir vorschwebt..." 167: „Das ist die Hermeneutik, die mir vorschwebt." Etwa im Frühjahr 1962 entstand sodann der programmatische Aufsatz „Alte und neue Hermeneutik" (Hören und Handeln, Festschrift für Ernst Wolf zum 60. Geburtstag, hg. von H. Gollwitzer und H. Traub, 1962, 106—132; abgedr. in: E. Fuchs, Ges. Aufs. III, 193—230). Die Drew-Konferenz gab dem Stichwort „neue Hermeneutik" weite Verbreitung. Der aus ihr hervorgegangene Sammelband erhielt von daher seinen Titel: The New Hermeneutic (New Frontiers in Theology Vol. II), ed. by J. M. Robinson und J. B. Cobb jr., 1964 (in deutscher Übersetzung: Neuland in der Theologie Bd. II, Die neue Hermeneutik, hg. von J. M. Robinson und J. B. Cobb jr, 1965). Dort hat J. M. Robinson im Rahmen seines einführenden Aufsatzes „Die Hermeneutik seit Karl Barth" das Stichwort aufgegriffen und besonders ausführlich darüber gehandelt (engl. Ausg. 39—77, deutsche Ausg. 61—108). Dieser Band, in dem der Aufsatz von Fuchs „Das Neue Testament und das hermeneutische Problem" noch einmal abgedruckt ist (engl. Ausg. 111—145, deutsche Ausg. 147—186), enthält u. a. auch einen Beitrag von John Dillenberger, der erst nach der Zusammenkunft in Drew entstanden ist und das Stichwort ebenfalls aufgenommen hat: On

Broadening the New Hermeneutic (engl. Ausg. 147—163, deutsche Ausg.: Zur Ausweitung der neuen Hermeneutik, 187—208 — der von J. Dillenberger in Drew gehaltene Vortrag hatte den Titel: Hermeneutics: Systematic-historical Considerations), sowie ferner ein Schlußwort von E. Fuchs (Response to the American Discussion, engl. Ausg. 232—243, deutsche Ausg. 299—311), in dem er sich noch einmal zu der Frage äußert: But why ‚new' hermeneutic? (engl. Ausg. 239 f, deutsche Ausg. 308 f). — Rückblickend wird man sagen müssen, daß das von Fuchs geprägte Stichwort infolge der etwas sensationellen Kolportage, die ihm zuteil wurde, eine nicht unproblematische Wirkungsgeschichte hatte.

[5] Hs. +.
[6] Aus ms. „ja" hs. korr.
[7] Punkt hs. in Ausrufzeichen korr. und Klammer hs. +.
[8] Ustr. hs.
[9] Anfz. hs.
[10] Sie wurden kommentarlos in die Diskussionsthesen zur Einführung in das Studium der Theologie, Wort und Glaube I, 456 f, aufgenommen.
[11] Hs. korr. aus „Luthersachen".
[12] Ustr. hs.
[13] Ges. Aufs. I, Zum hermeneutischen Problem in der Theologie. Die existentiale Interpretation, 1959. Ges. Aufs. II, Zur Frage nach dem historischen Jesus, 1960.
[14] Punkt hs. in Ausrufzeichen korr.

Berlin, 22. 5. 60[1]

Mein lieber Gerhard!

Du siehst, ich bin gut in Berlin angekommen[2], habe meiner Frau und Eva konkrete Eindrücke dieser jüngstvergangenen Tage und Deine Chokolade vermittelt, Abendbrot gegessen, unser Medizinerpärchen bei uns begrüßt und beeile mich nun, Dir, aber gleichzeitig Deiner lieben Frau, also ‹Euer „Müeti"›,[3] von ganzem Herzen für die liebevolle Aufnahme in Eurem Haus zu danken! Ich habe in Charitas' Zimmer die Katzen studiert, auch den Pfau, und bin noch erfüllt von der Kraft des Enzian und dem Farbenversprechen des kleinen Bergsträußchens, ebenso von dem so herrlich ländlichen Sumpfdotterblumenstrauß, einer Liebe meiner Frau und unsrer Kinder in der Oberaspacher Zeit[4]. Mir selber tat freilich einfach wohl, als ich heute merkte, wie *eindeutig* Du selber einfach reagieren *mußt*, wenn Theologie das Wort bekommt. Und so will ich Dir auch gestehen, daß mich an den Tagen *vorher* dieses ganze Himbeerwasser maßlos *angestrengt* hat. Meine „Güte" ist also leider nicht so weit her, und ich habe es in Wahrheit einfach satt, mich bei Hinz und Kunz, mögen sie sich auch auf Lehrstühlen räkeln, für die Existenz der Theologie entschuldigen zu sollen. Das ist Gottes unwürdig. Also sollen wir es auch nicht tun.

Daß Du selbst genau so reagierst, ist nur eine beglückende Sache, gleichgültig, was nun draus werden mag[5]. Das sollst Du hiermit schwarz auf weiß bestätigt haben! Ich finde, wenn man älter wird, halten nur solche Freundschaften, die die Ehre einer Sache, die es wert ist, *vertreten*. Und das tust Du auf jeden Fall. —

In den nächsten Tagen schicke ich Dir dann das Verzeichnis meiner „Gesammelten Werke". Und nun freu' auch Du Dich dieser Tage, die uns so wunderschön gezeigt haben, daß wir ein Recht haben, uns zu lieben, wie es Männern geziemt.

Herzlichste Grüße v. H. z. H.!

Dein Ernst

[1] Briefkarte hs. 2 S.
[2] Von der Interfac (Tagung der Theologiestudenten der schweizerischen theologischen Fakultäten) in Boldern vom 20. bis 22. 5. 60, wo E. Fuchs über „Die Theologie des Neuen Testaments und der historische Jesus" sprach: Ges. Aufs. II, 1960, 377—404. Eine nachträgliche Zusammenfassung von mir in Thesenform wurde in ZThK 57, 1960, 296—301 publiziert.
[3] Nicht dialektrein!
[4] E. Fuchs war 1938—1946 Pfarrer in Oberaspach, Kr. Schwäbisch Hall.
[5] Im Hinblick auf schwebende Berufungsfragen.

Berlin, 20. 6. 1960[1]

Mein lieber Gerhard!

Deine so herzlichen Wünsche zu meinem, übrigens schön verlaufenen, Geburtstag warten immer noch auf meinen Dank! [...]

Heute vormittag behandelte ich im Kolleg immer noch 1.Kor 15. Was ist das für ein mächtiges Kapitel! Ich war noch durch Schempp-Aufsätze animiert, die ja Bizer grade herausgab[2]. Alles hängt auch in 1.Kor 15 am solus operans Deus, dem das sola fide gegenübersteht, und der Glaube hängt nur am Wort, am Daß der Anrede. Bultmann hat recht mit dem

Daß, nur daß er sagen sollte, dieses *Daß* allein entscheidet die Reflexion, *ob* ich glaube — ich bin *angeredet,* sage ich; also geht mich diese Selbstkritik des Glaubenden auch nichts mehr an. Die Heilsgeschichtler bleiben beim Einzugsmarsch in Aida hängen, mit allen Folgen, während der Glaube die *Zukunft* erwartet, die allein Gott „machen" kann. Das ist ἀνάστασις ἐκ νεκρῶν. Dann ist der *Glaubende* der ἀσεβής, während die Andern Gott in ihrer Existenz zu praktizieren unternehmen und so sich selbst zum Text machen. Nun, es war ein Gewitter mit subtilen Blitzen und kräftigen Donnerschlägen gegen die Frömmelei der „Jammermiene" usw. Der gute [NN.] ist ja ein Zelot der tristitia. Bin ich's auch, so gebe ich's doch zu, falls einer diesen Eindruck gewinnt.

So also begann diese Woche. Es ist doch schön, wenn man „Morgenwache" zu halten hat, nachdem man der „Abendwache" nicht aus dem Wege gegangen war und gut geschlafen hatte.

Ich warte jetzt auf den Umbruch[3]. Vermutlich harmonisieren sie uns. Nun, mir soll's bloß recht sein.

Jammerbriefe beim Ao-Seminar[4] Abgelehnter warten auf Entscheidung. Laß bitte niemand mehr zu! Ich weiß nicht, was ich tun soll. Und das will bei mir was heißen.

[...] Lieber Gerhard, mehr weiß ich für heute nicht. Ach ja, der „Präsident" bedankte sich noch einmal für meine „besonders" anregende Tätigkeit beim Interfac[5]. Sie wird wohl manchem *zu* anregend gewesen sein...

Bleib' gesund! Es *lohnt* sich, und ärgere Dich über nichts! Wir „sind" eben tatsächlich in „Gottes Hand", und jener Esel[6] sagte die Wahrheit, ohne dafür gelobt werden zu können.

Herzliche Grüße v. H. z. H.

immer Dein Ernst

---

[1] 2 S. hs.
[2] Paul Schempp, Gesammelte Aufsätze, hg. von E. Bizer. Theol. Bücherei. Neudrucke und Berichte aus dem 20. Jahrh. Bd. 10. Systematische Theologie. 1960.
[3] Umbruchkorrektur zu Ges. Aufs. II.
[4] 29. 8.—2. 9. 60 in Berlin.
[5] S. o. Anm. 2 zu Br. v. 22. 5. 60.
[6] Vgl. E. Fuchs, Hermeneutik? Theol. Viat. VII, 1959/60, 44 = Ges. Aufs. III, 116 f: „Ein unscheinbares Erlebnis auf einer fast ökumenischen Freizeit in der Schweiz mag das Gesagte verdeutlichen. Ein Student hatte Andacht gehalten. Unvorbereitet, wie

er nachher selbst gestand, tönte er uns mit allerlei Phrasen an und erklärte schlicht, wir seien in Gottes Hand. Tags darauf erklärte derselbe Jüngling, übrigens kein Schweizer, in einer Diskussion, seit man Hermeneutik treibe, sei alles noch unverständlicher geworden. Ich sagte ihm, er habe in seiner Andacht zwar erklärt, wir seien in Gottes Hand, aber nicht erklärt, was das heiße. Wer von ‚Hand' spreche, der müsse auch sagen, ob diese Hand offen sei oder zur Faust geballt, und sich dafür interessieren, wie die Bibel von Gottes Händen rede. Er habe also völlig unkonkret geredet, obwohl er das Wort ‚Hand' gebraucht habe. Eben dazu, konkret zu reden und aus dem Konkreten kein Abstractum werden zu lassen, erziehe die Hermeneutik."

Berlin, 25. 6. 1960[1]

Mein lieber, treuer Gerhard!

Heute morgen kam Dein lieber Brief, für den ich Dir herzlich danke! Ich muß und will Dich aber gleich etwas beruhigen. Also 1.: so trink halt ein wenig Beaujolais um Deiner Gesundheit willen und verachte die Pastoralbriefe nicht! Das kannst Du von dem schlauen [NN.] wohl lernen. Nimm nur etwas von ihm an, und zwar in solchen Sachen! In der Theologie darfst und sollst Du ihm freilich kein Wort glauben. Davon versteht er nun einmal nichts, und davon wird er auch nie etwas verstehen, weil er einen dauernd mit der dämlichen Frage plagt, was Gottes Gericht sei. Nun, er selber. Deshalb versteht er es natürlich nicht. Denn Gott ist auch gegen ihn ein barmherziger, gnädiger Gott und lacht in seiner Mummerei laut und fröhlich. Wir aber haben allen Grund, Gottes Gericht anzunehmen, weil wir doch wissen, daß uns Gott stets dorthin zwingt, wo er das Heft um so kräftiger in der Hand behält. So läßt er uns immer aufs neue einen Blick in seine Arbeit hineinwerfen, weil er uns gerade in der Verdammnis des Menschen zur Freiheit, also inmitten der Unfreiheit, frei haben will, dadurch, daß wir erkennen, wer uns da führt und treibt und hindert, sodaß wir alles, was ist, als Gottes Werk zu bewundern und zu empfangen imstande sind, so gewiß Leiden und Freude in unserem Leben miteinander kämpfen und sicher nicht bloß nebeneinander herlaufen. So werden wir nicht mürbe gemacht, sondern zum[2] Kuchen, auf den Gott seine Erdbeeren und Kirschen hinlegt, und sicher wird es Kinder Gottes geben, die sich das schmecken lassen dürfen und dadurch zum Licht der Wahrheit durchdringen. Ich schreibe da ein wenig im erbaulichen Ton. Aber warum eigentlich nicht? Mit der Ontologie bin ich so weit wohl fertig. Was noch fehlt, ist de servo arbitrio bzw. die praedestinatio gemina als Hintergrund der Zwei-Reiche-Lehre, für die ich aus den Ges. Aufsätzen Schempps[3] eine Masse gelernt habe, und das Alte Testament, das ich aus Vorsicht bisher nur gestreift habe, obwohl ich weiß, daß alle meine Prämissen dort enthalten sind. Du sollst damit[4] einen Einblick in meine Gedanken haben, die ich natürlich bei allem, im Kolleg und im Seminar, verwende. Bisher bin ich im Seminar (Röm 4) eigentlich nur bis V. 6 vorgedrungen ... Im Kolleg habe ich 1.Thess 4,13—5,11 behandelt und stehe schon seit vielen Wochen bei 1.Kor 15, um jetzt bald zu 2.Kor 5 überzugehen (Eschatologie des Paulus im Rahmen der Hermeneutik des Glaubens)! Das wird im W.S. einfach fortgesetzt. Zur Zeit gefällt es mir ganz gut in Berlin. Meine Studenten ärgern mich gelegentlich, wenn sie mich stören. Aber darüber verständigen wir uns schon. Ich kann's z. B. nicht leiden, wenn einer in der Pause mein Mikrophon benützt. Das ist alles. Und ich kann mich gegen Deinen Rat nicht damit abfinden, wenn ich merke, daß jemand einfach keine Antenne für die Analyse des Wortes hat. Das alles schreibe ich Dir, damit Du auch mal was anderes hörst als bloß Züricher Erwägungen[5], und damit Du Dein Kolleg unbeirrt hinausbringst, wie es eben gehen will — aber bitte mit jeden Abend einem Glas Beaujolais! Du stehst dann zwar etwas später auf. Lies halt am Morgen zweimal so langsam, dann geht das schon. Im übrigen rate ich Dir, recht viel paulinische Texte in der Übersetzung der Zürcher Bibel einzuflechten. Das erspart Dir Manuskript, tut der Sache nur gut und macht die Jugend mit den wichtigsten Texten wieder besser vertraut! Notfalls kannst Du auch mal aus meinen gesammelten „Werken", wie ein Prospekt sagte, was vorlesen. Lieber Gerhard, so tu's halt guten Gewissens und schone Dich! Was nützt denn alles, wenn Du auch noch draufgehst!? [...]

Also, lieber Gerhard, sei guten Muts, trink ein Gläschen Wein statt Saft, schone Dich grade jetzt vor dem Semesterende am allermeisten, und sei gewiß, daß wir es nicht nötig haben, uns durch unsre Umgebung erschüttern zu lassen, und daß es sehr viele Menschen gibt, die uns brauchen und die sich freuen, daß wir so gute Freunde und immer noch am Leben sind!

Herzlichste Grüße v. H. z. H.!

Dein Ernst

¹ 2 S. ms.
² Hs. korr. aus „der".
³ S. o. Anm. 2 zu Br. v. 20. 6. 60.
⁴ Hs. +.
⁵ Vgl. Anm. 5 zu Br. v. 22. 5. 60.

Berlin, 4. 7. 1960[1]

Mein lieber Gerhard,

nun also zu Deinem Geburtstag meine und unsre herzlichsten Glückwünsche — mögen sich wahre Freiheit und zuträglicher Blutdruck in Dir zu jener Harmonie verbinden, die uns Gott gewiß weder vorenthalten noch vergebens geschenkt haben will! Und möge dieser Zustand von den Dir teuren Menschen dann auch so erfreut und wohlbedacht wahrgenommen werden, daß Liebe und Respekt gegen Gott und die Menschen nur zunehmen können! Habe ich Dich mit Kirschen oder Erdbeeren, je nach Wahl, auf Gottes Kuchenplatte verglichen[2], so will ich diesmal nicht unterdrücken, daß Du auch Schwert sein sollst, ein guter, edler Stahl, der dort dazwischenfährt, wo man Gott und Mensch verhöhnt, weil beide nicht mit dem gebührenden Ernst unterschieden werden. Wohl sieht es manchmal so aus, als erscheine uns das wahre Leben nur in der Maske des Todes. In Wahrheit will aber Gott, daß wir den *Vorgang* seiner Offenbarung *erkennen,* aber uns nicht notwendig als dessen *Modell* haben. Denn nicht die Gnade, sondern ihre *Sagbarkeit* hat sein Interesse, *dazu* hat er Jesus gesandt. So wehre denn jenen allzu frühen Applikationen, die Dich nur zum Gesetz treiben, und bleibe fröhlich beim Wort, auf das aufmerksam zu machen Du berufen bist! Hat sich Gott im Gesetz als ein Gott gegen uns sagbar gemacht, so im Evangelium als Gott für uns — was wollen wir mehr, wenn wir nur das Wort haben? So laß Dich denn auch in Zukunft nur auf dieses Wort ein und sonst auf nichts, solange Du lehrst. (Deine Predigt über die 2. Seligpreisung[3] bewegte mich sehr und bestimmt wohl auch diese Zeilen.)

[...] Feiere Du mit Frau und Tochter vergnügt Geburtstag, [...] und gib mal wieder Nachricht von Deinen Festen und Werktagen

Deinem Ernst.

¹ 3 ½ S. hs.
² Vgl. Br. vom 25. 6. 60.
³ Versehentlich für 2. Bitte des Unser-Vaters. Vgl. Predigten für Jedermann, hg. von O. Müllerschön, 7. Jg. Nr. 6, Juni 1960. Abgedruckt in meinem Büchlein: Vom Gebet, 1963, 37—50.

Berlin, 17. 2. 1961¹

Mein lieber Gerhard,

wenn Du mir versprichst, daß Du nicht in Ohnmacht fällst, — andernfalls rufe gleich Deiner lieben Frau und bitte sie, Dir den Brief vorzulesen und den jetzt folgenden Satz zu überspringen, — so teile ich Dir hiermit zwei Definitionen mit, die ich gestern im Kolleg vortrug und von denen die erste der Taufe als der Feier des Geschenks des Pneuma (Röm 8, 2—4) gilt:

„In der Taufe feiert der christliche Glaube die Befreiung des Säuglings von der Philosophie."

Meine Frau, welche diesen Satz soeben als Morgenandacht las, fragte mich gleich: „Na, Herr Fuchs, was ist Philosophie?" Ich antworte prompt: Formalismus. Deshalb werde in der Taufe der Säugling als er selbst gefeiert. Also: die Taufe gilt dem Täufling selbst. Ihn selbst hat sich Gott erwählt. Und deshalb bekommt er selbst in der Taufe von uns einen Namen.

Das war das Ergebnis der Lektüre Deiner Zusendung Eurer Ottprotokolle² — und ich schmeichle mir, mit meiner Taufinterpretation den alten Karl Barth echter zum Zuge gebracht zu haben als dieser Herr Ott, um den Deine Oberschüler genau so formalistisch herumgetanzt sind, wie sich das Herr Ott wünschen mußte. Denn Herr Ott versteckt hinter seinem Formalismus in Wahrheit jene Leiblichkeit, die er antiidealistisch als Rettung vor seinem idealistischen Sündendualismus anpreist. Denn vom Leib erwünscht er sich die Errettung vor dem Leibe, also der Sinnlichkeit. Und die Sinnlichkeit, das ist bei ihm wie den Römern die Sünde, von welcher Bultmann dann sublimiert behauptet, sie sei kauchesis, Geltungsbedürfnis. So ein Unsinn, so ein perverser Blödsinn! Nein, die Sünde ist der Mißbrauch des finitum capax infiniti, kurz: der Mißbrauch der Tatsache, daß sich Gott dem Menschen von Anfang an zu Verfügung gestellt hat, Er, der Allmächtige, seinem keineswegs allmächtigen Geschöpf, sodaß unsern Säugling vom ersten Tage an z. B. eine Mutterbrust erwartet. Der Glaube aber weiß zwischen Gott und Gottes Werken zu unterscheiden, wie der Glaube dann auch zwischen uns und unsern Werken unterscheidet, weil wir wie Gott Person sind, also Voraussetzung der Werke, aber als Person selber Werk Gottes. Das heißt: zuerst kommt Gott, dann der Mensch. Wer diese Reihenfolge umkehrt, der sündigt. Die Theologie redet also von der richtigen Reihenfolge in dem, was bleibt, nämlich des Wesentlichen, das also ein Wesen hat. Einer wie der Andere, weil Einer vor allen Andern kommt, wie man mit Barth sagen kann. Dies lernte ich aus dessen Schrift über Christus und Adam in Römer 5[3], der Bultmann in seiner Antwort in der ZNW 1959[4] nicht gewachsen ist — aber darüber lasse ich mich jetzt nicht aus, weil ich Bultmann erst nächste Woche, zum Abschluß, bespreche. Kurz: wir sind zur Person errettet. Die Person ist vox theologica. Und genau das wird in der Taufe gefeiert.

Die zweite Definition galt dem Grundproblem aller Pädagogik. Alle Pädagogik hat die Aufgabe, den Menschen auf seinem Weg in die Welt zu begleiten, weil dem Menschen auf diesem Gang die Unschuld genommen wird (obwohl sie ihm letztlich gar nicht genommen werden kann, wie der Glaube sieht). Deshalb bedarf der Pädagoge der Kräfte der Religion. Und er kann verlangen, daß ihm Kirche und Theologie diese Kräfte nicht vorenthalten. Denn der Mensch wird vor allem im Gehör „erreicht". Der Beweis für diese Gehör*realität*[5] ist z. B. die Wirkung des Jazz auf die studierende Jugend. Du solltest Deinen Jungen mit einem Gruß von mir bestellen, daß das Stichwort: „Wirklichkeit"[6] nicht ausreicht, sondern daß man, wenn man schon dieses Wort gebraucht, wie bei der Zeit fragen muß: *welche*[7] Wirklichkeit meinen Sie? Und daß man sich vor dem Bultmannschen Formalismus hüten muß, der keck antwortet: *meine*[7] Wirklichkeit — als ob die nicht gerade jeweils konkret *erfragt*[7] wäre! Die Theologie ist keine dialektische Wissenschaft und die Offenbarung ist kein Paradox! Es geht nicht an, die „Wirklichkeit" solange zu formalisieren, z. B. als Geviert[8], bis man jede willkürliche Behauptung vorbringen kann, wie z. B. Otts Leiblichkeit[9] und Pannenbergs Historizität der Auferstehung Jesu[10]. Das alles ist ein verschleiertes Abzugsverfahren zu Gunsten des ihnen allen nicht klaren Sachverhalts, daß die Sünde als Verfehlung gegen Gott immer auch Verfehlung gegen den Menschen ist — was übrigens Barth auch weiß. Siehe De homine[11] bei

Luther! Auch Heidegger wird versuchen, das Konkrete um seine Konkretion zu betrügen, weil er konkret nicht haben will, daß man *ihn* konkret anspricht, genau wie Herr Ott. ‹Schöne „Lehrer"!›,[12]

Was Pneuma sei? Pneuma ist die Wortförmigkeit des Menschen, welches ihm der Glaube schenkt. „Förmigkeit": mit Form ist ausgesagt das Wesen als das, worin der Mensch bleibt, der er vor Gott ist, also seine Bleibe, die ihn bleiben läßt, und dieses Wesen als *Sein*[13] verstanden, d. h. als *Ansprechbarkeit*[13] des Menschen *als*[13] Menschen, eben in dieser Bleibe[14]. Denn die Verkündigung, die dem Menschen eröffnet, daß er an seine Bleibe glaubt, gibt dem Menschen als Verkündigung das dem Menschen bleibende Wort, das auch dann bleibt, wenn wir sterben. Wer beim Wort bleibt, bei Gottes Gnadenzusage in Christus Jesus, der ist befreit von der Notwendigkeit des Fleisches, daß es sterben muß, und d. h. von der Notwendigkeit, als letztlich Bleibendes nur Fleisch im Blick zu haben, denn er ist befreit zum Wort, das ihm sagt, daß der allmächtige Gott sich seiner erbarmt hat und ihm dort beisteht, wo das Fleisch versagt, nämlich dort, wo Gott seine eigenen Probleme löst, z. B. das Problem, wie die Liebe mit ihren Schmerzen fertig wird ‹(Gal 6,8)›[15]. Daher bleibt der Mensch, wenn er beim Worte bleibt, beim ewigen, unsichtbaren Gott, der dem Menschen sagt, daß er bei ihm bleibe. Und dies heißt, nicht auf das Fleisch säen, sondern auf den Geist, also sich auf die Wortförmigkeit unsrer Existenz einlassen. Um *Existenz*[16] handelt es sich, weil der Mensch existiert, wenn er bei Gottes Wort (Zusage des Beistands) bleibt. Denn Gott ist so unser Extra nos. Der Glaube weiß also im Geist recht zwischen Gott und uns zu unterscheiden. Und in dieser Unterscheidung ist Jesus uns vorangegangen, damit wir uns an seinen Gehorsam halten könnten. Gottes Zusage ist an Jesu Gehorsam erschienen. Daher bestehen wir auf diesem finitum capax infiniti, auf der Zukünftigkeit unsres *Seins*[16] als dem bleibend gegenwärtigen Wort Gottes in dem immer neu zu *verkündigenden*[16] und daher *kontinuierlich*[16] zu glaubenden, glaubbaren,[17] gehorsamen Jesus, der damals unsre Bleibe in der Welt entschied. Wir existieren also nicht diesseits und jenseits der Zeit, wie Bultmann sagt, sondern in und außerhalb der Welt, wie Luther weiß, im Himmel und auf Erden, wie das Neue Testament bezeugt.

So ist denn auch Existenz eine vox theologica, wie Heidegger zu sagen ist. In der Theologie kommt „der Mensch selbst" vor, weil in der Theologie der Mensch bei Gott festgehalten wird. Das ist leichter als einen Aal fangen, weil Gott uns dazu die nötigen Handschuhe gegeben hat, nämlich das Schmirgelpapier der biblischen Texte. Daher hütet Euch vor dem Glanzpapier der Formalisten, d. h. der betrügerischen Philosophie! —

[...]

Dir und Deinen Damen unsre ehrerbietigsten ‹Du schriebst bloß: „beste" (!)›[17] Grüße! Herzlich

Dein Ernst

[1] 2 S. ms.
[2] Protokolle anläßlich der Diskussion mit Prof. Dr. Heinrich Ott, Basel, in meinem Seminar über die Philosophie M. Heideggers und die Theologie im WS 1960/61.
[3] Karl Barth, Christus und Adam nach Röm. 5. Ein Beitrag zur Frage nach dem Menschen und der Menschheit. ThSt H. 35, 1952.
[4] Rudolf Bultmann, Adam und Christus nach Römer 5. ZNW 50, 1959, 145—165. Abgedr. in: R. Bultmann, Exegetica. Aufsätze zur Erforschung des Neuen Testaments, ausgewählt, eingeleitet und herausgegeben von Erich Dinkler, 1967, 424—444.
[5] Ustr. hs.
[6] Anfz. hs.
[7] Ustr. hs.
[8] Vgl. M. Heidegger, Unterwegs zur Sprache, 1959, 22—24, 28 f. Vorträge und Aufsätze, 1954, 149—155, 159—161, 171 f, 176—179.
[9] Vgl. H. Ott, Denken und Sein. Der Weg Martin Heideggers und der Weg der Theologie, 1959, 193 ff.
[10] Vgl. W. Pannenberg, Heilsgeschehen und Geschichte. KuD 5, 1959, 218—237 und 259—288. Abgedr. in: W. Pannenberg, Grundfragen systematischer Theologie. Ges. Aufs., 1967, 22—78. Die obige Bemerkung bezieht sich vor allem auf 266 f Anm. 22 oder 53 Anm. 22.
[11] Luthers Thesen De homine (WA 39,1; 175—177) lagen am Schluß des o. Anm. 2 erwähnten Seminars einem Gespräch mit M. Heidegger zugrunde.
[12] Hs. +.
[13] Ustr. hs.
[14] Am oberen Rand hs. +, ohne bestimmte Einweisung:
Existenz = Wo-sein als: Ex. [in lateinischen Buchstaben; aufzulösen in exemplum?]:
„Ich sage dir, du bist bei mir" (cf. Luk. 24, 29)

$$\left.\begin{array}{l}\text{Wesen ist Bleibe,}\\ \text{Sein ist Ansprechbarkeit}\end{array}\right\} = \left.\begin{array}{l}\text{du bist}\\ \text{bei mir}\end{array}\right\} \begin{array}{l}\text{ich}\\ \text{sage dir}\end{array}$$

(Also steckt unser Wesen im Wort als Anrede).
[15] Hs. +.
[16] Ustr. hs.
[17] Hs. +.

Berlin, 28. 2. 1961[1]

Mein lieber Gerhard!

Vorhin kam Dein lieber Brief vom 25. Februar! Hab' vielen Dank! [...] Ich las gestern zum letztenmal[2], mit einem Abschiedswort von Kupisch[3], natürlich vor einem etwas festlichen Auditorium. Mein letztes Wort hieß: Gott. Als ich dann schwieg, verstanden sie nicht gleich, daß ich nicht das letzte Wort haben wollte. Aber dann gings ihnen auf. Herr Lennert[4] war auch da. Morgen soll unsre Abschiedsfeier im Kollegium sein. Am Sonntagabend sang man mir noch vor meiner Haustüre. Ach, ich bin nun abgebrüht. Aber dankbar für Berlin, ja, das bin ich.

[...]

Nun zu Deinen Thesen[5]! Ich finde sie sehr klar und bin überzeugt, daß sie Heidegger willkommen sein werden.

Was mich betrifft, so bin ich schwer in Verlegenheit. Du weißt, daß ich das Wort Gottes als Begleitung auf unsrem Wege verstehe, auf einem Wege, der in Wahrheit der Weg der Liebe ist und uns Freude an der Liebe und Liebe zur Freude erwecken will, weil dieser Weg in der Welt so oft mehr als traurig ist. Das Geheimnis dieses Weges ist die *Notwendigkeit*[6] des Sieges der Liebe, d. h. der Glaube, daß sich die Liebe durchsetzen wird. *Diese*[6] Nezessität ist der Kern der Offenbarung. Und deshalb gab Jesus seinen Zuhörern das Wort, das sie in die Basileia berief, auch gleich *als*[7] Wort selbst mit auf den Weg. Dadurch — Jesu Wort konnte durch das Wort des Glaubens ersetzt werden — blieb Jesus selbst der Mensch, mit dem einverstanden zu *bleiben*[8] das Einverständnis mit Gott bedeutet. Ich fügte jetzt noch hinzu, daß Jesus ein fröhlicher Mensch war. Aber: gerade er wurde gekreuzigt. ‹(Sein ist Ansprechbarkeit; Wesen ist, was bleibt, das Notwendige.)›[9]

Ich stehe vermutlich vor der Aufgabe, nunmehr zu der Ausgangssituation zurückzukehren, nämlich zu sagen, daß eben um dieses Bleibens, um der Nezessität der Offenbarung willen, Gott der iustificans und der Mensch der peccator ist.

Denn als Grundwort der paulinischen Anthropologie nannte ich die — Selbstherrschung[10], weil der Glaubende sich selbst in die Gewalt bekomme, um sich in der Liebe preiszugeben, in der Hoffnung am Gekreuzigten festzuhalten und sich im Bekenntnis an Gott zu freuen. So verfügen wir über des Todes Beute, das soma nekron dia hamartian, Röm 8,10, aufs neue! Das ist der Sinn von Röm 8,13 und Gal 5,13 (douleuein dia tes agapes); vgl. Röm 6,18. Röm 7,25b muß wegen Röm 8,10 Glosse sein, denn das pneuma bleibt immer das pneuma *Christou*[11] ‹, *sein* Nous (1.Kor 2,16)›[12]. Die Differenz unsres Seins im Glauben ist die Differenz zwischen unserem Werk-Gottes-Sein und unserem unser eigenes Werk *Gewesensein*. So bekommt der Glaube immer seine Existenz *zugleich*[13] vor sich und hinter sich. Die Mitte davon ist nicht mein Ich, sondern Christus, sodaß ich als Glaubender auf Verkündigung und Bekenntnis angewiesen bleibe und mich selbst nicht kenne. Eben dies äußert sich als unsre Freude an dem Worte Gottes, weil es uns in Christus immer schon gesagt ist‹, also als Freude an Gott: Gott ist das Wobei unsres Existierens, d. h. von uns Freiseins.›[14]

Der Philosoph dagegen muß eine Mitte *suchen*, in welcher die Vergangenheit seiner Existenz und die Zukunft seiner Existenz auseinandertreten. Kann er das anders machen als eben durch Formalisieren der Größe X, des Seins? Was ist denn die Bewegung im Geviert[14] anderes als eine — Vorstellung? Dabei müßte sie das Sein selbst sein, d. h. die Konkretion schlechthin. ‹Die Liebe dagegen gewährt das Wobei, indem sie spricht. Im Sprechenkönnen sind wir Imago Dei, beieinander wie Gott bei uns: Urstand.›[16] Die Frage bleibt also die, wer wirklich *konkret*[17] zu sprechen vermag, z. B. indem er die Zeit konkret zur Sprache zu bringen vermag, z. B. wie ein Fahrdienstleiter, aber nicht wie die Uhr.

Mehr kann ich nicht sagen. Und ich gestehe, ich mag auch nicht. Ott[18] besuchte mich neulich und erklärte, er sei jeden Tag am Ende. Ich sagte ihm, das sei nicht wahr, es ginge auch bei ihm unbeirrt immer weiter ... Er solle die Beziehungen zwischen dem Leib und der Sprache aufklären ... Aber ich war sehr freundlich, weil er die Heilsgeschichtler nicht mag. Nun ja. Für heute herzlichste Grüße und alle guten Wünsche und Grüße auch an Heidegger, der mir wegen meiner Sätze gegen Ott[18] zu zürnen scheint.

Dein Ernst

---

[1] 1 S. ms.
[2] Vor Übersiedlung nach Marburg.
[3] S. o. Anm. 4 zu Br. v. 29. 11. 58.
[4] Prof. Dr. Rudolf Lennert an der FU Berlin.
[5] Verantworten des Glaubens in Begegnung mit dem Denken M. Heideggers. Thesen zum Verhältnis von Philosophie und Theologie. ZThK Bh. 2, 1961, 119—124. Abgedr. in: Wort und Glaube Bd. II, 1969, 92—98.
[6] Ustr. hs.

⁷ Hs. korr. aus „das". Ustr. hs.
⁸ Ustrs. hs.
⁹ Hs. +. Vgl. Anm. 14 zu Br. v. 17. 2. 61.
¹⁰ Sic! Schreibfehler für „Selbstbeherrschung"?
¹¹ Ustr. hs.
¹² Komma hs. korr. aus Punkt. Das Folgende hs. +. Ustr. hs.
¹³ Ustr. hs.
¹⁴ Komma hs. korr. aus Punkt. Das Folgende hs. +.
¹⁵ S. o. Anm. 8 zu Br. v. 17. 2. 61.
¹⁶ Hs. +.
¹⁷ Ustr. hs.
¹⁸ S. o. Anm. 2 zu Br. v. 17. 2. 61.
¹⁹ Denken und Sein? PhR 8, 1960, 106—108.

Marburg/Lahn, 12. 12. 1965[1]

Mein lieber Gerhard!

Nachdem ich nun heute früh 1.15 wieder in Marburg „angeländet" bin, sollst Du den ersten Bericht über meinen Besuch bei dem Basler hohen Herrn[2] haben. Ich sorgte dafür, wenn auch nicht ganz freiwillig, daß dieser Adlatus Barths, sein Eckermann Pfr. Dr. Fangmeier[3], übrigens ein durchaus sympathischer Knecht seines Herrn, und unser gemeinsamer Unternehmer, Dekan Prof. Ott, den Besuch mitmachten, der etwas über 2 ½ Stunden dauerte. Herr Fangmeier schrieb mit, sodaß ich auf eine Art Protokoll hoffe. Aber die ersten Sätze Barths hat er sicher nicht aufgeschrieben. Barth begrüßte mich mit den Worten: Ich habe Sie nicht mehr erkannt! Und als wir uns gesetzt hatten, begann er pontifikalisch: Was wollen Sie von mir? Ich hatte angenommen, er wolle etwas von mir ... Die ganze Affäre endete mit der Erwägung, woher es komme, daß ich in Vorlesungen Eindruck mache: ob von meiner Person oder aber von der Sache? Da war ich froh, daß ich in der Regel exegetische Themen behandle. Barth erzählte, sein Unterleib sei von einem „Virus Proteus" verseucht. Mit dem schien er mich vergleichen zu wollen. Und das heißt: Das Gruppendenken will jeden zwingen, sich einer von zwei Seiten anzuschließen. Und da es in der Offenbarung nur eine Seite gibt, so fordert Barth natürlich bündig den simplen Anschluß an ihn selbst. Ich sagte, ich bedauerte, daß er mit Ebeling keinen Kontakt habe, und ich empfahl Wolfs[4] Verhalten insofern, als dieser sowohl mit Barth als auch mit Bultmann im Gespräch geblieben sei — das müsse also möglich sein. [...]

Barth hatte inzwischen durch sein Neugiernachrichtensystem über die Wirkung meiner Vorlesung in Basel einiges gehört. Manche kritisierten, sagte er, meine humoristischen Illustrationen; sie wollten überhaupt keine Illustrationen. Ich antwortete, das sei um der Schwermut willen nötig. Barth sagte, Thurneysen sei sehr positiv von mir beeindruckt worden (in der Tat, das versicherte mir Thurneysen, den ich nie gesehen hatte, auch gleich nach dem Vortrag). Aber nun kam eben wieder das Bemühen, meinen „Standort" zu bestimmen. Ich sagte, das wolle Künneth[5] auch. Und so plagte ich Barth ein wenig mit Parallelen zwischen ihm und Künneth, und das gefiel ihm garnicht. Natürlich erwartete er von mir nicht nur, daß ich seine Dogmatik im Kopf hätte — so ganz hat er sie selber nicht im Kopf —, sondern vor allem, daß ich Ja und Amen dazu sage. Da war ich im Vorteil, weil ich sagen konnte, ich hätte versehentlich statt KD IV,2 den Band IV,3 mit nach Cademario[6] genommen, könne also noch nichts zu seinem Versuch sagen, von Jesus als dem „königlichen" Menschen zu sprechen. Warum ich keine Theologie des Neuen Testaments vorlege, sodaß er mit einer Gesamtkonzeption von mir diskutieren könne? Ich sagte, daß wir — wie er mir vorhielt — „Aufsatzsammlungen" herausgeben, komme eben davon her, daß wir, meine Generation, seine Dogmatik nicht so schnell bewältigen konnten. Es geht hier ja nicht bloß um Begriffe! Genau das sagte ich ihm auch. Er betont wie immer das „Hören". Da ich nun aber auch ([7] nach Bultmann‹s Votum)›[7] zu den Menschen gehöre, die „Hören" können, macht mir dieser Appell schon deshalb keinen Eindruck, weil Barth bloß auf das „hört", was er selber sagt. Es gab übrigens auch Testfragen meinerseits. Und weil Barth eben doch vermutete, daß ich über Einiges in der Theologie Bescheid weiß, und weil ihm auch gefällt, daß ich das Neue Testament nicht zu beliebiger Benützung freigebe, so gab es doch die meiste Zeit Einverständnis — nur daß das eben garnichts nützt. Wäre ich so ein stolzer Pinsel wie viele meiner Kollegen, so hätte ich nach der ersten Minute das Lokal verlassen müssen. Aber ich hatte Geduld, und, ich nehme es an, Barth wird dasselbe von sich auch sagen. Er wollte meinen Vortrag gar nicht haben, er erwähnte das garnicht, und so blieb ich völlig frei. Vermutlich kommen alle jene Äußerungen und Verdächtigungen, ich spiele mit den Texten — das sagte er aber nicht! —, schließlich doch auch aus Basel! Und so bin ich froh, daß ich stets sage, ich sei Exeget. Barth meinte natürlich, jeder Exeget sei ein verkappter Systematiker, aber da konnte ich sagen, ein guter Dogmatiker sei ja doch auch Exeget. Es gibt also schon einen Unterschied. Und der besteht darin, daß der berufliche Umgang mit den biblischen Texten immer wieder dazu veranlaßt, sich nicht in Begriffen festzulegen. Von unsrer Hermeneutik versteht Barth nichts. Das zeigten Testfragen, die er bejahte, ohne ihre Tragweite zu überblicken.

Mich beschleicht der böse Gedanke, ob das Gespräch über die Sache nicht durch einen stillen Kampf um den Absatzmarkt für unsere Publikationen beeinflußt wird. Solche Machtkämpfe sind offenbar unvermeidbar. Aber es gehört viel freie Einsicht dazu, um das als unvermeidlich zu erkennen. Daß ich das Neue Testament auslege, führte mich wohl dazu, oft mit Barth übereinzustimmen, aber auch mit Bultmann. Ich nahm auch Gogarten und wiederholt Dich selber in Schutz — er griff übrigens Keinen direkt an! Das bedeutet, daß er nun machen kann, was er will. Soll ich Proteus sein, dann wird er das andeuten, aber doch wohl mit Vorbehalt, weil die Texte auch bei mir Gutes ausrichten ... Ich sagte ihm, es gäbe eben Erfahrungen, die mich bestimmten, vor allem mit dem Hauptfeind des Glaubens, der Schwermut. Das gefiel ihm natürlich. Aber daß ich in Basel beim Bier gesagt hatte, gerade Barth verstehe den Glauben vielleicht als Existential, das hatte er gehört und das hatte ihn aufgebracht. Wo er das sage? Ich: natürlich nirgends. Aber es gehe hier darum, daß er ja die Unmöglichkeit der Sünde betone. Und das verführe dazu, den Glauben als Existential zu behandeln, was ich aber ausdrücklich ablehne. Der Glaube ist ein Urteil! Nun, dem stimmte er zu.

Du siehst, das ganze Gespräch war ein Gespräch im bewaffneten Zustand, aber nicht im Niemandsland. Barth interessiert sich für die auseinanderstrebende „Bultmannschule"[8]; Käsemann sei bei ihm im gleichen Stuhl gesessen wie ich ... Aber ich sagte, diese Schule gebe es eigentlich gar nicht. Nun, das leuchtete ihm nicht ein, weil es nicht in seinen Machtkampf paßt.

Ob es gut war, daß ich ihn besucht habe, was doch er wollte und angeregt hatte, via Fangmeier, das weiß ich nicht. Es sieht so aus, daß ich am besten tue, meiner Art treu zu bleiben. Und das kommt ja auch von selbst so. Und so wird manches darauf ankommen, wie Barth darauf reagiert, daß jemand kam, der *unbekümmert*[9] mit ihm sprach. Ich müßte wohl sagen: zu ihm sprach ... Aber er will ja selber Sprüche fällen ... Glücklicherweise muß er zugeben, daß das Gottes Sache ist ...

Mein lieber Gerhard, das war's. Ich will nun wieder meiner Arbeit nachgehen. Sei Du herzlich bedankt 1. für Deine Freundschaft, 2. für Deine Arbeit, 3. für Deine Art, zu arbeiten. Ich sagte Barth, es sei für mich maßgebend, daß Du meine Vorlesungen gerne gehört hättest, in

Zürich, und daß das nicht so leicht bloß auf persönliche Umstände meiner Individualität zurückgeführt werden könne, wohl aber Tatsache ist. Voilà! Du siehst, ich habe nicht hinter dem Berg gehalten.

Ich grüße Dich herzlich und wünsche Dir selber genau so, daß Du bleibst, der Du bist, gerade auch in Tübingen, immer

Dein Ernst

---

[1] 2 S. ms.
[2] Der Besuch von Ernst Fuchs bei Karl Barth fand, nach einer Gastvorlesung in der Universität, m. W. am 10. 12. 65 statt.
[3] Vgl. Jürgen Fangmeier, Ernst Fuchs. Versuch einer Orientierung (Ein Referat aus Basel). ThSt 80, 1964. Dazu: Eberhard Jüngel, Vorwärts durch Annäherung? ThLZ 91, 1966, 329—338.
[4] S. o. Anm. 7 zum Br. v. 1. 7. 56.
[5] Prof. D. Dr. Walter Künneth, Erlangen.
[6] Ernst Fuchs hatte im September 65 seine Ferien in Cademario (Tessin) verbracht.
[7] Hs. +.
[8] Anfz. hs. +.
[9] Ustr. hs.

Korrekturnachtrag:

Zu S. 10 Anm. 11: Nachdem die ersten vier Bogen bereits ausgedruckt waren, erhielt ich vom Sender Freies Berlin die Mitteilung, daß der am 27. 6. 1956 gesendete Beitrag von Prof. D. Dr Hanns Rückert über das Thema „Die Theologie im Streit der Konfessionen" handelte. Der Gesamttitel der Reihe konnte auch dort nicht mehr ermittelt werden.
Weitere Corrigenda:
S. 30 Z. 10. Lies: als er in Wallgau bei uns war.
S. 32 Anm. 13. Lies: S. o. Anm. 8.
S. 34 Z. 2. Lies: G. Bornkamms Buch ...
S. 35 Z. 17. Lies: Das Gesetz!‚[7].
S. 37 Z. 4. Lies: lich,‚[5] ...
S. 62 Z. 14. Lies: im Geviert[15] ...
    Z. 27. Lies: gegen Ott[19] ...

SPRACHE UND PERSON

Zur Signatur des antipersonalen Sprachtyps

EUGEN BISER

I. Jesu Beitrag zur Sprachgeschichte

Wenn man sich fragt, worin die sprachschöpferische Leistung Jesu besteht, wird man sich ein Zweifaches vergegenwärtigen müssen: seinen Beitrag zur Ausdehnung der sprachlichen Ausdrucksmöglichkeiten und seinen Anstoß zu einer stärkeren Integration der sprachlichen Ausdrucksmittel. Bringt der erste einen quantitativen Zuwachs mit sich, so der zweite eine Steigerung der Intensität, wobei das eine nicht ohne Rückwirkung auf das andere bleibt: die Dehnung des Ausdrucksfelds nicht ohne Folgen für den Intensitätsgrad der sprachlichen Kommunikation und deren Intensivierung nicht ohne Bedeutung für die Entwicklung neuer Ausdrucksformen. Das eine leistet Jesus, vereinfachend gesprochen, vor allem mit der Sprachschöpfung der Gleichnisse, das andere mit der Entwicklung der Umgangssprache zu einem Instrument personaler Selbstaussage.

Nach Norman Perrin gehört die Verwendung der „metaphorischen Rede in Form von Vergleichen und Analogien" zu den bestbezeugten und am sichersten belegten Zügen der Verkündigung Jesu[1]. Außer Frage steht für ihn auch die Tatsache, daß die kreative Bemühung Jesu ganz im Dienst seiner Reich-Gottes-Botschaft stand[2]. Nimmt man hinzu, daß die von Jesus geschaffene Bildsprache weitgehend einer Neugestaltung der rabbinischen Gleichnisrede gleichkommt, so drängt sich der Schluß auf, daß die von ihm erwirkte Ausweitung des sprachlichen Ausdrucksfeldes in erster Linie der Möglichkeit des gleichnishaften Sprechens galt. Wenn

---

[1] *N. Perrin*, Was lehrte Jesus wirklich? Rekonstruktion und Deutung (Originaltitel: Rediscovering the Teaching of Jesus), Göttingen 1972, 81.
[2] AaO, 52.

nach Meinung Perrins freilich noch nicht einmal die Urgemeinde „die Gleichnisse Jesu ... in ihrer ursprünglichen Intention zu bewahren" vermochte und sie deshalb nur in allegorischer Abwandlung und überdies in einer der nachösterlichen Situation adaptierten Form überlieferte[3], kann es nicht verwundern, daß die von Jesus erschlossene Möglichkeit rasch wieder verlorenging und nach dem verunglückten Versuch des ‚Hirt des Hermas' in altchristlicher Zeit, sie für die Zwecke einer kirchlichen Apokalyptik zu nutzen, erst in Friedrich Nietzsches emphatischer Proklamation des atheistischen Menschenreichs wiederauflebte[4]. Der Grund spiegelt sich deutlich genug in Nietzsches Widerspruch. Er liegt in dem unaufhebbaren Zusammenhang der Gleichnisse mit dem von Jesus heraufgeführten Gottesreich, der beide so eng aneinander verweist, daß sie nur in der gegenseitigen Beziehung zureichend erfaßt werden können. Das Gottesreich, weil es, wie Eberhard Jüngel zeigte, in seiner gleichnishaften Darstellung zugleich vergegenwärtigt wird[5]; aber auch die Gleichnisse, weil sie im Gottesreich ebenso ihre Thematik wie ihr Formgesetz haben[6]. Wie das Beispiel Nietzsches lehrt, heißt das jedoch nicht, daß die von Jesus erzielte Erweiterung der sprachlichen Möglichkeiten im Grunde nur ihm selbst zugute kam. Vielmehr gilt auch für sie das Gesetz aller Geschichte, wonach keine wirkliche Leistung, und geriete sie noch so sehr in Vergessenheit, je ganz verlorengeht, sondern als eine ihrer unaufgerufenen Möglichkeiten nur darauf wartet, wiederentdeckt und unter neuen Bedingungen reaktiviert zu werden[7].

Um so mehr ging der von Jesus eingebrachte sprachliche Intensitätsgewinn in den festen Bestand der abendländischen Sprachgeschichte ein. Dabei geht es keineswegs nur um eine lineare Steigerung des sprachlichen Ausdruckspotentials, obwohl auch darin den Sprach-Eruptionen in Gestalt der Seligpreisungen und Antithesen der Bergpredigt oder der Wehe-

---

[3] AaO, 82.

[4] Dazu mein Beitrag: Nietzsches Kritik des christlichen Gottesbegriffs und ihre theologischen Konsequenzen, in: Philosophisches Jahrbuch 78 (1971) 34—65; 295—305.

[5] *E. Jüngel*, Paulus und Jesus. Eine Untersuchung zur Präzisierung der Frage nach dem Ursprung der Christologie, Tübingen 1964, 135—174.

[6] Dazu meine Besprechung: Das Gottesreich als Sinn und Thema der Gleichnisse, in: Hochland 58 (1966) 556—560.

[7] Die von mir parallel zu Jüngel entwickelte gleichsinnige Auffassung von der das Reich Gottes vergegenwärtigenden Sprachfunktion der Gleichnisse (erstmals in meiner Schrift: Die Gleichnisse Jesu. Versuch einer Deutung, München 1965) weiß sich der von Ernst Fuchs und seiner Schule betriebenen Gleichnisforschung in vielen Stücken dankbar verpflichtet.

rufe in den Streitreden Jesu Entscheidendes zu danken ist. Ungleich wichtiger ist die personale Integration, die der sprachliche Ausdruck durch ihn erfuhr. Ursprünglich im Umgang mit dem welthaft Gegebenen entwickelt und deshalb in erster Linie auf seine Bezeichnung ausgerichtet, lernte die Sprache durch Jesus mehr als durch jeden andern von den Widerfahrnissen des sprechenden Ich zu reden[8]. Das hat seinen Grund nicht etwa in einer extremen Selbsteinschätzung, sondern in der Tatsache, daß Jesus seine Beziehung zu Gott als dessen Offenbarung an die Welt empfand. Was ihn subjektiv bewegte, hatte darum so hohe Bedeutung für alle, daß es mitgeteilt und demgemäß verbalisiert werden mußte. Im ganzen der abendländischen Sprachgeschichte gesehen, kam das einem Dammbruch gleich. Seitdem Jesus die Geschichte seines gottberührten Herzens erzählte, mehren sich die Stimmen derjenigen, die aus durchsichtigen oder undurchsichtigen Gründen sich zur Erzählung ihrer Lebensgeschichte veranlaßt fühlen. Paulus folgte ihm darin unmittelbarer als jeder andere, auch wenn die Ich-Stellen seiner Briefe nicht immer auf das konkrete Ich bezogen werden dürfen. Die augustinischen Confessiones sind ohne diesen Impuls ebensowenig zu verstehen wie ihre späten Nachbildungen, allen voran die Bekenntnisse Rousseaus. Was ihnen an stimulierender Spracherfahrung zugrunde liegt, sagt deutlicher als jede Reflexion das berühmte Wort, mit dem sich Tasso über sein Elend erhebt:

Und wenn der Mensch in seiner Qual verstummt,
Gab mir ein Gott zu sagen, wie ich leide[9].

Die Zäsur, die damit in der Entwicklung der sprachlichen Ausdrucksformen entstand, gleicht in etwa derjenigen, die musikgeschichtlich zwischen Mozart und Beethoven besteht. Dort das zweckfreie Spiel der ‚tönend bewegten Form' (Hanslick); hier die Musik im Rhythmus des menschlichen Atems, des aufwallenden Herzens, des seinen Zielen ent-

---

[8] Selbstverständlich steht Jesus wie sonst auch hier im Kontext mit einer auf ihn zulaufenden Tradition, die besonders eindringlich durch die ‚Konfessionen' des Propheten Jeremia dokumentiert wird. Man geht wohl mit der Behauptung nicht zu weit, daß in diesen Konfessionen erstmals ein im modernen Sinn geprägtes Ich in leidenschaftlichem Aufbegehren gegen Gott, dem es doch unentrinnbar verfallen ist, seine Stimme erhebt. „Diese Dichtungen zeigen eine Intimität des geistigen Umgangs mit Gott, eine Mündigkeit des Sichaussprechens und eine Freiheit im Eingestehen eigenen Versagens, die wohl als eine Manifestation edelsten Menschentums zu gelten haben": *G. von Rad*, Die Botschaft der Propheten, München und Hamburg 1967, 169.

[9] Tasso, 5. Aufzug, 5. Auftritt.

gegendrängenden Willens, kurz, Musik, die den Menschen und nicht mehr sich selber aussagt[10].

II. Die sprachgeschichtliche Situation

Wenn die Signatur der Gegenwart in einer Hinsicht eindeutig ist, dann darin, daß das menschliche Subjekt, das der in ihr auslaufenden Epoche, der Neuzeit, das Gepräge gab, endgültig in die Krise geriet. Nicht nur, daß die gesellschaftliche Verfassung, die sich im Gefolge der politischen Entwicklung und der industriellen Produktionsweisen ausformte, den Menschen als personal agierende und reagierende Einzelexistenz so radikal wie nur möglich mißachtet; auch von innen her ist das Individuum einem schwer deutbaren Erosionsprozeß ausgesetzt, der seinen Verfall, nach Adorno primär die Folge des auf ihm lastenden Überdrucks, beschleunigt[11]. In seiner zeitkritischen Studie ‚Der eindimensionale Mensch' wies Herbert Marcuse auf die sprachspezifischen Folgen dieses Vorgangs hin[12]. Längst ist die Entwicklung vom Stadium der expressiven Deklamation, in der der mit sich selbst Verfallene den Verlust seiner Identität beklagt, zu dem eines platten Konformismus übergegangen, der die existentielle Dramatik als inopportune Komplikation beiseiteschiebt. Sprachlich drückt sich das in der Ausbildung einer gettohaft geschlossenen Ausdruckswelt aus. In einem Untertitel spricht Marcuse von der ‚Absperrung des Universums der Rede'. Was entsteht, ist eine Sprache, die den Ausgleich aller Spannungen, die Synthesis aller Gegensätze und damit den endlich erreichten Frieden des Menschen mit seiner Welt suggeriert und die diesen durchgängigen Konformismus zweifach absichert: Erstens dadurch, daß sie in Sätzen spannungsloser Identifikation redet und sich damit jener inneren Dramatik begibt, die den erreichten Scheinfrieden durch sie selbst in Frage stellen könnte. Und zweitens dadurch, daß sie, wie das Wort von der ‚Absperrung' andeutet, alle ‚transzendenten', und

---

[10] ‚Weniger' ist das nur für den, der das Verhältnis von Kunst und Mensch verkehrt und diesen für die als Selbstzweck angesetzte Kunst da sein läßt, anstatt die Kunst für ihn. Mag er ästhetische Gründe für sich anführen können, so hat er doch eindeutig das Urteil Jesu gegen sich, der auch die höchsten Instanzen und Normen wie Gesetz und Sabbat in funktionaler Abhängigkeit vom Menschen sieht: „Der Sabbat ist um des Menschen willen da und nicht der Mensch um des Sabbats willen" (Mk. 2,27).

[11] *Th. W. Adorno,* Negative Dialektik, Frankfurt/M. 1966, 275.

[12] Zum folgenden *H. Marcuse,* Der eindimensionale Mensch. Studien zur Ideologie der fortgeschrittenen Industriegesellschaft, Neuwied und Berlin 1967, 103—123.

das heißt für Marcuse soviel wie ‚kritischen' Begriffe fernhält, die von außen her verunsichernd in ihr Kommunikationsfeld eindringen könnten. „Magische, autoritäre und rituelle Elemente durchdringen das Sprechen" dieser Sprache. So wird die Rede „der Vermittlungen beraubt". Davon werden „Vokabular und Syntax ... gleicherweise beeinträchtigt"[13]. Das Vokabular dadurch, daß an die Stelle zutreffender und zugleich weiterführender Vokabeln Worte treten, die wie „Synonyme und Tautologien" wirken und demgemäß der durch sie gesteuerten Kommunikation „einen hypnotischen Charakter und gleichzeitig einen Anstrich von falscher Vertraulichkeit" geben[14]. Dem entspricht eine „Syntax, bei der die Struktur des Satzes derart abgekürzt und zusammengedrängt wird, daß zwischen den Satzteilen keine Spannung, kein ‚Raum' mehr verbleibt. Diese sprachliche Form widersetzt sich einer Entwicklung des Sinnes"[15]. Man könnte den von Marcuse signalisierten Vorgang auch als den eines Rückzugs der Sprache auf den Bereich des bereits allseitig Besprochenen und insofern ‚Nichtssagenden' beschreiben. ‚Nichtssagend' deswegen, weil dieser Bereich keinerlei Anreize zu kreativen Prozessen irgendwelcher Art mehr bietet, erst recht nicht zu Aussagen, die ins noch Unerkundete und Unerfahrene weisen. So gesehen, hat der angesprochene Nivellierungsprozeß zugleich regressiven und aggressiven Charakter. Regressiv ist er, sofern er in das Getto einer undramatisch identifizierenden Sprache zurücktendiert. Und er wirkt gleichzeitig aggressiv, sofern er dieses Getto durch Strategien bewußter Ausgrenzung und Absperrung stabilisiert. Dazu gehört aber nicht nur die von Marcuse angesprochene Ausklammerung kritisch-revolutionärer Begriffe, zu denen im kirchlich kontrollierten Sprachbereich fast der Gesamtkomplex des (letztlich als subversiv empfundenen) erotischen Vokabulars hinzukommt. Von mindestens gleicher Effizienz ist vielmehr die auffällige Tendenz der heutigen Sprache, sich durch Akte antiemotionaler Selbst-Frustration gegenüber allen Gefühlswerten ‚mundtot' zu machen, die sich verunsichernd auf ihre künstliche Stabilität auswirken könnten. So ist es beispielsweise kaum noch möglich, modernsprachliche Äquivalente für den Satz zu finden, mit dem der Matthäus-Evangelist Jesus seine Erschütterung über den Zustand des ziellos umgetriebenen und zugleich hoffnungslos mitgenommenen Volkes bekunden läßt:

Mich dauert das Volk; denn sie halten schon drei Tage lang bei mir aus und haben nichts zu essen. Sie hungrig wegschicken will ich nicht, damit sie nicht unterwegs umkommen (15,32).

---
[13] AaO, 105.   [14] Ebd.   [15] Ebd.

Ebenso deutlich zeigt die Wiedergabe des Satzes, mit dem die Perikope von der Erweckung des Lazarus auf die Gemütserregung Jesu eingeht (Joh. 11,33), daß im Feld der modernen Umgangssprache keine adäquaten Ausdrücke für die Beschreibung des Seelenzustands zur Verfügung stehen, den der Originaltext ohne erkennbare Mühe zu charakterisieren vermochte[16]. Weniger als Beweis, wohl aber als Index einer von einem jeden gemachten Spracherfahrung bringt diese Beobachtung die Tatsache zu Bewußtsein, daß die heutige Sprache eine folgenschwere Verkürzung ihrer Ausdrucksfähigkeit erlitt. Wer sie spricht, kann zwar umfassender und präziser als vordem sagen, was er denkt, aber nicht mehr umfänglich genug, ‚wie er leidet'. Denn das sprachliche Ausdrucksfeld verkürzte sich um eben jene Dimension, aus der seine tiefsten Impulse stammen[17]. Sie betreffen zunächst die menschlichen Gemütsbewegungen, die nach sprachlicher Äußerung drängenden Empfindungen wie Freude und Schmerz, dann aber auch, und vor allem, die sich darin erfahrende und in den Freude- und Schmerzbekundungen sich selbst bekundende Person. In beiden erweist sich der ausgefallene Bereich genau als derjenige, um den die Sprache die Sphäre des reinen Denkens übersteigt und aus dem sie erhellend und steuernd auf die Denkbewegung Einfluß nimmt.

In die theologische Perspektive gerückt, besagt das, daß die Verkürzung des sprachlichen Ausdrucksfelds, zugespitzt gesprochen, jene Region betrifft, um die es Jesus erweitert hatte. Und das heißt dann in der Konsequenz, daß der theologische Gedanke ohne jene Führung bleibt, die ihm, im Normalfall, aus dem Bereich des emotional und personal Bekundeten zukommt. Ohne diese Führung aber bleibt der Theologie nur der

---

[16] So heißt es in der von den Bischöfen des deutschen Sprachraums herausgegebenen Einheitsübersetzung übersteigernd und zugleich vergröbernd: „Als Jesus sah, daß sie weinte . . ., packte ihn in seinem Innern der Zorn . . ." Ähnlich lauten die Übersetzungsvorschläge von *Jörg Zink* — „und er fragte, bebend vor Erschütterung" — und *Helmut Riethmüller* — „Da fragte er, im Innersten erzürnt und erschüttert" —, während *Ulrich Wilckens* wörtlicher, dafür aber in antiquierter Sprache überträgt: „Als Jesus hörte, wie sie klagte . . ., ergrimmte er in seinem Innern und erregte sich." Die Aporie liegt darin, daß eine exakte Übersetzung der griechischen Schlüsselworte (embrimáomai — tarássō) nur mit Hilfe des Vokabulars einer ungebräuchlich gewordenen Sprache möglich ist, während die aktuell gesprochene nur relativ vage Umschreibungen des im Originaltext Gesagten erlaubt.

[17] Daß von dieser Verkürzung vor allem die christliche Theologie betroffen ist, erhellt schon aus ihrem Ursprung in der Kreuzespredigt und der dieser zugrunde liegenden Leidensgeschichte. Wenn diese nicht mehr erzählt und im Erzählen vergegenwärtigt werden kann, ist der theologische Gedanke von seinem Wurzelboden abgeschnitten und auf eine ihn bedenklich verarmende Weise sich selbst überlassen.

Weg der Abstraktion. Auf ihm bietet sie das, was sie zu sagen hat, im Stil abstrakter Vermittlungsformeln, nicht aber von Aussagen, die auch die Empirie dessen vermitteln, was sie thetisch explizieren. Das aber ist jene Theologie, die gerade den heutigen, durch seine eigene Sprache frustrierten Menschen kaum noch erreicht. Wenn irgendwo, erwartet er nämlich hier, im Bereich der religiösen Kommunikation, jene Konkretisierung des Gedankens, der ihm überall auf enttäuschende, oft geradezu peinigende Weise vorenthalten wird. Um so mehr Grund, nach der personalen Sprechweise Jesu und den spezifischen Blockaden zu fragen, die diese Art des Sprechens im emotional ausgekühlten Ausdrucksfeld der Gegenwart nicht zu ihrem Recht kommen lassen.

III. Das Modell der christologischen Selbstaussagen

Wenn man der Frage nach der von Jesus herbeigeführten Intensivierung des sprachlichen Ausdrucks nachgeht, sieht man sich zunächst an die ‚Sache' zurückverwiesen, die im Zentrum seiner Botschaft steht und von dorther auch die extensive Bereicherung des Sprachfelds bedingt. Denn Jesus spricht in erster Linie nicht von sich selbst, sondern von dem Gottesreich, das zu predigen und predigend heraufzuführen er sich gesandt weiß. Erst in diesem Sachkontext ist von ihm selbst die Rede, jetzt aber freilich so, daß die Sache weder von ihm noch er von der Sache getrennt werden kann. Er nicht von der Sache, weil diese erst in seinem Wort und Werk zu ihrer vollen Wirklichkeit und Evidenz gelangt:

Wenn ich aber durch den Finger Gottes die Dämonen austreibe, dann ist das Reich Gottes zu euch gekommen! (Lk 11,20)

Die Sache aber auch nicht von ihm, weil sich das Gottesreich, in seine Struktur und Herkunft zurückverfolgt, als die ‚Sache Jesu' erweist. Denn in seiner Verkündigung des Gottesreichs trägt Jesus seiner Hörerschaft nicht etwa einen aus alter Tradition übernommenen und von ihm lediglich neu akzentuierten Gedanken vor. Sofern Jesus den Gedanken tatsächlich der alttestamentlichen Tradition entnimmt, die sich bis auf das in der Proklamation von Jahwes Königtum gipfelnde Siegeslied des Mose (Ex 15,1—21) zurückverfolgen läßt, verfährt er dabei gegen die eigene Maxime, keinen neuen Wein in alte Schläuche zu gießen (Mk 2,21 f.). Er füllt die alte Reich-Gottes-Vorstellung, selbst auf die Gefahr hin, sie als Konzeption zu sprengen, mit dem neuen Inhalt seiner selbst.

In seinem Wort von dem zugleich kommenden und doch noch aufgehaltenen Gottesreich bringt er sich selbst zur Sprache. Es ist im qualifizierten Sinn des Ausdrucks ‚sein Wort‘, seine Selbstauslegung in Gestalt einer sozialen, allen offenstehenden und zugänglichen Lebensform[18].

Eine eindrucksvolle Bestätigung dessen bietet die Textfolge, mit der Rudolf Bultmann die Reich-Gottes-Verkündigung Jesu verdeutlicht[19]. Schon in der Anrede an die das Wirken Jesu akklamatorisch, nach Art des antiken Tragödienchors, begleitende Jüngerschaft klingt sein Ich als zentrierendes Motiv des Ganzen durch:

Heil den Augen, die sehen, was ihr seht!
Denn ich sage euch:
Viele Propheten und Könige wollten sehen, was ihr seht,
und haben es nicht gesehen,
Wollten hören, was ihr hört,
und haben es nicht gehört! (Lk 10,23 f.)

Demgemäß ist die Entscheidung für Gott und sein Reich an die Entscheidung für oder gegen Jesus gebunden. Wer nicht mit ihm sammelt, der zerstreut (Mt 12,30). Wer sich zu ihm bekennt, der wird auch vor den Engeln Gottes gerechtfertigt werden (Lk 12,9). Am stärksten ist aber die Stelle von der Subjektivität Jesu getönt, die Bultmann in diesem Zusammenhang aus dem ältesten Passionsbericht anführt:

Wie verlangt mich, dies Paschamahl mit euch zu essen
(vor meinem Leiden)!
Denn ich sage euch:
Ich werde es wahrlich nicht mehr essen,
bis es gegessen wird in der Gottesherrschaft! (Lk 22,15 f.)

Von hier führt schon ein kleiner Schritt zu den Aussagen, in denen sich das Ich Jesu ohne funktionalen Sachbezug, und stünde ihm die Sache so nah wie das Gottesreich, sondern um seiner selbst willen bekundet. Unkritisch betrachtet, spannt sich der Bogen der einschlägigen Zeugnisse von den Nachfolge-Rufen bis hin zu der großen Einladung an die Bedrückten und Bedrängten und den johanneischen Präsentationsformeln im Stil des prädizierten und absoluten ‚Ich bin es‘. Doch reduziert sich der Komplex der historisch unanfechtbaren Belege auf die erste Gruppe, da die Einladung ebenso wie die Reihe der Ich-bin-Worte als Gemeindebildungen unterschiedlicher Herkunft anzusehen sind: die Ich-bin-Worte

---

[18] Näheres dazu im 4. Kapitel meines Jesus-Buchs: Der Helfer. Eine Vergegenwärtigung Jesu, München 1973, 116 f.
[19] *R. Bultmann*, Jesus, Tübingen 1951, 27 ff.

Sprache und Person

vermutlich als Derivate des alttestamentlichen Ani-hu, die Einladung als Fortbildung analoger Stellen aus der Weisheitsliteratur[20]. Dafür ordnen sich den Nachfolge-Rufen, die ihrerseits für die große Einladung stehen, eine Reihe sinnentsprechender Logien zu. So die Worte der Scheidung, die Rufe zur Umkehr und die Antithesen, mit denen sich Jesus gegen das Gesetzesdenken seiner Umwelt wendet.

Wenige Proben, die im Anschluß an die unter dem Titel ‚Die Botschaft von Jesus Christus' vorgelegte Rekonstruktion Martin Dibelius' präsentiert seien, mögen den mit allen antiken Traditionen brechenden Redestil dieser Aussagen verdeutlichen[21]. Noch vor der direkten Aufforderung zur Nachfolge stehen Worte, in denen Jesus Sinn und Größe seines Angebots umschreibt, etwa der Feuerspruch:

Ein Feuer zu zünden auf Erden kam ich
und was gäbe ich drum, es loderte schon! (Lk 12,49)

oder die bereits angeführte Seligpreisung der Augen- und Ohrenzeugen seines Wirkens:

Heil euren Augen, daß sie sehen
Heil euren Ohren, daß sie hören!

Fällt das erste Logion auf durch seine Bildmächtigkeit, die sich daraus ergibt, daß es den Bildsinn von ‚Feuer' voll ausschöpft, so das zweite durch seine Sprachgestalt. Zwar kennt auch das Alte Testament Wendungen, die einer Seligpreisung nahekommen[22]. In der Form eines dialogischen Zuspruchs, der darauf ausgeht, dem Angesprochenen ein neues Bewußtsein seiner selbst zu vermitteln, sind die Makarismen jedoch eine Frucht des sprachschöpferischen Ingeniums Jesu. Ihnen stehen nicht weniger hart zuschlagende Wehrufe und bewegende Klagerufe gegenüber. So etwa die Gerichtsandrohung an die Städte, die sich der Botschaft Jesu versagten:

Wehe dir Chorazin, wehe Betsaida!
Hätten Tyrus und Sidon die Taten gesehen, die ihr erlebt,

---

[20] Dazu *R. Bultmann*, Geschichte der synoptischen Tradition, Göttingen 1967, 171 f.
[21] Zum folgenden: Die Botschaft von Jesus Christus. Die alte Überlieferung der Gemeinde in Geschichten, Sprüchen und Reden wiederhergestellt und verdeutscht von *Martin Dibelius* (von 1935), München und Hamburg 1967, 61—84.
[22] Auch die Sprache der Mysterienreligionen geht in ihren Entsprechungen nur bis an diese Grenze. So heißt es etwa in einem Pindar-Fragment: „Selig, wer die Weihen gesehen hat!" (137) Nach *G. Kittel*, Die Religionsgeschichte und das Urchristentum, Darmstadt 1959, 96.

längst hätten sie in Sack und Asche sich bekehrt.
Aber ich sage: besser als euch
wird es Tyrus und Sidon ergehen beim Gericht! (Mt 11,21 f.)

Oder der (von Dibelius übergangene) ‚Nachruf' auf das sich verweigernde Jerusalem, ein Wort, in dem der ganze Schmerz der abgewiesenen Liebe nachklingt:

Jerusalem, Jerusalem, du tötest die Propheten und
steinigst die Gesandten: Wie oft wollte ich deine
Kinder sammeln, wie eine Henne ihre Brut unter ihre
Flügel nimmt; doch ihr habt nicht gewollt! (Lk 13,34)

Demgemäß halten die Rufe zur Nachfolge zwischen Faszination und Schrecken eine schwebende Mitte:

Wer zu mir kommt und nicht Vater und Mutter haßt,
kann nicht mein Jünger sein (Lk 14,26).
Wer mir folgen will, verleugne sich selbst und
trage sein Kreuz — so kann er mir folgen! (Mk 8,34)

Mit diesen Worten beginnt ein lebenslanger Dialog, der den Berufenen im ersten Anruf erschreckt, um ihn an den etablierten Verhältnissen irre zu machen, und der ihn zugleich lockt, um den Irregewordenen für die Lebensgemeinschaft mit Jesus zu gewinnen. Hier gibt es nur ein Entweder—Oder, das sich sprachlich in den Entscheidungslogien niederschlägt. So in dem Wort, das sich beim ersten Anhören wie ein Widerruf der ureigensten Intention Jesu ausnimmt:

Glaubt ihr, ich kam den Frieden zu bringen für alle Welt?
Nein, nicht Frieden zu bringen kam ich, sondern das Schwert!
Ich kam zu entzweien den Sohn mit dem Vater, die Tochter
mit der Mutter, die junge Frau mit der Alten (Mt 10,34).

Oder in dem Drohwort, das den Fall des Versagens voraussetzt und demgemäß erklärt:

Wer mich verleugnet und meine Worte
in diesem Geschlecht von Sünde und Schuld,
den verleugnet auch des Menschen Sohn,
wenn er kommt, umgeben von heiligen Engeln
und im Glanz der göttlichen Herrlichkeit (Mk 8,38).

Auf derselben Linie liegt der Vorwurf:

Was heißt ihr mich: Herr, Herr, und tut nicht,
was ich sage? (Lk 6,46)

Meldet sich das Selbstbewußtsein, das diese Aussprüche gestaltbestimmend durchwaltet, hier erst in Form eines dumpfen Grollens, so entlädt es sich in den Antithesen der Bergpredigt wie ein den Kontext durchschlagender Blitz:

Ihr habt gelernt, den Alten ist geboten:
du sollst nicht töten — und wer tötet, der kommt vors Gericht.
Ich aber gebiete euch:
schon wer seinem Bruder zürnt, der kommt vors Gericht!
Und wer seinem Bruder sagt: du Simpel! der kommt vor den Hohenrat!
und wer gar sagt: du Lump! der kommt ins höllische Feuer! (Mt 5,21 f.)

Das ist mehr als eine aus höchstem Sendungsbewußtsein formulierte Alternative. In der Gegenthese beansprucht das gebietende ‚Ich' nicht nur die Kompetenz einer letzten, nicht mehr hinterfragbaren Instanz; es reißt überdies auch das Gesetz des Sagens an sich. Was die These besagt, ist nur von ihm her sagbar, und das heißt, in dem, was im einzelnen zur Sprache kommt, erst durch dieses Ich zu einer sinnvollen Aussage verwoben. Zusammengesehen mit der ganzen Reihe der Stellen, ergibt das aber einen Redestil, der sich durch das Moment der Subjektivität signifikant von den sonstigen Redeweisen abhebt. Hier sagt die Sprache weder, wie in der informativen Rede, etwas über vorgegebene Sachverhalte noch, wie etwa in der modernen Lyrik, sich selbst; vielmehr wurde sie ganz zum Instrument eines sich zugleich machtvoll und zärtlich äußernden Ich. Da sich Derartiges — abgesehen von den Konfessionen des Propheten Jeremia — nirgendwo, noch nicht einmal in der antiken Liebeslyrik, als modellhafte Vorgegebenheit findet, nimmt das subjektive Reden hier, in den fundamentalen Äußerungen Jesu, seinen Ausgang. Erst von da aus gibt es das existentiell engagierte, bekenntnishafte Wort. Erst von da aus wird die Sprache zum Instrument des nach Kommunikation mit seinesgleichen hungernden Ich.

IV. Der Verfall und seine Ursachen

Hand in Hand mit dem geistigen Bildersturz, der das Ende der Neuzeit und vermutlich der gesamten abendländischen Ära signalisiert, geht der Verfall der personalen Sprache. Er ist ungleich alarmierender als der Verlust der Bilder, da das Bilddenken, wie Gerhard Kittel zeigte, ebensosehr in der griechischen wie in der christlichen Tradition begründet ist[23]. Demgegenüber erscheint die personale Sprache als eine spezifisch christliche, durch die Selbstaussagen Jesu eröffnete Möglichkeit und ihr Verfall, daran gemessen, als ein Verlust, der die Identität der abendländisch-christlichen Geistigkeit betrifft[24].

Unter den zahlreichen Ursachen, die den Verfall der personal integrierten Sprache bedingen, steht zweifellos die Heraufkunft des ‚eindimensionalen Menschen' und der ihm gemäßen, auf bare Sachverständigung beschränkten Kommunikationsformen an erster Stelle. Tatsächlich läßt sich der Vorgang am besten im Blick auf Marcuses Gesellschafts- und Sprachkritik explizieren. Wie dort die auf tautologische Wiederholung des Altbekannten — denn innerhalb der Reihe des welthaft Bestehenden gibt es bestenfalls neue Arrangements, nicht aber wirklich Neues, das zu wissen lebenswichtig wäre — reduzierte Sprache den Menschen frustriert, weil sie ihm den sprachlich vermittelten Freiheitsraum verweigert, so hindert sie ihn hier daran, das Urwort seines befreiten Daseins, sein Ich, zu sprechen und das Medium seiner Freiheit, die Sprache, als Instrument seiner Selbstaussage zu nutzen. Biographien sind nicht mehr gefragt; Konfessionen nicht mehr erwünscht. Wem ein Gott zu sagen gab, wie er leidet, dem bleibt nur dieser Gott als Hörer seiner Klage. Denn selbst wenn er menschliche Hörer hätte, stünde ihm in Gestalt der um die personale Dimension verkürzten Sprache nicht das Instrument zur Verfügung, das es ihm erlaubte, sich ihnen wirklich verständlich zu machen.

Eine Präzisierung dieser Diagnose, die einer zumindest partiellen Aufdeckung der Ursachen gleichkommt, bringt folgende Stelle aus dem Roman ‚Halbzeit' von Martin Walser:

> Mit Lissa in der Kirche. Konnte nicht beten. Die feierliche Amtssprache der Kirche klang fremd. Kunstgewerbe-Vokabular. Mein Leben ist in dieser Gebetssprache nicht mehr unterzubringen. Ich kann mich nicht mehr so verrenken. Ich habe Gott mit diesen Formeln geerbt, jetzt verliere ich ihn durch diese Formeln[25].

Aufschlußreich ist vor allem die Bemerkung des Tagebuchschreibers, er könne sein Leben nicht mehr in der als ‚kunstgewerblich' charakteri-

---

[23] Hier vor allem in drei Erfahrungsbereichen: in der Apokalyptik, in der paulinischen Mystik und in den Erscheinungen des Auferstandenen, die stets durch das ôphthê charakterisiert werden. *G. Kittel*, aaO, 95—106.

[24] Zum Phänomen des Bildverlusts sei auf den Abschnitt ‚Verfall und Verdrängung' meiner Theologischen Sprachtheorie und Hermeneutik (München 1970, 96—106) verwiesen.

[25] *M. Walser*, Halbzeit, München—Zürich 1964, 247.

sierten Gebetsprache der Kirche unterbringen. Mit Recht sieht Georg Baudler, der diesen Hinweis gibt, in der damit signalisierten Sprachnot die Lebensfrage der heutigen Kirche[26]. Um so mehr Anlaß, nach den Gründen dieser ‚Sprachnot' zu forschen, die nunmehr als die Not einer zum Notbehelf des menschlichen Informationsbedürfnisses degradierten Sprache erwiesen ist.

Wenn man davon ausgeht, daß der Mensch in letzter Sicht immer nur das erleidet, was er selbst verschuldet, wird man die Reduzierung der Sprache auf die ‚Eindimensionalität' der baren Informationsvermittlung und die sich darin dokumentierende Eindimensionalität des, mit Marcuse gesprochen, ‚glücklichen', jeder inneren Dynamik und kritischen Distanz überhobenen Bewußtseins auf die Tatsache zurückführen müssen, daß der Mensch dieser Zeit im Begriff steht, sich als Personwesen aufzugeben. Er erleidet die Zwänge einer repressiven, auf die Unterdrückung seiner Freiheit ausgehenden Gesellschaft nur, weil er längst schon der Last der — einst mühsam errungenen — Freiheit überdrüssig wurde und nach der Entlastung durch eine Instanz Ausschau hält, die ihm die zu treffenden Entscheidungen abnimmt und die zu denkenden Gedanken in Form von ideologischen Orientierungen liefert. Er täuschte sich nur in der Frage der Empirie dieses Vorgangs. Wo er das Hochgefühl einer Verabschiedung von allen Beschwernissen eines personal verantworteten Daseins erwartete, stellen sich die Depressionen der totalen Reglementierung seines Denkens und Wollens und in beiden der Schematisierung seiner selbst ein. Denn dafür reichen seine Wurzeln noch immer zu tief ins ‚Erdreich' seiner subjektivistischen Vergangenheit hinab, als daß er seine Liquidierung als Subjekt rein beglückend empfinden könnte. Nur zu deutlich nimmt er vielmehr den Todescharakter dessen wahr, was sich ihm als seine große Entlastung anbietet. Doch hat die repressive Gesellschaft auch für diesen Fall Vorsorge getroffen, so daß die emotionale Krise, kaum daß sie aufkam, von einer nur um so größeren Beschwichtigung überdeckt wird. Vorzüglichstes Mittel dieser Beschwichtigung ist die Konstituierung des ‚glücklichen' Bewußtseins, mit dem die repressive Gesellschaft das an ihr leidende ‚unglückliche' verdrängt[27]. Nicht als entstehe auf diesem Weg wahres Glück; wohl aber werden künstliche

---

[26] *G. Baudler,* Zur Vermittlung christologischer Aussagen in die Sprache und den Erfahrungshorizont der Menschen von heute. Überlegungen zu einer notwendigen Neuinterpretation der Christologie, in: Lebendiges Zeugnis, 1972/IV, 61—73.
[27] Dazu der Abschnitt ‚Der Sieg über das unglückliche Bewußtsein' in *Herbert Marcuses* Studie: Der eindimensionale Mensch, 76—102.

Bedürfnisse geweckt, deren Befriedigung ein Surrogat von Glück aufkommen läßt, das echte Emotionen verhindert. Noch wirkungsvoller wird dies durch die kulturpolitische Gleichschaltung der großen Kunst erreicht, da damit die ‚Große Weigerung', wie Marcuse das aller Kunst eingestiftete Entfremdungsmoment nennt, in das allgemein Anerkannte integriert und schließlich zum bloßen Ingredies des Kulturbetriebs depotenziert wird. Von sprachtheoretisch besonderem Interesse ist die Querverbindung, die Marcuse in diesem Zusammenhang zu den von der Kunst geschaffenen Bildern und ihrem Schicksal zieht. Als ‚Bilder künstlerischer Entfremdung' halten sie, solange sie überleben, gegen den Zug zur Einebnung die Dimension der Wahrheit offen. Dem Kulturbetrieb eingegliedert, verlieren sie jedoch mit ihrem ursprünglichen Sinn auch ihre ‚subversive Gewalt'[28]. Was bleibt, ist der Restbestand einer zwar ornamental angereicherten, jedoch der subjektiven Stoßkraft beraubten Sprache, da sich das Ich vornehmlich in dem bekundet, worin die Sprache den Bereich des Denkbar-Informativen übergreift, im Bild.

Etwas deutlicher wird das Gemeinte, wenn man die Überlegungen hinzunimmt, die der Kulturtheologe William H. Poteat von der Duke-University in kritischer Abgrenzung von Gilbert Ryles von der unverifizierbaren ‚Flüchtigkeit' des redenden Ich anstellt[29]. Mit einer zutreffenden Metapher redet er von dem ‚Druck', unter den das informative Sprechen gerät, sobald das Verhältnis des redenden Ich in die Aussage mit eingeht[30]. Es geschehe bei solcher Selbstaussage Ähnliches, meint er in anderem Zusammenhang, wie wenn von Gott als dem Schöpfer Himmels und der Erde gesprochen werde, also nicht von einem Sachverhalt innerhalb der Welt, sondern von ihrer Entstehung durch das schöpferische Wort[31]. Tatsächlich entsteht durch das subjektive Sprechen so etwas wie ein Stau im Strom des informativ Gesagten, ein Mehr an kreativer Energie, nicht an inhaltlichen Daten. Das setzt das subjektive Reden, wie Poteat zuzugestehen ist, von Grund auf in Analogie zur religiösen Sprache, mit der sich die weltbezogene Aussage gleichfalls in eine Dimension erhebt, die nicht so sehr einem informativen, als vielmehr kreativen Zuwachs gleichkommt. Umgekehrt besagt das für die religiöse Sprache, daß sie sich am gemäßesten auf die dem subjektiven Sich-Aussprechen korre-

---

[28] AaO, 80.
[29] In: *D. M. High*, Sprachanalyse und religiöses Sprechen, Düsseldorf 1972, 122 bis 132; ferner seine Ausführungen über Geburt, Selbstmord und die Lehre von der Schöpfung im selben Band, 159—175.
[30] AaO, 125, 129.   [31] AaO, 171.

spondierende Weise artikuliert. Als Korrelat zur Konfession aber hat die Invokation zu gelten. Wie sich dort das Ich bekundet, ruft es hier den lebendigen Gott in der Hoffnung auf dessen antwortende Selbstbekundung an. In beidem bestätigt sich der enge Zusammenhang von subjektiver und religiöser Sprache. Aufgrund dieses gegenseitigen Verwiesenseins schlägt sich jede Verkürzung auf der einen Seite frustrierend auf die andere nieder. Das impliziert die Aufgabe, den Grund dieser Verkürzung genauer und griffiger zu umschreiben.

V. Der antipersonale Sprachtyp

Was den Menschen zu sich bringt und von sich abhält, ist letztlich nicht, wie die Antike wollte, die Welt, sondern er selbst und seinesgleichen. Wenn die Sprache die elementare Selbstdarstellung des Menschen ist, gilt das auch hier. Nur muß das Verhältnis von Mensch und Sprache dann anders als gemeinhin, nicht subordinierend, sondern koordinierend, bestimmt werden. Das ist erst mit der Vorstellung von der Konnaturalität von beiden erreicht. Diese vorausgesetzt, ist es legitim, in Analogie zur anthropologischen Typenforschung, nach Sprachtypen, auch defizienter Art, zu suchen. Sie meinen, wie im Fall der menschlichen Typen, das Einheitliche und synergetisch Wirkende, jetzt nur im Wirkfeld einer Sprachbegünstigung oder Sprachhemmung. Der hier zur Rede stehende Typ gehört, wie kaum betont zu werden braucht, zur zweiten Kategorie. Er bildet den operativen Inbegriff aller jener Faktoren, die den Sprechenden daran hindern, sich in seiner Rede selbst zur Sprache zu bringen und so, mit Poteat gesprochen, darauf hinwirken, die subjektiven Stauungen im Sprachfluß abzubauen. Im Hinblick darauf sei er als der ‚antipersonale' Sprachtyp gekennzeichnet.

Wer auf Typen ausgeht, fragt nach ihrer Signatur und nach dem Modus ihres Fungierens. So auch hier. Was die Signatur des antipersonalen Sprachtyps betrifft, so wird man zunächst im Anschluß an das von Friedrich Kainz zu den sprachpsychologischen Differenzen des Französischen, Englischen und Deutschen Gesagte davon ausgehen müssen, daß eine intellektuell normierte Sprache wie das Französische oder utilitaristisch verknappte wie das Englische zur Bekundung subjektiver Emotionen und Zustände weniger geeignet ist als etwa das Deutsche, bei dem aufgrund seiner reicheren Emotionalität „die Amplitude des Personalstils" weiter ausgreift als sonst[32]. Noch abträglicher wäre dem Versuch einer Selbstaussage indessen eine Sprache wie die japanische, die nach Kainz „in erster Linie an die Bedürfnisse der Gemeinschaft denkt und jede Bekundung individueller Tendenzen zurückdrängt", bei der also die kollektivistischen Tendenzen das individuelle Interesse überdecken[33]. Antipersonal wirkt sich demnach ein Sprechen aus, das sich, sei es aus ästhetisch-stilistischen oder aus spontanen, etwa im Nationalcharakter liegenden Interessen, einseitig an intellektualen Strukturen orientiert oder sich aus utilitaristischen Erwägungen besonders knapp und rudimentär ausdrückt, weil dem Ich dann noch nicht einmal das Minimum an expressivem Spielraum bliebe. So gut wie keine Chance hätte es jedoch im Feld einer kollektivistischen Sprache, die jede eigenwillige Betonung als Zeichen einer ungebührlichen Hervorkehrung der eigenen Person verpönt. Hier müßte nicht nur das subjektive Selbstzeugnis verstummen, sondern, wie gerade das Beispiel der durch die japanische Sprache repräsentierten Religiosität zeigt, auch sein religiöses Pendant, die invokative, als personale Anrede an Gott artikulierte Gebetssprache.

Von dieser sprachpsychologisch vermittelten Charakteristik ausgehend, läßt sich der erfragte Fehltyp nunmehr genauer bestimmen. Er ist, wenn man Kainz folgen darf, fürs erste durch einen Zug zur Intellektualisierung des sprachlichen Ausdrucks gekennzeichnet, und das in vielen Fällen zweifellos gepaart mit einem antiemotionalen Affekt. Aus dieser Perspektive betrachtet, bedingt er eine betont unterkühlte, auf stilistische Formschönheit und ausgewogene Proportionen achtende Sprache, die sich in ihrem Duktus so gut wie möglich dem des reinen Denkens anschließt und diese Tendenz auch angesichts der religiösen Grenzwerte durchzuhalten sucht. Sodann liegt ein antipersonales Reden überall dort vor, wo sich der Aussagewille schon im Ansatz Zweckmäßigkeitserwägungen unterwirft, die das Subjektive zugunsten utilitaristischer Interessen eliminieren. So entsteht ein Sprechen von womöglich hoher Effizienz, ähnlich demjenigen der Propaganda- und Werbesprache, jedoch ohne persönliche Note, eine Sprache von Geschäftspartnern, die möglichst rasch zu einem Abschluß zu gelangen suchen, aber nicht von mitteilungsbedürftigen Menschen. Vielleicht trat die mit diesem Trend für das religiöse Sprechen heraufbeschworene Gefahr bisher noch nicht so

---

[32] *F. Kainz*, Psychologie der Sprache, Bd. V/1, Stuttgart 1965, 323.

[33] AaO, 323. Dazu ferner der Beitrag von *Ryôgi Okôchi*, Nietzsches Amor fati im Lichte vom Karma des Buddhismus, in: Nietzsche-Studien, Bd. I, Berlin—New York 1972, 36—94.

sehr in Erscheinung, wie es für die nähere und fernere Zukunft zu befürchten ist, da die Fälle eines Abgleitens in das im weitesten Sinne des Wortes Demagogische aufs ganze gesehen den Charakter von unreflektierten Fehlleistungen aufweisen. Das könnte sich jedoch tiefgreifend ändern, wenn sich die Tendenz durchsetzen würde, auch die Sprache der Predigt und Katechese als einen Sonderfall der Reklamesprache zu betrachten und demgemäß einem merkantilen Sprachbegriff zu subsumieren[34].

Der diametrale Gegenpol zum subjektiven Ausdruckswillen ist jedoch erst mit dem kollektivistischen Sprachstil erreicht. Er ist, wie Kainz zeigt, dem Japanischen strukturell inhärent; doch kann jede Sprache und, wie die nationalsozialistische Ära dokumentiert, nicht zuletzt auch die deutsche, durch manipulatorische Eingriffe sich bis zur vollständigen Undurchlässigkeit für personale Aussagen entfremdet werden. Was Siegfried Bork zu den Tendenzen nationalsozialistischer Sprachregelung bemerkt, nimmt sich wie eine konsequente Verfremdung der Sprache in dieser durch kollektivistische Aktivitäten wie Sport, Kampf und Krieg gekennzeichneten Richtung aus[35]. Daß auch die Kirchensprache ein derartiges Gefälle zum Unverbindlich-Allgemeinen, Pauschal-Diffusen hin aufweist, hat Bernhard Badura in einer Analyse vornehmlich konziliarer Texte nachgewiesen. Dabei bringt er das spezifisch kirchliche Element des Vorgangs dadurch zur Sprache, daß er ihn als den einer ‚Ritualisierung' beschreibt[36]. Wo sie um sich greift, wird der Ausdruck im zweifachen Sinn des Wortes ‚flächig', breit und zugleich flach, und das besagt, zu ungenau, um das punktuelle Interesse des Ich wiederzugeben, und zu wenig voluminös, um seine Emotionen aufzunehmen. Mit dem missionarisch-kultischen Zweck der meisten kirchlichen Texte kann das weder erklärt noch entschuldigt werden, da sich gerade dieser Zweck nur unter voller Berücksichtigung des subjektiven Elements erreichen läßt. Denn schließlich ist es stets der einzelne, der sich durch solche Dokumente angesprochen und, im Fall der liturgischen Formeln, zum Gebet bewogen fühlen soll. Wer darum kollektivistisch zu ihm redet, stellt ihn vor eine Sprachbarriere, die ihn, gravierender als jede andere, von ihm selber abhält.

---

[34] Dazu die Studie von *Ferruccio Rossi-Landi*, Sprache als Arbeit und als Markt, München 1972.

[35] *S. Bork*, Mißbrauch der Sprache. Tendenzen nationalsozialistischer Sprachregelung, Bern und München 1970, 15—28.

[36] *B. Badura*, Sprachbarrieren. Zur Soziologie der Kommunikation, Stuttgart-Bad Cannstatt 1971, 124 ff.

Zum Funktionieren des antipersonalen Sprachtyps sei lediglich bemerkt, daß er wie jeder andere zweifach, direkt und indirekt, ins Spiel kommt. Die direkte Einwirkung besteht darin, daß das strukturelle Sprachvolumen um Elemente verkürzt wird, die für den personalen Ausdruck unentbehrlich oder doch nützlich sind. Das trifft sowohl auf die sprachlichen Gefühlswerte wie auf die Bildmotive zu, die beide den Standort des rein Informativen um eben jene Größenordnung übersteigen, in der sich das Ich mit seinen Intuitionen und Emotionen auszusagen vermag. Demgegenüber besteht die indirekte Funktionsweise — wie bei den vergleichbaren Fehltypen — darin, daß die Sprache auf imitatorisch-simulierende Weise das zu leisten vorgibt, was sie tatsächlich verweigert. Das ist der Fall des religiösen Jargons, der mit dem von Marcuse beobachteten falschen Zungenschlag einer angemaßten Vertraulichkeit personal erfüllte Aussagen vortäuscht, die in Wirklichkeit nur das dialogisch engagierte Ich machen könnte. Daneben ist im Feld dieser Pseudo-Sprache mit dem Fall eines Redens zu rechnen, das den Bekenntnis-Stil der echten Konfessionen durch tiradenhafte Wortreihen nachzuahmen sucht, die im Grunde nichts besagen und diese Leere durch Aufschichtung verbaler Klischees nur oberflächlich verbergen. Für das eine wie für das andere sei je ein Beispiel aus der Dokumentation kritischer Erfahrungen angeführt, die Franz Calvelli-Adorno in seinem Essay über die religiöse Sprache vorlegt. Für die Pseudo-Sprache im Ton einer falschen Vertraulichkeit folgendes Stück aus einem Sühne- und Weihegebet:

Wir nehmen uns fest vor, alle diese beklagenswerten Vergehen zu sühnen, insbesondere aber wollen wir gut machen...: die abscheulichen Fluchworte gegen Dich und Deine Heiligen, die Beschimpfungen Deines Stellvertreters und des Priesterstandes, ferner die Entweihung des Sakramentes Deiner göttlichen Liebe durch Nachlässigkeit oder durch schändliche Sakrilegien[37].

Und für den floskelhaft aufgeschwemmten Rede-Stil folgende Stelle aus einem Morgengebet für Erwachsene:

Stehe mir bei, daß ich den heutigen Tag zum Heile meiner Seele zubringe und dich durch keine Sünde beleidige. Ich opfere alle meine Gedanken, Worte und Werke auf zu deiner Ehre, zum Dank für alle Gnaden und Wohltaten und zur Genugtuung für meine Sünden[38].

Hier wie dort entsteht unter dem Hochdruck der Surrogate eine sprachliche Treibhaus-Atmosphäre, in der das nach Gott fragende und

---

[37] *F. Calvelli-Adorno,* Über die religiöse Sprache. Kritische Erfahrungen, Frankfurt/M. 1965, 57.   [38] AaO, 63.

seine Antwort erwartende Ich nicht atmen und darum auch nicht reden kann. Die Barrierenwirkung kommt, so gesehen, dadurch zustande, daß der Ausdrucksraum, in dem sich das Ich zu äußern vermöchte, bereits durch ähnliche Hervorbringungen illegitimer Provenienz besetzt ist. Diese scheinhafte Vorwegnahme dessen, was erst vom Akt verantworteter Selbst-Aussage zu erwarten wäre, wirkt zutiefst frustrierend auf den subjektiven Redewillen zurück. Insofern ist die indirekte Funktionsweise umfassender und radikaler als die direkte, die den Redewillen selbst unangetastet ließ und ihm damit wenigstens prinzipiell die Möglichkeit bot, sich gegen die ihm auferlegten Behinderungen durchzusetzen.

VI. Ansätze zur Wiedergewinnung der personalen Sprachdimension

Wenn irgendwo, setzt sich hier, bei der Ausgrenzung des antipersonalen Sprachtyps, die Erkenntnis in das Interesse um, den mit ihr aufgedeckten Notstand zu beheben. Nach Lage der Dinge geht es dabei um ein Zweifaches: um die Niederlegung der die subjektive Selbstaussage behindernden Barrieren und um die aktive Wiedergewinnung der personalen Sprach-Dimension. Wie ein genaueres Zusehen lehrt, ist die sich damit abzeichnende Doppelaufgabe in ihrer Zweigesichtigkeit auf die beiden Funktionsweisen der Fehlform abgestimmt: die Beseitigung der Barriere auf die indirekte und die Bemühung um das volle, auch personales Reden ermöglichende Sprachvolumen auf die direkte.

Wenn es zutrifft, daß die Möglichkeit personalen Redens durch nichts so sehr wie durch pseudopersonale Klischees blockiert wird, besteht die Bewältigung der ersten Teilaufgabe in dem konsequenten Versuch, die personale Emotionen und Zusagen vortäuschenden Sprachklischees abzubauen und vor allem aus dem Bereich der Gebetssprache und der Verkündigung, wo sie sich hauptsächlich einzunisten pflegen, zu verbannen. Voraussetzung dessen wäre eine Schärfung des Sprachgewissens mit dem Ziel, sein Unterscheidungsvermögen für Echt und Unecht zu verfeinern. Es liegt auf der Hand, daß dieses Ziel nur auf dem Weg eines beharrlichen Lernprozesses erreicht werden kann. Kritische Selbstbeobachtung müßte dabei Hand in Hand gehen mit wachsamer Aufmerksamkeit, die auch das Auftauchen klischeehafter Redewendungen im Sprachfeld der andern, zumal in kerygmatischen und liturgischen Texten, registriert. Angesichts der Bedeutung der Aufgabe fragt es sich freilich, ob die Funktion dieses Sprachgewissens ausschließlich der Initiative des einzelnen überlassen bleiben sollte. Da das Gelingen oder Mißlingen der Kommunikation die Gemeinschaft aller betrifft, fällt die Kontrollfunktion weit eher in deren Kompetenz. Indessen erscheint auch der Gedanke an eine Institutionalisierung dieses Wächteramts nicht unproblematisch. Wäre im Fall der Einzelinitiative ein Zuwenig zu befürchten, so hier, im Fall einer Gruppeninstanz, ein Zuviel. Dem Engagement des einzelnen überlassen, wäre der kritische Effekt zu gering, als daß er das Abgleiten in pseudopersonale Sprach-Klischees wirksam verhindern könnte. Seine Institutionalisierung brächte demgegenüber, wie immer sie erfolgen würde, die Gefahr manipulatorischer Eingriffe mit sich. Aus dieser Aporie könnte womöglich der Versuch herausführen, das sprachkritische Wächteramt dem Aufgabenkatalog der Theologie zuzuschlagen, da sie dem einzelnen gegenüber die universale Kompetenz voraus hätte und zugleich außer Verdacht stünde, die zugewiesene Aufgabe in ein Instrument der sozialen Kontrolle umzufälschen. Das ließe sich außerdem noch dadurch sichern, daß man die sprachkritische Aufgabe als einen Spezialfall der von der Theologie zu leistenden Ideologiekritik verstünde. Wie diese darin besteht, die aus dem Umgang mit den Sachverhalten erhobenen Kategorien von manipulatorisch vorgegebenen abzugrenzen und diese als solche zu entlarven, so ginge es im Spezialfall darum, die Sprachklischees zu diagnostizieren, die das Vokabular eines einzelnen, einer Gruppe, oder einer situationsbezogenen Sprachform — wie die der Liturgie oder der Katechese — für personale Aussagen undurchlässig machen. Weiterer Eingriffe bedürfte es — und auch das rechtfertigt das vorgeschlagene Verfahren — nicht, da die subjektive Selbstaussage spontan erfolgt, sobald die ihr entgegenstehenden Barrieren abgebaut sind. Und das wäre faktisch mit der Denunzierung der Sprachklischees erreicht, da diese ihre Effizienz dadurch gewinnen, daß sie in ihrer Scheinhaftigkeit nicht durchschaut werden.

Anders verhält es sich mit der Überwindung der durch die direkte Funktionsweise geschaffenen Barrieren. Da es sich durchweg um die Folgen von Verschiebungen oder Verkürzungen handelt, ist hier eine Korrektur der sprachlichen Ausdruckswelt vonnöten. Im Fall einer einseitig intellektuell akzentuierten Sprache müßte diese im Versuch einer Lockerung ihres Aussagegefüges bestehen. Das könnte zunächst negativ durch einen Akt der Abkehr von logischen Sprachmodellen erreicht werden, gleichviel, ob es sich dabei um den in seine eigenen Gesetze verspannten ciceronianischen Stil oder um szientifische Engführungen nach Art der sprachanalytischen Modellvorstellungen handelt. Dem müßte positiv die bewußte Orientierung des Sprachstils an Modellen konfessionalen und invokativen Redens entsprechen[39]. Schwieriger gestaltet sich diese Korrektur im Fall einer utilitaristisch verknappten oder kollektivistisch verflachten Sprache. Doch ließe sich durch Strukturveränderung hier wie dort Wesentliches erreichen: dort durch Anreicherung des Bildbestands, hier durch situationsbezogene Parzellierung. Wie eine Analyse der Sprachbilder lehrt, erschöpft sich ihre Rolle keineswegs in der Veranschaulichung des abstrakt Gesagten. Vielmehr stellen sie dieses kraft ihres illuminativen Zugs in den Horizont einer höheren Bedeutung. Wer bildhaft spricht, sagt mehr, als was er inhaltlich im Sinn hat. Und dieses ‚Mehr' betrifft, zumindest partiell, die Möglichkeit, die eigene Anschauung von Welt und Zeit und darin letztlich sich selbst mit in die Aussage einzubringen. Wenn Jesus sagt:

Ich sah den Satan wie einen Blitz vom Himmel fallen (Lk 10,18) —

umschreibt er damit nicht allein eine elementare Auswirkung des heraufkommenden Gottesreichs; vielmehr vermittelt er, zusammen mit diesem Inhalt, auch einen Eindruck von seinem apokalyptisch gespannten Weltverständnis und seiner Position in der solcherart gedeuteten Welt. Im Grunde verhält es sich mit jedem wesentlich gesprochenen Bildwort ebenso. Wer bildhaft spricht, übersteigt den Informationssinn seiner Aussage in Richtung auf — sich selbst. Deshalb halten Sprachbilder den Raum für potentielle Selbstaussagen offen. Das gilt natürlich nicht für die von Marcuse registrierte Sprachverknappung, die starre Bilder von „überwältigender und versteinerter Konkretheit" hervorbringt und dadurch die „Entwicklung des Sinnes abschneidet"[40]. Wohl aber verdeutlicht diese Beobachtung den epochalen Hintergrund des Vorgangs, der hier stärker als sonst berücksichtigt werden muß. Im Versuch, dem sprachlichen Bildmoment, gerade auch im religiösen Bereich, erneut zu seinem Recht zu verhelfen, würde im Namen der Sprache Widerstand geleistet gegen eine Entwicklung, die an die Wurzeln des Menschseins rührt, indem sie ihm mit dem Raum der Schau auch den der Selbstentfaltung und Selbstdarstellung in Zeichen und Wort entzieht[41].

---

[39] Paradigmatisch dafür sind etwa die Confessiones Augustins oder das Proslogion des Anselm von Canterbury. Ein Bewußtsein dieses Zusammenhangs läßt die Bemerkung Augustins erkennen, bei der Abfassung seiner Frühwerke habe Gott zwar schon seinen Geist, aber noch nicht seine Zunge berührt (Conf. IX, 4,7).

[40] *H. Marcuse,* Der eindimensionale Mensch, 110.

[41] Ähnliches gilt von der Reaktivierung des appellativen Sprachmoments. Hierdurch gewänne das redende Ich erst recht das Register für seine dialogisch-operative Selbst-

Ungleich geringer ist die Chance, die gegenüber der zunehmenden Kollektivierung der Sprache, auch der religiösen, bleibt. Hier ist nur auf dem Weg einer konsequenten Parzellierung etwas auszurichten. Das heißt konkret, daß der Sinn für den Situationsbezug der Sprache geschärft werden muß. Es gilt somit, ein Sprachbewußtsein zu wecken, dem es unerträglich ist, wenn eine Meditation im Kanzelton oder eine Vorlesung mit dem Pathos einer Parlamentsrede vorgetragen wird. Voraussetzung dessen ist freilich ein Gefühl dafür, daß jede menschliche Situation das auf sie abgestimmte Wort erheischt, weil sie im andern Fall Gefahr läuft, durch das in ihr gesprochene Wort verstört oder gar gesprengt zu werden. Eine Ahnung dieses Zusammenhangs hat sich vermutlich im Anklang der Vokabeln Ort (locus) und Wort (logos) erhalten. Danach hat nicht nur jedes Wort seine Zeit, sondern auch seinen Ort, so wie umgekehrt der jeweiligen räumlichen Verfassung des Daseins, die mit dem Ausdruck ‚Situation' gemeint ist, immer nur eine bestimmte Redeweise entspricht.

Wenn irgendwo, ist in der Kirche der Raum für die Erfahrung und Einübung dieses Zusammenhangs. Die ihr übergebene Botschaft müßte im Unverbindlichen verschweben, wenn sie nicht so ausgerichtet würde, wie sie entstand: situationsbezogen, abgestimmt auf die Bedürfnisse einer bestimmten raum-zeitlichen Konstellation. Insofern nimmt sich die hier anzubringende Korrektur wie eine Umkehrung dessen aus, was die formgeschichtliche Forschung als die Bedingungen nennt, unter denen die biblischen Rede- und Lehrstücke ihre gültige, literarisch fixierte Gestalt erlangten. Sie spricht mit einem von Hermann Gunkel geprägten Ausdruck von dem jeweiligen ‚Sitz im Leben' und meint damit „eine typische Situation oder Verhaltensweise im Leben einer Gemeinschaft"[42]. Entsprechend dieser Herkunft der die Heilsbotschaft dokumentierenden Texte müßte sich die Verkündigung konsequent auf die Verhältnisse abstimmen, unter denen sie vernommen werden soll. Sie müßte also wesentlich differieren, je nachdem sie sich an Betende oder Lernende, an Hörer in großer Zahl oder in kleinen Gruppen, an kirchliche Randsiedler oder Totalidentifizierte, Gläubige oder Skeptiker richtet. Und das nicht nur taktisch, sondern substantiell, stets aber nach Maßgabe des Grads, in welchem sich die Situation der jeweils Angesprochenen von anderen unterscheidet. Das zöge eine nachhaltige Aufgliederung des

---

aussage. Doch ist das Feld des appellativen Redens zu beschränkt, als daß von ihm her eine nachhaltige Änderung der Gesamtlage erwartet werden dürfte.

[42] R. Bultmann, Die Geschichte der synoptischen Tradition, Göttingen 1967, 4.

Sprachfelds nach sich, die zweifellos Verständnisschwierigkeiten im Gefolge hätte, dafür aber das Aufkommen einer kollektivistischen Einheitssprache verhindern oder, falls sie bereits bestünde, um ihre Vorherrschaft bringen könnte.

Sonder- und Untersprachen bewirken Vielfalt und Nuancenreichtum, aber noch keine Individualität. Und das heißt: sie schaffen zwar Bedingungen dafür, daß subjektiv, aus den Impulsen des selbstverwirklichenden Ich gesprochen werden kann; jedoch nicht mehr. Doch gerade so entspricht es dem Wesen dieses Redens. Weil es von seinem Ursprung her den Charakter des Bekenntnisses aufweist, kann es durch keine äußere Vorkehrung jemals hervorgebracht werden. Es ist, wenn überhaupt, nur durch sich selbst, genauer gesagt, durch die Selbstentschließung des von sich redenden Ich. Wie aber das Ich gerade auf dem intimsten seiner Wege, dem Weg zu sich selbst, auf äußere Begünstigungen und Hilfen angewiesen ist, so auch hier. Deshalb steht die sprachkritische Praxis immerfort vor der Aufgabe, die das Personale ausgrenzenden oder doch behindernden Barrieren abzubauen und dadurch den Sprachraum offenzuhalten, in dem sich das zum Bekenntnis bewogene Ich auch wirklich aussprechen kann.

PREDIGT ÜBER RÖMER 9,14—24

gehalten am Sonntag Septuagesimae 30. Januar 1972
im Rahmen der Heidelberger Universitätsgottesdienste
im Wintersemester 1971/1972

GÜNTHER BORNKAMM

In der Ankündigung des heutigen Gottesdienstes ist das Thema unseres Predigttextes formuliert: Gottes befremdende Gerechtigkeit. Ich meine, wir haben allen Grund zu der Frage, ob wir die Sache, um die es hier geht, nicht schärfer, provozierender hätten bei Namen nennen sollen, nämlich mit dem Wort: *Gottes Ungerechtigkeit*. Nicht zufällig kommt der Ausdruck „Gottes Gerechtigkeit" in unserem ganzen Text nicht vor, wohl aber das Wort: Gottes Ungerechtigkeit, wenn auch von dem Apostel ebenso schroff zurückgewiesen, wie es ihm entgegengeschleudert worden ist. *Das* ist die Herausforderung, der er sich als Apostel Jesu Christi und Bote des Evangeliums zu stellen hat und stellt.

Nun, wie immer, soviel hat doch wohl jeder von uns aus dem verlesenen, uns zunächst sehr archaisch, fremdartig anmutenden Abschnitt des Römerbriefes herausgehört: hier melden sich Streiter für die Gerechtigkeit zu Wort und werden Protestrufe laut. Proteste wogegen? gegen die Ungerechtigkeit unter den Menschen, der herrschenden Klasse, der Gesellschaft? Nein, gegen die Ungerechtigkeit Gottes, und zwar nicht gegen irgendeine Gottesidee gerichtet, sondern sehr gezielt gegen den Gott des Evangeliums. Die angebliche Unsinnigkeit, Unmenschlichkeit der von Paulus verkündeten Botschaft soll hier demaskiert werden.

Wer sind die Protestler, die Revoltierenden? In unserem Text wie in dem ganzen Zusammenhang der Kapitel, aus denen er herausgenommen ist, merkwürdigerweise nicht die Repräsentanten des Unglaubens, sondern eines in sich fest begründeten Glaubens, nämlich die Juden. Für sie ist es ein unerträglicher Anstoß, daß der Gott des Evangeliums sich denen zugewandt haben soll, die nach allen herkömmlichen Begriffen jüdischen Glaubens dafür nicht die mindesten Voraussetzungen erfüllen — nicht seinem erwählten Volk, sondern den Heiden. Von ihrem religiösen

Standpunkt aus haben die Juden mit ihrer Empörung nur allzu recht, denn damit sind die Fundamente ihres Glaubens unterminiert, in Frage gestellt. Das ist die konkrete, geschichtliche Situation, in der Paulus Rede und Antwort stehen soll. Es geht hier also nicht um die allgemein-theoretische, freilich zugleich uralte, urmenschliche, abgründige Frage und Erfahrung, daß Ordnung und Geschicke der Welt im ganzen wie im einzelnen Menschenleben mit der „Gerechtigkeit" Gottes nicht zusammenstimmen.

Inzwischen hat sich die Situation von einst verändert, sie hat sich ausgeweitet, aber an Schärfe nichts verloren. Längst ist der Protest der Frommen von einst gegen den Gott des Evangeliums auf andere übergegangen, denen jener Religionskampf von damals zwischen Christentum und Judentum herzlich gleichgültig geworden ist. Heute steht nicht mehr ein Gottesglaube, sondern der Atheismus in Front gegen die christliche Botschaft und rebelliert — noch ganz anders militant — gegen einen Gott, den die Christen noch immer „barmherzig" nennen, obwohl (das meint der Protest) doch seine vermeintliche Barmherzigkeit nur eine Paschalaune ist. Darum heißt es heute: Längst ist es an der Zeit, das Kind bei Namen zu nennen: dieser angebliche „Gott" ist nichts anderes als ein despotisches Monstrum oder auch — zahmer ausgedrückt — ein „höheres Wesen", das wie die Riesentochter in der tiefsinnigen Ballade des alten Chamisso mit dem Bauern, so mit den Menschen wie mit einem Spielzeug spielt. Aber offenbar ohne daß ihm jemand entschieden und bestimmt die schlichte Moral jenes Gedichtes entgegenhält: „Der Bauer ist kein Spielzeug, da sei uns Gott davor!" —

Wir sind wohl auch nicht so schnell bereit, dem Apostel ohne Widerspruch das alttestamentliche Bild abzunehmen, mit dem schon Jeremia dem widerspenstigen Israel seiner Zeit die unheimliche Freiheit Gottes verdeutlichte und Paulus hier seinen verstockten jüdischen Gegnern das Maul stopfen will: jenes Bild von dem Töpfer, der, wenn ihm das eine Gefäß mißrät, es verwirft und ein anderes formt. Ein neuerer Ausleger bemerkt dazu, wie es scheint, nicht zu Unrecht: „Ärgerlich ist nur, daß ein Mensch kein Topf ist; er *wird* fragen: Warum hast du mich so gemacht?"

Der Mensch ein bloßer Klumpen, aus dem Gott machen kann, was er will?! — Auf die Sache des Evangeliums angewandt, heißt das zugespitzt: Was ist schon eine Barmherzigkeit wert, die zugleich so unbarmherzig, so erbarmungslos verfährt, und die einen erwählt und zu ansehnlichen Gefäßen gestaltet, die anderen jedoch als unansehnlich, als mißraten wegwirft. Und damit bricht der Protest wie ein Sturzbach aus allen Ufern: Lange genug ist die Welt mit einem solchen „Glauben" abgespeist und gequält worden. Aber endlich, endlich hat einer die Wahrheit gesagt, eine Wahrheit, die seitdem nicht mehr zum Schweigen zu bringen ist. Endlich hat man den Mut gehabt, den Spieß umzukehren und den wahrhaft Schuldigen, jenen „Gott", vor das Tribunal der Menschen zu zitieren und ihm den Prozeß zu machen.

Die Welt ist mündig geworden, sie hat durchschaut, was hier gespielt, wie mit dem Menschen gespielt wird, und sie hat das hier einzig angemessene Urteil gesprochen, das unter Menschen zwar — jedenfalls in unseren Breiten — mit Recht abgeschafft worden ist, hier aber noch seine volle Berechtigung hat, das Todesurteil über diesen Angeklagten, Gott. Oder wohl richtiger in der Sprache von heute: Sie braucht es nicht einmal mehr zu sprechen. Jener Glaube hat sich selbst ad absurdum geführt, sein Gott hat sich selbst liquidiert, seine Phantomhaftigkeit, sein Nicht-Existenzrecht erwiesen: „Gott ist tot", und wer es heute nicht merkt, dem ist nicht mehr zu helfen. Es ist an der Zeit — spät genug, aber nun um so dringlicher —, daß *wir* die diesem vermeintlichen Gott zu lange schon überlassene Gerechtigkeit in eigene Regie nehmen. Armer Paulus, möchte man fast sagen, in welche ausweglose Position hast du dich da hineinmanövrieren lassen. Aber, erst recht erstaunlich: das Evangelium kapituliert nicht, nimmt die Herausforderung an und beantwortet sie mit einer noch ganz anderen Herausforderung. Wohl gemerkt: Paulus antwortet auf den Protest jenes so schrecklich korrekten „Glaubens" seiner Gegner gegen das den Heiden angebotene Heil, den seitdem, wenn auch abgewandelt, auch die Kirche in ihrem Verhältnis zu denen außerhalb ihrer Mauern nur allzuoft sich zu eigen gemacht hat. Nicht minder aber ist die Antwort des Evangeliums eine Herausforderung auch für den ebenso hartnäckigen, auf seinem Recht bestehenden Unglauben, so wie er uns heute allerorten begegnet.

Wie antwortet Paulus? Nicht mit dem Rückzug auf ein bloßes „Nach Gottes unerforschlichem Ratschluß" (das gäbe eine Leichenpredigt!). Und ebensowenig mit dem Plädoyer eines Verteidigers vor Gericht, der dem Angeklagten in letzter Stunde noch das Schlimmste ersparen, mildernde Umstände erwirken will und an die Barmherzigkeit seiner Richter appelliert. Nein, den frommen Anwälten Gottes wie den Gott verwerfenden Anwälten der Weltgerechtigkeit gegenüber setzt Paulus ein, keinen Fuß preisgebend, mit dem Einen, was hier gerade in Frage gestellt ist: *Gottes Erbarmen*. Das ist Anfang und Ende des hier im Römerbrief Gesagten, und zwar nicht im Sinne eines abstrakten Postulates, sondern des Hinweises auf ein Ereignis, Geschichte gewordene Wirklichkeit. Sie ist ausgesprochen und zugesagt schon in dem alten, an Mose gerichteten Wort und leibhaftig eingelöst in dem, was Inhalt des Evangeliums ist: „Ich werde barmherzig sein, wem ich barmherzig sein will und werde Erbarmen erweisen, wem ich es erweisen will." Ja, allerdings — eine Verkündigung der souveränen, freien Gnade Gottes, in die er sich von niemand hineinreden läßt, geradezu die Proklamation eines Gottesnamens, vergleichbar der anderen: „Ich werde dasein als der ich dasein werde." Sie zieht gleichsam einen Kreis um Gott, in den niemand einbrechen kann, und redet doch zugleich von einem Sich-öffnen, einer Selbstpreisgabe Gottes an die Menschen. —

Gottes Erbarmen, sein Jammer um die Menschen! Aus langer, christlicher Tradition, aus kirchlichem Gebrauch und Mißbrauch uns vertraut, droht wohl auch dieses inhaltsschwere Wort für uns zu einer entleerten, sentimentalen Vokabel zu werden, belastet mit einem Pathos, gegen das wir heute allergisch geworden sind. Doch liegt es wohl nicht nur an dem Wort, sondern auch an uns selbst: in erschreckendem Ausmaß sind Ohren und Herzen der Menschen heute ja taub geworden für diese urmenschlichen, das Innerste umkehrenden Regungen angesichts der Not des anderen.

Sinnvoll läßt sich von Erbarmen, Barmherzigkeit in der Tat nur menschlich reden. Im Bereich unseres Verhaltens zueinander hat es freilich oft den peinlichen Beigeschmack huldvoller Herablassung bekommen, bei der ein Mensch vor allem seiner eigenen Größe und Ehre noch eine Elle zusetzt, indem er aus der Fülle seines Reichtums auch dem Ärmeren etwas zukommen läßt oder dem Schuldigen vergibt, ohne sich selbst etwas zu vergeben. — Aber das meint das biblische Wort nicht, sondern Tat, Liebe im Einsatz. Ja, — deutlicher noch: so paradox es klingt, ist da, wo Erbarmen Ereignis wird, der sich Erbarmende fast noch in größerer Not als der, dem sein Erbarmen widerfährt darum, weil der Liebende den Geliebten nicht hergibt und lieber sich als den anderen preisgibt. Darum trägt, erträgt er ihn, wirbt um ihn mit unbeirrter, ungestümer Vehemenz, um ihm, dem anderen, das Leben zu eröffnen und zu ermöglichen. So menschlich also muß vom Erbarmen geredet werden. Doch weiß die Bibel schon im Alten Testament und vollends im Neuen Testament, daß sich *so menschlich* nur von Gott reden läßt, seinem Erbarmen, Ereignis geworden in dem Menschen Jesus von Nazareth, der am Kreuz, am Galgen geendet ist. Nach allen menschlichen Begriffen und

Maßstäben ein Hohn auf alles, was Gott zulassen darf, ein Skandal für die Juden und eine Narrheit für die Griechen, aber Heil denen, die es im Glauben annehmen. Fortan will Gott nicht anders als menschlich unter uns sein, unter uns, die wir ihn nicht finden, uns da suchend und findend, wo wir wirklich sind, uns die Gott-losen nicht loslassend. — Wenn aber das Wahrheit und Wirklichkeit ist, dann bekommen auch die auf den ersten Blick entmutigenden Worte in unserem Text einen befreienden Sinn: „Also liegt es nicht an jemandes Wollen und Laufen." Aus dem Zusammenhang gelöst, würden sie nur die lähmende Erfahrung aussprechen, daß über all unser Planen und Mühen unerbittlich und hoffnungslos die alles verzehrende Zeit hinweggeht. Oder wie die Griechen sagten: das Schicksal, die Moira, die Notwendigkeit, die auch kein Gott wendet. Wenn Paulus das meinte, wären die Worte: „sondern an Gottes Erbarmen" nur eine schlechte christliche Verbrämung für das Unabänderliche, eine trügerische Vokabel für die Hoffnungslosigkeit alles Daseins, eine Sklavenkette für den Menschen, die ihn entwürdigt. Das aber meint der Apostel nicht — trotz seines harten, entschiedenen Nein zu aller menschlichen Vermessenheit, die Leben, Zeit und Geschichte in eigene Regie nimmt.

Nein, nicht das Schicksal oder so etwas wie eine in Natur und Geschichte ehern waltende Gesetzmäßigkeit, der auch Gott unterworfen ist, ist hier gemeint, sondern der erklärte und in Jesus Christus offenbar gewordene Wille Gottes, der wie einst so auch heute und in aller Zukunft mit dem Menschen und seiner Welt etwas vorhat, der das Leben will, wirkliches Leben — aus ihm und vor ihm. Darauf zielt sein Erbarmen und die Freiheit seiner Gnade. Gerade nicht mit ihm spielend, nimmt er den Menschen über alles Erwarten ernst. Recht verstanden hat darum auch und gerade die in unserem Text so schroff proklamierte Freiheit seiner Gnade, und die Grenze, in die wir mit unserem Wollen und Laufen verwiesen werden, ganz und gar nicht den Sinn, Gott zum Gefangenen seiner eigenen Erhabenheit zu machen und uns eine Sklavenmentalität aufzuzwingen. *Gottes Freiheit* meint in Wahrheit *unsere Befreiung*: aus den Fesseln von Zeit und Schicksal, aus den Ketten unseres eigenen Selbst, wie auch aus der Verworrenheit unserer Illusionen und Träume.

Sie verweist uns damit an den Platz, an den wir gehören und aus dem wir beständig auszubrechen versuchen, bemüht um eine „Welt-Anschauung", ein „Welt-Bild", einen „Sinn" der Geschichte und wie immer diese hohen, im wahrsten Sinne des Wortes verstiegenen Worte lauten. Eben dieser Drang, die Welt in den Griff zu bekommen, steht ja in Wahrheit hinter dem ewigen Warum-Fragen, das wir mit dem quälend vergeblichen Problem der Theodizee zu benennen gelernt haben. Aber auch hinter dem Rebellieren des Menschen heute gegen die Gerechtigkeit, nein die Ungerechtigkeit Gottes angesichts der Welt- und Lebensschicksale und hinter dem blindwütigen Vertrauen auf Ideologien und phantastische Weltentwürfe. Das Leben, das Gott uns schenkt, zu dem er uns befreit, verschließt uns die Zukunft nicht, sondern eröffnet sie dem Glauben und der Hoffnung, so aber, daß wir keinen Augenblick aus dem Lichtkegel seines Erbarmens entlassen werden. Die Welt- und Lebensrätsel werden uns durch das Evangelium nicht gelöst, aber der Weg der Befreiten wird uns aufgetan in dem Glauben, Hoffen und Lieben, des wir selbst nicht fähig sind.

Wie sagt der Herr in dem vorhin gehörten Gleichnis Jesu zu den über seine Ungerechtigkeit maulenden Arbeitern? „Sollte es mir nicht freistehen, mit meinem Eigentum zu machen, was ich will? Oder schaust Du böse drein, weil ich gütig bin?" Amen

Herr unser Gott, allmächtiger Vater, wir danken Dir, daß Du uns unermüdlich suchst, während wir uns verlieren. Wir haben Dich in den Himmel verbannt und suchen Dich nun in der Welt vergebens, aber Du hast sie nicht aus Deinen Händen gelassen und bist am Werk, auch wenn wir ihre Dunkelheiten nicht durchdringen und Dein Wirken unseren gehaltenen Augen verborgen ist. Um unseretwillen läßt Du Dich als den Ungerechten schmähen, als den Ohnmächtigen verhöhnen, ja für tot erklären, nur damit die Stimme Deines Erbarmens nicht verstumme und Dein Licht in der Finsternis aufstrahle. So bitten wir Dich: Erbarme Dich Deiner kranken Welt und mach der Krankheit zum Tode ein Ende. Bringe zurecht und erfreue mit Deinem Frieden Menschen und Völker, die im Unfrieden sich zugrunde richten, zeige Deinen Willen allen, die Verantwortung tragen, und stärke ihren Mut. Nimm Dich eines jeden von uns an. Laß uns die Freiheit der Kinder Gottes nicht wegwerfen, schenke uns einen fröhlichen Glauben und dann führe uns Herr, wohin immer Du willst. Amen.

GOTT, DIE ERÖFFNUNG DES LEBENS FÜR DIE NONKONFORMISTEN

Erwägungen zu Markus 2,15—17[1]

HERBERT BRAUN

Jesus lädt, nach dem ursprünglichen Sinn von Mk 2,15, Zöllner und Sünder in *sein* Haus ein. Noch die Matthäus-Parallele (9, 10) legt diese Auffassung nahe. Markus freilich läßt, durch Verklammerung mit der Levi-Berufung (2,14), das Festmahl im Hause des Zöllners Levi stattfinden, und Lukas (5,29) macht Levi dann ausdrücklich zum Gastgeber. Daß ursprünglich aber Jesus der Einladende ist, geht aus dem nachfolgenden Text hervor: Jesus „ruft" die Sünder (Mk 2,17b), also ist in der vorangehenden, dies „Rufen" veranschaulichenden Festmahlsszene (Mk 2,15.16) ursprünglich auch *er* als der Einladende gedacht.

Die Leute, die Jesus einlädt, heißen Zöllner und Sünder; in Mk 2,16a stehen dann die Sünder voran, in Mk 2,17b sind sie allein, unter Fortfall der Zöllner, übrig geblieben. Der Trend auf Generalisierung wird deutlich.

Wer sind die Zöllner? Es geht um Juden, die die Eintreibung der Zölle (nicht der Kopfsteuern) von dem römischen Fiskus gepachtet haben. Sie kollaborieren also mit der römischen Besatzungsmacht, wenn man an Judäa oder Samaria denkt; mit dem unbeliebten Tetrarchen aus herodianischem Hause, wenn man die Szene in Galiläa spielen läßt. Zudem bringt ihre unnationale Haltung ihnen Gewinn ein, denn die Höhe des Zolls ist in gewissem Umfange der Willkür des Zöllners anheimgegeben. Ihren Profit gewinnen die Zöllner mithin auf Kosten ihrer Landsleute. So ist ihr Ruf denkbar schlecht. Sie werden Räubern und Mördern gleichgestellt, sie gelten als unehrlich und hartherzig. Darum will man mit ihnen nichts zu tun haben: aus ihrem Kasten soll man kein Geld wech-

---

[1] Vgl. *R. Bultmann*, Die Geschichte der synoptischen Tradition 1958³ S. 16; *E. Schweizer*, Das Evangelium nach Markus 1968 S. 34—36; *H.-W. Kuhn*, Ältere Sammlungen im Markusevangelium 1971 S. 58—61.

seln, kein Almosen für die Armenpflege annehmen². Mit amme ha-arec, wie die Zöllner es sind, soll ein Gelehrtenschüler nicht Tischgemeinschaft pflegen: er könnte sonst deren Sitten annehmen³. Die Buße eines Zöllners gilt als besonders schwer: er muß den ungerechten Profit mit einem beträchtlichen Aufgeld den Geschädigten zurückerstatten und wird darüber arm⁴. Wir ermessen: die Einladung solcher Leute durch Jesus und seine Tischgemeinschaft mit ihnen ist für den Juden, zumal den pharisäisch, d. h. levitisch gesetzeskorrekten, ein politischer, moralischer und religiöser Skandal.

Neben Zöllnern werden Sünder als durch Jesus eingeladen genannt. Daß Leute mit eklatanten moralischen Verstößen so bezeichnet werden, liegt auf der Hand: „Zöllner" und „Sünder" sind auf synoptischem Boden auswechselbar (Mt 5,46 = Lk 6,32). Aber ist es statthaft, die Sünder auf den relativ kleinen Kreis derer zu beschränken, die einen unehrenhaften Beruf ausüben⁵? Die jüdischen Texte erwähnen: Würfelspieler, Wucherer, Veranstalter von Taubenwettflügen, Händler mit Früchten des Brachjahres, Hirten, Steuererheber, Zöllner. Dann würde Jesus hier gegen das allgemeine moralisch religiöse Empfinden seines Volkes verstoßen. Aber dies allgemeine Empfinden dürfte doch schon beträchtlich durch das Ideal pharisäisch-levitischer Gesetzeskorrektheit geprägt sein, auch wenn die in Bünden zusammengefaßten Pharisäer zur Zeit Jesu noch eine kleine Minderheit ausmachten. Denn levitisch-kultischer Verstoß wiegt nicht leichter als moralischer Defekt; die Welt steht eben auf der Tora, dem Kultus und der Liebestätigkeit⁶. So werden unter den von Jesus eingeladenen Sündern nicht nur die sozusagen spezifisch Kriminellen, sondern auch — und dies ohne scharfe Unterscheidung für die jüdischen Zeitgenossen — die nicht nach pharisäischer Gesetzeskorrektheit Lebenden, die dem peniblen pharisäischen Gesetzesideal nicht Entsprechenden verstanden werden müssen. Es ist ja wohl nicht von ungefähr, daß nicht Juden schlechthin, sondern Pharisäer die Kritik vorbringen. Für die weitere Tradierung dieses Textes hat die moralische Anstößigkeit dieser „Sünder" natürlich das Hauptgewicht gehabt; denn auch auf nichtjüdisch-orientalischem Boden rangieren die Zöllner einfach unter den Unmoralischen (Habsüchtige, Spitzbuben⁷). So ersetzt Lukas diese Sün-

---

² *Strack-Billerbeck* I 377—380.   ³ *Strack-Billerbeck* I 498.
⁴ *Strack-Billerbeck* I 866; II 248 f.
⁵ *J. Jeremias*, Zöllner und Sünder ZNW 30 (1931) 293—300.
⁶ Schim'on der Gerechte III. Jhdt. a. Abot I 2.
⁷ Herakleides Reisebilder Wien 1951 I 7 S. 76,6—12.

der bei der ersten Erwähnung (5,29) denn auch durch die neutraleren „anderen", um sie erst bei der zweiten Nennung (5,30) als „Sünder" zu bezeichnen; und da speisen sie mit dem Jüngerkreis, nicht mit Jesus speziell, der nun allmählich auf ein zu hohes Podest gelangt ist, als daß er einfach mit Leuten dieses Schlages fraternisieren dürfte.

Der Text läuft darauf hinaus, daß Jesus die Sünder „ruft" (Mk 2, 17b); dies Rufen meint nicht die Tischgemeinschaft. Es wird aber verdeutlicht durch die Schilderung (Mk 2,15.16): Jesus lädt Zöllner und Sünder zu sich zu Tisch. Daß diese Veranschaulichung für das Rufen in Mk 2,17b unangemessen ist, ist öfter herausgestellt worden[8]; ich brauche es hier nicht zu wiederholen. Die beiden Jesusworte in Mk 2,17 dürften in der Tradition daher das ältere Stadium sein; die Festmahlsszene (Mk 2,15 f.), zumal belastet mit der Schwierigkeit der plötzlich anwesenden und eingreifenden Gegner, ein jüngeres, der Veranschaulichung dienendes Stadium.

Damit wäre festgestellt: die Szene Mk 2,15.16 beruht nicht auf konkreter Erinnerung, sondern ist spätere Ausmalung. Daß diese Ausmalung ein wirkliches, öfteres Verhalten des historischen Jesus wiedergibt, ist auf Grund des alten Schimpfwortes gegen Jesus — „siehe, er ist ein Fresser und Säufer, ein Freund von Zöllnern und Sündern" (Mt 11,19 Par.) — mit Sicherheit zu vermuten.

Was sagt die Gemeinde damit aus, wenn sie Jesus nicht nur mit Zöllnern und Sündern speisen läßt, sondern wenn sie, im älteren Stadium der Tradition, ihn als den Gastgeber dieser Leute schildert? Und was leitet den historischen Jesus, wenn er sich in etwa analog dieser Darstellung tatsächlich des öfteren verhalten hat? Man muß beachten: für die Darstellung bei Markus und Matthäus lädt Jesus die Unmoralischen und Unreligiösen nicht bedingt ein. Er verlangt kein Versprechen der Besserung; es fällt erst recht kein Wort von einer erst zu durchlaufenden Bewährung. Es ist keine Einladung auf Ehrenwort. Jesus feiert mit ihnen einfach ein Festmahl. Er predigt dabei nicht. Es gibt im Text auch kein Anzeichen dafür, daß diese üblen Leute merken könnten oder sollten, mit wem sie da speisen: mit dem Messias, mit dem Gottessohn. Das ganze Gewicht liegt auf der irdisch-profanen Verbundenheit in der Tischgemeinschaft. Sie gilt offenbar als die entscheidende Hilfe für diese Leute. Auf einmal sehen sie sich nicht mehr verachtet; sie können wieder leben, sie haben wieder Zukunft. Daß sie nun nicht weiterhin hartherzig betrü-

---

[8] *R. Bultmann,* aaO; *H.-W. Kuhn,* aaO.

gen werden, bedarf keiner besonderen Erwähnung für den Erzähler. So profan wagt die Gemeinde, die helfende Gemeinschaft Jesu mit den Deklassierten auszumalen.

Die unklare Notiz von der Vielzahl der Nachfolger bei Markus (2, 15b) wird bereits von Matthäus und Lukas ausgelassen; auch wir können sie uns hier schenken.

Die pharisäischen Gegner treten, wie schon gesagt, abrupt auf. Das ist primitive Erzählertechnik; die Gegner werden hier eben gebraucht. Ihre in den Synoptikern leicht voneinander abweichende Bezeichnung interessiert hier nicht. Ihre Frage zielt bei Markus und Matthäus auf das besagte Verhalten Jesu; bei Lukas wird, wie wir schon beobachteten, Jesus selber geschont, und es geht um das Verhalten der Jünger. Die Gegner fragen nach dem Grund des von ihnen getadelten Verhaltens Jesu: wieder ein Fingerzeig dafür, daß die Szene hier nicht so geschildert wird, wie sie tatsächlich passiert sein könnte. Die judenchristliche Gemeinde (die *Jünger* sind ja gefragt) will, in der Debatte mit nichtchristlichen Juden, verdeutlichen, *warum* Jesus sich so anstößig verhält. In einer konkreten, in dem Leben des historischen Jesus passierten Konfrontation werden die Gegner kaum nach dem „Warum" gefragt haben; da werden sie frontal zu Jesus gesagt haben: derart *darfst* du dich nicht verhalten. So, wie noch die Jerusalemer Juden*christen* dem Petrus nach der Darstellung der Apostelgeschichte (11,3) entgegengetreten sind.

Und nun die beiden Logien, auf die die Szene hinausläuft und die die Szene verdeutlichen soll. „Nicht die Gesunden brauchen einen Arzt, sondern die Kranken" (Mk 2,17a). Diese Regel ist zeitgenössisch im Hellenismus, besonders in der Stoa und bei den Kynikern, breit bezeugt[9]. Daß wir es hier mit einem echten Jesuswort zu tun haben, ist daher unwahrscheinlich. Freilich meint diese Regel auf dem Boden kynischen Denkens: der Weise, der Arzt, ruft die Unweisen aus ihrem Engagement für Familie und Nachbarn heraus und hinein in jene aristokratische Selbstgenügsamkeit, die den Sohn gegen die Seufzer der ihn vermissenden Mutter[10], den Nachbarn gegen die Trauer des Nachbarn[11] im letzten unempfindlich machen und gerade so dem Menschen zu dem Glück des Freien — „ich hab' mein' Sach' auf Nichts gestellt"[12] — verhelfen will. Hier in den

---

[9] Diogenes (Stobaeus Flor. III 462,14 Hense); Antisthenes (Diogenes Laertius VI 6); Epiktet (Diss. III 23,30); aber auch Plutarch (Ap. Lac. Paus. 2; Mor. 230 F).
[10] Epiktet Diss. III 24,22 f.
[11] Epiktet Encheir. 16.
[12] Goethe Gesellige Lieder Vanitas! vanitatum vanitas!

Synoptikern dagegen *begründet* diese stoische Maxime — ganz unstoisch — gerade das Engagement, und zudem ein Engagement für moralisch so fragwürdige Gestalten. Übernommen ist aus dieser stoischen Regel nur der Gesichtspunkt: da sind Menschen, die brauchen die helfende, sie bejahende Gemeinschaft. Sie brauchen die Gemeinschaft, weil sie verachtet und verhaßt sind. Auf diese Weise werden sie wieder heil. Matthäus (9,13a) verdeutlicht das durch das Hosea-Zitat: sie brauchen Barmherzigkeit. Das ist ein wenig Sprache Kanaans; aber eben doch angewendet auf die hier gewährte totale, bedingungslose Gemeinschaft.

Daß das Arztwort so gemeint ist, macht die Gemeinde klar, indem sie Jesus — wie gelegentlich in den Synoptikern rückblickhaft und eben darum sekundär — proklamieren läßt, zu welchem Zwecke er gekommen sei: um Sünder und nicht um Gerechte zu rufen. Dies „Rufen" hebt — wir nahmen es schon wahr — hier natürlich nicht mehr auf die Einladung zum Essen ab. Die Gerechten werden so nicht in ironischem Sinne genannt; also nicht als die vermeintlich Gerechten. Es sind Leute, die nicht unmoralisch leben; von ihnen ist in naivem Sinne als von Gerechten die Rede. Die ältere Fassung dieses Wortes denkt noch nicht, wie dann Lukas (5,32), an die beabsichtigte Besserung, an die Buße der Unmoralischen. Auch in die Nachfolge werden diese Leute nicht gerufen. Jesus ruft sie in das Reich: sie werden am nahen Ende Angenommene sein.

Dies Verhalten Jesu wird von der Gemeinde nicht als Jesu Privatstandpunkt behauptet, obwohl es jüdisch-messianischem Denken total widerspricht: der Messias wird die Sünder aus dem Erbe vertreiben (Ps Sal 17,23a). Jesus gilt vielmehr als der von der Gottheit zu diesem Ruf Beauftragte: dazu ist er „gekommen". Und diese Gemeinschaft mit den Deklassierten ist nicht eine flüchtige Stunde der Wohltätigkeit: die Gottheit wird dies Ja zu den „Sündern" teilen, denn eben die Sünder werden in das Reich eingehen. Daß sie angenommen werden, ist ein Definitivum.

Das Weltbild Jesu — die Gottheit, die das nahe Ende, das Reich, heraufführt; die messianischen Titel Jesu und die damit zusammenhängenden Vorstellungen über den Weg Jesu aus der Himmelswelt auf die Erde und dann wieder zurück in die Himmelswelt — all das ist für uns versunken. Sind aber die Normen, die mit dem Auftreten Jesu hörbar wurden — die Nonkonformisten sollen leben können —, nicht auch für uns noch aufregend genug?

THEOLOGIE UND LITERARKRITIK
IM 1. THESSALONICHERBRIEF

Ein Diskussionsbeitrag

CHRISTOPH DEMKE

Die Frage nach der Einheitlichkeit des 1. Thessalonicherbriefes und nach der Echtheit einzelner Bestandteile desselben ist in der deutschsprachigen Exegese wieder aufgelebt. Sie ist aber noch nicht zu einem Gegenstand der Debatte geworden. Das hat seinen Grund darin, daß der erste Versuch, diese Frage neu aufzuwerfen, den K. G. Eckart unter Aufnahme einzelner Anregungen von Ernst Fuchs unternahm, von W. G. Kümmel alsbald einer durchschlagenden Kritik unterzogen wurde[2]. Allerdings hatte Kümmel gegen die erschreckenden Unzulänglichkeiten der Methodik von K. G. Eckart einen leichten Sieg, der ihn zu dem Trugschluß verleitete, die Widerlegung der Arbeit von Eckart könne sicherstellen, daß „keine ernstlichen Gründe gegen die Annahme, daß der 1. Thessalonicherbrief in der überlieferten Form von Paulus stammt"[3], bestehen. Schon der Überblick über die Forschungsgeschichte hätte vor diesem Trugschluß warnen müssen. Denn die Tatsache, daß die Frage der Echtheit des ganzen Briefes bzw. einzelner Teile desselben und die Frage seiner Einheitlichkeit immer wieder von sehr verschiedenen Forschern mit sehr verschiedenen Begründungen aufgeworfen worden ist, muß zuerst einmal als Indiz dafür gewertet werden, daß die Forschung bei diesem Brief vor einer Reihe noch nicht befriedigend gelöster Probleme steht. Die reizvolle und lehrreiche methodologische Kritik der bisherigen Forschungen zu dieser Frage soll hier nicht vorgetragen werden. Auch ist dieser Beitrag nicht an einer Aufarbeitung aller bisher beigebrachten Beob-

---

[1] *K. G. Eckart*, Der zweite echte Brief des Apostels Paulus an die Thessalonicher, ZThK 1961, 30—44.

[2] *W. G. Kümmel*, Das literarische und geschichtliche Problem des ersten Thessalonicherbriefes, in: Neotestamentica et Patristica, Freundesgabe O. Cullmann zum 60. Geburtstag überreicht, NovTest Suppl. VI, Leiden 1962, 213—227.   [3] S. 225.

achtungen interessiert[4]. Vielmehr beabsichtigt er, eine Debatte auszulösen, die nicht mehr länger aufgeschoben werden sollte. Inzwischen ist ja von W. Schmithals eine durch ihre verblüffende Einfachheit überzeugende Lösung der Probleme vorgetragen worden[5], deren Herausforderung sich die Forschung nicht entziehen kann.

Ein wesentliches Element der Analysen von Eckart und Schmithals ist die Behauptung, daß I 3,11—13 (Eckart[6]) bzw. 3,10—4,1 (Schmithals[7]) ein Briefschluß vorliege. Eckart begründet diese Behauptung nicht[8], während Schmithals seine erste Begründung dieser These durch eine eingehende Übersicht über die Eschatokolle der Paulusbriefe zu stützen versuchte[9]. Gerade wer die Intentionen literarkritischer Arbeit mit Schmithals teilt, wird die Manipulation des Materials durch Schmithals scharf kritisieren müssen[10]. Damit setze ich ein.

1. Liegen in 3,11—4,1 und 5,23—28 zwei Briefschlüsse vor?

Für die zuletzt genannte Stelle wird das niemand bezweifeln. Ein Vergleich von 5,23 mit 3,11—13 könnte in der Tat zu der Annahme verleiten, auch an dieser Stelle handle es sich um einen Briefschluß.

Um das zu erhärten, behauptet Schmithals, es lasse sich bei allen Variationen ein „allen Eschatokollen zugrunde liegendes Schema gut erkennen"[11]. Die Überleitung bildeten „meist" persönliche Bemerkungen; dann werde der Schluß „oft" mit einem Passus eingeleitet, der Fürbitte

---

[4] Entsprechend sind die Literaturverweise reduziert.

[5] W. *Schmithals*, Die Thessalonicherbriefe als Briefkompositionen, in: Zeit und Geschichte. Dankesgabe an R. Bultmann zum 80. Geburtstag, Tübingen 1964, 296—315; im folgenden = *Schmithals 1.* Ders., Die historische Situation der Thessalonicherbriefe, in: Paulus und die Gnostiker, Hamburg 1965, S. 89—157; im folgenden = *Schmithals 2.*

[6] S. 35.

[7] *Schmithals 1,* S. 298 f.

[8] „Formal wie inhaltlich handelt es sich *offenbar* um einen Briefschluß" (S. 35; Hervorhebung von mir). Das „offenbar" in der exegetischen Literatur kann als Indiz dafür gewertet werden, daß dem Autor überzeugende Gründe fehlen.

[9] *Schmithals 2,* S. 93—95.

[10] Ich biete nur eine Auswahl aus der nötigen Kritik. Soweit sich Schmithals' Hypothese der Briefteilung auf den 2.Thess erstreckt, übergehe ich sie, da sie in dieser Hinsicht, wie hier aus Sparsamkeitsgründen nicht ausgeführt wird, weniger diskutabel ist.

[11] *Schmithals 2,* S. 94.

und Doxologie „verbindet". „Sodann *folgt regelmäßig* eine Schlußermahnung", dann kurze Grüße und abschließend ein Segenswunsch[12].

Ein aufmerksames Studium der Tabelle von Schmithals über die erhaltenen bzw. zu rekonstruierenden Eschatokolle der Paulusbriefe zeigt nun aber:

1.1 Ein „Passus", der „Fürbitte und Doxologie *verbindet*", begegnet *nie* in den Eschatokollen der Paulusbriefe. In Phil 4,20 folgt die Doxologie auf einen Segens*zuspruch*, genauer: einen Zuspruch des Handelns Gottes (4,19 Futur, nicht Optativ; keine Satzgliederung im Sinne der Fürbitte, s. dazu unten), ebenso 2.Tim 4,18 (daß Schmithals diesen Vers unter Fürbitte notiert, ist bezeichnend) und 1.Petr 5,10. Nur Hebr 13,21 ist eine Doxologie an einen fürbittenden Gebetswunsch[13] angeschlossen, aber bezeichnenderweise ist dieser Anschluß vermittelt durch eine Gottesprädikation (Hebr 13,21b). Damit ist 1.Thess 5,23.24 zu vergleichen, wo auf einen Gebetswunsch eine Gottesprädikation folgt, an die sich stilgemäß eine Doxologie anschließen könnte. Daraus folgt die Feststellung:

1.2 Bei den Paulusbriefen enthalten *nur* die Thessalonicherbriefe im Eschatokoll einen fürbittenden Gebetswunsch (I 5,23; II 3,16). Sie zeigen diesen Gebetswunsch aber nicht in der vollen Struktur; wo diese gegeben ist, wird nämlich ein Handeln Gottes im Optativ genannt und mit εἰς τὸ oder ἵνα das Ziel des Wunsches angegeben. Diese Struktur liegt vor in 1.Thess 3,12 f. Rö 15,5 f.; 15,13 (und Hebr 13,20.21a). Daß diese Struktur als fürbittender Gebetswunsch bezeichnet werden kann, zeigt der Schluß der Proömien im Phil (1,9—11) und 1.Kor (1,8; hier liegt eine Breviloquenz vor[14]). Damit rückt 1.Thess 3,12 f. klar in die Nähe eines Proömienschlusses, so daß es mit diesen verglichen werden muß[15].

Da 1.Thess 5,23 diese volle Struktur des fürbittenden Gebetswunsches nicht zeigt (wie auch 2.Thess 3,16; 2,17 und 3,5), unterscheidet sich die Stelle klar von I 3,12 f. und tritt den Segenszusagen in den Pauluseschatokollen mit auffallender Besonderheit an die Seite, sofern diese implizit oder ausdrücklich (Phil 4,7.9; Rö 16,20; 2.Kor 13,11) Gottes Handeln

---

[12] Alle Zitate ebd.; Hervorhebung von mir; bei Schmithals andere Hervorhebungen.

[13] Diese Bezeichnung ist präziser als Schmithals' „Fürbitte".

[14] Siehe Lietzmann und Conzelmann zur Stelle.

[15] Wenn Schmithals (2, S. 93) meint, es sei „schwerlich ein Versehen", daß Kümmel die Behauptung Eckarts, 3,11—13 sei ein Briefschluß, nicht zu widerlegen suche, so muß repliziert werden, daß es kaum ein Versehen ist, wenn Schmithals formale und sachliche Nähe der Stelle zu den Schlüssen der Proömien in 1.Kor 1 und Phil 1 nicht erörtert.

im Indikativ Futur nennen. Indem 1.Thess und 2.Thess im Eschatokoll den Optativ gebrauchen, ohne die volle Struktur des fürbittenden Gebetswunsches, stehen sie dem üblichen Briefformular, das am Schluß Wünsche enthält (s. auch die Apostolischen Väter!), näher als den übrigen Paulusbriefen, die an Stelle des üblichen Schlußwunsches den Segenszuspruch haben.

Nun aber weiter zur Prüfung des angeblichen „Schemas" der paulinischen Eschatokolle.

1.3 Gegen Schmithals' Behauptung, der „Fürbitte und Doxologie" „folgt regelmäßig eine Schlußermahnung" (ebd.), ist auf Grund des Materials, das Schmithals beibringt, zu sagen: *Nie folgt* bei Paulus eine Schlußermahnung auf einen Segenszuspruch[16] oder eine Doxologie. Es fehlt entweder das eine oder das andere, so daß die Folge, auf die alles ankommt, wenn man von einem zugrunde liegenden „Schema" oder gar von einer „typischen Reihenfolge"[17] soll sprechen können, nicht zu belegen ist. Eine *Ausnahme* liegt nur im *Hebräerbrief* (13,22—23) vor, denn daß Schmithals auch 1.Petr 5,12 und 1.Thess 5,25 als Schlußmahnung rubriziert, gehört zur Manipulation des Materials, die hier aufgezeigt werden soll. Immerhin ist zuzugeben, daß diese Stellen dem „Schema" von Schmithals am nächsten kommen. Das führt zu der Feststellung, daß das von Schmithals vorausgesetzte „Schema" nur Hebr. 13,18—25 vollständig und 1.Petr 5,10—14 nahezu vollständig vorliegt. Dieser Ordnung kommt 1.Thess 5,23—28 nahe. Man könnte also höchstens von einem Schema sprechen, das sich herausbildet, nicht aber von einem zugrunde liegenden Schema. Ein solches gibt es für die Eschatokolle der Paulusbriefe nicht. Damit fallen alle Argumente hin, die Schmithals aus einem solchen Schema für die Begründung der Behauptung, 1.Thess 3,11—4,1 sei ein Eschatokoll, gewinnt.

Bleiben die für den Briefschluß nach Schmithals „typischen Formulierungen"[18].

1.4 Nur in Eschatokollen findet sich die Rede vom „Gott des Friedens". Sie fehlt aber in 1.Thess 3,11 (wie 2.Thess 2,17 u. 3,5), steht dagegen in 5,23 (wie in 2.Thess 3,16), was eindeutig *gegen* die Behauptung spricht, es lägen zwei Eschatokolle vor.

1.5 Wenn Schmithals die Wendung αὐτὸς δὲ ὁ θεός als eine „bei Paulus für Briefausgänge reservierte Formel" (ebd.) bezeichnet, so ist das

---

[16] „Fürbitte" fehlt ja überhaupt, wie gezeigt.
[17] *Schmithals 1*, S. 298.   [18] *Schmithals 2*, S. 95.

Irreführung[19]. Richtig ist dagegen, daß — wie Schmithals selbst schließlich[20] feststellen muß — sich diese Formel *nur* in den Thessalonicherbriefen findet, nämlich 1.Thess 3,11; 5,23; 2.Thess 2,16; 3,16 (an den beiden letzten Stellen allerdings αὐτὸς δὲ ὁ κύριος[21]).

1.6 Aufforderungen zur Fürbitte finden sich häufig am Briefschluß. Das erweist I 5,23—28 als Briefschluß, nicht aber 3,11—4,1[22].

1.7 Bleibt noch das λοιπὸν κτλ[23]. Dieses zeigt in der Tat an, daß der Schreiber das Wichtigste ausgerichtet hat und zum Schluß kommen will; es kann aber nicht als Bestandteil eines Eschatokolles gewertet werden. Folgen noch längere Ausführungen, so muß das in der Auslegung begründet werden, u. U. durch literarkritische Operationen[24].

1.8 Damit kann die Antwort auf die Frage gegeben werden: Im 1. Thessalonicherbrief liegt nur *ein* Briefschluß vor: in 5,23—28. In 4,1 ist erkennbar, daß der Verfasser sein Wichtigstes ausgerichtet hat und zum Schluß kommen will. Im Blick darauf wirken die theologisch gewichtigen Ausführungen in 4,13—5,11 deplaziert. Wir gehen dem Problem hier nicht sofort weiter nach, folgen vielmehr einer anderen Spur.

2. Beobachtungen zum Sprachgebrauch des 1. Thessalonicherbriefs

Im Blick auf den Fleiß, der für Wortstatistik bereits ergebnislos verwendet worden ist, erscheint es sinnlos, diese Frage neu aufzunehmen. Kümmel hatte an Eckart ausdrücklich bemängelt, daß er für die Abschnitte, die er für „unecht" erklärt, keine Sprachuntersuchung anstellt[25]. Kümmel selbst hat dann seine Beobachtungen zum Sprachgebrauch der inkriminierten Abschnitte mitgeteilt[26]. Wir nehmen diese Frage hier für

---

[19] Man beachte die Stellenzusammenstellung zu dieser Behauptung bei *Schmithals*, ebd. und in A. 24.

[20] *Schmithals 2*, S. 145 A. 258. Es ist deutlich, daß diese Feststellung sowohl für seine zeitliche Einordnung der vier Thessalonicherbriefe Schwierigkeiten bereitet, als auch gegen die Bestreitung einer literarischen Abhängigkeit des einen von dem anderen Brief spricht.

[21] Die Stellen genauer untereinander zu vergleichen, ist äußerst interessant, wird hier aber ausgespart.

[22] Anders 2.Thess 3,1.   [23] Siehe *Schmithals 2*, ebd.

[24] Daß Schmithals auch die Ankündigung eines baldigen Besuchs als Indiz für einen Briefschluß anführt, zeigt, daß er 3,11 nicht als Gebetswunsch und als darin von allen anderen bei Schmithals genannten Stellen unterschieden beachtet.

[25] Siehe Anm. 2, S. 216 f.

[26] Siehe Anm. 2, S. 216 Anm. 5 und 217, Anm. 1. Eine methodologische Kritik, die

3,12—13 und 5,23—24 auf, weil unter 1.2 und 1.5 Momente in den Blick kamen, die dem 1. Thessalonicherbrief eine besondere Stellung gegenüber den übrigen Paulusbriefen geben.

2.1 Auffällig ist die Verwendung von παρουσία in 3,13 und 5,23. Ist es an sich schon auffällig, daß Paulus abgesehen von den Thessalonicherbriefen nur einmal παρουσία in christologischem Sinne gebraucht (1.Kor 15,23; 6mal verwendet er es in bezug auf sich, bzw. seine Mitarbeiter: 1.Kor 16,17; 2. Kor 7,6.7; 10,10; Phil 1,26; 2,12), dagegen gleich 4mal im 1.Thess (2,19; 3,13; 4,15; 5,23) und 3mal im 2.Thess (2,1.8.9), so gewinnt dieser Sachverhalt dadurch besonderes Gewicht, daß der Ausdruck in I 3,13 und 5,23 genau in dem Sachzusammenhang auftritt, wo Paulus in Phil. 1,6.10 und 1.Kor 1,8 ἡμέρα gebraucht. Ein Vergleich der sachlich einander parallelen Stellen I 2,19 mit 2.Kor 1,14 und Phil 2,16 bestätigt diese Variation als konsequent.

2.2 Eine zweite, weniger eindeutige, aber doch beachtenswerte Beobachtung sei gleich hinzugefügt. In I 3,13; 2,19 muß das ἔμπροσθεν τοῦ θεοῦ bzw. τοῦ κυρίου κτλ. auffallen. Paulus hat außerhalb der Thessalonicherbriefe ἔμπροσθεν in lokalem Sinne zweimal, und zwar beide Male in einem forensischen Zusammenhang: 2.Kor 5,10 und Gal 2,14; dazu würde sich unsere Thessalonicherstelle fügen; aber Paulus gebraucht sonst regelmäßig ἐνώπιον τοῦ θεοῦ (bzw. τοῦ κυρίου): Röm 3,20; 14,22; 1.Kor 1,29; 2.Kor 4,2; 7,12; 8,21; Gal 1,20 (7mal, dazu in bezug auf Menschen Röm 12,17 und 2.Kor 8,21). Nimmt man dazu im 1. Thessalonicherbrief 1,3 und 3,9, so begegnet das Wort hier in Zusammenhängen, an denen man bei Paulus mit Sicherheit ἐνώπιον erwarten würde. Dabei darf das ἐνώπιον τοῦ θεοῦ bzw. τοῦ κυρίου als biblische Formel gewertet werden[27].

2.3 Warum weicht Paulus in beiden Fällen von dem sonst bei ihm üblichen Sprachgebrauch ab? Folgende Möglichkeiten sind zu prüfen:

2.3.1 In diesen sprachlichen Varianten zeigt sich der zeitliche Abstand zwischen den Thessalonicherbriefen und den anderen Paulusbriefen.

---

auch die Forschungsgeschichte zu dieser Frage einbeziehen müßte, würde eine eigene Abhandlung erfordern. Im Blick auf die Ausführungen Kümmels sei nur auf das Einfachste hingewiesen: Feststellungen, daß ein Wort oder ein Ausdruck, verglichen mit den anderen neutestamentlichen Schriften, *nur* bei Paulus vorkomme, sind für Erörterung von Echtheitsfragen überhaupt nur dann der Mühe wert, wenn man voraussetzt, der „unechte" Autor müsse der Verfasser einer der anderen neutestamentlichen Schriften sein oder in deren Sprachtradition stehen. Was Paulus mit seiner Umwelt verbindet, kann in der Konkordanz als „typisch paulinisch" erscheinen. Mindestens darüber sollte Klarheit herrschen.

[27] Siehe Bl. — Debrunner § 214,5 (mit Literaturangaben).

Dann fiele die Möglichkeit für eine Spätdatierung der Korrespondenz des Paulus mit der Gemeinde in Thessalonich[28].

Der, gemessen an der christlichen Biographie des Paulus, geringe zeitliche Abstand zu den folgenden Paulusbriefen läßt diese Begründung nur dann geraten erscheinen, wenn sich auch eine gedanklich-sachliche Entwicklung zwischen dem 1.Thess und den Folgebriefen zeigen läßt.

2.3.2 In der sprachlichen Variation schlägt sich der Einfluß der Situation des Paulus oder der Adressaten nieder. Paulus könnte die biblischen Formeln ἡμέρα κυρίου und ἐνώπιον τοῦ θεοῦ (κυρίου) meiden und sich bewußt „griechischer" ausdrücken, weil er auf die heidenchristliche Prägung der Gemeinde von Thessalonich Rücksicht nimmt. Die „Schrift" wird ja hier ebensowenig ausdrücklich angeführt, wie im Phil. Aber diese Auskunft kann den Tatbestand nicht hinreichend erklären. Denn I 5,1 ff. arbeitet Paulus betont mit dem Ausdruck ἡμέρα und setzt die präzise Vertrautheit (5,2) der Empfänger mit dieser Tradition voraus. Außerdem überzeugt die Annahme eines präzis auf die Adressaten abgestimmten Sprachgebrauches deswegen nicht, weil die fraglichen Stellen wenig präzisiert, vielmehr liturgisch plerophor sind[29].

2.3.3 Bleibt die Möglichkeit, daß der Schreiber des Briefes an der Abfassung beteiligt war, indem er Stichpunkte des Paulus selbständig ausgeführt hat. Diese leicht zur Ausrede mißratende mögliche Auskunft wird man nur dann geben, wenn die Variation des Sprachgebrauches keine tieferliegenden gedanklichen Variationen indiziert, weil dann auch 2.3.1 und 2.3.4 in Frage käme:

2.3.4 Die 4. Möglichkeit wäre, daß die sprachliche Variation auf einen anderen Verfasser als Paulus weist. Diese Auskunft wird erst dann möglich, wenn sich die gezeigte sprachliche Variation in ein zusammenhängendes Feld weiterer Variationen einfügt und diese eine Variation auf gedanklich-sachlicher Ebene zeigen. Man wird dieser Möglichkeit außerdem deswegen nur sehr zögernd nähertreten, weil man die Situationsbezogenheit von 2,17 ff. und die sachliche Präzision mindestens von 5,1 bis 11 nicht vorschnell wird zur Fiktion erklären wollen, — wobei allerdings auch die Möglichkeit zu bedenken ist, daß der Brief „echte" und „unechte" Stücke enthält. Das alles ist aber erst diskutabel, wenn hinter der sprachlichen Variation eine sachlich-theologische Variation erscheint.

---

[28] Die weiter unten darzustellenden Beobachtungen schließen diese Möglichkeit tatsächlich aus.

[29] Siehe *Dibelius*, HNT 11, 2. Aufl. Tübingen 1923, zu 3,13 und *Bornemann*, MeyerK. X, 5. u. 6. Aufl. Göttingen 1894, S. 292.

Aber auch dann ist noch zwischen den Möglichkeiten 2.3.1 und 2.3.4 abzuwägen.

2.4 Ich habe diese verschiedenen Möglichkeiten trotz der schmalen Ausgangsbasis so ausführlich dargestellt, um beim Fortgang der Untersuchungen in keine Verengung zu geraten. Es ist also nun auf die gedanklich-sachliche Seite der bisherigen Beobachtungen einzugehen.

2.4.1 Ich wende mich zuerst I 3,12 f. zu.

An die Aussage, der Herr möge durch Mehrung der gegenseitigen Liebe die Herzen der Thessalonicher festigen, damit sie untadelig seien in Heiligkeit vor Gott unserem Vater, wird formelhaft angehängt: *bei der Parusie unseres Herrn Jesus mit allen seinen Heiligen.* Man vermißt hier die klare Ausrichtung des erbetenen und erwünschten Werkes Gottes auf das Gericht hin. 1.Kor 1,8, das hier sachlich zu vergleichen ist, hebt hier mit ἕως τέλους und durch die Wiederaufnahme des Verbs βεβαιοῦν (vgl. V. 7) die Spannung von dem geschehenen Anfang des rettenden Werkes Gottes an den Glaubenden hin auf die Vollendung dieses Werkes am Tag unseres Herrn Jesus klar hervor. Phil 1,6 spricht dieses Denken dann direkt aus, so daß die unserer Stelle vergleichbare Bitte in Phil 1,10 auf ein Rein- und Unanstößigsein *bis* (εἰς) zum Tage Christi aus ist. Das heißt: Das Proömium läßt im 1.Kor und im Phil eine Spannung zwischen dem Indikativ Aorist des Rettungswerkes Gottes an den Glaubenden, das ihnen eine eschatologische Existenz in Ausrichtung auf den Tag Christi schenkt, und der Vollendung erkennen. Von dieser Spannung ist in 3,12 f. nichts zu bemerken.

2.4.2 Dasselbe läßt sich an 5,23 zeigen. Das ἐν τῇ παρουσίᾳ ist wegen der Nachstellung des τηρηθείη schwer erträglich, aber eben wegen dieser Nachstellung des Verbs als bloß angehängte Formel nicht zu erklären. Die Auskunft, die Dibelius[30] im Widerspruch zu seiner Übersetzung gibt: „ἐν τῇ παρουσίᾳ = klassisch εἰς τὴν παρουσίαν", hat nur den Wert einer Ausrede. Denn ἐν für εἰς im zeitlichen Sinne ist für Paulus nicht zu belegen, und die allgemeine Entwicklung bringt εἰς an die Stelle von ἐν. Die Verlegenheit der Exegese zeigt sehr schön B. Rigaux[31]: „C'est donc moins d'une conservation sans blâme au jour de jugement que d'une vie sans reproche, conservant l'integrité du composé, qui apparaîtra telle au jour du jugement."

Aber der Text wünscht eben eine vollständige Heiligung und eine vollständige Bewahrung von Geist, Seele und Leib bei der Parusie. Von

---

[30] S. 27.   [31] Les épitres aux Thessaloniciens, Paris 1956, S. 600 f.

einem ἀρραβών des Geistes, der bis dahin von Gott bewahrt werden möge, ist eben nicht die Rede. Auf einen Aorist des eschatologischen Gotteswerkes an den Glaubenden wird nicht zurückgegriffen. Das entscheidende Werk Gottes oder des Kyrios wird bei der Parusie erwartet.

D. h.: *Diese Stellen befinden sich in der Grundstruktur ihres Denkens ganz in einer Linie mit der im allgemeinen als vorpaulinisch reklamierten Formel 1,9 f.* Das entscheidende Rettungswerk des Sohnes wird beim Gericht erwartet als Rettung vor dem kommenden Zorn. Das eschatologische Schon des Rettungswerkes Gottes an den Glaubenden ist unbekannt.

Bevor ich dieses Denken weiter im Brief verfolge, ist wieder zu vermerken, daß 5,1—11 sehr präzis das Schon des eschatologischen Seins der Glaubenden entfaltet. Wie schon beim sprachlichen Gesichtspunkt (ἡμέρα — παρουσία), zeigt sich auch hier sachlich eine Spannung mindestens zwischen 5,1—11 und anderen Teilen des Briefes. Nachdem ich gezeigt habe, wie 1,9 f. in seiner Struktur an den untersuchten Stellen sich niederschlägt, ist gleich mitzunotieren, daß im Unterschied zu 1,9 f. in 5,9 f. der Tod Jesu Heilsbedeutung hat und sonst nur noch in 4,14 erwähnt wird. Das unterstreicht die Sonderstellung von 5,1—11, das nach 5,10 mit 4,13—18 zusammenhängt. Damit erfährt der unter 1.8 genannte Sachverhalt, daß laut 4,1 der Verfasser zuvor sein Wichtigstes gesagt hat, wozu 4,13—5,11 allerdings in Spannung steht, eine neue Beleuchtung.

Zuvor aber muß die Feststellung, daß das eschatologische Schon des Rettungswerkes Gottes an den Glaubenden in weiten Teilen des Briefes unbekannt sei, weiter geprüft werden. *Hat dieses Denken zu weiteren Variationen des Sprachgebrauches gegenüber den anderen Paulusbriefen geführt?*

2.5 In den bisher geprüften Stellen spielten Worte, die zum Bedeutungsfeld von „heilig" gehören, eine Rolle. Zur Parusie kommt der Herr mit allen seinen Heiligen (3,13). Das können, wenn man 4,13—18 zum selben Brief rechnet, ohnehin nur die Engel sein, aber auch abgesehen davon ist das die wahrscheinlichste Auslegung. Wenn im gleichen Zusammenhang um Befestigung der Herzen als untadeliger in Heiligkeit (ἁγιωσύνη)[32] vor Gott bei der Parusie gebetet wird, so könnte Heiligkeit als ein Attribut der himmlischen Gotteswelt verstanden sein, in die

---

[32] In den anderen Paulusbriefen bekanntlich nur in der „vorpaulinischen" Formel Röm 1,4 und in 2.Kor 7,1, das zu dem m. E. mit Sicherheit unechten Stück 2.Kor 6,14 bis 7,1 gehört.

man bei der Parusie eingeht. Dazu paßt, daß in 5,23 um vollständige Heiligung durch Gott bei der Parusie gebeten wird. Welches Werk der Heiligung wird da durch Gott zur Vollendung gebracht? Das Werk der Heiligung, zu dem sie Gott gerufen hat (4,7.3.4[33]). In dieser Heiligung vollzieht sich der Dienst gegenüber dem wahren und lebendigen Gott (1,9), der auf diesem Weg der Heiligung seinen Geist gibt (4,8).

Die Verwendung des Wortfeldes „heilig" zeigt aber, daß hier von einem eschatologischen Aorist des Gotteswerkes nichts zu merken ist. In 4,8 haben viele Handschriften das eingetragen. Der Abstand zu den übrigen Paulusbriefen bestätigt sich, und es zeigt sich der Grund für eine weitere sprachliche Variation: die Empfänger werden in der Adresse nicht als ἅγιοι bezeichnet (wie Phil 1,1), nicht als Geheiligte (wie 1.Kor 1,2), nicht als κλητοὶ ἅγιοι (wie Röm 1,6 f. 1.Kor 1,2.24), sondern sie erhalten die angesichts der übrigen Paulusbriefe (s. aber Röm. 1,7) überraschende Anrede „von Gott geliebte Brüder" in Übereinstimmung mit 2.Thess 2,13. In dieser Variation der Anrede und Adressierung schlägt sich also eine Variation im sachlich-theologischen Bereich nieder. Ein geschehenes Heiligungswerk Gottes an den Glaubenden kommt nicht in den Blick (dagegen 1.Kor 6,11; Röm 15,16 vgl. 1.Kor 7,14). Der heilige Geist ist nicht als endzeitliche Gabe gedacht, die den Glaubenden geschenkt ist (wie Röm 5,5; 2. Kor 1,22; 5,5 Röm 8,23), sondern wohl als Kraft vorgestellt, mit der Gott das Werk der Heiligung in den Glaubenden unterstützt. Daß in diesen Rahmen die sog. Trichotomie von 5,23 sich problemlos einfügt, ist klar.

Ein anderes Verständnis des Geistes zeigt sich nur 5,19 und, ohne daß ein einschlägiges Wort fällt, in 4,9.

2.6 Eine ähnliche Veränderung zeigt sich auch bei den Worten vom Wortfeld „rufen".

Man möchte den Indikativ Aorist des Handelns Gottes in 5,24 suchen. Aber gerade da fehlt er — für uns nun nicht mehr überraschend. Aber für Dibelius doch so überraschend, daß er den Aorist unversehens in seiner Übersetzung einsetzt[34]. In der Tat möchte man ihn fordern, wenn man z. B. den im sachgleichen Duktus stehenden Vers 1.Kor 1,9 oder Gal 1,6; 5,23; 1,15 vergleicht. In Gal. 5,8 gebraucht Paulus das Prä-

---

[33] Dieser dreimaligen Verwendung von ἁγιασμός (s. 2.Thess 2,13) stehen bei Paulus zwei etwa vergleichbare Stellen in Röm 6,19.22 und eine christologische Verwendung in 1.Kor 1,30 gegenüber.

[34] S. 26.

sens³⁵, aber dort wohl in bewußter Variation, weil er der Überredung der Gegner den erneuten Ruf Gottes gegenüberstellt.

Wie der Aorist in 5,24 fehlt, so auch in 2,12, wo er nach den genannten Paulusstellen zu erwarten wäre. Während Dibelius in seiner Übersetzung wieder Vorzeitigkeit einsetzt, erörtert Rigaux ausführlich dieses Präsenspartizip. Seine gewundene Argumentation setzt voraus, daß eigentlich der Aorist oder das Perfekt zu erwarten wäre. Seine Auskunft: „Dans les actions divines, ou ne peut guère distinguer alui, qui a appelé et celui, qui continue à nous appeler"³⁶, so richtig sie als grundsätzliche theologische Aussage ist, bedeutet sie in diesem Zusammenhang die Flucht in theologischen Tiefsinn, wo linguistische Sachverhalte zu klären sind. In 4,8 begegnet der Aorist. Aber es ist nun die Frage nach der Bedeutung des Wortes καλεῖν im 1.Thess zu stellen. Es hat hier nicht die Bedeutung des Performativs „berufen", also nicht die neue Verhältnisse schaffende, Recht setzende Aktion, die das Rufen Gottes selber ist, sondern es bedeutet hier einfach Gottes Rufen, dem es in treuem Dienst, in Heiligung zu folgen gilt. — Wenn diese Beschreibung des Verständnisses von καλεῖν im 1.Thess richtig ist, so muß sich das auch am Verständnis des Wortes ausweisen lassen. Dem werde ich mich im nächsten Teil meines Beitrages zuwenden.

Zu notieren ist nur noch, daß die Untersuchung erklärt, warum in 1,4 nicht von der κλῆσις gesprochen wird, so daß das an dieser Stelle für die übrigen Paulusbriefe überraschende „ἐκλογή" verwendet werden kann³⁷.

2.7 Ich fasse zusammen:

2.7.1 Die Wortuntersuchung wies einen *Zusammenhang* von gegenüber den anderen Paulusbriefen variiertem Sprachgebrauch auf. Jede einzelne Beobachtung für sich genommen kann mehr oder weniger entkräftet werden. Eine Widerlegung müßte aber den Zusammenhang als solchen bestreiten.

2.7.2 Hinter den Variationen im Sprachgebrauch zeigte sich ein Abstand zu den übrigen Paulusbriefen im Denken, in der Theologie. Damit scheiden die Möglichkeiten 2.3.2 und 2.3.3 aus: Entweder repräsentieren die besprochenen Teile des 1. Thessalonicherbriefes ein Frühstadium paulinischer Theologie (2.3.1) oder sie stammen von einem anderen Verfasser (2.3.4). Rechnet man mit einem Frühstadium, dann läßt sich, wie an-

---

³⁵ Es sind nur Stellen zu vergleichen, in denen καλεῖν ein Personalobjekt hat.
³⁶ S. 434.
³⁷ Siehe zu dieser Schwierigkeit: *H. Schlier*, Bibel u. Leben 1962, S. 21; dort A. 8 auch ein Versuch, eine Entwicklung zu den späteren Paulusbriefen aufzuzeigen.

gedeutet, die Theologie dieses Frühstadiums genauer bestimmen. Dann liegt aber zwischem diesem Brief und den folgenden ein *qualitativer Sprung:* erst nach diesem Brief kommt das Verständnis der christlichen Existenz aus einem eschatologischen Sein voll zum Durchbruch[38]. Dieser Durchbruch würde das Geistverständnis und, wie noch weiter auszuführen ist, das Wortverständnis ganz betreffen. Die in Spannung zu dem aufgewiesenen Denkzusammenhang tretenden Teile des Briefes (4,9.10a; 4,13—5,11; 5,19 mit Kontext) wären dann die Dokumente, in denen sich dieser Durchbruch ankündigt. Entscheidet man sich für diese Lösung, so wären die oft aufgewiesenen sprachlichen und sachlichen Berührungen des 1. Thessalonicherbriefes mit der Apostelgeschichte als ein Anzeichen dafür zu deuten, daß sich in den Acta die Tradition niederschlägt, aus der Paulus allmählich zu dem Paulus herangewachsen ist, als der er in die Theologiegeschichte eingegangen ist. Rückschlüsse aus den „großen" Paulusbriefen auf den Gehalt seiner „Berufung" wären dann prinzipiell in Frage zu stellen.

2.7.3 Schreibt man den Brief wegen der beschriebenen Sachverhalte einem anderen Autor zu, so müßte wegen der deutlich gewordenen Spannungen im Material zwischen „echten" und „unechten" Teilen unterschieden werden. Es würde sich bei dem Schreiben dann um die nachapostolische Bearbeitung und Erweiterung eines echten Paulusbriefes handeln. Die Berührungen zu den Acta wären dann ein Indiz für die Traditionsströme, in denen diese Bearbeitung steht.

2.7.4 Es leuchtet ein, daß eine hinreichend sichere Entscheidung zwischen beiden Möglichkeiten eine ganze Reihe von Untersuchungen nötig macht. Die folgenden Hinweise sollen eine Entscheidung darüber anbahnen, ob der Brief ein Dokument dafür ist, „wie sich die paulinische Sprache aus der urchristlichen Gemeindesprache löst"[39], oder ob er in der jetzt vorliegenden Gesamtgestalt als nachapostolisch anzusehen ist.

---

[38] Man kann den Tatbestand nicht in die Dialektik von „Heilsbesitz" und „Heilserwartung" zusammenfassen, wobei Paulus bald das eine, bald das andere hervortreten lasse (siehe *v. Dobschütz,* Die Thessalonicherbriefe, MeyerK X[7], Göttingen 1909, S. 81 f.). Die bisher betrachteten Stellen ließen die an den vergleichbaren Stellen bei Paulus zu beobachtende Spannung von „Schon" und „Noch-nicht" vermissen.

[39] *Schlier,* S. 16.

3. Das Verhältnis von Wort und Glaube im 1. Thessalonicherbrief

Stellt man sich diese Untersuchungsaufgabe im Blick auf eine so schmale Textbasis, dann liegt die Gefahr der Überzeichnung besonders nahe. Nach den bisherigen Beobachtungen muß aber aus methodischen Gründen auf die übrigen Paulusbriefe als kommentierender Kontext verzichtet werden, gerade auch dann, wenn im 1. Thessalonicherbrief ein Frühstadium paulinischen Denkens vorliegen sollte.

Daß die Fragestellung dem Text nichts Unangemessenes abnötigt, zeigt die Parallelität zwischen 1,5 f. und 2,13 f. Beide Stellen verbinden die „Annahme" der Verkündigung[40] mit dem Gedanken der Mimesis in einer auffälligen Weise[41]. Das sichert nicht nur das Recht, sondern macht es zur Pflicht, nach dem Verhältnis von Wort und Glaube zu fragen.

3.1 Ich setze mit 1,5—10 ein. Auf den ersten Blick scheint die Aussage, daß „unser Evangelium ... *geschah*" dem Evangelium eine „gewisse Selbstwirksamkeit"[42] zuzuschreiben. Auf die im Zusammenhang sich häufenden Formen des Aorist Passiv von γίγνομαι läßt sich diese Auffassung allerdings nicht begründen[43]. Vor allem aber zeigt die Formulierung, das Evangelium sei nicht *nur* mit Wort, sondern *auch* mit dynamis usw. geschehen, daß dem Evangelium *als Wort* nicht dynamis eignet. Von den übrigen Paulusbriefen her würde man ein einfaches „nicht ... sondern" erwarten (s. 1.Kor 2,4; 4,19 f.)[44]. Die Formulierung hier ist

---

[40] Vom δέχεσθαι τὸν λόγον ist nur an diesen beiden Stellen bei Paulus die Rede. Dagegen findet sich die Wendung im lukanischen Werk Acta 8,14; 11,1; 17,11 und Luk 8,13 (vgl. diesen Vers ganz mit 1.Thess 1,6). Schlier (S. 22) sieht darin wieder ein Zeichen der „Missions- und Gemeindesprache", aus der Paulus kommt. Beachtet man aber, daß Paulus 2. Kor. 11,4 das Verb in vergleichbarem Sachzusammenhang in klarer Differenz zu diesem Sprachgebrauch verwendet, daß an den beiden Stellen unseres Briefes der Mimesisgedanke dazugehört, daß die ganze Wendung nur im lukanischen Werk innerhalb des NT begegnet (ev. noch Jac 1,21 aber unwahrscheinlich, denn das Verb hat dort andere Bedeutung), so wird man auf eine allgemeine Größe „Gemeinde- und Missionssprache" nicht verweisen können.

[41] Dazu z. B. *A. Schulz*, Nachfolgen und Nachahmen, München 1962, S. 286 ff. u. 314 ff.; im Blick auf die Verwendung des Mimesisgedankens stellt er für diese Stellen eine „bemerkenswerte Sonderstellung" in der paulinischen Literatur fest.

[42] *Schlier*, S. 21 f.

[43] Zum NT überhaupt s. Bl.Debr. § 78. Vgl. auch unter 3.4 dieses Aufsatzes.

[44] *Schlier* (S. 21 A. 10) meint, daß diese Stellen hier nicht zu vergleichen seien, vielmehr auf die ‚Zeichen des Apostels' (Röm 15,18 f. 2.Kor 12,12 usw.) hingewiesen werde (so dann ausführlich *Schmithals 2*, S. 101 ff.). Überspringt man dabei aber nicht V. 5b.6a (wie *Schmithals* S. 102 bei und mit A 55; auch *Schlier*, S. 22, will den Gedanken mit diesen Ausführungen nicht eng verbinden), dann ist klar, worin der Verfas-

nur möglich, weil nicht das Wort des Evangeliums selbst *kraft dessen, was es sagt* als wirkungsmächtiges Gotteswort verstanden wird, wie es Röm 1,16 f.; 1.Kor 1,18 f. (vgl. 2.Kor 2,16; 4,3 f.) der Fall ist. Die Kraft des Evangeliums wird nicht in seinem Gehalt, den es mitteilt, sondern wie die Fortsetzung in V. 5c zeigt, in der Art und Weise des Auftretens und Verhaltens des Apostels ausgewiesen. Dieses wird dann auch in 2,1—12 breit ausgeführt. Dieser Duktus wird durch die Fortsetzung bestätigt. V. 6 sieht in der Art der Annahme des Wortes das Auftreten des Apostels als prägenden Typos. Auf die Kraft dessen, was das Evangelium sagt, wird nicht zurückgegriffen. Man muß nun fragen, wie in diesem Zusammenhang der Inhalt des Evangeliums gedacht sein kann. Die Antwort kann nur lauten, daß als Inhalt des Evangeliums in erster Linie das *Verhalten* des Apostels und der Glaubenden verstanden wird. Daß diese Auffassung zutrifft, zeigt die Abfolge von V. 7 zu V. 8: die Thessalonicher werden ihrerseits zum Typos der Glaubenden in Mazedonien und Achaja, denn das Wort des Herrn (in dieser Bedeutung singulär bei Paulus!) ist von ihnen ausgegangen, und dieses Wort ist nichts anderes als der Glaube der Thessalonicher. In nichts anderem besteht das, was zu sagen ist (V. 8c), als in der Art und Weise des Auftretens des Apostels, wie in der Art und Weise der Bekehrung, des Dienstes und der Erwartung der Thessalonicher (1,9 f.).

Dieses Verständnis der Verkündigung erlaubt nun die Erklärung anderer Sachverhalte des Briefes. Durch diese Leistung wird die skizzenhafte Auslegung bestätigt.

3.1.1 Das beschriebene Verkündigungsverständnis macht den *Aufbau des Briefes,* wie er jetzt vorliegt, verständlich. F. C. Baur hatte Anstoß daran genommen, daß dem Brief ein theologisch-dogmatisches Thema fehle. Dieser Sachverhalt ist Folge dessen, daß das Evangelium nicht als ein Wort verstanden ist, das wirkt in der Kraft dessen, *was* es zu sagen hat. Wichtiger als das Was der Verkündigung ist das Wie des Verhaltens (s. 2,9 f.), ja gerade dieses ist der wesentliche Inhalt der Verkündigung,

---

ser die das Wort begleitende Kraft des Geistes sieht: im Vorbild des Apostels, wie es dann 2,1—12 ausgeführt wird. Von *daher* muß auch über die Übersetzung von πληροφορία entschieden werden (gegen Schlier und Schmithals). Sollte eine Formel von den Zeichen des Apostels im Hintergrund stehen, dann ist die Problemlosigkeit, mit der diese Sache auf „religiös-sittliche" Sachverhalte bezogen wird, für ein Frühstadium des Paulus nicht eben wahrscheinlich.

Entscheidend aber ist, daß, wie oben zu zeigen ist, beide Stellen im 1.Thess in ihrer Formulierung nur möglich sind, weil das Verkündigungsgeschehen nicht als Offenbarungsgeschehen verstanden ist.

wie 2,11 f. zeigt. *Darum* geht der Verfasser von der Darstellung des Verhaltens des Apostels und der Gemeinde unmittelbar zur Paränese über (4,1 ff.). *Darum* stehen die lehrmäßigen Stücke 4,13—18 und 5,1—11 in der Paränese. Paränese ist der Inhalt des Evangeliums.

Die Untersuchung des Sprachgebrauches zeigte, daß der Brief in weiten Teilen nicht den Aorist des Handelns Gottes kennt. Dieser müßte ja den Inhalt des Evangeliums bestimmen. Daß dies nicht der Fall ist, zeigt klar ein in sich zusammenhängendes Denken.

3.1.2 Das Verständnis der Verkündigung schlägt sich auch darin nieder, daß jeweils ihr Auktor (Gott, der Kyrios, der Apostel), nur in 3,3 ihr Inhalt bezeichnet wird. Die *Autorität* des Wortes muß bei dem vorliegenden Verständnis entscheidend sein. Sie wird denn auch in 4,8 (vgl. Luk. 10,16) scharf betont. Dazu paßt die Unterstreichung in 4,18, die Thessalonicher sollten einander *mit diesen Worten* (4,13 ff.) ermahnen[45]. Diese Betonung schlägt sich auch in 2,13 f. und 3,3 f. nieder. Das ist konsequent, wenn die Verkündigung als Mahnung und Beispiel zur Heiligung verstanden wird[46].

3.1.3 Das Interesse am aufweisbaren Glaubensverhalten erklärt auch die eigentümliche Vorordnung des Apostels vor den Herrn in 1,6a, der Hingabe der ‚Seele' des Apostels vor die Hingabe des Evangeliums in 2,8, des Zeugnisses der Gemeinde vor das Zeugnis Gottes in 2,10a. Mag jede einzelne der 3 Stellen für sich gesehen als Indiz für einen „frühen" Paulus unauffällig sein[47], so verlangt eine Zusammenschau dieser Stellen eine gründlichere Erklärung, eben aus dem Verkündigungsverständnis.

3.2 Ich wende mich nun 2,13 ff. zu. Dabei wird das Glaubens- und Leidensverständnis näher zu erläutern sein.

3.2.1 In 2,13 ist die Zusammenstellung von παραλαμβάνειν und δέχεσθαι auffällig. Synonym sind die Worte schwerlich verwendet. Da δέχεσ-

---

[45] E. *Fuchs* (Hermeneutik?, Theol. Viat. 1960, S. 47 = Glaube und Erfahrung, Tübingen 1965, S. 120) hat den Vers schon aus formalen Gründen als Dublette zu 5,11 beanstandet. Zwischen beiden Versen besteht aber auch sachliche Spannung: während 5,11 dem geistlichen Vermögen der Glaubenden etwas zutraut und so mit dem Gottgelehrtsein von 4,9 und dem Aufruf zum selbständigen Prüfen 5,19—22 zusammenstimmt, unterstreicht 4,18 wie 4,8 das autoritative Element im Wort des Apostels.
[46] Hier bewegt sich der Brief durchaus auf der Linie, die W. *Trilling*, Untersuchungen zum 2. Thessalonicherbrief, Leipzig 1972, für den 2.Thess herausgestellt hat (dort S. 100).
[47] So C. *Clemen*, Die Einheitlichkeit der paulinischen Briefe, Leipzig 1894, S. 15 zu 1. Thess. 1,6.

θαι das Annehmen der Rede des Apostels *als* Gotteswort meint, ist in dem Verb das Moment der Entscheidung und Bejahung enthalten. Dann wird παραλαμβάνειν das bloße Kenntniserhalten meinen [48]. In der Unterscheidung beider Vorgänge zeichnet sich dann die Unterscheidung von notitia und assensus vor. Wie das Evangelium *nur* als Wort geschehen kann (1,5), so kann es eben *nur* vernommen werden (παραλαμβάνειν). Die Differenz zu den übrigen Paulusbriefen ist deutlich: Nicht ist die Tatsache, daß Paulus mit dem Evangelium nach Thessalonich gelangt ist, eschatologisches Geschehen, wie 2.Kor 10,13 f.; Röm 10,14 ff.; 2.Kor 2, 14—16; 4,3 f. Ein Verständnis der Missionstätigkeit des Paulus, wie es Röm 15,19 ff. zum Ausdruck kommt, ist auf dem Grunde des Wortverständnisses des 1. Thessalonicherbriefes nicht möglich. Das bedeutet aber: der qualitative Sprung, der zwischen diesem Brief und den übrigen Paulusbriefen liegt, betrifft nicht nur das Verständnis der christlichen Existenz, des Geistes und der christlichen Verkündigung, sondern mit diesem auch das Verständnis der apostolischen Mission als eines eschatologischen Geschehens. Bedenkt man diese Konsequenz, so muß es als wenig wahrscheinlich gelten, daß hier ein Frühstadium paulinischen Denkens begegnet. Wahrscheinlicher ist, daß das Röm 15 erkennbare Missionsverständnis bereits den selbständigen Aufbruch aus Antiochien begleitet.

Damit ergibt sich ein erster Gesichtspunkt zur Entscheidung zwischen 2.7.2 und 2.7.3.

3.2.2 Der bisherigen Interpretation des Wortverständnisses scheint 2,13c zu widersprechen, sofern dort von einem Wirken des Wortes in den Glaubenden die Rede ist. Aber es ist eben weder die Ankunft des Wortes noch die Annahme desselben als wirksames eschatologisches Geschehen verstanden, sondern im Leidensgeschick und Verhalten der Glaubenden erweist sich das Wort wirksam als Gotteswort. Das wird dadurch beleuchtet, daß 1,3 deutlich macht, wie nicht Glaube, Liebe und Hoffnung selbst als eschatologische Gaben Gottes verstanden sind, sondern das Werk des Glaubens, die Mühe der Liebe und die Geduld der Hoffnung, d. h. also die Weisen ihrer Verwirklichung, wesentlich sind[49]. Die Formulierung wird so zu verstehen sein, daß Glaube, Liebe und Hoffnung als Kräfte für die Bewährung des Glaubenden gesehen sind: der Glaube führt ins Werk (wohl der Verkündigung), die Liebe zur Mühe (im Dienst für den Nächsten) und die Hoffnung zur Geduld (im Leiden). Sofern diese Wirkungen in Werk, Mühe und Geduld auftreten, ist das

---

[48] B. *Rigaux*, S. 439 u. 381.
[49] Dazu *E. Fuchs*, GPM 1963—64, 14. Sonntag nach Trinitatis (zu 1.Thess 1,2—10).

Wort Gottes in den Glaubenden wirksam. Demgegenüber sind in 5,8 Glaube, Liebe, Hoffnung selbst als die den Christen zuteil gewordene Gottesrüstung verstanden. Wie wenig in 1,3 dagegen die Wirksamkeit Gottes im Vordergrund steht, zeigt sich daran, daß der Verfasser nicht für die Gnadengaben Gottes an die Gemeinde Gott dankt, sondern ihres Glaubenswerkes, ihrer Liebesmüh und hoffnungsvollen Geduld vor Gott gedenkt. Daß dieses Insistieren auf den Wirkungen und der Verwirklichung von Glaube, Liebe und Hoffnung ein Frühstadium paulinischen Denkens darstellt, ist kaum wahrscheinlich. Viel eher fügt sich dieses Denken in eine Zeit ein, in der die Kämpfe um die *Wahrheit* des Glaubens (Paulus hat ja mindestens die Vorgänge, auf die er Gal. 2,11—14 blickt, hinter sich) als entschieden gelten und die Verwirklichung des Glaubens und der Verkündigung als das entscheidende Problem erscheinen[50].

Damit ergibt sich ein zweiter Gesichtspunkt für die Entscheidung zwischen 2.7.2 und 2.7.3.

3.2.3 Ich kehre zum Übergang von 2,13 zu 2,14 zurück. Wieso erweist sich die Wirksamkeit des Wortes im Leidensgeschick und Verhalten der Glaubenden? Die Beantwortung ist nur aus den Voraussetzungen, die der Text macht, zu vermuten. Ich vermute so: Ruft Gottes Wort zu seinem Reich und seiner Herrlichkeit (2,12) und damit auf den Weg der Heiligung (4,7), so könnte zu diesem Weg eben das Leiden gehören, und das stellt 3,3 tatsächlich fest[51]. Im Leidensgeschick bestätigt sich die Erwählung (1,4 vgl. 2.Thess 1,5) zu dem von Gott bestimmten Weg in sein Reich[52]. Das Wort wirkt in den Glaubenden, indem es den vorausgesagten Weg tatsächlich herbeiführt (s. 3,4c).

Als Typos für diesen Weg und diese Erwählung werden die Gemeinden in Judäa genannt. Die Schicksalgemeinschaft mit ihnen wird in V. 14b sorgfältig (beinahe künstlich) begründet. Deswegen kann die Pointe von 2,14 nicht der Gedanke von 1.Petr 5,9 sein. Der Effekt von V. 14b ist ein doppelter: einmal wird über die Vermittlung des Typos der judäischen Gemeinden das Leiden der Adressaten mit dem Geschick des Herrn verknüpft (V. 15). So vermittelte auch der Apostel mit dem

---

[50] Dieses Insistieren auf Verwirklichung spricht sich massiv in der formalen Ermahnung aus: περισσεύητε μᾶλλον (4,1.10b vgl. dagegen die Bitte z. B. in Phil 1,9 f.).

[51] Vgl. 2.Thess 1,5 und vor allem Acta 14,22 s. u. unter 3.4.

[52] E. *Bammel* (Judenverfolgung und Naherwartung, ZThK 1959, S. 294 ff.) hat die „Märtyrertheologie" des Briefes durchaus erkannt, wenn auch seine zeitgeschichtlichen Rekonstruktionen zurückgewiesen werden müssen.

Herrn in 1,6. Zum anderen werden durch V. 14 nicht nur die Gemeinden von Judäa zum Typos aller Christen, sondern auch die Juden als Typos aller Verfolger zur Geltung gebracht. Ohne V. 15 f. wäre Vers 14b ohne Pointe. Von da aus dürfte auch verständlich werden, warum die Aussage bis zur Erwähnung des Gerichtes hin verlängert wird: der Gesichtspunkt, der abgesehen von den geprägten Wendungen, die zur Durchführung benutzt werden[53], den Gedanken weiterführt, ist der, daß das gerechte Gericht Gottes über den Typos der Bedränger, die Juden, vollzogen ist, was Trost für alle bedeutet, die nach dem Typos der leidenden judäischen Gemeinden noch bedrängt werden. Auch ihre Verfolger wird das Gericht ereilen. Es läge dann eine auf zeitgeschichtliche Vorgänge blickende Anwendung des Gedankens vor, der generell auch II 1,6 ausgesprochen ist.

Im Blick auf die Frage, ob hier ein Frühstadium paulinischen Denkens vorliegt oder ein nachapostolischer Gedankengang, wird man folgendermaßen urteilen können:

Der Gedanke, daß Leiden ein Zeichen der Erwählung, für die Widersacher aber ein Zeichen des Verderbens ist, wird von Paulus Phil. 1,28 f. in ähnlicher Weise ausgesprochen. Aber die künstliche Konstruktion, mit der in V. 14 das Leiden der Adressaten mit dem Schicksal des Herrn in Verbindung gebracht wird, kann schwerlich für ein Frühstadium paulinischer Theologie reklamiert werden, denn sie zeigt eine Äußerlichkeit der Vermittlung, die eher in die Zeit der Apg. paßt. Dann ist es das Einfachste, V. 16 unter Vergleich mit Luk. 21,22—24 auf die Zerstörung Jerusalems zu beziehen. Der nachapostolische Verfasser würde dann verfolgte Heidenchristen (V. 14b) eben dadurch trösten wollen, daß die erhoffte Vergeltung (II 1,6.8 f.) an dem Prototyp der Verfolger, den Juden, schon vollstreckt ist.

3.3 Ich werfe nun noch einen Blick auf 2,1—12 als Ausführung von 1,5 f. Die beiden stereotypen Wendungen ἐγενήθημεν (1,5; 2.5.7.10) und καθὼς (καθάπερ) οἴδατε (1,5; 2.2.5.11) sind *in ihrer Verbindung* auffällig. Vielleicht am auffälligsten ist die variierte Wiederholung in 3,4 (καθὼς καὶ ἐγένετο καὶ οἴδατε s. dazu unten). Die Stereotypie der Berufung auf das Wissen der Gemeinde macht deutlich, daß nicht an deren eigenes Wissen gegen akute oder befürchtete Verdächtigungen appelliert,

---

[53] Dazu O. H. Steck, Israel u. das gewaltsame Geschick der Propheten, Neukirchen 1967, S. 274 f. Stecks Vorschlag V. 16c nach Mk. 12,9 auszulegen, berücksichtigt infolge der traditionsgeschichtlichen Fragestellung nicht die Funktion, die V. 16 im Kontext hat.

sondern die Gemeinde als Zeuge für das Gesagte vorgestellt wird. So stellt es die Einführung der Zusammenfassung[54] (V. 10—12) ausdrücklich fest: „Ihr seid Zeugen und Gott" (V. 10). Die Formulierung überrascht in zweierlei Hinsicht, einmal wegen der Zusammenstellung: denn nur, wenn es um einen Sachverhalt geht, den die Empfänger aus eigener Erfahrung *nicht* wissen oder beurteilen können, ist die Anrufung Gottes zum Zeugen sinnvoll (s. Röm 1,9; Phil 1,8; 2.Kor 1,23); so wäre die Nennung Gottes als Zeugen in 2,5b angebracht (s. aber 2,5a). Das zweite Überraschende in V. 10a, das durch V. 2,5b bestätigt wird, ist die Tatsache, daß ein Rückbezug auf den Absender (Gott ist *mein* Zeuge, nämlich vor *euch*), wie ihn die genannten Paulusstellen haben, hier beide Male fehlt. Die *unpointierte* Nebenordnung von Gemeinde und Gott in V. 10a — es heißt eben nicht: Gott ist mein Zeuge und ihr selbst! — ist sinnvoll nur dann, wenn die intendierten Adressaten dieser Selbstdarstellung nicht die Angeredeten, sondern Dritte sind. Weder wird an das eigene Wissen der Gemeinde ihr selbst gegenüber *appelliert*, noch wird Gott zum Zeugen der Gemeinde gegenüber *angerufen*. Hier zeigt sich der Mangel an Korrespondenzstil in diesem Abschnitt, der durch den Rekurs auf eine konkrete Situation schon gar nicht, aber auch durch den Rekurs auf traditionelle apologetische Topoi, die Paulus benutze, nicht hinreichend erklärt ist. Die Formulierungen werden verständlich, wenn hier zum Fenster hinaus geredet ist und unter Berufung auf das Zeugnis der Gemeinde und *damit* Gottes Paulus als Typos für Heiligsein, Gerechtsein und Untadeligsein dargeboten wird (2,10 vgl. 1,5b und 6a).

3.4 Der gleiche Sachverhalt ist auch in 1.Thess. 3,4 zu erkennen. Beachtet man, daß 3,5a den V. 1 wieder aufnimmt und das Ziel der Sendung des Timotheus in V. 2b und V. 5b doppelt beschrieben ist, so sollte die Vermutung entschiedener diskutiert werden, daß hier Dubletten vorliegen[55]. Da die Motivierung der Sendung in V. 5b der Beschreibung der

---

[54] *Schmithals*, auf Rekonstruktion der Situation bedacht, bemerkt zu 2,10—12 nur: „ein seelsorgerliches Wort schließt die Apologie ab" (Paulus u. die Gnostiker, S. 109). Damit ist weder Stil noch Funktion der Verse getroffen. Als Zusammenfassung nennen sie das, was für den Verfasser entscheidend ist.

[55] Siehe *C. Clemen* (A. 46), S. 16; *J. Weiß* (Das Urchristentum, Göttingen 1917, S. 221, A. 2) möchte V. 5 als persönliche Randbemerkung des Paulus zu 3,1 erklären. *K. G. Eckart* (s. A 1) hält V. 5 für eine Glosse, die Teile zweier verschiedener Paulusbriefe verbinden soll (S. 34 f.). *Schmithals* (Paulus und die Gnostiker, S. 130) führt die doppelte Motivierung der Sendung des Timotheus auf eine doppelte Sorge des Paulus zurück (Bedrohung durch Verfolgung, aber damit verbunden und entscheidend Sorge vor Irrlehre).

Situation in 2,17—20 und des Erfolges in 3,6—8 völlig entspricht, die Zweckangabe in V. 2b f. im Kontext dagegen überrascht, ist es immer noch die einfachste Lösung, in V. 2b—5a nicht nur eine Digression, sondern einen Einschub zu sehen.

Dabei fällt auf, daß die Aufgabe des Timotheus so beschrieben wird, wie in Acta 14,22; 15,32 (dort freilich ἐπιστηρίζειν, vgl. 15,41; 18,23; Luk. 22,32) die Aufgabe eines apostolischen Zweitbesuches. Mag man das Nebeneinander von Übereinstimmung und Abweichung in der Sache und Terminologie zwischen V. 2b f. und Acta 14,22 noch als Zeichen dafür werten, „wie sich Paulus im 1.Thess der Missionssprache bedient"[56], so schließt V. 4 diese Erklärung m. E. deutlich aus. Denn V. 4 begründet das eschatologische Wissen der Gemeinde in der apostolischen Prophetie, deren tatsächliches Eintreffen die Gemeinde bestätigen muß. Die Schwierigkeiten, die das καὶ οἴδατε am Ende von V. 4 in einer wirklichen Korrespondenz an eine verfolgte Gemeinde macht, haben v. Hofmann und v. Dobschütz dazu geführt, V. 3 f. vom Leiden des Apostels und nicht der Gemeinde sprechen zu lassen. Aber nach dem Kontext ist das eine Verlegenheitsauskunft. Das Wissen der Gemeinde bestätigt die Realität, hier des Eintreffens der apostolischen Prophetie, in 2,1—12 des heiligen Verhaltens des Apostels. Damit wird die Autorität des Apostels (s. 2,13; 4,8.18) unterstrichen.

Nimmt man alle Auffälligkeiten von 3,2b—5a zusammen: die schwierige Stellung im Kontext, die Übereinstimmung mit Acta 14,22, die Rolle des Apostels als Prophet (s. Acta 20,29 f. Jud 17 f.; 2.Petr 3,2) und das Interesse an der Erfüllung seiner Vorhersage, dann ist die wahrscheinlichste Erklärung, daß es sich hier um eine nachapostolische Glosse handelt. Dann aber ist anzunehmen, daß hierin ein nachapostolischer Autor in der Neubestimmung der Aufgabe des Timotheus sein Selbstverständnis und seine Absicht niederlegt: Er will die Kirche im Leiden stärken und mahnen, indem er auf die apostolische Lehre zurückverweist (s. 4,1 f. 11.18)[57] und die Zuverlässigkeit des Apostels unter Berufung auf das kirchliche Zeugnis (καὶ οἴδατε) unterstreicht.

3.5 Ich fasse zusammen:

Die Möglichkeit, daß der Brief aus einem Frühstadium des paul. Denkens stammt, ergab sich höchstens im Blick auf das Leidensverständnis (3.2.3), aber die Vermittlung des Leidens mit dem Leiden des Herrn

---

[56] *Schlier,* Bibel und Leben 1962, S. 178, A. 9.
[57] Zu diesem Motiv im 2.Thess siehe *Trilling* (A. 45), S. 96 f. u. 115—118.

(2,14b f.) und der Verweis auf die erfüllte apostolische Prophetie (3,4) macht die Möglichkeit auch in diesem Punkt unwahrscheinlich.

Die Feststellung, daß das Wortverständnis des Briefes keine Ansätze zum eschatologischen Selbstverständnis der paulinischen Mission erkennen läßt (3.2.1), macht frühpaulinische Abfassung kaum wahrscheinlich.

Gegen paulinische Herkunft sprach die Vermittlung des Zusammenhanges zwischen Wort und Glaube durch den Gedanken der Mimesis (3.1) ebenso, wie das ausschließliche Interesse an der Glaubenswirkung und Verwirklichung (3.2.2); diesem Interesse dient auch das Aufbieten des Zeugnisses der Gemeinde (3.3).

4.
Unter Aufnahme von 2.7.3 kann nun folgende Hypothese zur Diskussion gestellt werden:

Die Schwierigkeiten im Aufbau des 1. Thessalonicherbriefes und die Spannungen in seiner Terminologie und Theologie, die ihn bald näher zu den übrigen Paulusbriefen, bald näher zum Werk des Lukas rücken, sind darauf zurückzuführen, daß ein nachapostolischer Autor dieses Schreiben unter Benutzung (von Teilen) eines echten Paulusbriefes geschaffen hat. Er hat dabei vor allem den Anfang (1,2—2,16), die Mitte (3,12—4,8) und den Schluß (5,23—27) gestaltet und so ein zweiteiliges Schreiben geschaffen, das in seinem ersten Teil (1,2—3,13) den Apostel als durch die Kirche bezeugten wahren Typos und Lehrer zum Zwecke der Glaubensmimesis darstellt, und in seinem 2. Teil (4,1—5,28) zu treuer Bewährung in der Heiligung unter Aufbietung der apostolischen Tradition anleitet.

Eine genaue Bestimmung der Teile des echten Paulusbriefes müßte von 2,17—3,2a.5b—11; 4,9.10a.13—17; 5,1—22 ausgehen. Dabei muß mit Retuchierungen innerhalb[58] wie außerhalb dieser Partien gerechnet werden.

Zuvor aber müßten von der genannten Hypothese aus der traditionsgeschichtliche Ort des nachapostolischen Autors, besonders im Verhältnis zum Werk des Lukas, und die Beziehungen zwischen 1. und 2. Thessalonicherbrief neu untersucht werden[59].

---

[58] So könnten die Schwierigkeiten, die 5,14 gegenüber 5,12 f. bietet, darauf zurückgehen, daß der nachapostolische Verfasser durch Einschub bzw. Retuchierung von V. 14 und V. 15 und V. 26 f. (nicht nur V. 27, sondern auch V. 26 differenziert zwischen den Angeredeten und allen Brüdern) den Schluß des Briefes speziell an die ‚Vorsteher' gerichtet sein läßt.

[59] *W. Trilling* (A. 45) hat die Annahme, der 1.Thess könne den 2.Thess zur Vorlage

haben, erneut als „reichlich phantastisch" (S. 156, A. 78, s. auch S. 33 ff.) zurückgewiesen, allem Anschein nach weil er (m. E. unnötiger Weise) die literarische Abhängigkeit des 2.Thess vom 1.Thess als „sicherste(n) Ansatzpunkt für die Annahme der Unechtheit" ansieht (S. 157). Daß der verhältnismäßig wohl disponierte 2. Brief das Ergebnis einer Benutzung des 1. Briefes mit seiner schwer durchschaubaren Disposition sei, ist ohnehin nicht recht einleuchtend. Trillings Beschreibung der Theologie des 2.Thess trifft im Blick auf das Verständnis des ‚Evangeliums' (s. S. 110 mit A. 4), des autoritativen Elements (s. S. 115—118) und des Mimesisgedankens (s. S. 118—120) auffällig mit dem zusammen, was oben für die Theologie der als nachapostolisch reklamierten Passagen des 1.Thess ausgeführt wurde.

PREDIGT ÜBER OFFENBARUNG JOHANNES 12,7—12

gehalten am Sonntag Exaudi 18. Mai 1969 in der Jesus Christus Kirche
in Berlin-Dahlem innerhalb einer Predigtreihe über ausgewählte Texte
aus der Johannes-Apokalypse

HELMUT GOLLWITZER

Und es gab einen Krieg im Himmel: Michael und seine Engel kriegten gegen den Drachen. Und der Drache kriegte samt seinen Engeln, und er siegte nicht, es gab auch keinen Platz mehr für ihn im Himmel. Und es wurde geworfen der große Drache, die alte Schlange, der mit dem Titel Teufel und Satan, der Verführer der ganzen Menschheit — geworfen wurde er auf die Erde und geworfen wurden seine Engel mit ihm. Und ich hörte eine gewaltige Stimme im Himmel: Nun ist geschehen die Befreiung und die Kraftwirkung und die Herrschaftsdurchsetzung unseres Gottes und die Machterweisung seines Gesalbten. Denn: geworfen wurde der Verkläger unserer Brüder, der sie verklagte vor unserem Gott Tag und Nacht. Und sie haben ihn besiegt durch das Blut des Lammes und durch das Wort des Zeugnisses, und sie haben nicht liebgehabt ihr Leben bis zum Tode. Darum freut euch, Himmel und Himmelsbewohner! Wehe aber der Erde und dem Meer; denn hinab kommt der Teufel zu euch mit großem Zorn, wohl wissend, daß er wenig Zeit hat.

Bei diesem merkwürdigen Text, liebe Freunde, wollen wir unsere Frage nur auf eines richten. Wir wollen nicht fragen nach seiner Schönheit, nach der dramatischen Szene, die uns hier vorgeführt wird, nach der Kraft der Worte und der Großartigkeit der Bilder. Wir wollen auch nicht fragen nach interessanten Informationen über alles mögliche, etwa darüber, ob es Engel gibt und Teufel und wie die sich zueinander verhalten. Wir wollen auch nicht fragen nach den Perioden der Geschichte, z. B. wie lange die Zeit dauert, von der es hier heißt, daß es „*wenig Zeit*" sei — so wichtig uns das auch sein mag. Gestern las ich in der alten Erklärung, die der große Bibelausleger Johann Albrecht Bengel über die Offenbarung des Johannes — ein Buch, das ihn besonders interessiert hat — geschrieben hat. Er hat ausgerechnet, daß die „wenige Zeit", die dem

Teufel zur Verfügung steht, vom Jahre 947 nach Christi Geburt bis zum Jahre 1836 dauert. Als er das ausrechnete, schrieb man das Jahr 1740. Bengel hat sich also nicht wenig geirrt mit seiner Berechnung; denn seit 1836 bis in dieses unser Jahr hat, wie wir alle wohl wissen, das Wüten des Satans auf Erden keineswegs aufgehört, und es spricht alles dafür, daß es noch weitergeht.

So wollen wir also bei diesem Text nur nach dem fragen, weswegen wir hier hereingekommen sind, nach dem nämlich, was wir zum Leben und zum Sterben brauchen, nach dem Gotteswort, nach dem Evangelium in unserem Text. Sollten wir das in ihm nicht finden, dann kann der Text zehnmal in der Bibel stehen, und er kann viel Interessantes bieten, hier aber, in dieser Morgenstunde, da wir des Evangeliums wegen zusammengekommen sind, wollen wir ihn nicht hören. Denn zur Ausrüstung durch das Wort Gottes für die kommende Woche sind wir hier zusammengekommen und zu nichts anderem.

Der Seher der Apokalypse berichtet hier von einem Kampf: dem Kampf der Engel und der Teufel, also dem Kampf des Lichtes und der Finsternis. Dieses Thema begleitet die ganze Menschheitsgeschichte und auch jedes einzelne Menschenleben. Unser ganzes Leben ist, wie wir wohl wissen, ein Kämpfen zwischen Licht und Finsternis, das heißt zwischen dem, was wir sollen, und dem, was wir nicht sollen, zwischen dem Mut und der Feigheit, zwischen der Liebe und dem Egoismus. Ebenso formieren sich die großen Fronten in den Kämpfen der Menschheit ständig so, daß sie sich zum mindesten *ausgeben* als die Front der Kinder des Lichtes gegen die Front der Kinder der Finsternis — wie wir es seit Jahren in der gegenseitigen Propaganda zwischen Ost und West erleben. Jedesmal ist auf der einen Seite das Licht und auf der anderen die Finsternis. So ist dies ein gefährliches Thema, ein sehr gefährliches Thema, verbunden mit Heuchelei, Selbstgerechtigkeit und Grausamkeit. Bis zum heutigen Tage hat es Hekatomben von Menschenleben gefordert. Trotzdem aber ist es ein wahres Thema.

Es geht tatsächlich um Licht und Finsternis. Das sind die Bildnamen für die Frage, was herauskommt bei unserem Leben und Kämpfen, ob wir ins Licht gelangen oder in der Finsternis enden. Für die ganze Menschheit ist es die gleiche Frage: ob in ihrer Geschichte noch herauskommen soll das Herrliche, das im Menschen angelegt ist. Wie steht es mit dem Menschen? Dieses schöne Geschöpf mit dem aufrechten Gang, dem freien Blick, den wunderbaren Möglichkeiten des Geistes und der Vernunft — soll das auf immer zugleich das teuflischste Geschöpf der

Erde sein, gefürchtet von allen Tieren und sich schämen müssend vor der Unschuld aller Tiere? Wenn es den Menschen eines Tages gelänge, mit Hilfe ihrer Vernichtungswaffen sich selber auszurotten, so wäre dann jedenfalls dies das Ergebnis, daß diese Erde von da an ein sehr viel sauberer Ort im Weltraum wäre als bisher — so hat vor einigen Jahren ein Schriftsteller mit spöttischer Bitterkeit über dieses Menschengeschlecht geschrieben. Soll das das letzte Wort sein? Ich — die schwarze Stelle in der Welt? Die Menschen — die schwarze Stelle im Weltall? Oder wird es noch Licht mit uns? Das ist die Grundfrage der ganzen Menschheitsgeschichte und unseres einzelnen Lebens, und das ist das Thema dieses Textes, wahrhaftig ein aktuelles Thema.

Der Seher sieht nicht uns allein kämpfen. Er sieht auch uns kämpfen um Licht gegen Finsternis. Die Macht des Bösen aber, die gegen uns kämpft, sieht er als eine Übermacht, also nicht nur als die psychologisch erklärbare Macht der Bosheit einzelner Menschen, mit denen wir zu tun haben, und auch der schlechten Neigungen in uns selber, mit denen wir uns abmühen. Es ist jetzt nicht wichtig zu diskutieren, ob das Reich des Bösen, wie z. B. Johann Christoph Blumhardt gerne gesagt hat, „eine persönliche Spitze" hat, und wie wir uns das vorstellen sollen. Das sind alles Zuschauerfragen. Sie können gelöst werden, wenn wir eines Tages außerhalb des Kampfes stehen. Aber jetzt im Kampf ist die einzig entscheidende Frage: können wir fertig werden von uns aus, mit unserer Kraft, mit dieser Macht des Bösen, oder ist es tatsächlich eine Übermacht? Daß es eine Übermacht ist, das haben die Menschen mit dem mythologischen Bilde vom Teufel und den Dämonen ausgedrückt. Haben sie nicht recht gehabt damit? Ist unser Kampf mit dem Bösen, wie wir täglich erfahren, nicht tatsächlich ein Kampf auf verlorenem Posten? Manche vertrauen auf Wissenschaft und Aufklärung, damit dieser Kampf künftighin besser gelinge. Aber wer wagt noch seine Hand dafür ins Feuer zu legen? Auch ein so zukunftsbegeisterter Denker wie Ernst Bloch schreibt in seinem letzten Buch „Atheismus im Christentum", daß wir, um ein Phänomen wie Auschwitz zu erklären oder auch nur zur Sprache zu bringen, keine wissenschaftlichen Begriffe zur Verfügung haben, weil die psychologischen Begriffe „Wahn und Aggression" und die soziologischen Begriffe „Klassengesellschaft und Produktionsverhältnisse" dafür nicht entfernt ausreichen.

Die damit drohende Resignation in diesem Kampfe hat schon jeder von uns erfahren müssen. Täglich geschieht das, daß der oder jener die Waffen streckt — sowohl im Kampfe gegen das Böse in seinem eigenen

Herzen wie im Kampfe gegen das Böse um ihn herum. Die Resignation führt zur Kapitulation: „Da ist nichts zu machen." Oft genug führt sie aber auch zum verzweifelten Griff nach jedem Mittel, wie extrem es auch sei, also sogar zum Griff nach der Gewalt. Doch auch dieser Griff im Kampf gegen das Böse ist eine heimliche Kapitulation. Denn wir greifen zur Gewalt, weil wir eingestehen müssen, daß die Kraft des Guten, die uns zur Verfügung steht, nicht aufkommt gegen die Macht des Bösen. Jeder verfällt einer verhängnisvollen Illusion, der meint, mit Gewalt das Böse austreiben zu können. In dieser unserer Welt, in der wir überall Gewalt gegen Gewalt setzen, müssen wir lernen, daß Gewalt allerhöchstens einige Auswirkungen des Bösen ein wenig eindämmen, nie aber das Böse besiegen und beseitigen kann. Im Gegenteil, Gewalt hat die Folge, daß wir, die wir mit Gewalt gegen das Böse ankämpfen, meist selber zu Opfern des Bösen werden. Indem wir gegen den anderen Gewalt anwenden, packt uns das Böse vom Rücken her und macht uns selbst böse.

Diese Übermacht des Bösen nennt der Verfasser der Johannes-Offenbarung *den großen Drachen, die alte Schlange, die die ganze Welt verführt hat.* Von daher kommt Luthers Vers: „mit unserer Macht ist nichts getan, wir sind gar bald verloren", und „groß Macht und viel List sein grausam Rüstung ist, auf Erden ist nicht seinsgleichen". Das ist der große Pessimismus der Bibel. Die Übermacht des Bösen wird in unserem Text dazu noch auf eine doppelte Weise beschrieben, nämlich nicht nur als die Übermacht der Verführung, sondern zugleich auch als die Macht der Anklage gegen uns infolge unseres Verführtwerdens. Er, der Diabolos, der Teufel wird zugleich genannt der *Verkläger unserer Brüder, der sie verklagte Tag und Nacht vor Gott.* Die Fesseln, die uns knechten, klagen uns zugleich an. Merkwürdigerweise können wir uns nicht damit entschuldigen: „wir sind doch gefesselt, wir können nicht anders, das Böse ist zu groß." Sondern in Dingen des Gewissens steht es so: was uns knechtet, klagt uns zugleich an, daß wir solche Knechte sind. Unsere Unfreiheit ist die Anklage gegen unsere Freiheit. Das ist die Übermacht, gegen die wir ohnmächtig sind.

Der Seher, wie die ganze Bibel, ist, was unsere Macht gegen das Böse anlangt, pessimistisch; er ist aber nicht fatalistisch. Wenn er uns so ohnmächtig kämpfen sieht, meint er nicht, daß wir nicht kämpfen sollen. Nirgends will uns die Bibel zur Kapitulation raten, nirgends will sie uns entmutigen. Sie spricht vielmehr hinein in die Entmutigung, der wir ständig ausgesetzt sind, weil sie deutlicher noch als wir selbst sieht, wie vergeblich unser Kampf ist gegen die große Übermacht, die gegen uns steht — wenn nicht außer unserem Kampf noch etwas ganz anderes geschieht. Nun aber sieht der Seher nicht nur uns kämpfen, und er sieht nicht nur die Macht des Bösen gegen uns kämpfen, sondern — damit gelangen wir zum Evangelium in diesem Text — er sieht: es wird für uns gekämpft. Es wird für uns gekämpft, es wird für uns gesiegt! Das ist das Evangelium, das *ganze* Evangelium.

Nun stehen wir neben dem Seher, schauen dem Kampf zu, wie elende KZ-Insassen durch den Stacheldraht zugesehen haben: dem Anrücken des Heeres der Befreier und dem Kampf ihrer Befreier mit den Scharen ihrer Mörder, die sie in ihren Händen hatten. Und dann ging durch die Baracken der Ruf: Sie, die Mörder, haben nicht gesiegt! *Und siegten nicht*, heißt es hier. Und siegten nicht: Das ist der Osterruf, das große Aufatmen der Erleichterung der Gefangenen, die sehen: besiegt wird, was sie nicht besiegen konnten.

In diesen Versen wird auch angedeutet, *wie* der Sieg zustande kommt, das unergründliche Geheimnis dieses Sieges. Es heißt: *Sie haben überwunden durch des Lammes Blut.* Jesu blutiges Sterben ist die Bestätigung dafür, daß es im Kampf gegen das Böse für uns nur Niederlagen gibt. Jesu Ausröcheln im Tode ist das Sterben der letzten Hoffnung, die wir hatten. Jesu Kreuz heißt: Gott ist verschlungen in den Tod. Daß es weitergehen kann, daß ausgerufen wird: „Der Tod ist verschlungen in den Sieg", das ist das Wunder, von dem das Evangelium voll ist, von dem aus wir Menschen neu zu leben anfangen können: vom Tode Gottes zum Leben Gottes, vom Tode Jesu zum Leben Jesu, von der Niederlage des Guten unter der Übermacht des Bösen zum Siege des Lichtes und des Guten über das Böse. Indem Jesus stirbt, ist besiegelt, daß wir alle dieser Finsternis zum Opfer fallen; indem Jesus lebt, ist besiegelt, daß nicht wir, sondern Er allein, der lebendige Gott, durch den Tod hindurch mit der Finsternis und der Macht des Bösen fertig wird.

So ist das Evangelium voll von Ostern und kommt ganz von Ostern her. Manche unter uns meinen heute, weil ihre Rede von Gott so abgegriffen sei und so vieles daran unverständlich sei, sei es besser, sie als eine abgestorbene Rede überhaupt zu lassen und sich an Jesu Vorbild und an das Liebesgebot des Neuen Testaments zu halten. Wollte man dieses aber so von Ostern abtrennen und also von dem Gottessieg durch das Sterben Jesu hindurch, dann würde das bedeuten: Wir sind wieder ganz geworfen auf unsere eigene Kraft, auf *unser* Kämpfen. Ostern ist die Antwort auf die Frage, ob außer uns noch der lebendige Gott für uns kämpft und siegt oder ob wir in unserem Kämpfen ganz allein und also ganz ohnmächtig und aussichtslos sind.

Der Verfasser der Offenbarung Johannes hat wahrscheinlich ungefähr um das Jahr 95 nach Christi Geburt dieses Buch des Neuen Testamentes geschrieben, also während der Zeit der Christenverfolgung unter dem römischen Kaiser Domitian. Für ihn und für seine Gemeinde war die Frage, von der ich eben sprach, schlechthin eine Lebensfrage. Denn sie haben gesetzt auf diesen Ostersieg. Und im Namen dieses Sieges haben sie das Leben einer neuen Gesellschaft, der Gemeinschaft des Reiches Gottes, mitten in einer alten, bösen Welt angefangen und dafür Haß und tödliche Verfolgung der Umwelt sich zugezogen. Haben sie auf einen täuschenden Bundesgenossen oder auf einen wahren Bundesgenossen gesetzt? Das war die entscheidende Frage.

Es ist aber etwas Rätselhaftes an der Art, wie der Seher hier von diesem Siege spricht. Wann und wo ist das geschehen? Warum spricht er von Michael, dem Erzengel, wogegen ich soeben von Kreuz und Auferstehung Jesu Christi gesprochen habe? Das ist so zugegangen: Der Verfasser der Offenbarung Johannes, ein uns unbekannter Christ, nicht mit dem Evangelisten Johannes identisch, vielleicht ein Presbyter gegen das Ende des 1. Jahrhunderts in Kleinasien, hat die Geschichte von dem Kampf des Michael mit dem Drachen weder mit eigenen Augen gesehen noch aus eigener Phantasie erfunden. Er hat sie vorgefunden als eine alte jüdische Weissagung, mit der sich dreißig Jahre vorher, in der Zeit des jüdischen Krieges gegen die Römer, seine Väter getröstet haben: sie schauten in die Zukunft, in der, wenn auch jetzt Israel geknechtet ist, der Tag kommen wird, wo Michael, der Schutzengel Israels, mit seinen Engeln alle Feinde Israels besiegen wird. Nun geschieht aber für den Verfasser unseres Buches, für diesen Johannes, eine merkwürdige Veränderung. Die Weissagung, die er als Jude aus seiner Vergangenheit kennt und die den Blick in eine ferne Zukunft richtet, ändert sich für ihn; er kann das nicht mehr nur in der Zukunft sehen, sondern er muß sagen: was da prophezeit ist, das ist schon geschehen. *Jetzt, jetzt, jetzt ist das Heil und die Kraft und das Reich unseres Gottes geworden,* der Teufel ist schon hinausgeworfen. Jetzt ist das schon entschieden, nicht mehr steht es offen, jetzt steht es fest. Das ist das Jetzt von Kreuz und Auferstehung.

Damit entsteht uns aber eine besondere Schwierigkeit, die dem Verfasser damals durchaus ebenso bewußt war. Dieser errungene Sieg über das Böse — wo ist er denn zu sehen? Er ist auf Erden nicht nur nicht zu sehen, sondern im Gegenteil, dem Verfasser scheint es so, daß infolge dieses Sieges es hier auf Erden jetzt noch schlimmer steht als zuvor. Zu unserem Schrecken folgten vorhin die Schlußworte des Textes. Wir waren ganz erbaut, als wir diesen Jubelruf hörten — und dann stürzte am Schluß der Weheruf auf uns ein: *Weh denen auf der Erde und auf dem Meer, der Teufel kommt zu euch hinab.* Das sind *wir* ja, zu *uns* kommt er herab hier auf diese Erde. Und zweitausend Jahre ist es nun schon her, daß hier tröstlich hinzugefügt wurde, er habe *nur wenig Zeit.* Wer weiß, wie lange sich das noch erstrecken wird?

Diejenigen, die die Hoffnung nicht aufgeben für diese Menschheit und die sich daran machen, zu kämpfen für Befreiungen gegen Ausbeutung, gegen Vergewaltigung der Menschen durch den Menschen, die sprechen selbst von einem langen Marsch. Sie sind zu Atheisten geworden und verlassen sich auf die Kraft von uns Menschen. Weil sie von der Kraft des Sieges Jesu Christi — auch durch schwere Versäumnisse der Christen! — so wenig Zeichen sehen, deshalb müssen sie sagen: nein, es ist noch nicht entschieden. Ernst Bloch sagt darum auch in dem vorhin zitierten Kapitel seines Buches, daß noch nichts entschieden sei, daß wir immer noch vor der „möglichen totalen Vereitelung", vor der Möglichkeit des „schlechthinnigen Umsonst des Geschichtsprozesses" stehen, durch die all unser Kämpfen gegen das Böse sinnlos werden kann, daß wir also wohl Hoffnung haben können, aber keine Zuversicht, keine Gewißheit des Heils.

Hat er nicht recht? Spricht nicht alles für diese totale Ungewißheit? Es spricht alles dafür — und nur eines dagegen: das Sterben und das Auferstehen Jesu Christi, der neue Inhalt, den dadurch das alte Wort „Gott" bekommen hat, das Verheißungswort „Gott", zu dem das Wort „Gott" durch die Christusbotschaft geworden ist. Dieses schwache, totgesagte, mit Vernunftgründen nicht aufwarten könnende, in seinen Zeugen oft totgeschlagene Evangelium, das spricht dagegen.

Nun könnte es ja sein, liebe Freunde, daß in dieser Welt, in der die große Wut der Finsternis jeden Tag zu sehen ist, in der die Wut der Finsternis Millionen von Menschen in Armeen preßt, an Knöpfe zur Bedienung von Atomraketen setzt und in Flugzeuge, um Napalm über lebendige Menschen auszugießen, und ganze Länder im Würgegriff der Ausbeutung hält — daß in dieser Welt, in der dann auch Menschen verzweifelt dagegen kämpfen, mit Gewalt gegen Gewalt, und das Böse mit Bösem überwinden wollen, weil sie keine andere Möglichkeit mehr sehen, und nicht wissen, ob nicht alles umsonst ist und alle Opfer sinnlos, weil doch alles im großen Nichts endet — nun könnte es ja sein, daß ein paar Menschen — wir, die wir das hören! — gesammelt werden durch das Hören dieses großen, strahlenden „nicht umsonst", „nicht umsonst". Jeder Gottesdienst, zu dem wir uns hier versammeln, will von Anfang an mit seinem „Im Namen Gottes, des Vaters und des Sohnes und des Heiligen Geistes" und dem Psalmvers „Unsere Hilfe steht im Namen des Herrn" bis zum Schluß, bis zum Segen, nur dies eine uns sagen und damit uns stärken, dieses Evangelium in unserem Text:

Es ist schon entschieden, es ist nicht umsonst, es wird für uns gekämpft, es wird für uns gesiegt.

Dafür danken wir Dir, unser Herr, daß wir das hören dürfen und damit hinausgehen können zuversichtlich in unser Kämpfen, in das Du uns gesendet hast. Amen.

DIVUS PAULUS ET S. AUGUSTINUS, INTERPRES EIUS FIDELISSIMUS

Über Luthers Verhältnis zu Augustin[1]

LEIF GRANE

Die Frage nach der Bedeutung Augustins für den jungen Luther ist nicht gerade neu. Der erste, der sie behandelt hat, ist Luther selbst. In vielen Rückblicken hat er auf Augustin hingewiesen, wie etwa aus Otto Scheels „Dokumente zu Luthers Entwicklung" leicht zu erkennen ist. Auch wenn man sich, um mit Scheel zu reden, von den „Rückblicken" den „Zeugnissen" zuwendet, d. h. den Quellen, die die Bedeutung Augustins in der Frühzeit unmittelbar widerspiegeln, drängt sich dieses Problem auf, da Luther seine Beziehung zu Augustin selbst hervorhebt. Bekannt sind seine Worte aus dem Brief an Johann Lang vom 18. Mai 1517: „Unsere Theologie und Augustin machen gewaltige Fortschritte und herrschen, Gott sei Dank, an unserer Universität; mit Aristoteles geht es allmählich zurück. Er nähert sich seinem baldigen, ewigen Untergang. Vorlesungen über die Sentenzen werden in auffallender Weise verachtet, und niemand kann auf Zuhörer hoffen, wenn er sich nicht zu dieser Theologie bekennen will, d. h. der Bibel oder St. Augustin oder einem anderen Lehrer der kirchlichen Autorität."[2]

Mit diesen Worten ist der Kontext angegeben, in dem Luthers Bestrebungen in dieser Zeit gesehen werden müssen. Schon in der Disputation Bartholomäus Bernhardis vom 25. September 1516 wurde der antipelagianische Augustin dem Auditorium vorgestellt. Er machte bekanntlich großen Eindruck, vor allem auf Karlstadt, der schon am 26. April

---

[1] Dieser Aufsatz steht in einem engen Zusammenhang mit der Arbeit in meinem Seminar über „Luther und Augustin", das ich im Wintersemester 1968/69 in *Marburg* abhielt. Eine erste deutsche Fassung wurde für einen Vortrag an der Universität Kiel (Juni 1972) ausgearbeitet. Das vorliegende Manuskript wurde von *Eberhard Grötzinger* in sprachlicher und stilistischer Hinsicht überarbeitet.

[2] WA Br 1, 99,1 ff. (Nr. 41).

1517 als ein Anhänger der neuen Theologie hervortrat. Luther selbst versuchte mit der Disputation „Wider die scholastische Theologie" vom 4. September 1517 einen entscheidenden Vorstoß zu unternehmen. Auch hier sollte, obwohl in anderer Weise als bei Karlstadt, Augustin das Fundament des Frontalangriffes gegen Aristoteles und die Scholastik bilden. Eine neue Bestätigung findet dieses Programm in Luthers Heidelberger Disputation vom April 1518. In der Einleitung zu den theologischen Thesen behauptet er, sie seien dem *divus Paulus* und Augustin, seinem *interpres fidelissimus*, entnommen, da er, dem Rat des Geistes folgend, nicht auf die eigene Klugheit sein Vertrauen setzen wolle[3].

Sowohl der Brief an Lang vom 18. Mai 1517 als auch die Tatsachen, die hinsichtlich der Bedeutung Augustins aus den Disputationen erschlossen werden können, stellen den „Augustinismus" Luthers und der Wittenberger in einen bestimmten Zusammenhang hinein: den Kampf gegen die Scholastik. Die Texte machen es ganz deutlich, *welchen* Augustin Luther in diesem Zusammenhang braucht: es ist der *Paulusinterpret* Augustin, so wie Luther ihn in den antipelagianischen Schriften angetroffen und verstanden hat. Wie klar er dies selbst gesehen hat, bezeugt uns eine Stelle im Galaterbriefkommentar von 1519. Im Zusammenhang mit Gal 2,16 erklärt Luther, er kenne niemanden, der diese Stelle verstanden habe — mit Ausnahme von Augustin. Er fügt hinzu: „und auch er nicht überall, sondern dort, wo er mit den Pelagianern, d. h. mit den Feinden der Gnade Gottes, kämpft. Dort macht er dir Paulus leicht und zugänglich"[4].

Sowohl die späteren Rückblicke als auch die frühen Zeugnisse weisen uns auf die Zeit von 1515 an hin. Daß Luther schon früher Augustin gekannt und eifrig gelesen hat, ist zwar ebenso reichlich bezeugt. Aber erst die Römerbriefvorlesung von 1515/16 zeigt eine intensive Beschäftigung mit den für Luther offenbar entscheidenden antipelagianischen Schriften. Es war der antipelagianische Augustin, der Luther Mut und Kraft gab, gegen die Theologie seiner Zeit aufzutreten, und wenn er später auf die Anfänge zurückblickt, gedenkt er gerade dieses Augustins. Angesichts dieser eindeutigen Hinweise Luthers und angesichts des Tatbestandes, den wir in den Frühschriften feststellen, scheint es nicht ratsam, unsere Frage durch einen allgemeinen Vergleich zwischen Augustin und Luther im Rahmen einer Untersuchung seiner Entwicklung von den ersten Anfängen an zu beantworten. Da die entscheidende Frage nicht

---

[3] WA 1, 353,8—14.   [4] WA 2, 489,14 ff.

Luthers Verhältnis zu Augustin, sondern sein Verhältnis zum antipelagianischen Augustin ist, muß die Antwort in einer Untersuchung des Arbeitsprozesses, der in der Römerbriefvorlesung bezeugt ist, gefunden werden.

Dabei ist es nicht meine Absicht, die Verdienste der grundlegenden Arbeit von *Adolf Hamel*: „Der junge Luther und Augustin. Ihre Beziehungen in der Rechtfertigungslehre nach Luthers ersten Vorlesungen 1509—1518 untersucht" (1934/35) zu verkleinern. Hamels Werk wird wahrscheinlich noch lange jedem unentbehrlich sein, der sich mit dieser Frage beschäftigen will. Aber ein thematischer Vergleich, wie ihn Hamel vornimmt, kann auf die Frage, auf welchen Augustin sich Luther von 1515 an gestützt hat, keine klare Antwort geben. Hamel will herausfinden, wie Luther sich in den Jahren 1509—1518 zu Augustin verhält, indem er Luthers und Augustins Lehren über Sünde, Rechtfertigung usw. vergleicht. Aber Luther selbst hat ja offenbar die Dinge anders gesehen. Er lobt den *Paulusinterpreten* Augustin. Ihm will er folgen. Luther will keine neue Rechtfertigungslehre ausbilden, sondern ausschließlich einen bestimmten Text verstehen. Es ist mir deshalb sehr wahrscheinlich, daß man die Probleme schärfer ins Auge fassen kann, wenn man diese Einstellung Luthers, nach der ihm Augustin als *interpres fidelissimus* des Paulus hilfreich erscheint, untersucht, als wenn man — wie Hamel — Lehrvergleiche anstellt[5].

Den Ausgangspunkt für eine solche Untersuchung wird man in Luthers konkreter Beschäftigung mit Augustin nehmen müssen, so wie sie in der Römerbriefvorlesung durch Zitate und Kommentare zum Ausdruck kommt[6].

---

[5] Von der neueren Literatur, auf die ich hier nicht eingehen kann, sollen folgende Arbeiten wenigstens erwähnt werden:

Bernhard Lohse, Die Bedeutung Augustins für den jungen Luther, Kerygma und Dogma 1965, S. 116—135;

Dorothea Demmer, Lutherus interpres. Der theologische Neuansatz in seiner Römerbriefexegese unter besonderer Berücksichtigung Augustins, 1968;

Matthias Kroeger, Rechtfertigung und Gesetz. Studien zur Entwicklung der Rechtfertigungslehre beim jungen Luther, 1968.

[6] Manchmal stößt man auf die Auffassung, eine Bestimmung von Luthers Verhältnis zu einem gegebenen Traditionselement werde zuverlässiger, wenn man zuerst das Traditionselement, um das es geht, für sich — ohne Rücksicht auf Luther — darstelle, um danach einen Vergleich zu machen. Das halte ich für äußerst zweifelhaft. Natürlich muß man das Traditionselement, dessen Bedeutung für Luther man untersuchen will, ordentlich kennen. Aber das heißt nicht, daß man auch hier seinen methodischen Ausgangspunkt nehmen soll. Viel ratsamer ist es m. E., an dem Ort einzusetzen, auf den

An Hand des Registers in WA 56 kann man sich leicht einen zuverlässigen und fast vollständigen Überblick über die in der Römerbriefvorlesung vorkommenden Augustinzitate verschaffen. Man kann feststellen, daß, abgesehen von einzelnen losgerissenen Zitaten, die einer ganzen Reihe von Schriften entnommen sind, die meisten Zitate aus relativ wenigen Schriften stammen. Häufig hat Luther die kleine Erklärung wichtiger Stellen des Römerbriefes benutzt, die unter dem Titel *Expositio quarundam propositionum ex Epistola ad Romanos*[7] bekannt ist. Sonst gehören die häufig verwendeten Schriften alle zu den antipelagianischen: *De spiritu et litera, Contra Julianum, De peccatorum meritis et remissione* und *De nuptiis et concupiscentia*. Die größte Rolle spielt die Schrift *De spiritu et litera*, die vom 1. bis zum 7. Kapitel, insbesondere im Zusammenhang mit dem Gesetz, zitiert wird. Die übrigen antipelagianischen Schriften spielen kleinere, aber wichtige Rollen. Am häufigsten wird *Contra Julianum* zitiert, fast ausschließlich in Verbindung mit Röm 7. *De peccatorum meritis et remissione* findet seinen Platz in der Auslegung von Kapitel 5, während *De nuptiis et concupiscentia* nur an zwei Stellen von größerer Bedeutung wird.

Abgesehen von *De spiritu et litera* hat Luther seine Zitate aus den antipelagianischen Schriften innerhalb ziemlich kleiner Abschnitte genommen. Z. B. stehen alle Zitate aus *De peccatorum meritis et remissione* innerhalb von 11 Seiten (die Schrift umfaßt in der Wiener Ausgabe 150 Seiten). Ähnliches läßt sich auch für die anderen Schriften feststellen. Nur mit *De spiritu et litera* verhält es sich anders. Diese Schrift wird nicht nur an bestimmten, abgegrenzten Stellen in Luthers Auslegung benutzt, sondern durchgehend zu den ersten sieben Kapiteln, und die Auswahl der Zitate ist auch nicht auf kleine Abschnitte beschränkt, sondern verteilt sich über die ersten 28 Kapitel des Buches. Dieser Sachverhalt ist aber leicht zu erklären. Die ersten 28 Kapitel von *De spiritu et litera*

Luther selbst hingewiesen hat. Vgl. hierzu z. B. *Heiko A. Obermann*, The Harvest of Medieval Theology, 1963, S. 2 f., oder *Demmer*, aaO, S. 42.

Aber auch wenn man meint, *das Entscheidende* in dieser Frage müsse von Luthers eigener Problematik aus und nicht durch ideengeschichtliche Überblicke gefunden werden, wäre es natürlich wünschenswert, daß wir etwas mehr über die Augustinrezeption vor und neben Luther wüßten. Es ist sehr zu hoffen, daß das große Forschungsprojekt „Spätaugustinismus", mit dem das Institut für Spätmittelalter und Reformation in Tübingen unter der Leitung von Heiko A. Oberman arbeitet, uns neue Einsichten bringen wird.

[7] Siehe meinen Aufsatz: Augustins „Expositio quarundam propositionum ex epistola ad Romanos" in Luthers Römerbriefvorlesung, ZThK 69, 1972, S. 304—330.

bestehen nämlich aus Überlegungen und Erklärungen zu bestimmten Stellen des Römerbriefs. Die letzten acht Kapitel, von denen man dies nicht behaupten kann, läßt Luther unerwähnt.

Diese einfachen Feststellungen verstärken, wie mir scheint, die Warnung vor einem Vergleich zwischen Luther und Augustin, der sie beide als dogmatische Kompendien behandelt, eine Warnung, die schon in den Hinweisen liegt, die uns Luthers eigene Erklärung seines Verhältnisses zu Augustin geben konnte. Die Art und Weise, in der Luther Augustin in der Römerbriefvorlesung zitiert, scheint ihm völlig recht zu geben, wenn er behauptet, es sei der Paulusinterpret Augustin, auf den er sich stützt. Ja, wenn man von den Zitaten ausgeht, scheint alles dafür zu sprechen, daß Luthers Interesse an Augustin nicht nur unter anderem, sondern ausschließlich darin begründet ist, daß er bei ihm Hilfe für das Verstehen von Paulus bekommen zu können meint.

Diese Auffassung wird bestätigt, wenn man die Kriterien untersucht, nach denen Luther an gewissen Stellen Kritik an Augustin übt. Luther begründet nämlich diese Kritik nie mit dogmatischen Argumenten, sondern immer mit Hinweisen auf den paulinischen Text. Als Beispiel können wir Luthers Diskussion der Auslegung von Röm 2,14 nehmen[8]. In einem Scholion über die Heiden, die *naturaliter* das tun, was zum Gesetz gehört, nimmt Luther seinen Ausgangspunkt bei Augustin, *De spiritu et litera*, wo zwei verschiedene Auslegungen vorgeführt werden. Nach der ersten bedeutet „Heiden" gläubige Heiden. *Naturaliter* heißt dann: durch die *per gratiam reparata natura*. Zu dieser Auffassung, meint Luther, neige Augustin selbst. Die zweite Auslegung geht davon aus, daß Paulus von gottlosen Menschen redet, die jedoch etwas Gutes tun. Darum kann man sagen, sie tun, was zum Gesetz gehört. Charakteristischerweise läßt Luther die Begründung Augustins aus, nach der diese Möglichkeit damit zusammenhängt, daß das Ebenbild Gottes in ihnen nicht ganz zerstört ist.

Zuerst nimmt Luther zu der zweiten Auslegung Stellung. Sie scheint ihm der Aussage des Paulus, daß sie ‚*naturaliter faciunt, quae legis sunt*' zu widersprechen, denn die *factores legis* sind ja gerecht. Man darf darum, meint Luther, den Text nicht so verstehen, als ob Paulus von solchen Gottlosen rede. Aber auch die erste Auslegung Augustins ist unmöglich. Luther hält das Verständnis von *naturaliter* für „gewaltsam". Paulus

---

[8] Vgl. zum Folgenden: WA 56, 201,23—202,33 und *De spiritu et litera* XXVI,47 bis XXVIII,48, CSEL, LX, 201—203.

rede nicht so. Luther kann also in dieser Sache Augustin nicht folgen. Er versucht dann selbst, einen Sinn zu finden, ohne doch mit seinen, von der Schultheologie geprägten Überlegungen zu einem befriedigenden Resultat zu gelangen. Plötzlich fällt es ihm ein, man könne vielleicht den Satz *particulariter* verstehen: sie tun das, d. h. etwas, was zum Gesetz gehört. In dem Fall, meint er dann, ist der Text klar, und die zweite Auslegung Augustins richtig. Diese Auffassung begründet Luther mit einem Hinweis auf den Zusammenhang des Textes: so verstanden, bedeute der Satz, daß die Heiden, obwohl sie etwas, das mit dem Gesetz übereinstimmt, getan haben, doch ebensowenig wie die Juden das Gesetz erfüllt haben. Sowohl Heiden als auch Juden sind unter der Sünde. Dies aufzuzeigen, sei ja die Intention des ganzen 3. Kapitels.

Die Kritik an der ersten Auslegung Augustins steht fest. Sie ist *violenta*, weil sie einen Sprachgebrauch voraussetzt, der nicht paulinisch ist. Auch die zweite augustinische Auslegung kann Luther zuerst nicht akzeptieren, weil er das *facere quae legis sunt* unmittelbar in demselben Sinne wie *factores legis* versteht. Als er dann den Gedankenzusammenhang im Römerbrief berücksichtigt, erscheint auch Röm 2,14 in einem neuen Licht, so daß er sich jetzt der zweiten Auslegung Augustins anschließen kann. Aber dazu kommt er nicht durch Augustin, sondern durch Paulus, d. h. durch seine eigene Aufmerksamkeit auf den Kontext. Er übernimmt nicht sofort die Auslegung Augustins, weil sie ihm nicht genügend im Text begründet zu sein scheint, sondern er stimmt ihr erst zu, als er selbst im Textzusammenhang die fehlende Begründung gefunden hat.

Obwohl es möglich wäre, noch einige Stellen zu nennen, an denen Luther sich Augustin gegenüber kritisch verhält, hat jedoch diese Kritik im Verhältnis zu der durchgehenden Anerkennung nicht viel Gewicht[9]. Gerade wenn es sich um die Schlüsselbegriffe des Römerbriefs handelt, fühlt sich Luther mit Augustin in Übereinstimmung und unterstützt seine Exegese mit Augustinzitaten oder nimmt geradezu seinen Ausgangspunkt bei ihnen.

In der berühmten Vorrede zum ersten Band der lateinischen Werke von 1545 erzählt Luther in Verbindung mit seiner Entdeckung des rech-

---

[9] Im Scholion zu Röm 5,13 kritisiert Luther *Expositio 27—28*, (WA 56, 315,16 ff.) und im Scholion zu Röm 8,15 lehnt er Expositio 52 ab (WA 56, 367,31 ff.). Eine mehr prinzipielle Kritik findet man jedoch am Ende der Vorlesung, wo Luther den Begriff *charitas ordinata*, dessen Herkunft von Augustin er kennt, leidenschaftlich verwirft (WA 56, 516,30 ff.).

ten Verständnisses von Röm 1,17, daß er später dieselbe Auslegung bei Augustin in *De spiritu et litera* gelesen habe, wenngleich Augustin seiner Auffassung nach über die Imputation nicht deutlich genug rede. Diese kritische, aber wohlwollende Beurteilung von *De spiritu et litera* scheint jedoch nicht mit jener identisch zu sein, die hinter dem faktischen Gebrauch dieser Schrift in der Römerbriefvorlesung liegt. Zu Röm 1,17 wird zwar *De spiritu et litera* zitiert, aber ohne jede Kritik. Das Zitat soll bestätigen, daß hier von der Gerechtigkeit die Rede ist, mit der Gott rechtfertigt. Als Gegensatz dazu stellt Luther Aristoteles auf, der in seiner nikomachischen Ethik Gerechtigkeit durch Werke lehrt[10]. Diese Stelle ist ganz aufschlußreich. Sie macht klar, wie wenig man mit der üblichen Vergleichsmethode den Texten gerecht werden kann.

Charles Boyer hat neulich einen Aufsatz über Luther und *De spiritu et litera* geschrieben[11]. Er findet, der von Luther aufgestellte Gegensatz zwischen Augustin und Aristoteles sei nicht zutreffend. Nicht an diesem Punkt, meint er, könne man zwischen Augustin und Aristoteles Unterschiede finden. Denn obwohl Augustin natürlich im Gegensatz zu Aristoteles die Notwendigkeit der Gnade betone, gelte für ihn doch, wenn erst die Gerechtigkeit einmal realisiert sei, immer noch die aristotelische Definition[12]. Darin muß man wohl Boyer recht geben. Bloß diese Feststellung ist ziemlich uninteressant. Was hier wirklich von Bedeutung ist, läßt sich einfach mit der Methode Boyers, in einem Vergleich Ähnlichkeiten und Unterschiede zu notieren, gar nicht erfassen.

Es ist zwar richtig, daß Augustin und Aristoteles auf derselben Seite stehen, wenn man sie von dem von Luther aufgestellten Gegensatz aus betrachtet. Hätte nun Luther wie ein moderner Theologiehistoriker gedacht und gearbeitet, würde es für ihn ziemlich düster aussehen. Man könnte gegen ihn mit Recht einwenden, er solle seinen Text etwas genauer lesen. Welchen Text? Ja, wohl der Text Augustins? Aber Luthers Text ist eben nicht Augustin, sondern Paulus. Luther hat sein Augustinzitat ausschließlich deshalb gewählt, weil es ihm über den Sinn von Röm 1,17 Wesentliches zu sagen schien. Indem er es in dieser Weise benutzt, ist das Zitat sozusagen von seinem Paulusverständnis annektiert worden. In welchem Zusammenhang es ursprünglich seinen Platz hatte, ist dabei völlig unwesentlich geworden. Seine Brauchbarkeit rührt ja nicht daher,

---

[10] WA 56, 172,3 ff.

[11] *Charles Boyer*, Luther et le „De spiritu et littera" de Saint Augustin, Doctor communis 21, 1968, 167—187.

[12] AaO, S. 180.

daß Luther Augustin als Autorität anerkennt, sondern sie liegt darin begründet, daß Paulus, d. h. der von Luther so verstandene Paulus, diese Augustinstelle als authentische Auslegung akzeptiert hat.

Deshalb ist es nicht ganz korrekt, wenn Boyer sagt, Luther stelle den Augustintext in Gegensatz zur Definition der Gerechtigkeit bei Aristoteles. Luther meint zwar, sein Zitat bestätige diesen Gegensatz, aber was ihn eigentlich interessiert, ist nicht das Verhältnis zwischen Augustin und Aristoteles, sondern der Gegensatz zwischen Paulus und Aristoteles. Unter „Paulus" versteht er dabei auch die Bestimmung der Gerechtigkeit, die sich in *De spiritu et litera* zu Röm 1,17 findet. Schaut man die Sache so an, ist das Entscheidende nicht, daß Luther hier Augustin anders verstanden hat als Boyer, und auch anders, als wir andere ihn verstehen, sondern daß Paulus in einen unversöhnlichen Gegensatz zu Aristoteles gestellt wird. Was Augustin in seinem eigenen Kontext gemeint haben mag, interessiert Luther herzlich wenig. Wenn Luther ihn hier mitreden läßt, geschieht es allein deshalb, weil er zur Auslegung dieser Paulusstelle beitragen kann. Seine Konfrontation mit Aristoteles soll ja nicht einem „objektiven", ungeschichtlichen Interesse an Historie, sondern einer theologischen Auslegung des Paulus dienen.

Will man sehen, wie Luther das in *De spiritu et litera* zum Ausdruck kommende Verständnis der Rechtfertigung aufgefaßt hat, muß man sich einer anderen Stelle zuwenden. In dem Scholion zu Röm 2,13: „aber die Täter des Gesetzes werden gerechtfertigt", meint Luther, für sein Verständnis Augustin anführen zu können. Auch hier findet er bei Augustin zwei Auslegungen. „Gerechtfertigt werden" könne erstens bedeuten: gerecht gemacht werden, und zweitens: als gerecht angesehen werden. Die letzte Bedeutung hält Luther für die bessere[13]. Er irrt sich allerdings, wenn er bei Augustin zwei Bedeutungen zu finden glaubt. Luther deutet den Ausdruck ‚*iusti habebuntur*' bei Augustin, als ob er anders zu verstehen sei als ‚*iusti creabuntur*'. Die Erklärung, die Augustin in *De spiritu et litera* von ‚*iusti habebuntur*' gibt, zeigt aber, daß damit gerade eine „Gerechtmachung" gemeint ist: Am jüngsten Gericht wird Gott den für gerecht halten, der es *ist*[14].

Luther sah offenbar Augustins Wendung ‚*iusti habebuntur et deputabuntur*' als identisch mit seiner eigenen Formulierung ‚*iusti reputabuntur*' an. Vielleicht hatten die hier von Augustin benutzten Worte für

---

[13] WA 56, 201,10 ff.
[14] De spiritu et litera XXVI,45, CSEL, LX, 199 f.

Luther einen so eindeutigen Sinn, daß er die nähere Erklärung Augustins nicht mehr bemerkte. Dieses Augustinverständnis hängt aber mit einem anderen eng zusammen, mit Luthers vermeintlich augustinischem Verständnis der Erbsünde und des Begriffes *concupiscentia*. In dem großen Scholion zu Röm 4,7 knüpft Luther selbst die Verbindung zwischen dem Begriff der angerechneten Gerechtigkeit und dem der Sünde. „Die Heiligen", sagt er, „sind *intrinsece* immer Sünder, und darum werden sie *extrinsece* immer gerechtfertigt." Mit den Heuchlern verhalte es sich umgekehrt. Dabei bedeute *intrinsece*: in unseren Augen, und *extrinsece*: nicht von uns aus oder nach unseren Werken, sondern in der Anrechnung Gottes, der *reputatio Dei*[15]. Das Zitat aus Psalm 32 in Röm 4,7 besagt demnach: die Gerechtigkeit besteht darin, daß Gott die Sünde nicht als Sünde anrechnet. Diese Aussage, meint Luther und verweist auf Kap. 7, gelte nicht bloß für die Tatsünden, sondern auch für die Neigung zum Bösen, für die *concupiscentia*[16]. Im Verlauf dieser Überlegungen gelangt Luther zu einer Kritik an der scholastischen Lehre. Er beruft sich den Scholastikern gegenüber auf die alten Väter, vor allem auf Augustin und Ambrosius. Sie hätten ganz anders geredet als die Scholastiker, d. h. nach Art der heiligen Schrift und nicht wie Aristoteles in der nikomachischen Ethik, wo sowohl Sünde als auch Gerechtigkeit als Werke aufgefaßt werden[17]. Diese Behauptung glaubt nun Luther mit einem Augustinzitat beweisen zu können.

Mit glänzender Klarheit (*praeclarissime*), meint er, habe Augustin das Entscheidende gesagt: „die Sünde wird in der Taufe vergeben, aber nicht so, daß sie nicht (mehr) da ist, sondern so, daß sie nicht angerechnet wird." Das Zitat stammt aus *De nuptiis et concupiscentia*, wo allerdings nicht von der Sünde, sondern von der *concupiscentia carnis* die Rede ist. Daß Luther hier Augustin gegen dessen eigene Meinung verwendet, ist klar[18]. Luther sieht in der Aussage, daß die Sünde verbleibe, die Bestäti-

---

[15] WA 56, 268,24 ff.   [16] WA 56, 271,1 ff.   [17] WA 56, 273,3 ff.
[18] *De nuptiis et concupiscentia I*, XXV.28, CSEL 42, 240,11 ff.:
Si autem quaeritur, quomodo ista concupiscentia carnis maneat in regenerato, in quo uniuersorum facta est remissio peccatorum, quandoquidem per ipsam seminatur et cum ipsa carnalis gignitur proles parentis etiam baptizati aut certe, si in parente baptizato potest esse et peccatum non esse, cur eadem ipsa in prole peccatum sit: ad haec respondetur dimitti concupiscentiam carnis in baptismo, non ut non sit, sed ut in peccatum non inputetur.
Luther sieht von der Begründung der letzten Sätze ab und zitiert folgendermaßen (WA 56, 278,10 ff.): Sed b. Augustinus praeclarissime dixit ‚peccatum / concupiscentia / in baptismate remitti, non ut non sit, sed ut non imputetur'.

gung seiner These, daß die Gerechtigkeit eine angerechnete sein müsse. Augustin dagegen will sagen, daß die Begierde, die nach der Taufe zurückbleibt, nicht mehr als Sünde angerechnet wird, weil sie nicht mehr Sünde *ist*. Denn nur die Schuld, die durch die Taufe ja weggenommen ist, macht die Begierde zur Sünde[19].

Wie konnte Luther Augustin so mißverstehen? An und für sich ist der Text ganz eindeutig. Die Begierde wird als Strafe für die Sünde betrachtet, die wieder zur Sünde führen kann, wenn der Mensch, d. h. der Wille, sich der Begierde fügt. *Adolf Hamel* weist auf Unklarheiten bei Augustin selbst hin und will die Deutung Luthers als konsequente Weiterführung einzelner Gedankengänge Augustins sehen[20]. Das ist kaum eine tragfähige Erklärung. Dagegen hat Hamel recht, wenn er betont, daß Luther, im Unterschied zu Augustin, nicht imstande ist, Begierde und Wille voneinander zu trennen[21]. Man könnte sich dann vielleicht vorstellen, daß Luther deshalb den rechten Zusammenhang hat übersehen können, weil sein Interesse sich von Anfang an von dem Augustins unterschied. Augustin geht es darum, den Pelagianern gegenüber den Ursprung der Erbsünde und die Art ihres Weiterbestehens zu erklären. Luther will nur eines: er will, vom paulinischen Text veranlaßt, verstehen, *was* die Sünde sei.

Auf diesem Hintergrund dürfte es verständlich sein, daß Luther in seiner Auslegung von Röm 5,12 ff. weithin auf Augustins Behandlung dieses Textes im ersten Buch von *De peccatorum meritis et remissione* aufbauen kann[22]. Weil er die Identifikation der *concupiscentia* mit der Erbsünde schon voraussetzt, kann er sich Augustin völlig anschließen. Auch hier ist er an der Absicht der Schrift Augustins ganz und gar uninteressiert. Beide betonen sie, die Erbsünde bilde das Thema des Paulustextes, aber sie tun dies aus ganz verschiedenen Interessen. Für Augustin stellt die Erbsünde ein schon vergangenes Stadium dar. Die Schuld ist dahin, und das ganze Interesse kann sich darauf konzentrieren, wie der

---

Vgl. die Verteidigung Luthers gegen Denifle bei *Rudolf Hermann,* Luthers These „Gerecht und Sünder zugleich", 1960, S. 39 ff. *Hamel* behandelt diesen Text aaO, Band II, S. 15 ff.

[19] *De nuptiis et concupiscentia I*, XXVI.29, CSEL 42, 241,20 f.:
Hoc est enim non habere peccatum, reum non esse peccati.
Es sei am Rande bemerkt, daß sowohl dieses Zitat als auch das von Luther so hoch geschätzte bei *Petrus Lombardus,* Sent. II dist. 32 angeführt ist.

[20] *A. Hamel,* aaO, S. 16 ff.   [21] AaO, S. 23.

[22] WA 56, 309—317, vgl. *De peccatorum meritis et remissione* I, IX.9—XII.15, CSEL 60, 10—16.

Mensch es mit Hilfe der Gnade vermeiden kann, der fleischlichen Begierde zu gehorchen. Für Luther dagegen ist die Erbsünde gerade ein aktuelles Problem. Während Augustin in seiner Polemik die Erbsünde von allen aktuellen Sünden isolieren will, betont Luther die Erbsünde, um zu zeigen, daß die persönliche Schuld nicht den sündigen Werken allein, sondern vor allem der Begierde selbst entspringt. Wenn Luther die *concupiscentia* mit dem Willen zum Bösen gleichsetzt, wobei jede aktuelle Sünde nur als eine Manifestation dieses Willens zu betrachten ist, hat sich der Kontext der augustinischen Auslegung so verschoben, daß die formale Übereinstimmung nicht mehr einer sachlichen entspricht. Aber gerade mit diesen verschobenen Perspektiven gibt Augustins Auslegung Luther, was er für sein Paulusverständnis braucht[23].

Schon in den *Dictata* hatte Luther die Unterscheidung zwischen Geist und Buchstaben im augustinischen Sinne benutzt. In der Römerbriefvorlesung beschäftigt er sich eingehend mit *De spiritu et litera*, besonders an den Stellen, an denen er die paulinische Gesetzesauffassung darstellen will. Er bringt viele Zitate, die seines Erachtens den Sinn des Paulustextes treffen, und es ist wahrscheinlich, daß seine eigenen Formulierungen darüber hinaus noch stark von dieser Lektüre geprägt sind[24]. Aber dennoch sieht es nicht so aus, als ob Luther sich die geringste Anstrengung gemacht habe, den Zusammenhang der augustinischen Schrift mit heranzuziehen. Sie hat ihn nicht als selbständiger Traktat interessiert, sondern als eine Schrift, die Fragmente von Auslegungen zu einer Reihe von Stellen im Römerbrief enthält. Indem er sie in dieser Weise verwendet, kann er sich viele Formulierungen Augustins aneignen. Aber seine Einigkeit mit Augustin erreicht er nur dadurch, daß er gerade *nicht* den heilsgeschichtlichen Rahmen respektiert, in welchem Augustins Auslegungen der jeweiligen Stellen des Römerbriefs ihren Platz haben.

---

[23] Diese Ausführungen sind das Ergebnis einer Untersuchung der Texte im einzelnen, auf deren weitere Darstellung hier verzichtet werden muß.

[24] Die wichtigsten Themen und Stellen sind folgende: Mit ‚Gesetz' meint Paulus nicht nur das Zeremonial-, sondern auch das Moralgesetz (WA 56, 67,18 ff.; 336,24 ff.); das Gesetz vermehrt die Begierde (WA 56, 56,16 ff.; 69,24 ff.; 200,15 ff.) und erwirkt den Zorn Gottes (WA 56, 291,28 f.). Ohne den heiligen Geist ist das Gesetz tötender Buchstabe (WA 56, 28,23 ff.), weil es aus Furcht, nicht aus Liebe erfüllt wird (WA 56, 26,15 ff.; 191,22 ff.; 200,20 ff.). Da die Gerechtigkeit aus Glauben ist und nicht aus Gesetz, stehen das Gesetz und die Gnade einander entgegen, und es ist nicht die Aufgabe des Gesetzes, die Sünde zu entfernen, sondern sie zu offenbaren, damit die Gnade gesucht wird (WA 256, 29 ff.).
Was die Zitate betrifft, verweise ich auf den kommentierenden Apparat von WA 56.

De spiritu et litera beabsichtigt, den Leser zur Einsicht in die Notwendigkeit der Gnade für den Weg zur Seligkeit zu bringen. *Litera* und *spiritus* bezeichnen Stadien auf dem Wege, *perfectio* dagegen ist das Ziel. Im heilsgeschichtlichen Rahmen ist die *litera* praeteritum, *spiritus* ist praesens und *perfectio* futurum. Luther übernimmt viele einzelne Aussagen über das Gesetz, aber die Gedanken, die diesen Aussagen erst ihren präzisen Sinn geben, kann er gerade nicht gebrauchen. Um der Kürze willen muß hier ein einzelnes Beispiel zur Illustration genügen.

Die Stelle *De spiritu et litera* VIII.13, wo Augustin Röm 2,17—29 zitiert und interpretiert, hat Luther ausgiebig verwendet. Augustin spricht hier von den Juden, die ohne den Geist das vom Gesetz Befohlene getan hätten, weshalb sie das Gesetz nicht mit dem Willen *coram Deo*, sondern nur im Werk *coram hominibus* erfüllt hätten. In einem Scholion zu den ersten Versen von Kap. 2 zitiert Luther diese Stelle, allerdings in ziemlich freier Wiedergabe. Vor allem wird es nicht deutlich, daß Augustin von den Juden redet — und Imperfectum verwendet. Luther spricht im Praesens und meint gar nicht die Zeit des Gesetzes und des alten Bundes, sondern denkt an seine eigene Situation: „in dieser Schwachheit sind wir alle gleich; also darf keiner einen andern richten, damit er sich nicht selbst richte"[25].

Den letzten größeren Zusammenhang innerhalb der Römerbriefvorlesung, in dem die antipelagianischen Schriften eine bedeutende Rolle spielen, stellt Kap. 7 dar. Hier findet Luther besonders in *Contra Julianum* seinen Stoff. Sowohl für Luther als auch für Augustin ist der Kampf zwischen Fleisch und Geist entscheidend für das Verständnis der Rechtfertigung bei Paulus. Diese Übereinstimmung macht es Luther möglich, seine Auslegung durch Hinweise auf Augustin zu bestätigen und zu unterstützen. Lange Zitate, von denen mehrere aus den Traditionsbeweisen Augustins gegen Julian stammen, sollen das Fundament der Lutherschen Deutung des Textes in der Schriftauslegung der Väter aufzeigen und dadurch die Rechtfertigungslehre der Scholastik als eine Novität entlarven.

Einige der Zitate scheinen mit Luthers eigenen Formulierungen sehr schlecht zu harmonieren. Er verwendet nicht nur Zitate, sondern auch augustinische Wendungen mit einer Unbekümmertheit, die jedem Versuch einer Systematisierung seiner Gedanken Schwierigkeiten macht. Es ist jedoch nicht ratsam, daraus vorschnell den Schluß zu ziehen, Luther

---

[25] WA 56, 191,22 ff., vgl. *De spiritu et litera* VIII.13, CSEL 60, 165,21 ff.
Im Scholion zu Röm 2,12, WA 56, 200,21 ff. wird dasselbe Zitat gebracht, diesmal wörtlich.

wisse nicht recht, was er meint, und sage darum bald dieses, bald jenes. Statt dessen sollte man einsehen, daß Luthers Augustin anders denkt und eine andere Absicht hat als der Augustin, den wir kennen. Geht man Luthers Augustinzitaten nach, zeigt sich sehr deutlich, wie gründlich er gearbeitet hat. Nicht nur seine Auswahl von Zitaten, sondern auch seine Überschlagungen und die erklärenden Bemerkungen bezeugen, wie sorgfältig er das Material gesichtet hat. Bevor man bei Luther Widersprüche findet, sollte man viel eher genau überlegen, ob man auch den Sinn seiner Augustinzitate präzis festgestellt hat, denn es geht ja hier nicht um „die Theologie Augustins", sondern um Luthers Auslegung des Paulus, für die er bei vielen Einzelstellen dankbar die Hilfe entgegengenommen hat, die er bei Augustin bekommen konnte.

Nur auf diese Weise konnte Augustin Luther in seinem Kampf, den *modus loquendi Apostoli* zu erfassen, unterstützen[26]. Es war wohl kaum ein Zufall, daß gerade ein theologischer Polemiker ihm dabei geholfen hat. Im Kampf gegen Pelagius sah Luther eine Parallele zu seinem eigenen Kampf gegen die spätmittelalterliche Theologie. Er ist zwar nicht der erste, der diese Parallele gezogen hat. Das hatte z. B. auch schon *Gregor von Rimini* getan, ohne jedoch *die Form* der Theologie seiner Gegner zu verwerfen. Erst in der Auseinandersetzung mit dem *modus loquendi metaphysicus seu moralis* war Luther zu dem Punkt gelangt, wo seine Arbeit Konsequenzen nach sich ziehen mußte, die weit über die Reaktion des Gregor von Rimini hinausführten.

Nun könnte man vielleicht fragen: wie konnte gerade Augustin (lies: das historische Bild der Theologie Augustins, wie wir es sehen) ihm in diesem Zusammenhang eine Hilfe werden? Antwort: das war nicht möglich, aber *diesen* Augustin hat Luther auch gar nicht gekannt. Er hatte zwar auch ein Bild von „der Theologie Augustins", aber das hat ihn nicht besonders interessiert. Nur der von Paulus akzeptierte Augustin ging ihn etwas an. Zu ihm ist er gekommen, indem er bewußt von allem andern absah, das für die Auslegung des Paulus nicht brauchbar war.

Man könnte weiter fragen: wie können wir dann *historisch* feststellen, in welchem Umfang die angehende reformatorische Theologie Luthers von Augustin beeinflußt war, d. h. an welchen Punkten und in welchem Ausmaß? Antwort: das können wir vielleicht gar nicht, aber ist das nun auch so schlimm? Wir können nämlich etwas anderes. Wir können die

---

[26] Vgl. WA 56, 287, 15 ff. und besonders das große Scholion zu Röm 7,1, WA 56, 334 ff.

geschichtliche Begegnung Luthers mit Augustin auf dem gemeinsamen Feld der Schriftauslegung beobachten. Wir können, dem Arbeitsprozeß Luthers folgend, miterkennen und miterleben, was in seiner Situation aus Augustin geworden ist.

Man ist versucht, die Konsequenzen dieser Überlegungen nicht nur für die Lutherforschung, sondern überhaupt für die Erforschung geistiger Relationen, etwas näher zu untersuchen. Die Versuchung wird aber schon dadurch erstickt, daß der mir zugeteilte Raum aufgebraucht ist. Ein erheblicher Trost ist es aber, daß gerade *Ernst Fuchs* ohne Schwierigkeit das Fehlende wird ergänzen können. Ich nehme Abschied mit einem Lutherwort, das fast zu schön zur Absicht meiner Darlegungen paßt:

„Sind (seit) ich Paulus verstanden hab, so hab ich keinen Doctor konnen achten. Sie sind mir gar gering worden. Principio Augustinum vorabam, non legebam, sed da mir in Paulo die thur auffgieng, das ich wuste, was iustificatio fidei ward, da ward es aus mit yhm."[27]

---

[27] Zitiert nach der Clemenschen Luther Ausgabe, Band 8, Tischreden, S. 45,34 ff. (Nr. 347 in Veit Dietrichs Sammlung).

URGESCHICHTE UND PROTEVANGELION

ANTONIUS GUNNEWEG

I.

Gleich zu Anfang die Verdammung Adams ob seines Strebens nach der Erkenntnis von Gut und Böse und am Ende gar der Menschenkinder insgesamt wegen kollektiver Bemühung um eine turmhohe Mitte dauerhafter Völkerfreundschaft muß heute wie in früheren Tagen Debatten auslösen. Der Gott, der strafend eingegriffen haben soll, damit ihm der Mensch nicht gleich werde, kann kaum mit der Sympathie dieser Diskutierenden rechnen. Nicht nur: Was ist Wahrheit? sondern auch: Was ist böse? ist eine bewegende Frage. Sie bewegt die Sammlung von Erzählungen und anderen Stücken in Gen 2—11. Trotz heterogenen Inhaltes ist dieser Komplex eine geschlossene Einheit, nach vorn und hinten deutlich abgrenzbar. Vor dem Anfang — dem bereschith — ist ja nichts, allenfalls das tohuwabohu, und mit Gen 12 beginnt etwas Neues. Gerade dieser Neubeginn anderer Art und aus anderer Dimension markiert die — nunmehr überraschend und wunderbar aufgesprengte — Geschlossenheit von Gen 1—11. Das ist eine Geschlossenheit nicht nur im literarischen und strukturalen Sinn, sondern in sachlicher Hinsicht. Am Schluß der Turmbaugeschichte ist die Geschichte des Menschen am Ende, sind seine individuellen und kollektiven Möglichkeiten erschöpft und gescheitert. Kein Weg führt zum Paradies zurück, das von Cherubim und von dem Flammenschwert bewacht wird, und kein Fortschritt vorwärts über das Ende des Turmbaus und über die Zerstreuung und das Nichtverstehen in der Sprachenverwirrung hinaus.

Dieses Ende gilt als Strafe für Böses, Urböses in dem Sinne, daß menschliche Existenz von uran und bis in die Wurzel davon geprägt und bestimmt ist. Wenn nach der vom Jahwisten stammenden Bearbeitung, Anordnung und Komposition der rezipierten Traditionen in 2,4b—11,9 Adam und Eva, Kain, die Menschentöchter (6,2) und die Menschensöhne allein und gemeinsam, als Mann und Frau, als Bruder und Bruder, durch Ungehorsam und Totschlag, Vermischung von Göttlichem und Menschlichem oder durch kollektive Anstrengung Böses tun, so meint der Jahwist ebensoviele Aspekte des nämlichen Phänomens, das er möglichst allseitig, soweit die verfügbaren Traditionen das gestatteten, zu umschreiben bestrebt war. Die Urgeschichte des Urbösen ist gemeint. Um diese Qualität des in der Urgeschichte Verhandelten zum Ausdruck zu bringen, stellte schon J diese Erzählungen an den Anfang seines Geschichtsaufrisses, und in derselben Absicht fügten spätere Redaktoren, die J in P als in die Grundschrift einbauten, sie unmittelbar an das Geschehen „am Anfang" an, da alles, wie es heißt, „sehr gut" war. Dieser literarische Ort am Anfang von J und dann der Tora und schließlich der Heiligen Schrift darf nicht im Sinne zeitlich-linearen Denkens mißverstanden werden, als wäre Urgeschichte früher als andere Ereignisse anzusetzen. Die Voranstellung setzt nicht zeitlich an, sondern qualifiziert das Erzählte als Urgeschichte. Das meint zweierlei: Nicht ein protologischer Mythos vor aller Zeit und vor allen geschichtlichen Entscheidungen von Menschen soll dargestellt werden, und auch kein Geschehen „außerhalb der für uns erfahrbaren Geschichte"[1] — Urgeschichte ist gewiß täglich leidvoll erfahrbar —, sondern Ur-*geschichte* in der Zeit und im irdischen Raum. Diese Geschichte „am Anfang" ist aber auch *Ur*-geschichte, weil sie eine Fundamentalauslegung menschlicher Existenz in der Geschichte zu geben beansprucht. Eben dieser normative Anspruch und nicht die bloße Abfolge von Perikopen von Adam bis Abraham bindet diesen Komplex zusammen und konstituiert sein Wesen als Urgeschichte.

II.

Die Fundamentalauslegung, die in der Urgeschichte des Jahwisten vollzogen wird, ist im eminenten Sinne ein „Einrücken in ein Überlieferungsgeschehen"[2] und gewiß auch, gemäß dem Bekenntnis, daß Jahwe der rechte Kriegsmann ist (Ex 15,3), eine einigermaßen gewaltsame Indienstnahme älterer Überlieferungen und Motive. Die Frage nach dem Woher, die Sorge um das Wohin, das Rätsel der Begrenzung, der Borniertheit und der Frustration alles Menschlichen mit seiner Mühsal, seinem Leid und Tod waren ja lange vor Israels Werden aufgebrochen. In

---

[1] C. *Westermann*, BKAT I, S. 263.
[2] H. G. *Gadamer*, Wahrheit und Methode, S. 274 f.

den vielfachen, heute noch zugänglichen mythischen Überlieferungen des Alten Orients, die eine Antwort und eine Hilfe versuchen, ist die Rede von menschlichem Versagen, vom Neid der Götter, ihrer Rivalität und Launenhaftigkeit. Die Interpretation solcher Mythen auf ein gegenwärtiges Verstehen hin ist auch nicht schwierig, denn die „Sache", die sie bewegt, ist der Gegenwart nicht fern und fremd. „Gilgamesch, wohin gehst du? Das Leben, das du suchst, wirst du nicht finden. Als die Götter die Menschheit erschufen, teilten sie ihr den Tod zu, während sie das Leben für sich selbst behielten", lautet die durchaus verständliche Klage des Gilgamesch-Epos (X,3,1—5). Und wenn Adapa vom Gott Anu ausgelacht wird, weil er zum Dank für seinen Gehorsam gegen ein trügerisches Gebot, nicht zu essen und zu trinken von dem, was das Leben bringt, das Leben verliert[3], so ist auch hier gegenwärtiges Verstehen nicht allzu schwer. Verständnis beruht, wie E. Fuchs gelehrt hat, auf einem Einverständnis. Hier ist es gewiß das Einverständnis mit dem Menschen Gilgamesch oder Adapa, oder wie immer er heißen mag, und nicht mit den Göttern und ihrem hämischen Hohngelächter. Von der Klage ist es nicht weit zur Anklage und zum Protest gegen die Götter, die Herrschenden, die dem Menschen den Tod zuteilten, indem sie — die große Täuschung — ihn betrogen.

In dieses alte — und immer neue — Überlieferungsgeschehen rückte die Jahwistische Theologie ein. Diese versteht man erst recht, wenn man sie abhebt von jenem, also Einsicht gewinnt in die Motive, Bilder und Mythologumena, die J aufnahm, verarbeitete und seiner Intention dienstbar machte. Daß tatsächlich J außer in der Sintflutgeschichte die Feder führte und daß aus dieser Feder keine Erzählung aus einem Guß geflossen ist, war längst aufgefallen. Im Zeitalter der vorwiegenden Literaturkritik meinte man, nach dem Kriterium der zwei Bäume in Eden, deren einer — der Erkenntnnisbaum — eine Funktion hat, während der andere — der Lebensbaum — zwar in der Mitte des Gartens stehen soll, aber in der Erzählung nur eine Randfigur bleibt, zwei Schichten, Fäden oder Urkunden aussondern zu können. Und wie die beiden Bäume entdeckte man auch zwei Kains, den Brudermörder und den Stammvater der Jahwe verehrenden Keniter; zweierlei Engelehen, ehrbare und unehrbare; zwei Noahs, der eine baute eine Arche, und der andere war der erste Winzer und trank über Gebühr; und schließlich auch zweierlei Baumeister, die einen bauten den Turm, aber wurden zerstreut, den an-

---

[3] ANET, S. 102

dern hingegen, die Babel bauen wollten, verschlug's die Sprache. Solches Zweierlei und dazu auch entgegengesetzte Wertungen des Erzählten sind unverkennbar, aber deren Verteilung über zwei Urkunden wollte doch nicht so einleuchtend wie etwa die Unterscheidung von Jahwist und Priesterschrift gelingen. Nach Ansätzen schon in H. Gunkels großem Genesiskommentar und nach Anregungen von J. Begrich[4] ist man in neuerer Zeit zu der Einsicht gekommen, daß eine rein literarkritische Betrachtungsweise, die mit durchgehenden Erzählungsfäden innerhalb des Jahwistischen Werkes rechnet, zu keinem bleibend befriedigenden Resultat führen kann. Allzu deutlich erkennbar wurde, daß es die überragende Gestaltungskraft einer geschlossenen theologischen Konzeption — gleichviel, ob von einem einzelnen oder von einer Schule stammend — war, die divergierende und heterogene Überlieferungen als ihre Verkündigungssprache verwendete und umschmiedete. Die Literarkritik ist durch die überlieferungskritische und traditionsgeschichtliche Methode zu ergänzen, wie es neuerdings etwa bei H. W. Schmidt[5] und C. Westermann[6] in vorbildlicher Weise geschieht. Diese Methode ermöglicht es nicht nur, das Werden und die Geschichte der Texte zu verfolgen — was wäre damit hermeneutisch schon gewonnen? —, vielmehr wird jetzt der durchgehende Dialog wieder vernehmbar, den der Jahwist mit seinen Traditionen, d. h. mit sich und seinen Zeitgenossen führte. Was für naives Lesen ein Widerspruch war — woher nahm Kain seine Frau? — und literarkritisch ein Zweierlei zu sein schien, stellt sich überlieferungsgeschichtlich als Dialog heraus.

Das methodische Hören auf diesen Dialog bestätigt aber auch ein Gefühl, das sich beim unbefangenen Lesen einstellt und das vorhin als spontanes und „natürliches" Einverständnis mit dem Menschen gegen Gott bezeichnet wurde. Dieses Gefühl regt sich freilich weniger beim Blick auf das Ganze der Urgeschichte; vom Ganzen her betrachtet, vermittelt die Urgeschichte keinen besonders positiven und sympathischen Eindruck vom Tun des Menschen, und die Aneinanderreihung so vieler Sündenfallgeschichten läßt Adam eher als verstockt und unbelehrbar erscheinen. Das ist auch die Absicht des Jahwisten. Besieht man die Perikopen jedoch je für sich, so ist der Eindruck mindestens zwiespältig. So gleich zu Beginn

---

[4] *J. Begrich*, Die Paradieserzählung. Eine literargeschichtliche Studie. ZAW 50, 1932, S. 93—116 = Ges. Stud., ThB 21, 1964, S. 11—38.

[5] *H. W. Schmidt*, Die Schöpfungsgeschichte der Priesterschrift. Zur Überlieferungsgeschichte von Gen 1,1—2,4a und 2,4b—3,24, WMANT 17, 1967².

[6] *C. Westermann*, BKAT zur Genesis.

in der Paradiesgeschichte: Gewiß, der Erkenntnisbaum ist dem Menschen ausdrücklich untersagt worden, aber schon daß keine Begründung des Verbots mitgeteilt wird, scheint gegen es und für den Menschen zu sprechen, der ohne Motivation nicht zu gehorchen bereit ist. Und wenn die Schlange (3,4 f.) Gott Jahwe mit der Behauptung widerspricht, entgegen der göttlichen Todesdrohung werde der Mensch *nicht* sterben, sondern vielmehr zur Erkenntnis von Gut und Böse gelangen und in solcher Erkenntnis wie Gott sein, so scheint sie am Ende recht zu behalten. Adam stirbt nicht durch den Biß in die verbotene Frucht. Sogar die Unterstellung der Schlange, nur der alte Götterneid sei der Grund des Verbots, scheint Gott selbst wider Willen zu bestätigen, wenn es gegen Ende (3,22) heißt: „Nun ist der Mensch wie unsereiner geworden, da er weiß, was gut und böse ist. Nun aber, daß er nicht seine Hand ausstrecke und nehme auch noch vom Baum des Lebens und lebe ewiglich!" Außer der formalen Übertretung eines uneinsichtigen Gebotes hat Adam Böses nicht getan, und der Fluch über den Acker und die Vertreibung entsprechen kaum dem Prinzip der Verhältnismäßigkeit der Mittel. Die Geschichte handelt, wie gesagt, vom Urbösen, dieses jedoch scheint hier als Folge göttlicher Laune, die willkürlich verbietet, und des göttlichen Neides, der dem Menschen das Leben nicht gönnt, verstanden zu sein. Mit diesem Adam kann man Mitleid haben; das wäre dann zweifelsohne auch Selbstmitleid und entspräche der Klage des Apokalyptikers: „Ach Adam, was hast du getan! Als du sündigtest, kam dein Fall nicht nur auf dich, sondern auch auf uns, deine Nachkommen" (4. Esra 7,118). In der Tat, Gunkel hatte recht: „Die Stimmung des Mythus ist traurig."[7] Das Urböse ist ein Urübel, kaum rückführbar auf bewußtes Verschulden des Menschen, eher schon auf Schuld des Gottes, wenn nicht Gott vielleicht so göttlich sein sollte, daß er jenseits von gut und böse handelt.

Es ist kein Zweifel möglich, daß dies die „Stimmung" der in Gen 2—3 verarbeiteten Überlieferung ist. Ebenso deutlich ist aber, daß J diese Stimmung nicht teilt. Für J sind Eva und Adam schuldig und ist Gott gerecht und gnädig gar. Was ist aber dann für J das Urböse?

Wie in der Paradiesgeschichte ist es auch in der Kainperikope, wenn auch vielleicht weniger auffällig, weil ein Einverständnis mit dem Mörder einige zusätzliche Hemmungen zu überwinden hat. Freilich beginnen solche moralischen Einwände zu schwinden, wenn man nur bedenkt, daß allererst die unableitbare göttliche Laune, die das Opfer des einen an-

---

[7] Genesis 1964⁶, S. 32.

nimmt und des andern verwirft, den um den Lohn seiner religiösen Anstrengung Betrogenen zur Mordgier treibt. Noch schwieriger wird die Erzählung, wenn nach Mordtat und strafender Verfluchung Kains derselbe Gott Jahwe des ersten Mörders persönlicher Schirmherr wird (4,15). Diese Barmherzigkeit kommt für Kain reichlich spät und vermag den also barmherzigen Gott nicht liebenswürdiger erscheinen zu lassen. Mag die Stimmung dieser Erzählung schwieriger beschreibbar sein, als es bei der Paradiesgeschichte der Fall war, so erscheint doch auch hier das Urböse nicht eindeutig als Schuld allein des Kain, sondern eher als Urübel und zu tragendes Schicksal unter einem rätselhaften Gott, dessen Willkür zu Mord antreibt und dann den Mörder schützt. Indes ist auch hier eindeutig, daß J anders urteilt und den Kain verurteilt. Jahwes Wort über den Mörder: „Die Stimme des Blutes deines Bruders schreit zu mir empor von der Ackererde" (4,10) gibt gewiß auch die Meinung des Jahwisten wieder. Es erhebt sich somit auch hier die Frage, was dann für J das Urböse sei, das Kain tat.

Ähnliches zeigt die kurze und bezeichnenderweise nur fragmentarisch erhaltene Perikope über die sogenannten Engelehen. Auch hier werden im Sinne von J Schuldige bestraft, wenn das menschliche Lebensalter auf 120 Jahre beschränkt und der Mensch als Fleisch bezeichnet wird. Das Urböse ist so gigantisch wie die Riesen, die „in jenen Tagen" (6,4) auf Erden gewesen sein sollen. Aber was ist das Urböse, das hier solche gigantischen Ausmaße angenommen haben soll? Offenbar — soweit aus dem Fragment noch rekonstruierbar — war hier ursprünglich von Schuld und Strafe gar nicht die Rede, sondern von Helden und Recken der Urzeit, die aus den Ehen von Göttern und Menschen geboren werden. Wiederum urteilt J anders: Die urzeitliche Realisierung des Traumes vom Übermenschen gilt als so böse, daß ihr eine Sintflut folgen muß.

Daß die Sintflut im außerisraelitischen Raum Götterwillkür ist, ist bekannt. „Eine Sintflut zu machen, entbrannte das Herz den großen Göttern", heißt es in der Tafel XI des Gilgamesch-Epos. Dieser wesentliche Zug fehlt in der zu J gehörigen Schicht der Sintfluterzählung ebenso wie in P. Aber die „Stimmung des Mythus" ist dennoch unverkennbar ähnlich: alle bisher begangenen Sünden waren schon bestraft worden, wozu dann jetzt eine Katastrophe, die einer Rückverwandlung der Schöpfung in Chaos gleichkommt? Offenbar war hier ursprünglich vom Urbösen menschlichen Tuns nicht die Rede, sondern vom Urübel der Ausgeliefertheit an göttliche Launen. Die Begründung mit dem bösen „Dichten und Trachten" der Menschenherzen bleibt selbst merkwürdig ohne begründenden Verweis auf bestimmte böse Taten (6,5).

Die Geschichte vom Turmbau zu Babel schließt die urgeschichtliche Reihe ab. Die beiden wohl schon vor J miteinander verwobenen Varianten vom Bau einer Stadt und vom Bau eines Turmes sind sich in der Aussage sehr ähnlich. In beiden Fällen mißlingt das Werk. Sollte der Turm die Menschheit vor der Zerstreuung bewahren, so werden die Menschen nun erst recht „über die Oberfläche der ganzen Erde" zerstreut. Und war es Sinn der großen Stadt, alle Menschen als ein Volk in sich zu vereinen, so verhindert die Sprachenverwirrung die Ausführung des Vorhabens. Es ist der Gott, der das angefangene Werk scheitern läßt. Eine vor den beiden kombinierten Varianten liegende Urgestalt ist nicht mehr erkennbar. Aber auch hier ist die Diskrepanz ähnlich, ja noch schärfer als bei den vorangegangenen Urgeschichten. Adam übertrat ein Gebot, Kain war ein Mörder, die Menschentöchter ließen sich mit Übermenschen ein, und von der vorsintflutlichen Menschheit insgesamt war immerhin gesagt worden, daß alles Dichten und Trachten ihres Herzens böse war. Von den Turm- und Stadtbauern aber wird nur berichtet, daß sie einen Turm und eine Stadt zu bauen planten. Was war daran Böses, gar Urböses? Der Turm sollte bis zum Himmel reichen, aber warum war das nicht erlaubt? Von der geplanten Stadt heißt es nur, daß sie eine Stadt sein sollte, von hybriden Ausmaßen ist nicht die Rede. Auch hier ist deutlich, daß ursprünglich nicht die Bauleute urböse waren, sondern daß der in 11,6 ausgesprochene Götterneid, der die Menschen repressiv in die Schranken weist, das movens des Mythos war. Aber auch bei diesem Schlußstück der Urgeschichte, das „mit einem gnadenlosen Gottesgericht"[8] schließt, ist ebenso klar, daß der Jahwist anders urteilt als seine Tradition, daß er hier abschließend vom Urbösen menschlichen Tuns redet und den Menschen für ungerecht, Gott aber für gerecht erklärt. Aber nach welchem Kriterium? Was also ist nach dem Zeugnis des J das Urböse?

III.

Diese Frage läßt sich nur wieder von den einzelnen Perikopen her, aber nunmehr streng unter dem Aspekt der Gesamtheit der Urgeschichte beantworten. Da ließe sich zunächst vermuten, daß die schon rein gefühlsmäßig auffällige Diskrepanz zwischen der „Stimmung" und damit

---

[8] G. von Rad, ATD 2/4, S. 128.

der Aussagerichtung der aufgenommenen mythischen Stoffe einerseits und der theologischen Konzeption und dem Kerygma des Jahwisten andererseits — d. h. aber nichts Geringeres als Diskrepanz zwischen der Rechtfertigung und Selbstrechtfertigung des schicksalhaft unglücklichen Menschen und der Rechtfertigung Gottes! — nur dadurch bedingt sein könnte, daß J seine Botschaft mit Hilfe ungeeigneter Materialien zum Ausdruck zu bringen genötigt war und daß ihm sozusagen keine besser vorgeformte Sprache zur Verfügung stand. Dieser Vermutung widerspricht aber insbesondere die Gesamtheit von Gen 2—11 in ihrer Geschlossenheit und letzten theologischen Eindeutigkeit: urböse handelt der Mensch, und Gott ist gerecht; von Götterneid redet nur die Schlange, und wer sonst davon sprechen möchte, täte es ihr gleich! So kann nur angenommen werden, daß J, der bekanntlich theologisch durchaus selbständig und auch ohne alle Hilfe von Vorlagen zu formulieren verstand, absichtlich und bewußt diese Traditionen rezipierte und, statt sie zum Verstummen zu bringen, in einen Dialog mit ihnen eintrat.

Wie gesagt, ist das Motiv des Götterneides in der Paradiesgeschichte und auch sonst in der Urgeschichte das oder doch ein movens. Explizit begegnet es in dem Schlangenwort: „Ihr werdet nicht sterben! Gott weiß vielmehr, daß, sobald ihr von ihm (dem Baum) essen werdet, eure Augen aufgetan werden" (3,4 f.). Das Götterneidmotiv, keineswegs verschwiegen oder unterschlagen, ja gar durch den Ausgang der Geschichte quasi bestätigt, wird hier der verfluchten Schlange in den Mund gelegt. Das Fluchwort über die Schlange (3,14 f.) ist kein bloß ätiologisches Anhängsel, das den Gang der Schlange erklären will, sondern wesentlicher Bestandteil der theologischen Aussage: wer wie die Schlange redet, ist verflucht. Und nicht nur dies, sondern der Sündenfall fängt mit der Infragestellung des nicht zu hinterfragenden, unmißverständlichen Gotteswortes an, mit dem Zweifel, der hin und her schwankt zwischen dem, was Gott sagt — hier dem eindeutigen Verbot — und der Reflexion und der Frage, was möglicherweise *hinter* dem Wort stehe, Gottes gute Absicht oder sein repressiver Neid; wenn aber Neid, so stünde hinter dem Wort überhaupt nicht Gott, sondern die große Täuschung, von der sich zu befreien göttlich-menschliche emanzipatorische Aufgabe des Gottmenschen ist.

Des Jahwisten Interpretation des Erkenntnisbaumes zielt in dieselbe Richtung. Die alte — und ewig junge — Deutung, daß es sich beim Essen vom Baum der Erkenntnis um ein geschlechtliches Geschehen gehandelt habe, ist keineswegs abwegig. Die Entdeckung der Nacktheit, das plötzliche Schamgefühl als Folge des Essens sind ebenso wie die Ähnlichkeit der verbotenen Frucht mit Liebesäpfeln und sonstigen Wunderpflanzen und die Verwandtschaft der Schlange mit dem Schlangensymbol der Astarte, der Göttin des Geschlechtslebens, Argumente für dieses Verständnis. Es kommt hinzu, daß „erkennen" im Hebräischen auch sexuelle Bedeutung haben kann (4,1). Der „ursprüngliche" Biß in die Frucht der Erkenntnis war kein Sündenfall, sondern ein Erwachen und Erwachsenwerden, und auch hier stand der Mythos auf der Seite des Menschen, dessen Reife den Verlust des Kindlichen bedeutet. Anders urteilt der Jahwist. Nicht daß er das Geschlechtliche verdammt hätte, aber die Erlangung der „Erkenntnis" und der Verlust der Kindlichkeit werden ihm zum Symptom und Teilaspekt eines viel radikaleren und umfassenderen Bruches. Aus dem Baum der Erkenntnis wird bei ihm — sprachlich hart[9] — der Baum der Erkenntnis von gut und böse, und die grammatische Härte zeigt den Bruch mit der Tradition an, den der Jahwist vollzieht. Was mit dem Begriffspaar „gut und böse" gemeint ist, kann heute als geklärt gelten. Gedacht ist an gut und schlecht, zuträglich und abträglich für den Menschen, und die Erkenntnis ist nicht zuerst eine zwischen den Gegensätzen „gut und böse" wählende und unterscheidende, sondern auf ein Ganzes gerichtet, das die äußersten Pole „gut" und „böse" umfaßt. Umfassende Erkenntnis verleiht der Baum, Erkenntnis, die den Menschen befähigt, selbst mit eigenen Mitteln und aus dem Eigenen das Leben zu bewältigen, sein Dasein zu sichern und über sich selbst zu verfügen. In solcher Erkenntnis ist er wie Gott und darum ohne Gott, den der Zweifel zuvor als zu überwindende Täuschung in Frage gestellt hatte. Das ist das Urböse. Nicht das Opfer von Neid und Trug der Götter ist Adam, sondern er selbst entschied sich gegen Gott und für sich und muß nun in seiner hilflosen Nacktheit, die er als erstes entdeckte, wie Gott sein, ohne es zu können. Was im Mythos — der auch Mythos des 20. Jahrhunderts ist — für Adam spricht, klagt ihn jetzt an: der tragischen Unableitbarkeit von Götterneid und Menschenschicksal steht bei J die Unableitbarkeit menschlicher Schuld entgegen. Der Versuch, sie zu erklären und eine Ursache des Urbösen außerhalb des Menschen selbst namhaft zu machen, wird in einem strengen Verhör als Ausrede, welche die Verantwortung abschieben und weg-erklären will, entlarvt. Das Todesurteil, das dem Adam droht (2,17), wird allerdings nicht vollstreckt: was im Mythos eine trügerische Drohung ist, die den Menschen um sein

---

[9] *H. J. Stoebe*, Gut und Böse in der jahwistischen Quelle des Pentateuch, ZAW 65, 1953, S. 188—204.

wahres Glück bringen will, ist bei J die unausgesprochene Begnadigung durch einen gnädigen Gott, der dem Nackten einen Rock aus Fellen macht, ehe er ihn entläßt.

Bemerkenswert ist auch die Verbindung dieser Haupterzählung mit dem andern Motiv des Lebensbaumes. Daß dies ein hier fremdes Motiv ist, hatte schon die Literarkritik erkannt. Die Erzählung vom Lebensbaum ist freilich, wie man heute weiß, nicht mehr als literarische Schicht innerhalb von J erhalten, sondern J selbst war es, der das Lebensbaummotiv in die von ihm gestaltete Erzählung einbaute. Lauter noch als der Mythos vom Erkenntnisbaum beklagt der aus mancherlei Parallelen rekonstruierbare Lebensbaummythos das Schicksal des Menschen, dem *das* Leben versagt blieb, weil ihm der Gott es nicht gönnte. Das klingt in 3,22, und nun nicht im Munde der Schlange, auch noch deutlich an. Aber schon der literarische Ort verwandelt seinen Sinn: was dem Mythos Neid des Gottes ist, ist für J das abschließende göttliche Urteil über den schuldigen Menschen, der zu seinem eigenen Unheil über sich hinausgriff und sich und Gott verfehlte. Erkenntnisbaum- und Lebensbaummythos, beide von J uminterpretiert, ergänzen sich jetzt. Wer die Erkenntnis von gut und böse erstrebt, will die Hand nach dem Leben selbst ausstrecken und geht darum des Lebens verlustig, mag immer er, begnadigt, am Leben erhalten bleiben. Mensch darf er aber sein, königlich gar — wie Gen 1 zeichnet auch 2,19 f. den königlichen Menschen — und „wenig niedriger als Gott" (Ps 8,6), aber der Griff nach der Gottgleichheit — das Urböse — entthront ihn und macht ihn zum Staub, als der er geschaffen ist.

In ähnlicher Weise geht J auch im folgenden mit den Traditionen um, um mit ihrer Hilfe seine eigentlich schon am Ende von Gen 3 abgeschlossene Geschichte des Urbösen zu variieren. Wie das Evangelium, so hat das Urböse unendlich viele Aspekte und ist doch immer „dasselbe" (Phil 3,1). Die ursprünglich kenitische Sage von Kain, die einmal erklärte, warum die Keniter, „unstet und flüchtig", unter Jahwes besonderem Schutz stehen, und das weitverbreitete Motiv von Bruderhaß und Brudermord in sich aufgenommen hatte, wird von J formal ähnlich wie Gen 3 gestaltet (Einleitung, böse Tat, Verhör, Fluch, Strafe, Strafmilderung). Aber auch in dieser Gestaltung bleibt das, was *für* Kain spricht, erhalten. Es bleibt auch das moralisch Anstößige, daß dem ersten Mörder göttlicher Schutz gewährt wird: so *für* Kain und *gegen* Jahwe *kann* man sich auch entscheiden. Diesem Urteil und diesem Selbstverständnis hält J ein anderes entgegen: unableitbar und unerklärbar ist die Ungleichheit der Menschen. Sie zeigt die letzte Unverfügbarkeit alles menschlichen

Daseins an und reizt den zur Wut, der, bestrebt, über sich selbst zu verfügen, in der Gestalt des Erfolgreicheren die lebende und leibliche Widerlegung solchen Verfügenwollens vor Augen bekommt. Wer jedoch an der Strafmilderung und am göttlichen Schutz des Mörders Anstoß nimmt, ärgert sich nach J an dem gnädigen Gott, der auch den Mörder nicht zum Freiwild werden läßt. Der traditionsgeschichtlich bedingte Widerspruch zwischen dem Mörder Kain und dem Jahweschützling gleichen Namens bleibt stehen und wird zur Dialektik von Gericht und Gnade.

Das Fragment über die Engelehen, das einst gewiß mit Ehrfurcht und Bewunderung den Ruhm der halbgöttlichen Heroen verkündete, setzt jetzt, wie in einem summarischen Sammelbericht die Geschichte des Urbösen fort. Abermals widerspricht J dem Mythos und erklärt den Ruhm für Sünde; die Überschreitung des Menschlichen wird mit der Herabsetzung der Lebenserwartung bestraft.

Mit der so sehr andersartigen Tradition von der Sintflut, in der viel weniger vom menschlichen Tun als vom göttlichen Zerstörungshandeln die Rede ist, verfuhr der Jahwist nicht anders. Trotz großer Ähnlichkeiten mit außerisraelitischen Parallelen und trotz wörtlicher Übereinstimmungen mit der babylonischen Variante des Stoffes wird der Aussage des Mythos eine diametral verschiedene entgegengesetzt. Nicht Laune und Neid der Götter oder des Schicksals stürzen die Erde ins Chaos zurück, sondern das Urböse menschlichen Sinnens und Trachtens stellt den Sinn der guten Schöpfung in Frage und bedroht den Bestand der Welt. Und nicht der Hunger von auf Opfer begierigen Göttern, nicht eine abermalige Laune oder ein günstigerer Zufall setzen der Sintflut ein vorzeitiges Ende, sondern ein Gott, der — unableitbar — Gnade walten läßt.

Die Geschichte des Urbösen, die J grundlegend in Gen 2—3 zu erzählen begann, beschließt er in 11,1—9 mit der Perikope vom Turm zu Babel. Es wird nirgends deutlicher als hier, daß der Mythos kein Urböses als Schuld des Menschen im Blick hat, sondern von der Traurigkeit seines Schicksals bewegt ist. Keine Verbotsübertretung, kein Mord, nicht Mischehe wird geahndet, sondern das Scheitern menschlichen Strebens, sich zu einigen, zu halten, zu verstehen, wird beklagt. Böse ist solches Streben nur gemessen an der willkürlichen Repression des Gottes. Nirgends auch wird die Gegenposition des Jahwisten verhaltener ausgesprochen. Über die Bauleute wird kein Urteil gefällt, kein gutes, kein schlechtes. J läßt die Sage erzählen, wie sie es ihrer von Alttestamentlern bestimmten Gattung schuldet. Was der Theologe J dazu meint, sagt er mit dem, was er von 2,4b an zu erzählen begonnen hatte. Das war immer „dasselbe". Seine vorherigen Auslegungen „desselben" sollen genügen. Am Ende soll der Leser selbst Hermeneutik geübt und den Schlüssel zum Verständnis zu hantieren gelernt haben. Was am Anfang die Erkenntnis, ist hier der „Name", und das heißt nicht bloß Berühmtheit, sondern Ruhm im paulinischen Sinn, also Ruhm, der wie die Erkenntnis aufs Ganze gerichtet ist, auf die ganze Existenz selbst. Sich selbst einen Namen zu machen, sich selbst zu machen und zu halten und nicht zu verlieren, ist das Ziel. Das war nur selten unmoralisch — im Gegenteil —, und ist doch nach J das Urböse in kollektiver Potenzierung. Dieses Urteil setzt der Jahwist dem Turmbaumythos seines und der folgenden Jahrhunderte mit ihren wechselnden Bildern, Begriffen und Emblemen und mit ihrem immer gleichen — „dasselbe"! — „Wohlauf!" entgegen.

IV.

Diese Entgegensetzung intendiert, wie gesagt, eine Fundamentalauslegung menschlicher Existenz. Sie vollzieht sich als Entmythologisierung des Mythos in dem Sinne, daß der mythischen Klage über den Menschen und der mythischen Anklage der Götter die alleinige Schuld des Menschen, der wie Gott und ohne Gott sein will, entgegengehalten wird. Während — mit H. Gunkel zu sprechen — die „Stimmung des Mythos" den Menschen ob seiner Ausgeliefertheit bemitleidet, behaftet ihn der Jahwist bei seiner Eigenverantwortung und Schuld. Ist der Mythos also doch menschenfreundlicher? Diese zu allen Zeiten und auch heute wieder Debatten auslösende Frage ist im Sinne des Jahwisten nur eine Neuformulierung der alten Schlangenverführung und eine Täuschung. Das Mitleid des Mythos läßt den Menschen einsam und allein und stachelt ihn darum zu immer gigantischerem und doch vergeblichem „Wohlauf!" an, dem immer gigantischere und blutigere Katastrophen folgten. Indem J hingegen Gott rechtfertigt und den Menschen verklagt, verweist er ihn über sich hinaus auf den Gott, der sein „Adam wo bist du?" spricht. Aus einem Selbstbemitleideten wird ein Angeklagter, aus einem Opfer und Patienten ein Schuldiger, der Urböses getan hat.

Damit scheint der Mensch nun allerdings in seinem Menschsein und in seiner Verantwortung ganz und gar ernst genommen zu sein — so sehr freilich, daß er, schuldig am Urbösen und nun gar ohne Mitleid, seines Lebens nicht mehr froh werden kann. Es scheint so. Dennoch urteilt J — auch gegen diese Schlangenversuchung — anders.

Die historische Einsicht in den Primat des geschichtlichen Heilsdenkens vor allen urgeschichtlichen Traditionen in Israel liefert den hermeneutischen Schlüssel: Ausgangspunkt und unverrückbarer Standpunkt des Jahwisten in seinem Dialog mit den Traditionen und bei seiner Entmythologisierung des Mythos ist die Segnung Abrahams-Israels, mit der die ganze Menschheit gesegnet werden soll. Nur von dem her, der Abraham einen großen Namen macht und längst gemacht hat, wird das Böse als Urböses erkannt und vermag der also Erkennende den Mythos Adams und der Adamskinder zu entmythologisieren und zu entideologisieren.

Die Väter wollten innerhalb der Urgeschichte schon ein Protevangelion entdeckt haben und beriefen sich auf das Fluchwort über die Schlangenbrut, der endlich doch der Kopf zertreten werden wird. Diese Exegese ist, so weiß man's heute besser, unhaltbar. Sie ist aber auch unnötig. Die Urgeschichte insgesamt ist Protevangelion, nicht nur weil das Ja des Evangeliums dieses Nein umfaßt, sondern weil das Nein, das den Mythos vom Menschen entlarvt, die Wahrheit des Menschen und Gottes offenlegt und zum Exodus aus dem Urbösen befreit, selbst schon das Ja in sich enthält.

DIE BERUFUNG DES REICHEN

Zur Analyse von Markus 10,17—27

WOLFGANG HARNISCH

I.

In Synopsen und Kommentaren begegnet der Abschnitt Mk 10,17—31 häufig unter dem Titel ‚Von der Gefahr des Reichtums'. Damit ist ein Gesichtspunkt pointiert, der das gängige Verständnis des Textes kennzeichnet. Von der Vita Antonii bis zur parodistischen Verwendung des Kamel-Nadelöhr-Wortes bei Christian Morgenstern entnimmt man der Perikope die Warnung, daß irdischer Reichtum das Heil des Menschen gefährdet. Wie die Wirkungsgeschichte des Textes in kirchlicher und exegetischer Tradition zeigt, gilt Mk 10,17 ff. als Hauptbeleg für die christliche These der Unvereinbarkeit von Reichtum und Gottesdienst, Besitz und Heil. Auch in exegetischen Versuchen neueren Datums wird der Gesamtzusammenhang der Perikope als ein Zeugnis beansprucht, das Jesu Stellung zum Besitz dokumentiert. Man beruft sich insonderheit auf die Logien Mk 10,23b.25 und gelangt wie H. Braun zu der Feststellung: „Jesus meint ganz einfach: Besitz und Teilnahme am Endheil schließen sich so gut wie immer aus. Reichtum ist geistlich gefährlich."[1] Braun gibt zwar zu bedenken, daß Jesus „die Forderung des Besitzverzichtes nicht generell, nicht starr, nicht abgesehen von einer individuellen Situation erhoben hat"[2]. Wie ein synoptischer Vergleich der Evangelien insgesamt erkennen läßt, geht die „verschärfte Verneinung des Besitzes nicht auf den historischen Jesus" zurück, sondern ist „speziell von dem dritten Evangelisten eingebracht"[3]. Dieser Sachverhalt kann nach Braun jedoch nicht darüber hinwegtäuschen, daß Hochschätzung der Armut und

---

[1] Jesus (Themen der Theologie Bd. 1), Stuttgart/Berlin 1969, S. 106.
[2] Ebd., S. 108.
[3] Ebd., S. 111; zur Sache vgl. *H.-J. Degenhardt,* Lukas — Evangelist der Armen, Stuttgart 1965.

„Verdächtigung des Reichtums"[4] als typische Merkmale von Jesu Praxis anzusehen sind. S. E. ist nicht zu verkennen, „daß der historische Jesus wie die verschieden akzentuierenden Strömungen der Gemeindetradition einig sind in der Überzeugung: der Besitz ist eine geistlich gefährliche Sache; die materielle Armut ist nicht etwas Schlimmes, sondern etwas Begrüßenswertes"[5].

Ob dieses Urteil generell zutrifft, kann hier nicht entschieden werden. Eine umfassende Kritik der Sicht Brauns ist im folgenden nicht beabsichtigt. Meine Überlegungen orientieren sich vielmehr ausschließlich an der Frage, ob als der eigentliche Gegenstand des Textes Mk 10,17—31 tatsächlich das Problem des Besitzverzichtes zu betrachten ist. Es gilt also zu prüfen, mit welchem sachlichen Recht der Abschnitt immer wieder thematisch auf den Gesichtspunkt der Gefahr des Reichtums bezogen wird. Im Vordergrund des Interesses steht dabei die Frage, welche Tendenz der *vormarkinischen* Überlieferung eigentümlich ist, die der Evangelist in Mk 10,17—31 verarbeitet hat.

II.

Ich beginne mit einigen literar- und formkritischen Erwägungen zum Gesamtkomplex Mk 10,17—31. Untersucht man den Text auf Nahtstellen und Brüche, so ist zunächst eine Zäsur zwischen den vv. 22 und 23 festzustellen. Als erster in sich geschlossener Abschnitt wird somit Mk 10, 17—22 erkennbar. Es handelt sich dabei um ein Traditionsstück, das R. Bultmann der Gattung der Schulgespräche zuweist[6]. Markus hat wohl nur die Einleitung (vgl. v. 17a) redaktionell bearbeitet[7]. Aufs Ganze gesehen ist das Apophthegma „korrekt gebaut und einheitlich konzipiert: Jesu Worte haben nur Sinn in bezug auf die Fragen"[8]. Man kann allerdings schwanken, ob der Schluß der Erzählung v. 22 bereits dem ursprünglichen Bestand der Überlieferungseinheit angehörte; denn in der Regel findet sich das entscheidende Wort Jesu am Schluß eines Apo-

---

[4] AaO, S. 106.   [5] Ebd., S. 111 f.
[6] Vgl. Die Geschichte der synoptischen Tradition, 3. Aufl. Göttingen 1957, S. 20.
[7] Vgl. *R. Bultmann*, ebd.; Ders., Die Frage nach dem messianischen Bewußtsein Jesu und das Petrus-Bekenntnis, in: Exegetica, Tübingen 1967, S. 5; *K. L. Schmidt*, Der Rahmen der Geschichte Jesu, Nachdruck Darmstadt 1964, S. 241 f.; *E. Lohmeyer*, Das Evangelium des Markus, MeyerK I/2 15. Aufl., Göttingen 1959, S. 207 Anm. 1; *R. Pesch*, Naherwartungen, Düsseldorf 1968, S. 84.
[8] *R. Bultmann*, Die Geschichte der synoptischen Tradition, S. 20.

phthegmas. Im übrigen erweist sich zumindest v. 22b als überflüssig, ist doch der Hörer schon durch das zuvor Gesagte darüber orientiert, daß es sich bei dem Dialogpartner Jesu um einen vermögenden Mann handelt (vgl. v. 21). Obwohl die Erzählung einen Einzelfall vor Augen führt, dürfte die Idealität der dargestellten Szene kaum zu bezweifeln sein[9]. Der Einzelfall ist nur insoweit von Interesse, als sich an ihm eine alle angehende Wahrheit beispielhaft abzeichnet. Als abwegig erscheint somit die gelegentlich[10] geäußerte Vermutung, daß hinter dem Bericht die Reminiszenz an eine konkrete historische Begebenheit stehen könnte.

Sosehr nun die vv. 17—21(22) zunächst für sich zu betrachten sind, sowenig kann bei der Interpretation des Abschnitts von den folgenden Aussagen gänzlich abgesehen werden[11]. Die Einsicht in diesen Sachverhalt erschließt sich allerdings erst aus einer literarkritischen Analyse von Mk 10,23—31. Auch dieser Aussagenkomplex ist in sich nicht einheitlich. Ein markanter Einschnitt ist zwischen den vv. 27 und 28 wahrnehmbar. Die Petrusbemerkung v. 28 zeigt einen Neueinsatz des Gesprächs an. Sie leitet einen weiteren Abschnitt ein, der die vv. 28—31 umfaßt. Diesem Komplex liegt ein wohl ursprünglich selbständiges Logion vom königlichen Lohn v. 29.30a zugrunde. Der Evangelist hat das Wort um die vv. 28.30b.c sowie den traditionellen Spruch v. 31 erweitert und redaktionell mit der Perikope vom Reichen verklammert[12]. Ich beschränke mich im folgenden auf eine Erörterung des Zwischenstücks v. 23—27, das enger mit dem Apophthegma verbunden ist als der sich mit dem Lohn der Entsagung befassende Nachtrag v. 28—31.

Der Abschnitt v. 23—27 enthält eine Reihe schwerwiegender Probleme. Anstößig ist der zweimalige Ansatz der Rede Jesu: καὶ περιβλεψάμενος ὁ Ἰησοῦς λέγει τοῖς μαθηταῖς αὐτοῦ (v. 23a) — ὁ δὲ Ἰησοῦς πάλιν ἀποκριθεὶς λέγει αὐτοῖς (v. 24b). Merkwürdig berührt das Nebeneinander speziell an die Reichen gerichteter und allgemein gehaltener Logien. Einerseits heißt es: πῶς δυσκόλως οἱ τὰ χρήματα ἔχοντες εἰς τὴν βασιλείαν τοῦ

---

[9] Mit *R. Bultmann*, ebd., S. 57; vgl. *M. Dibelius*, Die Formgeschichte des Evangeliums, 5. Aufl. Tübingen 1966, S. 48.

[10] Z. B. bei *W. Zimmerli*, Die Frage des Reichen nach dem ewigen Leben, EvTh 19/1959, 97; *K.-G. Reploh*, Markus — Lehrer der Gemeinde, Stuttgart 1969, S. 200.

[11] Dies erhellt insonderheit aus dem Aufsatz *N. Walters*, Zur Analyse von Mc 10, 17—31, ZNW 53/1962, 206 ff. (dazu s. u.). Die Einbeziehung von Mk 10,23 ff. ist schon aus dem Grunde unerläßlich, weil die These, Mk 10,17—22 sei Illustration der Gnome Mk 10,25 (s. u.), auf ihre Stichhaltigkeit hin überprüft werden muß.

[12] Vgl. *R. Bultmann*, Die Geschichte der synoptischen Tradition, S. 115; *N. Walter*, aaO, 216 f.

θεοῦ εἰσελεύσονται (v. 23b). Dem entspricht das paradoxe Wort v. 25: εὐκοπώτερόν ἐστιν κάμηλον διὰ τῆς τρυμαλιᾶς τῆς ῥαφίδος διελθεῖν ἢ πλούσιον εἰς τὴν βασιλείαν τοῦ θεοῦ εἰσελθεῖν. Andererseits wird generell behauptet: τέκνα, πῶς δύσκολόν ἐστιν εἰς τὴν βασιλείαν τοῦ θεοῦ εἰσελθεῖν (v. 24c). Dieser Aussage korrespondiert sachlich die Frage v. 26b im Schlußteil des Dialogs: καὶ τίς δύναται σωθῆναι;. Unmotiviert scheint schließlich der wiederholte Schrecken der Jünger (vgl. v. 24a.26a).

Das Stück enthält offenbar Dubletten und widersprüchlich klingende Aussagen. Wie stark man sich der Unebenheiten der markinischen Überlieferung bewußt war, zeigt sich einerseits an der Wiedergabe des Textes bei Matthäus und Lukas. Beide Seitenreferenten sahen sich zu Glättungen veranlaßt: „gleichermaßen elegant" haben sie die Schwierigkeiten der Vorlage beseitigt, „indem sie den doppelten Ansatz und die szenische Unterbrechung (v. 24) einfach übergangen und so das Kamel-Nadelöhr-Wort unmittelbar an die Geschichte (sc. vom Reichen) angeschlossen haben"[13]. Zum anderen beweist die Textgeschichte der Markuspassage selbst, daß der Zusammenhang als inkonsequent und insofern als revisionsbedürftig erschien. So suchten die Texttradenten schon bald die Fragestellung auch in v. 24 auf den Besitzenden zu beschränken, um eine in sich geschlossene Gedankenfolge zu erzielen. Zu diesem Zweck wurde in einigen Handschriften am Ende von v. 24 entweder πλούσιον oder die gefülltere Wendung τοὺς πεποιθότας ἐπὶ (τοῖς) χρήμασιν eingefügt und vereinzelt auch noch eine Umstellung der vv. 24 und 25 vorgenommen[14].

Wie läßt sich die Uneinheitlichkeit des ursprünglichen Markustextes erklären? In der exegetischen Literatur finden sich höchst disparate Interpretationsansätze. Man versucht, „das Entstehen der Unebenheiten auf redaktionelle Einschaltung einzelner Verse in einen gegebenen Zusammenhang zurückzuführen"[15]. Doch ist die Beantwortung der Frage, wie zwischen Tradition und Redaktion zu scheiden ist, bislang kontrovers. Ich skizziere zunächst die Haupttypen bisheriger Lösungsversuche:

These I (sie geht auf J. Wellhausen[16] zurück und wurde mit Vorbehalt von E. Klostermann[17] übernommen): Der gesteigerte Schrecken der Jünger (vgl. v. 26a) ist nur dann sinnvoll, wenn das zunächst auf die

---

[13] N. *Walter*, aaO, 206.
[14] Zur Diskussion der Varianten vgl. N. *Walter*, aaO, 212 und 208 Anm. 12.
[15] N. *Walter*, aaO, 207.
[16] Vgl. Das Evangelium Marci, 2. Ausg. Berlin 1909, S. 81; vgl. dagegen die Ausführungen der 1. Aufl. Berlin 1903, S. 86 f., z. St. sowie die Berichtigung ebd., S. 146.
[17] Vgl. Das Markusevangelium, HNT 3, 3. Aufl. Tübingen 1936, S. 103.

Reichen bezogene Logion v. 23 im folgenden (v. 24 f.) verallgemeinert und auf alle Menschen bezogen wird. Der ursprüngliche Text zielte also auf einen Gedankenfortschritt vom Speziellen zum Allgemeinen. V. 25b ist dann zu eliminieren. — Im Blick auf das einhellige Zeugnis der Textüberlieferung läßt sich dieser Erklärungsversuch jedoch nicht halten. Immerhin kommt Wellhausen das Verdienst zu, die Integrität des Textes als erster auf Grund sachkritischer Erwägungen in Frage gestellt zu haben.

These II (sie wurde von R. Bultmann[18] erwogen und findet sich neuerdings u. a. auch bei H. Braun[19]): Dem Abschnitt Mk 10,23—27 liegt ein altes, die vv. 23 und 25 umfassendes Apophthegma zugrunde, das wohl schon in der vormarkinischen Traditionsstufe mit den vv. 17—22 verbunden war. Die vv. 24 und 26 f. sind als sekundär zu beurteilen[20]. Sie gehen möglicherweise auf die Redaktion des Evangelisten zurück. Aus text- und literarkritischen Gründen ist die von Wellhausen vorgeschlagene Ausscheidung des Satzteiles ἢ πλούσιον εἰς τὴν βασιλείαν τοῦ θεοῦ εἰσελθεῖν v. 25b zu verwerfen. — Bultmanns Lösung erscheint diskutabel. Sie läßt allerdings das kompositorische Interesse des Evangelisten unberücksichtigt und erklärt nicht, was diesen zur Einschaltung der vv. 24 und 26 f. veranlaßte.

These III (sie wurde zuerst von M. Dibelius[21] vertreten und begegnet später auch bei E. Percy[22]): Nach dieser These hatte die Geschichte Mk 10,17 ff. ursprünglich den Zweck, das Logion Mk 10,25 zu illustrieren. Sie wurde von vornherein nur um dieses Wortes willen erzählt, das — wie Dibelius anmerkt — „bei Markus freilich samt seiner ermäßigenden Deutung 10,27 zu einem kleinen Dialog verarbeitet ist"[23]. Die vv. 23 f. sind also ebenso wie der Schluß (v. 26 f.) der Hand des Evangelisten zuzuweisen. — Auch diese Erklärung vermag nicht plausibel zu machen, warum Markus dann einen zusammenhängenden Dialog (v. 17 bis 22.25) durch eine ‚szenische Fuge' (N. Walter) — nämlich v. 23 f. — unterbrach.

---

[18] Vgl. Die Geschichte der synoptischen Tradition, S. 20 f.; vgl. ebd., S. 20 Anm. 2.
[19] Vgl. Spätjüdisch-häretischer und frühchristlicher Radikalismus, Bd. II, Tübingen 1957, S. 75 Anm. 1.
[20] Nach *E. Schweizer*, Das Evangelium nach Markus, NTD 1, 11. Aufl., Göttingen 1967, S. 119, ist neben den vv. 23b. 25 auch v. 27 (ohne die Einleitung) der älteren Tradition zuzuweisen; vgl. auch E. Fuchs, Jesus. Wort und Tat, Tübingen 1971, S. 14.
[21] Vgl. aaO, S. 47 f.
[22] Die Botschaft Jesu, LUÅ N. F. 1, Bd. 49/5, Lund 1953, S. 92 Anm. 1.
[23] AaO, S. 48.

These IV (sie wird ausführlich begründet in einem Aufsatz von N. Walter, Zur Analyse von Mc 10,17—31[24]): Nach Walter reichte die Erzählung Mk 10,17 ff. ursprünglich bis v. 22a. Sie diente „nicht als Beispiel einer erfolglosen Jüngerberufung", sondern sollte „die Nachfolge Jesu als den eigentlichen Weg zum Leben ... bezeugen"[25]. Die vv. 22b.23 und 24a stellen den ersten Kommentar zu Mk 10,17—22a dar. Sie sind der Anfangstradition bereits *vor* Markus hinzugewachsen, als „sich das Interesse auf die negative Entscheidung des Fragestellers (verlagerte)"[26] und das Problem des Reichtums in den Vordergrund trat. Markus hat an das ihm vorgegebene Apophthegma v. 17—24a mit Hilfe der redaktionellen Überleitung v. 24b ein weiteres Traditionsstück, nämlich v. 24c bis 27, angeschlossen. Dieses Stück war allerdings ursprünglich nicht exklusiv auf den Reichen gemünzt, sondern — wie Walter in Übereinstimmung mit E. Jüngel[27] vermutet — prinzipiell gemeint. Die Spezialisierung des Kamel-Nadelöhr-Wortes auf den Reichen verdankt sich der evangelistischen Redaktion. Markus gab, indem er in v. 25 ein ursprüngliches ἄνθρωπον durch πλούσιον ersetzte, der Tendenz der Tradition nach (vgl. v. 23) und stellte die Geschichte damit noch stärker unter einen ihr an sich sachfremden Gesichtspunkt. Erst bei ihm wird die prohibitive Bedeutung des Reichtums zur Pointe der Erzählung[28].

Aus der Reihe der vorgeführten Lösungsversuche verdient vor allem die scharfsinnige Traditionsanalyse N. Walters Beachtung. Sie begründet nicht nur sehr einleuchtend den uneinheitlichen Charakter des ersten Anhangs v. 23—27, sondern verhilft auch zu einer neuen Sicht der Erzählung Mk 10,17 ff. selbst, sofern man die von Walter herausgestellte ältere Fassung zugrunde legt. Es bleibt allerdings zu fragen, ob Walter die redaktionelle Arbeit des Evangelisten nicht zu gering veranschlagt. Wie E. Schweizer nachgewiesen hat, gehören die Verben θαμβεῖσθαι und ἐκπλήσσεσθαι zur redaktionellen Terminologie des Evangeliums[29]. Insofern erheben sich Zweifel, ob man die vv. 24a und 26a der vormarkinischen Tradition zurechnen darf. Aber auch v. 26b ist im Stil markinischer

---

[24] ZNW 53/1962, 206—218; vgl. auch *S. Légasse*, L'appel du riche, Paris 1966, S. 66 ff.

[25] AaO, 213.

[26] Ebd.

[27] Paulus und Jesus, HUTh 2, 3. Aufl. Tübingen 1967, S. 183.

[28] Vgl. aaO, 209—214. Die Analyse Walters erweist die Fragwürdigkeit der unter I—III genannten exegetischen Hypothesen.

[29] Vgl. Die theologische Leistung des Markus, in: Beiträge zur Theologie des Neuen Testaments, Zürich 1970, S. 25.

Sprache geprägt³⁰. Nimmt man hinzu, daß es sich bei v. 23a ebenfalls um eine bei Markus beliebte Wendung handelt³¹ — eine Beobachtung, die dann wohl auch v. 27a als redaktionell erscheinen läßt, und stellt man ferner in Rechnung, daß v. 27c eine markinischer Diktion entsprechende Aussage darstellt³², ist Walters Charakteristik der Überlieferungsgeschichte des Textes kaum naheliegend. Bedenkenswert scheint andererseits jedoch seine Erwägung, daß die Aussagen der vv. 24c und 25 ursprünglich prinzipiellen Charakter trugen: Von sich aus vermag niemand in die Basileia zu gelangen³³. Wenn diese Vermutung tatsächlich zutreffen sollte, erwiesen sich die vv. 24c.25 und 27b³⁴ als zusammengehörig. Sie könnten eine ältere Tradition repräsentieren, die vielleicht bereits vor Markus mit der Geschichte v. 17 ff. verbunden war. Dann drängt sich die Annahme auf, daß der Evangelist die vv. 23—24b ad hoc bildete und sie den Logien v. 24c.25 vorschaltete, um das dort Gesagte nun eindeutig zu spezialisieren und (bei gleichzeitiger Einfügung von πλούσιον in v. 25) den Gesichtspunkt des Reichtums zur Dominante des Ganzen zu machen. Die Hypothese, daß Markus v. 23b (πῶς δυσκόλως usf.) analog zu v. 24c (πῶς δύσκολον usf.) bildete³⁵, dürfte jedenfalls ebenso erwägenswert sein wie die andere, er habe zwei ähnlich lautende Traditionselemente sekundär verknüpft³⁶. Entspricht also die Vorschaltung der im Sinne eines retardierenden Moments wirkenden vv. 23—24b einem sachlichen Interesse des Evangelisten, so die redaktionelle Erweiterung in v. 26 f. seiner Absicht, die Tradition christologisch (v. 26a; vgl. v. 24a) und soteriologisch (v. 26b.27c) zu präzisieren.

Damit erhebt sich freilich die Frage nach der inneren Sachbeziehung zwischen den vv. 17—21(22) und den Logien v. 24c.25 sowie 27b in einem möglichen vormarkinischen Traditionsstadium. Inwiefern lassen

---

[30] Vgl. *R. Pesch*, aaO, S. 137 (zum Stichwort σωθῆναι), S. 117 (zu δύναμαι).

[31] Vgl. *E. Schweizer*, NTD 1, S. 119.

[32] Vgl. *R. Pesch*, aaO, S. 117 (zu δυνατός), S. 156 (zu πάντα).

[33] Die Möglichkeit, daß das Kamel-Nadelöhr-Wort erst sekundär auf den Reichen spezialisiert wurde, zieht auch *E. Fuchs* in Betracht; vgl. Das Sprachereignis in der Verkündigung Jesu, in der Theologie des Paulus und im Ostergeschehen, in: GA Bd. I, S. 288; Jesus und der Glaube, in: GA Bd. II, S. 252; Das Zeitverständnis Jesu, ebd., S. 364.

[34] Die Aussage Mk 10,27b entspricht einem alttestamentlichen Theologumenon (vgl. Sach 8,6 LXX; Gen 18,14; Hi 10,13 LXX; 42,2), wie *E. Schweizer* (NTD 1, S. 122) bemerkt.

[35] Auch *N. Walter* konzediert die Möglichkeit zumindest einer redaktionellen Bearbeitung von v. 23b (vgl. aaO, 213 Anm. 34).

[36] So *N. Walter,* aaO, 210.

sich die ursprünglich *prinzipiell* geprägten Sprüche vom Eingehen in die Gottesherrschaft, zumal das paradoxe Kamel-Nadelöhr-Wort, als der sachgerechte Kommentar zur Geschichte Mk 10,17—21(22) verstehen? In der Absicht, diese Frage zu klären, wenden wir uns nun dem Apophthegma selbst zu.

III.

Ich lege zunächst eine eigene Übersetzung des Textes Mk 10,17—21 vor:

„(17) Und als er sich auf den Weg machte, lief einer herzu, fiel vor ihm auf die Knie und fragte ihn: ‚Guter Meister, was muß ich tun, damit ich das ewige Leben (als Erbteil) erhalte?' (18) Jesus aber sprach zu ihm: ‚Was nennst du mich gut? Niemand ist gut als Gott allein. (19) Die Gebote kennst du (doch): du sollst nicht töten, du sollst nicht ehebrechen, du sollst nicht stehlen, du sollst nicht Falsches bezeugen, du sollst nichts vorenthalten, ehre deinen Vater und (die) Mutter.' (20) Da sagte er zu ihm: ‚Meister, dies alles habe ich gehalten von meiner Jugend an.' (21) Jesus aber sah ihn an, gewann ihn lieb und sprach zu ihm: ‚Nur eins fehlt dir! Geh, verkaufe, was du hast, und gib es den Armen, so wirst du einen Schatz im Himmel haben; und auf! folge mir nach!' "

Der Text läßt folgende Disposition erkennen: a) die Anfrage (v. 17); b) die Zurückweisung der Frage durch Jesus (v. 18 f.); c) der Einwand (v. 20); d) der Ruf Jesu (v. 21). Wir durchmustern die Erzählung zunächst auf diejenigen Einzelzüge, die für das Verständnis der Pointe wichtig sind. Dabei benutzen wir die Feststellungen zur Disposition als Leitfaden der Exegese.

a) *Die Anfrage* (v. 17): Die Art, wie der absichtlich noch nicht näher gekennzeichnete Mann[37] sein Anliegen vorbringt, entspricht nicht der Konvention. Kniefall und Anrede (διδάσκαλε ἀγαθέ) sind gleicherweise unüblich[38]. Die Erzählung scheint die Begegnung von vornherein dramatisieren und ihr den Anstrich des Außergewöhnlichen geben zu wollen. Die Eingangsfrage τί ποιήσω ἵνα ζωὴν αἰώνιον κληρονομήσω (v. 17b) ist wohl aus szenischen Gründen persönlich formuliert (vgl. Lk 10,25). Sachlich besagt sie nichts anderes als die allgemein gehaltene Frage v. 26b: καὶ τίς δύναται σωθῆναι;. Beide Fragen variieren das im nachexilischen Judentum viel verhandelte Problem, wer als der Adressat des künftigen Äons anzusprechen, wer zum Antritt des eschatologischen Heils berufen sei. Indem v. 17b die Bedingung erfragt, von deren Erfüllung das Ein-

---

[37] Vgl. dagegen die Kennzeichnung des Mannes bei den Seitenreferenten.
[38] Vgl. *E. Lohmeyer,* aaO, S. 207 f.; *E. Schweizer,* NTD 1, S. 119 f.

gehen in den kommenden Äon[39] und damit der Gewinn des unzerstörbaren Lebens[40] abhängt, wird sachlich die Frage nach dem Kreis der Heilsempfänger aufgeworfen. Besondere Beachtung verdient der Sachverhalt, daß in v. 17b auf ein ποιεῖν abgehoben ist: ‚Was muß ich *tun*, damit ich das ewige Leben als Erbteil erhalte?' Auf diese Beobachtung wird bei der Auslegung der vv. 20 f. zurückzukommen sein. Sie ist von ausschlaggebender Bedeutung für die Erhellung des Aussagewillens von v. 17—21(22) insgesamt.

b) *Die Zurückweisung der Frage durch Jesus* (v. 18 f.): Die Antwort Jesu enthält zunächst eine im Ton brüsk klingende Zurechtweisung des Fragers: τί με λέγεις ἀγαθόν;. Man wird dem Sinn dieser Gegenfrage kaum gerecht, wenn man sie als ein literarisches Kunstmittel interpretiert, dessen sich der Erzähler aus Gründen der dialogischen Kontinuität bedient. Die Gegenfrage hat also nicht nur die Funktion, das theologische Anliegen des folgenden Logions zu unterstreichen. Sie ist nicht — wie z. B. H. J. Degenhardt annimmt — „einzig von der folgenden Antwort bestimmt"[41]: οὐδεὶς ἀγαθὸς εἰ μὴ εἷς ὁ θεός. Vielmehr haben beide Teile der Aussage gleichermaßen sachliches Gewicht. Wenn Jesus das ihm zuerkannte Prädikat ἀγαθός mit der Begründung ablehnt, daß es allein Gott vorbehalten sei, so weist er von sich weg auf den, der sein Wort und sein Verhalten autorisiert. Treffend bemerkt F. Gogarten z. St.: „Wenn Jesus sich seinen Hörern zur Entscheidung macht, so tut er es nicht auf Grund irgendwelcher moralischen Qualitäten, die er sich durch eigene Leistungen erworben hätte, sondern er tut es lediglich auf Grund der göttlichen Güte, aus der er lebt. Gott selbst also in seiner Güte ist es, der sich in Jesus und in seinem Wort, das von Gottes Güte zeugt, den Menschen, zu denen er spricht, zur Entscheidung macht."[42]

---

[39] Vgl. Mk 10,23—25. „Wenn Jesus ... vom ‚Eingehen in die Gottesherrschaft' redet (Mk 9,47; 10,23 ff. u. ö.) ..., so verwendet er eine Terminologie, die in seiner jüdischen Umwelt nicht mit dem Begriff der Gottesherrschaft, sondern mit dem des neuen Äons, des olam ha-ba verbunden war. Er verknüpft also den Begriff der Gottesherrschaft mit dem des künftigen Äons, der zu seiner Zeit mit der Messiaszeit identifiziert wurde, und zwar in der Weise, daß er von der Gottesherrschaft in der olam-Terminologie spricht, aber den kommenden olam durch die Gottesherrschaft ersetzt." (*Ph. Vielhauer*, Gottesreich und Menschensohn in der Verkündigung Jesu, in: Aufsätze zum Neuen Testament, ThB Bd. 31, München 1965, S. 88).
[40] Vgl. *R. Bultmann*, ThW II, 864 f.; *E. Brandenburger*, Adam und Christus, WMANT 7, Neukirchen 1962, S. 15—67.
[41] AaO, S. 138; ähnlich *R. Pesch*, aaO, S. 86 f.
[42] Die Verkündigung Jesu Christi, Heidelberg 1948, S. 131.

Der zweite Teil der Antwort (v. 19) erinnert den Fragenden an seine Gebotskenntnis. Bemerkenswert ist, daß Jesus „nicht generell auf die Tora, auch nicht auf das Gebot der kombinierten Liebe zu Gott und dem Nächsten" verweist. Er nennt vielmehr „sechs größtenteils dem Dekalog entnommene Gebote der *zweiten* Tafel, also ... sechs konkrete Verhaltensweisen gegenüber dem Nächsten"[43]. Andererseits gilt zu beachten, daß die Gebote der zweiten Tafel nur zitiert, nicht aber ausgelegt werden[44]. Dem Frager wird also die praktische Entscheidung im Einzelfall selbst zugemutet. Möglicherweise hat die Antwort Jesu aber nur vordergründig den Sinn einer echten Weisung. Wenn nicht alles täuscht, soll der Frager mit ihr auf das zurückgeworfen werden, was er sich selber hätte sagen können. Nach E. Lohmeyer gibt der Satz τὰς ἐντολὰς οἶδας „die Antwort gleichsam an das ‚Wissen' des Fragestellers zurück": Wer wie Jesus an dieser Stelle „nur auf diese zweite Gesetzestafel hindeutet, weist den Fragesteller in Wirklichkeit ab"[45]. Von daher gesehen ist ernstlich zu erwägen, ob nicht die ganze Antwort Jesu v. 18 f. den Charakter einer Abweisung trägt, und zwar „nicht nur der Anrede, sondern auch der Frage selbst"[46]. Lohmeyer dürfte die literarische Funktion von v. 18 f. im Rahmen des Dialogs zutreffend erfaßt haben, wenn er z. St. bemerkt: „In jedem Falle ist durch die Antwort Jesu die Lage des Gespräches gespannt, und aus solcher Spannung heraus ist die Entgegnung des Reichen zu begreifen."[47]

c) *Der Einwand* (v. 20): Die Worte des Fragers in v. 20 sind nicht als Ausdruck der Enttäuschung, sondern im Sinne einer Selbstrechtfertigung zu verstehen. Dies gilt vor allem dann, wenn die vv. 18 f. als ‚verkappte Abweisung'[48] gemeint sein sollten. Auffällig ist der Wortlaut des Bekenntnisses: ταῦτα πάντα ἐφυλαξάμην ἐκ νεότητός μου. Eine derartige Beteuerung entspricht zwar dem Selbstbewußtsein des Gerechten, gehört aber — wie W. Zimmerli gezeigt hat[49] — eher in die Exhomologese, das heißt in die Sprache des Kultes und wirkt daher im Zusammenhang überraschend. Im Sinne der Regie des Erzählers hat die ungewöhnlich wirkende Aussage zweifellos die Funktion, noch einmal das ποιεῖν von v. 17b zu pointieren; denn die Wendung ταῦτα πάντα *ἐφυλαξάμην* korrespondiert sachlich der Frage τί ποιήσω. Was im Bereich des Tuns erschwinglich

---

[43] H. *Braun*, aaO, S. 60 Anm. 3.
[44] Vgl. *E. Lohmeyer*, aaO, S. 210.   [45] Ebd.
[46] *E. Lohmeyer*, ebd. Gegen diese Auffassung hat W. *Zimmerli*, aaO 96 (vgl. 92) Einspruch erhoben, kaum zu Recht!   [47] AaO, S. 210.
[48] Formulierung *W. Zimmerlis*, aaO, 96.   [49] Vgl. aaO, 95 f.

ist, hat der Fragesteller geleistet. Auf diesen Sachverhalt hebt der Erzähler ab, wenn er dem Fragenden die Beteuerung in den Mund legt: ‚Das alles habe ich gehalten von meiner Jugend an.' Für den jüdischen Hörer der Geschichte muß der Mann als ein paradigmatischer Gerechter erscheinen. Denn auf ihn trifft zu, was der apokalyptische Makarismus 4.Esr 7,45 zum Ausdruck bringt: ‚Beati (qui) praesentes et observantes, quae a te constituta sunt'.

d) *Der Ruf Jesu* (v. 21): Das Schlußwort Jesu, durch v. 21a vorbereitet und motiviert, will vor dem Hintergrund der soeben skizzierten Selbstauslegung jüdischer Existenz verstanden sein. Die Aussage v. 21b beginnt mit der lapidaren Feststellung: ἕν σε ὑστερεῖ (man beachte die Korrespondenz von ἕν, v. 21b, und πάντα, v. 20). Sie mündet in einen imperativisch gefaßten Ruf, der sachlich in zwei Teile zerfällt: 1. Aufforderung (a) zum Verkauf des Besitzes und (b) zur Beschenkung der Armen, verbunden mit einem Verheißungssatz; 2. Aufforderung zur Nachfolge.

Um die Pointe des entscheidenden Wortes Jesu und damit die des ganzen Apophthegmas zu ermitteln, haben wir zwei eng miteinander zusammenhängende Fragen zu erörtern:

1. In welchem Verhältnis steht das ἕν (v. 21) zu πάντα (v. 20) einerseits und zu den Imperativen v. 21b andererseits?

2. Inwiefern stellt v. 21b eine Antwort auf die Eingangsfrage v. 17b dar?

Zunächst ist festzustellen, daß es sich bei dem ἕν keineswegs um etwas handelt, das dem πάντα noch hinzugefügt werden müßte. Der Satz ‚Nur eins fehlt dir' besagt also nicht, daß das nachfolgend anbefohlene Verhalten „zu der in Ordnung gehenden Beobachtung der Gebote nur noch hinzuzukommen braucht, damit die erfragte ζωὴ αἰώνιος gesichert sei"[50]. Der Imperativ Jesu fixiert also kein elftes Gebot. Vielmehr qualifiziert „das *eine* Fehlende ... das ganze wirklich Geleistete negativ", wie H. Braun zu Recht feststellt[51].

Worin liegt dann aber der Mangel des Reichen? Bezieht sich das ὑστερεῖν darauf, daß er seinen Gehorsam nur äußerlich vollzog, ohne sich selbst von der göttlichen Forderung tangieren zu lassen? Dann handelte es sich bei dem *einen* Fehlenden um das von *allen* Geboten Geforderte:

---

[50] *H. Braun,* aaO, S. 75 Anm. 1.
[51] Ebd. Der Satz gilt nach Braun allerdings nur im Blick auf die hypothetisch zu erschließende Situation des historischen Jesus, nicht aber für den Markustext, in dem das ἕν doch wohl als quantitative Ergänzung des πάντα gemeint sei (vgl. ebd.).

nämlich um die *Ganzheit* des Gehorsams, die Selbstpreisgabe bedeutet und im vorliegenden Fall gerade den Besitzverzicht einschließt. So versteht z. B. F. Gogarten den Text, wenn er z. St. bemerkt: „Daß das ‚ewige Leben' den Einsatz des *ganzen* Menschen fordert, das hat er (sc. der Reiche) noch nicht begriffen. Und eben das will Jesus ihm zum Bewußtsein bringen, indem er von ihm das Opfer des Reichtums fordert, in dem sein Herz gefangen ist ..."[52] Ganz ähnlich interpretiert R. Bultmann den Abschnitt: „Zweierlei zeigt die Geschichte: einmal, daß man Gottes Interessen nicht bis zu einem gewissen Grade bejahen kann, soweit sie einen nicht stören; daß vielmehr Gottes Wille den Menschen ganz beansprucht ... Das andere ist dies, daß Jesus dem Reichen zum Bewußtsein bringt, daß seine formale Korrektheit ihm gar nichts hilft. Gewiß, wer nach dem Weg zum Leben fragt, dem ist gar nichts Besonderes zu sagen; er soll tun, was recht ist, was jedermann weiß. Aber wenn dann eine besondere Forderung an den Menschen herantritt, dann kommt es zum Vorschein, ob in jenem korrekten Verhalten wirklich der *ganze* Mensch steckte, ob jenes Tun dessen, was recht ist, wirklich auf der *Entscheidung* für das Gute beruhte; sonst hat es keinen Wert. In der Sprache des Orientalen gesprochen: Es kommt darauf an, wo das *Herz* ist, bei Gott oder bei der Welt."[53]

Gegen diese Auslegung der Stelle ist zweierlei einzuwenden:

1. Sie orientiert sich zu einseitig an den zuerst genannten Imperativen von v. 21b, nämlich: ‚Geh hin, verkaufe, was du hast, und gib es den Armen!' Auf diese Weise erhebt sie das Problem des Besitzverzichtes zur eigentlichen Pointe der Erzählung, ohne die zwischen den vv. 21b und 17b waltende Sachbeziehung wirklich aufzuhellen.

2. Sie bleibt letztlich doch wieder der durch das ἕν σε ὑστερεῖ gerade disqualifizierten Ebene des ποιεῖν verhaftet, indem sie den Menschen wesentlich als *Handelnden* auslegt, der einer radikalen Forderung durch ebenso radikalen Gehorsam zu entsprechen hat.

Demgegenüber erhebt sich die Frage, ob die Antwort Jesu nicht vielmehr die „Grenze unsres Könnens"[54] einschärfen und den auf Werke

---

[52] AaO, S. 47 (Hervorhebung von mir). Gogarten macht allerdings im selben Zusammenhang ausdrücklich auf die *Unbedingtheit* der göttlichen Wirklichkeit (d. h. des ‚Lebens') aufmerksam: „Darum kann auch die radikalste Absage an die irdische Welt jene andere Wirklichkeit nicht in die Gewalt des Menschen bringen; sie ist kein Mittel, das Leben aus jener Wirklichkeit zu gewinnen." (aaO, S. 48)

[53] Jesus, Tübingen 1951, S. 85 f.

[54] *E. Fuchs*, GA Bd. II, S. 323; vgl. ebd., S. 253: „Jesus blieb vorbehalten, daß er die Empfänger, diejenigen, denen Gottes Kommen zugute kommen sollte, nicht nur

bauenden, gleichwohl ratlosen Menschen an eine Hilfe verweisen will, die ihm nur von außerhalb seiner selbst zukommen kann. Was fehlt also dem Reichen? Etwa die Einsicht, daß sich der Gewinn der ζωή nicht durch ein wie auch immer geartetes ποιεῖν bewerkstelligen läßt? Scheitert er etwa daran, daß er das Leben noch auf dem Weg des ποιεῖν zu erlangen sucht, während es sich ihm in der Begegnung mit Jesus gerade anbietet und von ihm nur noch empfangen sein will? Diese Fragen sind dann zu bejahen, wenn nicht die Forderung des Besitzverzichtes, sondern der Ruf in die Nachfolge als das eigentliche Ziel des Logions v. 21b zu betrachten ist. In der Tat spricht alles dafür, daß der Akzent auf jenem Wort liegt, in welchem der Ruf Jesu gipfelt: καὶ δεῦρο ἀκολούθει μοι. Die vorhergehenden Imperative haben demgegenüber eine untergeordnete, lediglich explizierende Bedeutung. Man hat sogar die Vermutung geäußert, daß der Text nachträglich aufgefüllt worden sein könnte[55]. Ein derartiger Verdacht scheint naheliegend, konkurriert doch der Ruf in die Nachfolge in gewisser Weise mit der selbst schon himmlischen Lohn verheißenden Forderung des Besitzverzichtes. Doch auch wenn man die Integrität des vorliegenden Textes voraussetzt, ändert sich nichts an der Feststellung, daß nicht das verlangte Opfer, sondern vielmehr die angebotene Nachfolge im Vordergrund des Interesses steht. Jesu Ruf ‚Folge mir nach!' impliziert die eigentliche Antwort auf die eingangs gestellte Frage nach der ζωὴ αἰώνιος. Zutreffend bemerkt H. J. Degenhardt z. St.: „Das eine, das fehlt, ist das Entscheidende, nämlich der Anschluß an Jesus."[56] Ähnlich urteilt auch W. Zimmerli: „Die tiefste Antwort auf die Frage nach dem ‚Leben' liegt ... nicht in dem Hinweis auf den ‚Schatz im Himmel', den das Verkaufen der Habe ihm (sc. dem Begüterten) einbringt, sondern in dem Angebot der Nachfolge."[57]

Diese Beobachtungen bestätigen die Auffassung N. Walters, nach der das Apophthegma ursprünglich nicht als Beispiel einer fehlgeschlagenen Jüngerberufung tradiert wurde. Seine Absicht liegt vielmehr darin zu zeigen, daß Jesu Ruf in die Nachfolge nichts anderes darstellt als Einladung zum Empfang der ζωή. Der Imperativ ἀκολούθει μοι setzt keine Vorleistung voraus, sondern er überantwortet dem Hörer die Frage, ob

---

radikal als die Bußfertigen ansprach, sondern sie, im Unterschied z. B. von der Qumransekte, zugleich als diejenigen bestimmte und behandelte, die sich nicht selber helfen konnten."

[55] So *K.-G. Reploh*, aaO, S. 200. Sekundär, möglicherweise sogar redaktioneller Zusatz könnte der Satzteil sein καὶ δὸς τοῖς πτωχοῖς, καὶ ἕξεις θησαυρὸν ἐν οὐρανῷ.
[56] AaO, S. 140.   [57] AaO, 97.

er sich — um eine Formulierung E. Schweizers aufzugreifen — „das künftige Leben nicht schon hier in einer Ganzheit, die alles in sich schließt, schenken (sc.: geschenkt sein lassen) will"[58]. Wenn damit der ursprüngliche Sinn der Erzählung zutreffend gekennzeichnet ist, verlieren die zuerst genannten Imperative ebenso an Gewicht wie die Zusage des Himmelsschatzes. Die Forderung des Besitzverzichtes ist jedenfalls nicht im Sinne einer zu erfüllenden Vorbedingung gemeint, die erst zur Nachfolge instand setzt. Sie stellt vielmehr nur die Konsequenz vor Augen, die der Nachfolger Jesu natürlicherweise auf sich nimmt[59]. Begegnet ihm im Wort Jesu die Fülle der ζωὴ αἰώνιος selbst, so wird er selbstverständlich bereit sein, für dieses Wort alles einzutauschen, was er besitzt[60].

Damit gewinnt die Aussage von v. 21b allerdings zugleich einen eminent kritischen Sinn. Hieß es bisher, das Leben sei zu erlangen in der Befolgung der Gesetzesweisungen, so gilt nun, daß die Lebenszusage im Wort Jesu gegeben ist. Von daher gesehen ist H. Brauns These zu korrigieren, nach der die Aussage ἕν σε ὑστερεῖ lediglich aufdecken soll, „wie es in Wirklichkeit steht um die von dem Frager behauptete Gebotsbeobachtung"[61]. Das eine Fehlende disqualifiziert nämlich nicht nur das ganze wirklich Geleistete, wie H. Braun annimmt, sondern es *disqualifiziert darüber hinaus den Weg der Leistung selbst*. Berücksichtigt man, daß in v. 21b der Ruf in die Nachfolge alles Gewicht trägt, so steht die Aussage in Antithese zu jenem Denken jüdischer Provenienz, das den Erwerb der ζωὴ αἰώνιος menschlicher Tat anheimstellt. Sie kritisiert und überbietet ein Selbstverständnis, dem das eschatologische Heil als Auszeichnung gilt, die sich der Mensch durch genaue Gebotsbefolgung selbst anzueignen vermag. Im Blick auf diesen Sachverhalt erscheint zweifelhaft, ob man das Apophthegma Mk 10,17—21(22) in die Reihe der Schulgespräche einordnen sollte. Das Stück erinnert eher an *Streitgespräche*, wie auch E. Fuchs bemerkt[62]. Somit wird man vielleicht Gesetzesdebatten der Gemeinde als ‚Sitz im Leben' der Überlieferung vermuten dürfen.

---

[58] NTD 1, S. 121; vgl. *Ders.*, Erniedrigung und Erhöhung bei Jesus und seinen Nachfolgern, AThANT 28, Zürich 1955, S. 10; *Ders.*, Jüngerschaft und Kirche, in: Beiträge zur Theologie des Neuen Testaments, S. 220.
[59] Vgl. *N. Walter*, aaO, 213. Vgl. die Wendung καὶ ἀπὸ τῆς χαρᾶς αὐτοῦ ὑπάγει καὶ πωλεῖ ὅσα ἔχει Mt 13,44c — eine Aussage, die allerdings der Gleichniserzählung Mt 13,44 angehört, zunächst also als Bestandteil der Bildhälfte gewürdigt sein will.
[60] Vgl. *E. Fuchs*, Jesus. Wort und Tat, S. 19.
[61] AaO, S. 75 Anm. 1.   [62] Vgl. Jesus. Wort und Tat, S. 17 f.

IV.

Zusammenfassend läßt sich der Aussagewille des Textes Mk 10, 17 bis 21(22) folgendermaßen charakterisieren: Jesus beantwortet die Frage des Reichen nach dem ewigen Leben mit dem Ruf in die Nachfolge, der gerade als Ruf in das ‚Leben' vernommen sein will. Das Apophthegma interpretiert also die eschatologische ζωή als eine Gabe, die sich im konkreten Wort Jesu selbst mitteilt und der auf der Seite des Menschen nur die Einstellung des Hörens und Empfangens entspricht. „Gemeint ist", — wie E. Fuchs formuliert — „daß einer sich selbst ergreifen lassen muß. Und das kann auf keine andere Weise geschehen als so, daß sich der angeredete Mensch neu versteht, indem er sich von Gott als einen neuen Menschen empfängt."[63]

Wenn diese Interpretation des Textes zutrifft, erweisen sich die Aussagen der Verse Mk 10,24c.25 und 27b (in der eingangs rekonstruierten unspezifizierten Fassung) tatsächlich als ein sachgerechter Kommentar zu unserer Erzählung, wie diese umgekehrt eine gelungene Illustration der genannten Logien darstellt. Auf den ersten Blick scheinen beide Partien freilich unvereinbar, steht doch im Zentrum der Berufungsgeschichte die Frage nach der ζωὴ αἰώνιος, während die Logien vom Eingehen in die βασιλεία τοῦ θεοῦ reden. Doch ist diese terminologische Differenz sachlich unerheblich, wie W. G. Kümmel gezeigt hat[64]. In der synoptischen Tradition begegnet der Ausdruck εἰσελθεῖν εἰς τὴν βασιλείαν wechselweise mit der Wendung εἰσελθεῖν εἰς τὴν ζωήν (vgl. Mk 9,43 ff.). Insofern handelt es sich bei den in Frage stehenden Stücken aus Mk 10 auch in terminologischer Hinsicht um sachverwandte Aussagen. Man wird die Logien v. 24c und 25 wohl am ehesten als *Kampfworte* bezeichnen können. Sie stellen jeden Heilsoptimismus, auch den gemäßigten pharisäischer Herkunft, von Grund auf in Frage. Sowenig ein Kamel ein Nadelöhr passieren kann, sowenig vermag der Mensch von sich aus in die Gottesherrschaft zu gelangen. Die Radikalität dieser Behauptung wird durch das Hyperbolische der Redeform eindrücklich vor Augen geführt. Man wird an Worte wie Mt 7,13 f. Par. (die enge Pforte) und Mk 10,15 erinnert, die das Eingehen in das Leben bzw. in die Gottesherrschaft ebenfalls als eine sub specie hominis unmögliche Möglichkeit deklarieren. Freilich verweisen alle diese Sprüche hintergründig auf das dem Menschen entzogene Vermögen Gottes. E. Fuchs bemerkt zu Mk 10,25: „Wo ein Mensch so wenig durchkommt, wie das Kamel durchs Nadelöhr, da

---

[63] Das Wesen des Sprachgeschehens und die Christologie, in: GA Bd. III, S. 239.
[64] Vgl. Verheißung und Erfüllung, AThANT 6, 3. Aufl. Zürich 1956, S. 46.

kommt Gott herein, wenn er will."⁶⁵ Diesen Sachverhalt macht die Aussage Mk 10,27b ausdrücklich. Was vom Menschen her gesehen als unmöglich erscheint, ist Gott möglich. Derjenige, der die Basileia durch Jesu Wort inszeniert, gibt allen die Möglichkeit, hineinzugelangen — aber er behält sich selbst vor, diese Möglichkeit zu gewähren.

Daß die genannten Worte vom Eingehen in die Gottesherrschaft übereinstimmend ein ‚extra nos' pointieren, hat E. Jüngel treffend dargelegt: „Das Logion Mk 10,15 Parr. zeigt, wie schwierig es für *jedermann* ist, in die Gottesherrschaft einzugehen: ἀμὴν λέγω ὑμῖν, ὃς ἂν μὴ δέξηται τὴν βασιλείαν τοῦ θεοῦ ὡς παιδίον, οὐ μὴ εἰσέλθῃ εἰς αὐτήν ... Das ὡς παιδίον meint keine kindliche Gesinnung, die als Bedingung für den Eintritt in die Basileia gefordert wird, sondern dies, daß es keine andere Bedingung für den Eintritt in die Basileia gibt als einen *neuen Anfang* ὡς παιδίον. Diesen Anfang gibt die Basileia selbst. Von sich aus kommt der Mensch nicht in die Basileia, ebensowenig wie ein Kamel durch ein Nadelöhr (cf. Mk 10,25). Aber ‚das Gottesreich kommt zu uns, und das ohne uns, ohne unser Zutun'. Deshalb interpretiert Markus richtig: παρὰ ἀνθρώποις ἀδύνατον (Mk 10,27 par. Mt 19,26 par. Lk 18,27). Jesus hat also formal wie seine Umwelt vom ‚Eingehen' in die Basileia geredet. Aber während nach den Rabbinen und Apokalyptikern der Mensch bestimmte Bedingungen zur Erlangung der eschatologischen Herrlichkeit erfüllen muß, zeigt Jesus gerade, wie δυσκόλως es mit allen menschlichen Bedingungen für den Zugang zur Gottesherrschaft ist. Sie gehören sämtlich zu den ἀδύνατα παρὰ ἀνθρώποις (Lk 18,27). Die Gottesherrschaft kommt wunderbar von selbst, wie es uns das Gleichnis von der selbstwachsenden Saat erzählte. Das heißt aber: Der Mensch kann die Gottesherrschaft nur *empfangen* als den neuen Anfang ... Wer die Basileia nicht als ein durch ihre Macht neu Geborener empfängt, der kommt nicht hinein. Wer sie aber so empfangen hat, der steht bereits in der neuen Geschichte, die das Wort Jesu eröffnet."⁶⁶ Soweit die Erwägungen Jüngels. Sie bestätigen, daß die Logien vom Eingehen in die Gottesherrschaft Mk 10,24c und 25 (vgl. v. 27b) als Sachparallelen zur Geschichte von der Berufung des Reichen Mk 10,17—21(22) anzusprechen sind. Denn daß die Fülle des Heils, die alles andere an Wert übertrifft, dem Menschen sola gratia zuteil wird, ist die Pointe beider Stücke, die aus diesem Grund wohl bereits in vormarkinischer Überlieferung kombiniert wurden.

---

[65] GA Bd. II, S. 252.
[66] AaO, S. 183 f. Das Zitat im Zitat stammt aus *K. L. Schmidt*, ThW I, 586.

METAKRITIK DES „KRITISCHEN RATIONALISMUS"

Zum Problem der zureichenden Begründung

HELMUT HOLZHEY

1. Das allgemeine Programm des „Kritischen Rationalismus"

Unter dem Titel „Kritischer Rationalismus" hat der Wirtschaftswissenschaftler Hans Albert ein methodologisches Programm in der gegenwärtigen philosophischen Diskussion zur Geltung gebracht. Die wissenschaftstheoretischen Arbeiten Karl Poppers, insbesondere seine „Logik der Forschung"[1], bilden dessen Hintergrund. Ähnlich wie die logisch-wissenschaftstheoretische Neubesinnung des Wiener Kreises in der zweiten Hälfte der zwanziger Jahre mit einem rabiaten Angriff auf die Metaphysik gepaart war, entwickelt Albert aus den wissenschaftsmethodologischen Thesen Poppers eine neue *Rationalitätskonzeption*, dabei weitgehend einig mit ähnlichen Tendenzen bei Popper und W. W. Bartley[2]. Albert kennzeichnet den kritischen Rationalismus als einen „neuen Kritizismus"[3].

Dem Terminus nach wäre damit eine Verbindung zu philosophischen Strömungen des 19. Jahrhunderts hergestellt, die ihrerseits an Kant anknüpften. Eine gewisse Verwandtschaft zum *Neukantianismus* ist auch tatsächlich zu belegen; sie zeigt sich in der Bezugnahme philosophischer Reflexion auf Wissenschaft und ihren Fortschritt, in der Metaphysikkritik (wenngleich die bekämpften metaphysischen Richtungen andere sind) und in der Formierung der Tradition, in der sich der Kritizismus ge-

---

[1] 1934, 3. Aufl. Tübingen 1969; zit. LdF.

[2] *K. R. Popper*, On the Sources of Knowledge and of Ignorance (1960), in: Conjectures and Refutations, 3. Aufl. London 1969, p. 3—30; *W. W. Bartley*, The Retreat to Commitment (1962), dt.: Flucht ins Engagement — Versuch einer Theorie des offenen Geistes, München 1964.

[3] Traktat über kritische Vernunft, Tübingen 1968, Vorwort und S. 6; die ohne nähere Angaben im Text vermerkten Seitenzahlen beziehen sich immer auf dieses Buch. — Zum Vergleich mit Kants „Kritizismus" jetzt *H. Albert*, Konstruktion und Kritik — Aufsätze zur Philosophie des kritischen Rationalismus, Hamburg 1972, S. 17 ff.

schichtlich versteht. Es war ja gerade für den Marburger Neukantianismus charakteristisch, daß er sich mehr und mehr nicht bloß in der Kant-Nachfolge stehen sah, sondern — genau wie Albert von seinem „neuen Kritizismus" behauptet — an eine antike Tradition anknüpfte, „die sich in der Entstehungsphase der neuzeitlichen Naturwissenschaft wieder zur Geltung gebracht... hat" (S. 6). Mehr noch: der alte und der neue Kritizismus sind sich auch in der Ablehnung der Hegelschen Philosophie bzw. Dialektik einig. Sofern Albert sein „kritisches Modell der Rationalität" „in einem ganz bestimmten Sinne" als *dialektisches* verstanden wissen will, nimmt er die vorsokratisch-eleatische Dialektik zum Vorbild, insbesondere die zenonische. Sie gilt ihm deshalb als Vorwegnahme des Kritizismus, weil sie „mit der Aufstellung von ‚Hypothesen' und der sogenannten indirekten Beweismethode" operiert, „die darauf abzielt, Widersprüche abzuleiten, um daraus auf die Falschheit bestimmter Behauptungen schließen zu können" (S. 44). Den ‚hypothetischen' Charakter von Erkenntnis bringt auch der alte Kritizismus zur Geltung — in Anknüpfung an Platon. Cohen charakterisierte schon 1878 die platonische Idee als Hypothesis, „als zureichende Voraussetzung gesetzmäßigen Seins", und sah Platon in dieser Konzeption dem mathematischen Denken, genauer der sogenannten analytischen Methode in der Geometrie, folgen, gemäß der man eine Hypothese bildet, deren Wahrheit an den aus ihr abgeleiteten Folgerungen geprüft wird.

Halten wir angesichts so frappierender Berührungspunkte aber auch gleich die Differenzen zwischen den Traditionslinien des alten und des neuen Kritizismus fest. Cohen proklamiert Platon zum Urvater des Kritizismus, für Popper ist Platon der Prototyp eines Feindes der offenen Gesellschaft; Cohen sieht in der Hypothesis das Denken als *Grundlegung* am Werk, das die „zureichende Voraussetzung" für seine Vermittlung mit dem Sein schafft, Albert interessiert sich für *das Voraussetzungshafte* der Hypothesenbildung: eine Hypothese — wie auch ursprünglich ein Axiom (Szabó)[4] — ist eine in die Diskussion eingebrachte These, die Zustimmung oder Ablehnung erheischt und daraufhin geprüft wird, ob sich aus ihr Widersprüche ableiten lassen; Cohen geht es um den *Grund der Geltung* von Erkenntnis, Albert um ein *Verfahren* der Prüfung und möglichen Widerlegung von beanspruchter Erkenntnis.

Genug mit diesem Vergleich. Die Kritik des „neuen Kritizismus" rich-

---

[4] Traktat über kritische Vernunft, S. 44 f. Vgl. Á. Szabó, (Art.) Axiom I., in: Historisches Wörterbuch der Philosophie, hg. v. J. Ritter, Bd. I, Basel/Stuttgart 1971, Sp. 737—741.

tet sich historisch *gegen* seit Beginn des 19. Jahrhunderts wieder einbrechende „Irrationalismen" (S. 6), der Sache nach *gegen* das „totale Engagement theologischer und quasi-theologischer Denkweisen mit seinen anti-liberalen Implikationen" (S. 6), gegen ein das Denken korrumpierendes Engagement (S. 4). Aus diesen Bestimmungen wird schon deutlich, daß die Kritik einem Engagement für..., Albert nennt es „kritisches Engagement für rationales Denken" (S. 6), entspricht. Engagiertheit bringt schon der Begriff „Rational*ismus*", als der sich der neue Kritizismus versteht, zum Ausdruck. Es soll hier Ernst gemacht werden mit der Rationalität menschlichen Denkens, Ernst gemacht im Unterschied zu jenen Denkweisen, die sich wohl selbst als höchst rational behaupten und ausweisen mögen, aber nach Albert irrationale Elemente enthalten bzw. sogar auf irrationalen Voraussetzungen beruhen; im Unterschied aber auch zu einem positivistisch-analytischen Denken, das schon ein Engagement für Rationalität als ‚sinnlos' disqualifiziert. Man bemerkt: das Programm „kritischer Rationalismus" ist ein Streit um den Begriff des Rationalen bzw. des rationalen Denkens. „Kritisch" will dieser Rationalismus aber nicht bloß gegenüber anderen Denkpositionen sein; rationales Denken, für das er sich engagiert, ist in sich selbst kritisch, d. h. es stellt die von ihm gefundenen Lösungen immer wieder in Frage und setzt sie der Kritik aus.

2. Die Suche nach Gründen und Alberts Einwand

Angriffspunkt für den Streit um den Begriff des Rationalen ist die mit rationalem Denken scheinbar unauflöslich verbundene Suche nach zureichender Begründung. „Ratio" heißt „Vernunft" wie auch „Grund". Vergegenwärtigen wir uns zunächst, welche Bedeutung und welchen Umfang die Suche nach Gründen in allen Bereichen des Lebens hat.

„In allem, was uns umgibt, angeht und begegnet, schauen wir nach Gründen aus. Wir verlangen für unsere Aussagen die Angabe des Grundes. Wir bestehen auf der Begründung für jedes Verhalten. Oft begnügen wir uns mit den nächstliegenden Gründen; bisweilen forschen wir nach den weiter zurückliegenden Gründen; schließlich wagen wir uns an die ersten Gründe und fragen nach dem letzten Grund."[5]

Nach Gründen fragt man sich selbst, fragen einen andere, insbesondere andere: man sieht sich der Forderung ausgesetzt, sein Verhalten, seine

---

[5] *M. Heidegger,* Der Satz vom Grund, Pfullingen 1957, S. 191.

Entscheidungen, seine Aussagen zu begründen. Die wirklichen Gründe und die gegebene Begründung müssen dabei — eine im politischen Leben recht häufige Erscheinung — durchaus nicht übereinstimmen (die praktische Bedeutung zutreffender Begründungen wurde z. B. an den Folgen sichtbar, welche der aus unzutreffenden Begründungen resultierende credibility gap in der Aera Johnson hatte). In der alltäglichen individuellen Lebenspraxis sind andererseits diejenigen Handlungen und Aussagen, für die einem *keine* Begründung abverlangt wird, in der Mehrzahl. Daß man für eine Feststellung faktisch keine Begründung gibt, heißt aber nicht, daß man für sie keine geben könnte oder sogar, daß sie keine Gründe hätte. Man wird — auf Begründung angesprochen — allerdings manchmal in Verlegenheit kommen.

Es scheint nun gerade den *Wissenschaftler* zu charakterisieren, daß er von der Begründungsforderung weder überrascht noch gar durch sie in Verlegenheit gebracht wird. Wissenschaft vollzieht sich in behauptender (apophantischer) Rede. Der Wissenschaftler übernimmt mit seinen Behauptungen, wie Kambartel dargelegt hat, die Pflicht zu ihrer Verteidigung[6]. In der Verteidigung einer Behauptung geht es um ihre Begründung (die mit der Angabe eines Verfahrens, mit dem Nachweis der Anwendbarkeit eines Gesetzes auf den gegebenen Fall oder — im engeren Sinne von Begründung — mit der Ableitung geleistet werden kann). Begründet soll nach Kambartel eine Behauptung dann heißen, „wenn sich die Pflicht, die der Verteidiger übernimmt, auf jeden Fall, nicht nur gegenüber einem unkritischen oder unkundigen Opponenten erfüllen läßt". Die Differenz zwischen Wissenschaft und Politik liegt auf der Hand. Genügt es in der Politik faktisch, der Verteidigungspflicht im *konkreten* Fall, dem *bestimmten* politischen Opponenten gegenüber, nachzukommen, um im Besitz des besseren Argumentes und damit als ein ‚guter Politiker' zu erscheinen, so weiß sich der Wissenschaftler auf Begründung in *jedem* Fall, das heißt auch von vornherein dem ‚stärksten Gegner' gegenüber verpflichtet. Ansprechbarkeit auf Gründe ist wissenschaftlichen Behauptungen immanent[7].

Kambartel weist dem Philosophen die Aufgabe zu, „gegenüber den faktisch gegebenen, fast immer mangelhaften oder unvollständigen

---

[6] Was ist und soll Philosophie? Konstanz 1968, S. 6 ff.

[7] Die wissenschaftliche Kommunikation wurde seit Platon und Aristoteles als *Muster* für die Erfüllung von Begründungspflichten entwickelt; der angedeuteten Divergenz von Wissenschaft und Politik entsprach in der Antike diejenige von Philosophie einerseits, Sophistik und Rhetorik andererseits.

Rechtfertigungen wissenschaftlicher Behauptungen die tatsächlich eingegangenen Begründungsverpflichtungen ans Licht zu ziehen und die Möglichkeiten ihrer Erfüllung zu überdenken"[8]. In der Tendenz auf Vervollkommnung von Rechtfertigungen, wie sie in dieser Aufgabenzuweisung zum Ausdruck kommt, in der Tendenz auf zureichende Begründung überhaupt, sieht nun Albert den Sündenfall der Vernunft, ihren Fall in den status corruptionis. Was bis heute — und nicht nur in der Philosophie — als eigentliches Kennzeichen vernünftiger oder rationaler Argumentation, als Kennzeichen von Wissenschaftlichkeit usw., behauptet wird, nämlich Begründungen zu suchen und zu geben, das *korrumpiert* nach Albert gerade die Rationalität.

3. Alberts Argumentation

Wenn ich recht sehe, gibt Albert für diese These zwei ‚Gründe'[9] an, einen wissenschaftstheoretischen und einen prinzipientheoretischen Grund.

a) *Wissenschaftstheoretisch* beurteilt leistet Wissenschaft gar nicht, was man ihr recht selbstverständlich unterstellt — Begründungen für Aussagen oder Aussagenmengen zu liefern, jedenfalls nicht Begründungen im Sinne der Rückführung von Aussagen auf sichere und unbezweifelbare Gründe.

b) Das *Prinzip* solcher Begründungen, der Satz vom zureichenden Grund, führt auf ein Trilemma, d. h. „zu einer Situation mit drei Alternativen, die alle drei unakzeptabel erscheinen" (S. 13), anders formuliert: Das Prinzip der zureichenden Begründung ist nicht widerspruchsfrei anwendbar.

a) Wissenschaftstheoretische Erwägungen

Wie schon bemerklich geworden ist, nimmt Albert die Verfechter begründenden Denkens beim Wort. Wer nach Gründen sucht, der sucht eo ipso nach sicheren und unbezweifelbaren Gründen. Kein Grund aber, der nicht seinerseits wieder ge- bzw. begründet wäre. Entspringt nicht das Fragen nach dem *letzten* Grund dem Bedürfnis nach einem sicheren

---
[8] AaO, S. 16.
[9] Ich sehe nicht recht, wie man Alberts metatheoretische Erwägungen zu seiner Rationalitätstheorie anders denn als „Bemühung um Begründung" charakterisieren könnte.

Fundament? Albert unterstellt nun nicht, daß die Suche nach Gründen erst in einem kosmotheologischen Argument zum befriedigenden Resultat käme. Er würde auch sicher zugestehen, daß die von Kambartel namhaft gemachte Begründungsverpflichtung in Alltag und Wissenschaft durch Konventionen eingegrenzt ist, die formell oder informell festlegen, wann diese Verpflichtung erfüllt bzw. nicht erfüllt ist. Immerhin hebt Albert darauf ab, daß das Bemühen um Begründung auf sichere und unbezweifelbare Grundlagen tendiert (wobei wohl auch der konventionelle Rahmen keine Grenze bilden dürfte). Nicht ein letzter Grund, aber „absolute Begründung" (S. 8) ist hier tendenziell gesucht[10].

Mit der Begründung geht es um Gewißheit, und Gewißheitsstreben ist die neuzeitliche Weise der Wahrheitssuche[11]. Mit dem Gelingen „absoluter Begründung" ist über die Wahrheit einer Aussage, Theorie, Überzeugung usw. positiv entschieden. Das Begründungsproblem hängt dergestalt mit dem Verifikationsproblem aufs engste zusammen.

Doch gerade bei der Feststellung dieses Zusammenhanges sind Differenzierungen anzubringen. Einen Satz zu *begründen* heißt für Popper, ihn durch logische Folgerung aus anderen Sätzen herzuleiten. Handelt es sich um einen realwissenschaftlichen Satz, so wird er dadurch ‚begründet', daß man ihn aus einem Gesetz (z. B. dem zweiten thermodynamischen Grundgesetz) herleitet. Er wird dadurch aber nicht verifiziert, oder nur in dem Sinne, daß die nach gültigen Regeln erfolgende Deduktion die Übertragbarkeit der Wahrheit („den Transfer des positiven Wahrheitswertes"[12]) des Gesetzes auf den aus ihm abgeleiteten Satz garantiert. Wie ist aber das *Gesetz* begründet? Nur insoweit, als aus ihm abgeleitete Prognosen der Überprüfung bisher immer standgehalten haben;

---

[10] Albert interessiert sich nur für die „Begründung unseres Wissens" (S. 9, Anm. 2), d. h. für das Problem des Erkenntnisgrundes, des Grundes, aus dem her etwas erkannt werden kann, nicht für das Problem des Grundes überhaupt und in seinen anderen Formen (nach Schopenhauer): Seinsgrund, Werdensgrund (Ursache) und Handlungsgrund (Motiv). Aufgrund dieser Einschränkung kann es ihm gleichviel gelten, ob man nun nach *Begründungen* sucht oder nach *Gewißheit* strebt.

[11] Der *Sache* bzw. den *Konsequenzen* nach sind das Bedürfnis nach Gewißheit und das Streben nach Wahrheit für Albert durchaus unterscheidbar, ja „letzten Endes unvereinbar" (Konstruktion und Kritik, S. 16; vgl. Traktat, S. 35); in der philosophischen Tradition werden sie aber, wie das auch Heidegger immer wieder betont hat, eng miteinander verkoppelt (Traktat, S. 8, 22 u. a.). Warum das so ist, bleibt bei Albert unerörtert. Wenn „Gewißheit" einfach eingebildete *Sicherheit* bedeutet, kann auch das Problem der Verbindung von Gewißheit (als Reflexionsstruktur) und Wahrheit gar nicht in den Blick kommen.

[12] *Albert*, Traktat, S. 12.

ist das der Fall, dann darf das Gesetz als vorläufig *bewährt* betrachtet werden. Diese unaufhebbare Vorläufigkeit bringt man dadurch zum Ausdruck, daß man von einer „Gesetzeshypothese" spricht. Es liegt also **weder eine zureichende Begründung noch eine Verifikation** in dem Sinne vor, daß die Wissenschaft der Wahrheit eines Gesetzes gewiß sein könnte; eine solche zureichende Begründung oder Verifikation ist auch grundsätzlich nicht erreichbar, weil „Naturgesetze, welche die Form von Allsätzen haben, nicht aus besonderen Sätzen (Sätzen, die einzelne Sachverhalte darstellen), herleitbar sind"[13].

Wie steht es mit der ‚Begründung' bzw. Verifikation von *Prognosen*, die aus Gesetzeshypothesen oder — allgemeiner — aus Theorien abgeleitet sind? Gesetzt, sie hätten im Falle der Bewährung der Gesetzeshypothese der Überprüfung standgehalten — sind sie damit nun zureichend begründet bzw. verifiziert worden? Man spricht ja oft davon, daß ein Satz in der *Erfahrung* begründet sei. Diese Auffassung wehrt Popper aber strikt ab; die Erfahrung (und — enger — das Experiment) taugen nicht zur Verifikation irgendwelcher, auch nicht singulärer Aussagen. Und das sowohl, wenn unter „Erfahrung" Wahrnehmungserlebnisse verstanden werden, wie auch, wenn die Protokolle von Wahrnehmungen („Protokollsätze") gemeint sind. Sätze können immer nur durch Sätze begründet werden — die Dimension der Wirklichkeit bzw. reale psychische Erlebnisse dieser Wirklichkeit scheiden also als Begründungsinstanz aus. Carnap und Neurath, die Protokollsätze als „Grundlagen für alle übrigen Sätze der Wissenschaft"[14] postulieren, verschieben das Problem nur; denn gerade Protokollsätze sollen sich unmittelbar auf das Gegebene beziehen. Grundlegung der Wissenschaft in Protokollsätzen ist nach Popper bloß „der in formale Redeweise übersetzte Psychologismus"[15]. Abgesehen von der metábasis eis állo génos, dem Überschritt aus der Sphäre der Sätze und ihrem Begründungszusammenhang in die der Sachverhalte oder Erlebnisse, der man sich bei dieser Begründungsabsicht ‚in der Erfahrung' schuldig macht, gehen in jeden Satz Elemente (Universalien) ein, die nicht bestimmten Erlebnissen zugeordnet werden können[16]. Methodologisch formuliert: Jede wissenschaftliche Beobachtung ist schon durch theoretische Fragestellungen und Hypothesen mitbestimmt und damit in ihrer Befähigung, Hypothesen unabhängig zu

---

[13] *E. Ströker*, Falsifizierbarkeit als Kennzeichen naturwissenschaftlicher Theorien, Kantstudien 59 (1968), S. 498.
[14] Erkenntnis 2 (1932), S. 438.
[15] LdF, S. 63.   [16] Ebd., S. 61.

überprüfen, eingeschränkt. Aus diesen Feststellungen ergibt sich die methodische Anweisung, Prognosen nicht zu verifizieren, sondern zu falsifizieren, die Falsifikation aber gerade an solchen Prognosen zu erproben, die von der fraglichen Hypothese, aus der sie abgeleitet wurden, möglichst unabhängig prüfbar sind[17].

Es kann hier nicht näher auf Poppers Theorie der *Basissätze* eingegangen werden[18]. Basissätze dienen der Falsifikation einer Hypothese bzw. „Theorie", indem sie ggf. einem aus der Theorie abgeleiteten Satz widersprechen. Es sind „Sätze, die behaupten, daß sich in einem individuellen Raum-Zeit-Gebiet ein beobachtbarer Vorgang abspielt"[19]. Es sind Sätze, die von den kompetenten Wissenschaftlern als solche anerkannt werden[20].

Unter Voraussetzung der skizzierten Popperschen Wissenschaftstheorie muß man zusammenfassend feststellen, daß *empirische* Gesetzeswissenschaften keine zureichenden Begründungen leisten, sondern nur zu vorläufiger Bewährung von Hypothesen führen. Weder sind die in ihnen formulierten allgemeinsten Sätze unbezweifelbar gewiß, noch bietet sich das sinnlich unmittelbar Gegebene als Begründungsinstanz an; auch Basissätze sind umstoßbar.

Etwas anders verhält es sich bei *axiomatisch*-deduktiven Formalwissenschaften (wie etwa der axiomatisierten Geometrie). In einer rückläufigen ‚Begründung' lassen sich, wie schon Leibniz formuliert hat, „die theoretischen Lehrsätze und die praktischen Vorschriften durch Analyse auf Definitionen, Axiome und Postulate" zurückführen. Von einer echten Begründung kann aber nur dann gesprochen werden, wenn die Axiome und Postulate — wie von Leibniz — als wahre Aussagen aufgefaßt werden, „die nicht bewiesen werden können und auch gar keines Beweises bedürfen"[21]. Gerade das wird aber in der modernen Wissenschaftstheorie nicht mehr zugestanden. — Für ‚Begründung' in umgekehrter Folge (Deduktion) gilt, daß durch logische Folgerung kein Gehalt gewonnen werden kann[22], Formalwissenschaften also bloß „Tautologien"

---

[17] *Ströker*, aaO, S. 502.
[18] Vgl. LdF, S. 66 ff.; *Ströker*, aaO, S. 502 ff.
[19] LdF, S. 69.
[20] Popper scheint es keine Frage wert, aufgrund welcher Kriterien Wissenschaftler zur Anerkennung von Basissätzen gelangen, also welches fundamentum in re die Basissätze haben. Dieses grundlegende *erkenntnis*theoretische Problem wird von ihm als ein bloß psychologisches interpretiert und, wie ich glaube, damit mißverstanden.
[21] Monadologie, hg. v. H. Herring, Hamburg 1956 (Philos. Bibl. 253), § 34 f.
[22] *Albert*, Traktat, S. 12.

enthalten, die allerdings in einem durch das Verständnis der Axiome bedingten, eingeschränkten Sinne als ‚zureichend begründet' verstanden werden dürfen.

b) Prinzipientheoretische Erwägungen

Wenn Wissenschaft faktisch keine zureichenden Begründungen gehaltvoller Aussagen und das heißt *keine definitiv bewährten oder wahren Einsichten* liefert, so läßt sich daraus nicht der Schluß ziehen, daß es überhaupt keine unbezweifelbaren, nicht umzustoßenden Erkenntnisse gibt oder geben kann. Erst diese Feststellung würde aber dazu berechtigen, auch die Suche danach als sinn- weil zwecklos zu bezeichnen. Die Falsifikation bietet sich als methodisches Verfahren empirischer Naturwissenschaft in der Tat an, wenn die Verifikation von All-Sätzen logisch ausgeschlossen ist. Aber nicht nur die grundsätzliche Anwendung dieses Verfahrens unterliegt einem *Beschluß*, auch innerhalb des falsifizierenden Vorgehens treten u. U. Beschlüsse auf, z. B. eine Hypothese oder Theorie als falsifiziert zu betrachten[23]. Die bei Popper beobachtete Ausblendung der eigentlichen erkenntnistheoretischen Problematik motiviert jedenfalls zur Frage, ob es nicht doch ein fundamentum inconcussum unseres Wissens gäbe, das man — in Kritik oder Abblendung der in die Poppersche Wissenschaftstheorie eingegangenen Voraussetzungen — finden könne. Ein unumstößliches Fundament wäre ein Grund, in dem Wissen seine zureichende Begründung erführe.

„Unsere Vernunfterkenntnis beruht auf *zwei großen Prinzipien*: erstens *auf dem des Widerspruchs* ..., zweitens auf dem Prinzip *des zureichenden Grundes*, kraft dessen wir annehmen, daß sich keine Tatsache als wahr oder existierend, keine Aussage als richtig erweisen kann, ohne daß es einen zureichenden Grund dafür gäbe, weshalb es eben so und nicht anders ist — wenngleich uns diese Gründe in den meisten Fällen nicht bekannt sein mögen."[24] Nach diesen Leibnizschen Formulierungen bezieht sich der Satz vom zureichenden Grund auch auf die *Begründung der Wahrheit von Aussagen*, ohne daß aber behauptet wird, eine derartige Begründung könne wiederum nur in einer Aussage gefunden werden. Albert diskutiert nur den Satz vom zureichenden Grund „im engeren Sinn", wie er sich auf die „Begründung unseres Wissens" bezieht. Er funktioniert überdies den *Satz*, daß alles einen zureichenden Grund hat,

---
[23] Ströker, aaO, S. 504, 509.
[24] Leibniz, Monadologie, § 31 f.

in ein *methodisches Prinzip* um, demgemäß stets nach einer zureichenden Begründung aller unserer Aussagen (Albert weitet aus: aller unserer Überzeugungen) zu suchen ist. Dieses methodische Prinzip könne als das „allgemeine *Postulat der klassischen Methodologie des rationalen Denkens*" bezeichnet werden. Wer diese Begründungspflicht ernst nimmt, also es nicht bei konventionalistisch akzeptierten Begründungen sein Bewenden haben läßt, gerät in ein *Trilemma* (das „Münchhausen-Trilemma"), d. h. in eine ‚Klemme', in der er sich vor drei nicht akzeptable Möglichkeiten gestellt sieht: wenn A, so entweder B oder C oder D. Wenn man dem Begründungspostulat folgt und also für *alles* eine Begründung verlangt (A), also auch für jede gerade gegebene Begründung erneut eine Begründung fordert, gerät man entweder in einen unendlichen Regreß (B) oder beendet den Regreß mit Hilfe eines fehlerhaften Zirkelargumentes (C) oder bricht das Verfahren „an einem bestimmten Punkt" ab (D) (S. 13). Der *unendliche Regreß* scheint Albert bloß praktisch undurchführbar, was ja sicher richtig ist[25]. Man könnte aber auch vom Satz selbst her argumentieren, daß *nichts* einen Grund hat, wenn *alles* einen Grund hat. — Auch ein logischer *Zirkel* in der Deduktion führt natürlich nicht zur gesuchten wirklichen Begründung. Und der *Abbruch des Verfahrens*, obwohl durchführbar, involviert „eine willkürliche Suspendierung des Prinzips" (S. 13): man erklärt sich von einer gegebenen Begründung für befriedigt, *erklärt* diese gewissermaßen zu einer zureichenden Begründung.

Es liegt also in diesem Aufriß der Problemsituation in der Tat ein Trilemma vor: Wenn A, so B oder C oder D; nun aber weder B noch C noch D, d. h. nun aber sind weder B noch C noch D Weisen zureichender Begründung — also auch nicht A: dem Postulat zureichender Begründung kann nicht Genüge getan werden.

Der springende Punkt in der Konstruktion dieses Trilemmas liegt in der Qualifikation der dritten alternativen Wahlmöglichkeit als „Abbruch des Verfahrens". „Man pflegt" — schreibt Albert — „in bezug auf Aussagen, bei denen man bereit ist, das Begründungsverfahren abzubrechen, von Selbstevidenz, Selbstbegründung, Fundierung in unmittelbarer Erkenntnis ... zu sprechen." (S. 13 f.). Das akzeptiert Albert nicht. Er qualifiziert also jede Selbstbegründungsthese als Abbruch des Begründungsverfahrens, als „willkürliche Suspendierung" des Begründungsprinzips. Es ist klar, daß damit der Nerv des Verfahrens zureichender Begründung

---

[25] Vgl. Monadologie, § 37.

getroffen ist, versteht man darunter letztlich die Suche nach *absoluter* Begründung, also die Suche nach einem Grund, der nicht wieder in anderem begründet ist; von einem solchen ersten oder letzten Grund kann gelten, daß er keiner weiteren Begründung fähig ist, daß er sogar keiner weiteren Begründung bedarf oder schließlich — in vollkommener Erfüllung des Anspruchs, der im Begründungsprinzip zum Ausdruck kommt — sich selbst begründender Grund ist.

4. Metakritik des prinzipientheoretisch orientierten Einwandes von Albert

Was führt nun Albert dafür an, daß es zureichende Begründung in diesem Sinn nicht geben kann? — Ein Argument der Skepsis, das sich selbst aufhebt: grundsätzlich lasse sich alles bezweifeln (S. 14). *Descartes* findet das unumstößliche Fundament, den archimedischen Punkt der Erkenntnis, gerade so, daß er in radikaler Weise alles Bezweifelbare wegzweifelt, im Zweifel aber das zweifelnde Ich als unbezweifelbare Gewißheit gewinnt. Mit dieser cartesischen Zweifelsmeditation setzt sich Albert überhaupt nicht auseinander. Aber, was noch interessanter ist, er verschiebt die ganze Problematik. Es ging ja zunächst gar nicht um die grundsätzliche *Bezweifelbarkeit* von all und jedem, sondern um die grundsätzliche *Begründbarkeit* von allem. Man kann aber — auch wenn man den Gegner bei seiner These behaften will — nicht behaupten, daß sich wirklich *alles* begründen lasse. Albert wird zugestehen, daß es Sätze (wie den Satz vom Widerspruch) gibt, die keiner weiteren Begründung fähig sind, und daß Axiome gerade in der modernen Axiomatik jedweder Begründungsforderung entzogen sind. Man teilt zwar heute nicht mehr die aristotelische Auffassung von der *Wahrheit* der unbeweisbaren Sätze am Anfang der Wissenschaft und darum auch nicht die These, daß sie — weil evident — keiner weiteren Begründung bedürften. Die Behauptung ihrer unmittelbaren Evidenz war aber übrigens keineswegs immer an sogenannte Evidenzerlebnisse geknüpft; für Aristoteles bestand die Evidenz der ersten Sätze darin, daß es genügte, die Bedeutung der in ihnen auftretenden Terme zu kennen, um sie als wahr behaupten zu können[26].

Beinhaltet nun nicht aber doch die dritte Form des Rekurses auf einen ersten Grund, die Selbstbegründungsthese im engeren Sinne, einen will-

---

[26] H. *Scholz*, Mathesis universalis, Basel/Stuttgart 1961, S. 33.

kürlichen Abbruch des Begründungsverfahrens, gegen den man die Forderung, in der Begründungsreihe fortzufahren, prinzipgetreu erheben darf? Zweierlei ist hier festzuhalten. Die Auseinandersetzung mit dem Problem der Selbstbegründung ist nicht Sache wissenschaftstheoretischer Erörterungen, sondern Thema einer Meta-, eben der Prinzipientheorie. Zum anderen ist historisch zu bemerken, daß diese Auseinandersetzung mit der Kritik klassisch-neuzeitlicher Ontotheologie nicht abgeschlossen ist, auch wenn auf Grund dieser Kritik die Möglichkeit des Regresses auf Gott als letzten Grund aller Dinge[27] abgeschnitten scheint. Immerhin bildete auch die Setzung einer causa sui eine überlegte Antwort auf Fragen, die sich in einer anspruchsvollen Erkenntnisproblematik stellen. Und der *Gedanke des Prinzips* im strengen Sinne als der Gedanke des ersten Grundes von allem, was ist und gedacht werden kann, der nicht nur um des Begründeten willen ist, sondern sich selbst als Grund bestimmt, ist über die kantische Kritik der Gottesbeweise hinaus in Fichtes Begriff eines ersten Grundsatzes der Erkenntnis und Hegels Begriff des Geistes lebendig geblieben.

Von einer Kritik diesbezüglicher Gedanken ist nun bei Albert keine Rede. Unsere Beobachtung, daß er die grundsätzliche *Bezweifelbarkeit* von allem gegen das mögliche Gelingen zureichender Begründung ins Feld führt, liefert den Schlüssel für die auffällige Tendenz, die eigene These nicht der Gefahr des Scheiterns in der Auseinandersetzung mit der kritisierten Erkenntnistheorie auszusetzen. Albert kämpft gegen den *Dogmatismus* irgendwelcher Überzeugungen, theoretischer, moralischer und politischer (vgl. S. 10). Unter einem *Dogma* versteht er eine Überzeugung oder Aussage, die als wahr oder gewiß behauptet wird, obwohl sie bezweifelbar ist (S. 14). Die Kritik aber an den selbstfabrizierten Sicherheiten in der Erkenntnis (S. 30) soll als Kritik des aus dem Satz vom zureichenden Grund herausgelesenen Postulats durchgeführt werden; Suche nach Begründung erscheint in dieser Kritik als Suche nach *Gewißheit um jeden Preis*. Faktisch kritisiert aber Albert primär die Suche nach Gewißheit um jeden Preis und jegliche Behauptung von vermeintlichen Gewißheiten (‚Dogmen'), und sekundär erst, im Lichte und mit den Standards dieser Kritik, die Suche nach zureichender Begründung — soweit sie eben im Dienste der ersten Tendenz steht. Bezeichnend für dieses Vorgehen ist die Einführung des theologischen Terminus der Offenbarung zur Kennzeichnung der Rationalitätskonzeption der neuzeitlichen

---

[27] *Leibniz*, Monadologie, § 38.

Philosophie; sie erfolgt, *bevor* deren spezifisch ‚dogmatische' Momente kritisiert werden, für die das Prinzip zureichender Begründung verantwortlich ist. Dabei geht Albert gar nicht näher auf die der klassischen Erkenntnistheorie gleich welcher Provenienz unterstellte Auffassung von der „Offenbarkeit" der Wahrheit ein[28], sondern entwickelt sogleich „die extremen Varianten des Offenbarungsmodells der Erkenntnis (!) mit Deutungsmonopol, Gehorsamsanspruch, Glaubenspflicht und Verfolgungen Andersgläubiger" (S. 18). Sowohl der Offenbarungs- wie der Erkenntnisbegriff werden hier äquivok gebraucht. Die These vom Offenbarsein der Wahrheit, nämlich ihrem Vor-Augen-Liegen, ist weder historisch noch strukturell mit der Berufung auf Offenbarungen, die einen „gehorsamen Empfänger" (S. 16) verlangen, zu vergleichen. Das theologische Offenbarungsmodell ist — so behauptet Albert — trotz einer „Naturalisierung" und „Demokratisierung" der Offenbarungstheorie der Wahrheit für die klassische Erkenntnislehre leitend geblieben (S. 19): sie ersetzte die irrationalen Autoritäten der Tradition durch Instanzen „mit ähnlich dogmatischer Funktion", nämlich durch die *Vernunft* oder die *Sinne*, durch die sich Natur offenbaren soll (S. 20)[29]! Man lese zu dieser ‚These' in der Vorrede zur 2. Auflage der „Kritik der reinen Vernunft":

„Die Vernunft muß mit ihren Prinzipien... in einer Hand, und mit dem Experiment, das sie nach jenen ausdachte, in der anderen, an die Natur gehen, zwar um von ihr belehrt zu werden, aber nicht in der Qualität eines Schülers, der sich alles vorsagen läßt, was der Lehrer will, sondern eines bestallten Richters, der die Zeugen nötigt, auf die Fragen zu antworten, die er ihnen vorlegt"[30].

---

[28] Vgl. *Popper,* On the Sources..., aaO, p. 5 ff.

[29] *Popper,* On the Sources..., aaO, p. 15 ff.; *Bartley,* aaO., S. 143 f. Poppers Feststellung der autoritären Struktur unserer philosophischen Tradition feiert nun Bartley als „geradezu eine Offenbarung, in deren Licht sich die Geschichte und die Probleme der Philosophie mit einem Schlage ganz anders ausnehmen". Albert selbst scheint neuerdings den Offenbarungsbegriff insofern zurückhaltender zu verwenden, als er ihn nicht mehr mit dem Postulat zureichender Begründung, sondern nur noch mit dem ‚Dogmatismus' in Verbindung bringt (Konstruktion und Kritik, S. 21 f.).

[30] B XIII. — Albert läßt es durchaus offen, ob nicht Kants Kritizismus eine, wenn vielleicht auch historisch nicht ganz adäquate, Interpretation finden könnte, nach der es in der „transzendentalen Deduktion" darum geht, wissenschaftliche Erkenntnis „durch *hypothetischen Rekurs* auf die Beschaffenheit unseres Erkenntnisvermögens" zu *erklären,* nicht zu begründen (Konstruktion und Kritik, S. 19 f.). Es verdient zum einen bemerkt zu werden, daß Kant also durch eine ‚psychologische' Interpretation für den „neuen Kritizismus" gewonnen werden soll; zum anderen, daß Albert an diesem

Albert suggeriert eine dogmatische Verfassung der neuzeitlichen Erkenntnislehren. Er betrachtet die klassischen Erkenntnistheorien, den „Intellektualismus" (Descartes') wie den Empirismus[31], nicht als Verbündete in seinem an sich völlig berechtigten Kampf gegen den Dogmatismus, sondern als Gegner, die wie der theologische, religiöse oder politische Dogmatismus autoritär *irgendwelche* Sätze als Wahrheiten ausgeben und ihre Anerkennung verlangen. Er verschmäht bzw. übersieht also das kritische Potential, das im Prinzip zureichender Begründung steckt, auf dem (cum grano salis) jene Erkenntnistheorien aufbauen. Im scharfen Gegensatz zum „kritischen Rationalismus" hält etwa der polnische Logiker Ajdukiewicz (den Albert selbst anzieht) den Satz vom zureichenden Grunde gerade für „identisch mit der sog. *Forderung des kritischen Denkens*, die darauf geht, daß wir nichts leichtsinnig glauben, sondern nur das glauben, was genügend begründet ist". Diese Forderung widersetze „sich jeder Art von Dogmatismus"[32]. Alberts gegenteilige Betrachtungsweise knüpft an die Behauptung an, daß alle Lösungen des Begründungsproblems (der Rekurs auf einen letzten Grund, auf oberste Prinzipien, auf Intuition oder sinnliche Wahrnehmung) Dogmatisierungen sein bzw. implizieren müssen.

Weil Albert diese Behauptung nicht hinreichend einsichtig macht, verliert auch ihre Konsequenz an Durchschlagskraft, will sagen: erhält die Konsequenz, auf das methodologische Postulat der zureichenden Begründung zugunsten der Idee kritischer Prüfung zu verzichten, ihren eigentlichen Stellenwert. Das neue *methodologische* Postulat fordert erstens: Man soll nicht als garantiert wahr ausgeben, was in seiner Wahrheit nicht garantiert und nicht garantierbar ist. — Diese kritische Empfehlung gilt denjenigen, die in der Gefahr der Dogmatisierung von Überzeugungen und Problemlösungen stehen, nach Albert insbesondere Theologen, Geisteswissenschaftlern, Politikern und ‚Gläubigen' aller Art; sie kann eo ipso nicht den angesprochenen Philosophen als solchen gelten, da sie Philosophen nur sind, solange sie dieser Empfehlung folgen.

---

historischen Beispiel das Problem einer Metatheorie mit Hypothesencharakter wenigstens aufwirft (vgl. oben Anm. 9).

[31] Poppers und Bartleys Terminologie; absichtlich steht „Intellektualismus" zur Kennzeichnung des rationalistischen Denkens im 17. Jahrhundert, um den Namen des Rationalismus den Anhängern jener Tradition vorzubehalten, die „sich der Aufgabe widmen, durch kritische Argumentation ihr Wissen von der Welt zu vergrößern" (Flucht ins Engagement, S. 10).

[32] Abriß der Logik, Berlin 1958, S. 73.

Das neue Postulat fordert zweitens: Man soll gar nicht nach *garantierten* Wahrheiten suchen, weil Wahrheit nie garantierbar ist, anders ausgedrückt: *weil es keine Gewißheit gibt*, man soll seine Problemlösungen und Überzeugungen vielmehr bewußt der Prüfung und damit der Möglichkeit der Falsifizierung aussetzen. — Ob es Gewißheiten geben könne, ob Wahrheit garantierbar sei — das war allerdings die *Frage* der Philosophen seit Descartes. Sie wären von dieser kritischen Empfehlung also mitbetroffen, ja radikal in Frage gestellt — wenn die Empfehlung *philosophisch* ernst zu nehmen wäre. Was beinhaltet sie? Nichts als die Entscheidung für ein adäquates *Problemlösungsverhalten*, genauer: für die Betonung „dynamischer" Erkenntnisaspekte, nämlich „der Entwicklung, des Konflikts und der Entscheidung zwischen Alternativen" (S. 37), also Entscheidung für sogenanntes dialektisches Denken, weiter für eine gewisse Vorsicht gegenüber dem Ideal axiomatisierter Wissenschaften (S. 45 f.) und für theoretischen Pluralismus (S. 49 ff.). „Die Wahl zwischen dem Prinzip der zureichenden Begründung und dem Prinzip der kritischen Prüfung ist eine Wahl im Bereich der Pragmatik"; sie ist die Entscheidung für eine „fundamentale Technologie" des Problemlösungsverhaltens (S. 40). Es wird hier deutlich, wofür sich Albert eigentlich einsetzt: eben eine neue Rationalitäts*konzeption* für die Praxis menschlicher Entscheidungen. „Ratio" ist die menschliche Fähigkeit, zwischen Alternativen zu wählen — man muß nun doch wohl sagen: begründet zu wählen; die Entscheidung zwischen zwei Methodologien ein höherstufiger Fall solcher Wahl.

Wer einen neuen Begriff der Rationalität, eine neue Rationalitätskonzeption entwickelt oder propagiert, muß sich aber nach dem Verhältnis zwischen „Konzeption" und „Rationalität", zwischen bestimmender und zu bestimmender ‚Vernunft', das er voraussetzt, fragen lassen. Damit ist das Problem der zureichenden Begründung wieder dorthin zurückgestellt, wo es allein angemessen bedacht werden kann: in den Bereich der Selbst‚kritik' der Vernunft, die nach ihren eigenen Grenzen fragt[33]. Der Satz vom zureichenden Grund beantwortete die Frage, ob die begründende Vernunft, ob Denken als Begründen selbst gegründet sei, positiv. Albert kommt das Verdienst zu, vor jeder Dogmatisierung dieser Antwort gewarnt und die gegenwärtige Philosophie auf die *Frage* zurückverwiesen zu haben. Zu *entscheiden* ist aber im Bereiche dieser Frage nichts.

---

[33] Vgl. *Sartre*, Critique de la raison dialectique I (1960), dt. Reinbek 1967, S. 22.

GOTT IST LIEBE
ZUR UNTERSCHEIDUNG VON GLAUBE UND LIEBE

EBERHARD JÜNGEL

Die christliche Theologie hat auf die Frage nach Gott viele Antworten gegeben. Sie hat aber unter allen Antworten einer immer den unbedingten Primat gegeben: Gott ist Liebe. Man konnte sich dafür nicht nur auf einen neutestamentlichen *Satz* berufen, sondern auf das *Ereignis*, ohne das das ganze Neue Testament überhaupt nicht entstanden wäre: auf Jesu Tod und die Auferweckung Jesu von den Toten durch Gott. Der neutestamentliche Satz „Gott ist Liebe" (1. Joh. 4,8) ist deshalb seinerseits nur möglich, insofern Menschen mit ihrer ganzen Existenz von diesem Ereignis bestimmt werden, indem sie den Geist der Liebe empfangen, der der Geist eben dieses Gottes ist. Davon reden sie, indem sie sich zu Jesus Christus als Gottes Sohn und Heiland der Welt bekennen (1. Joh. 4, 12-15; cf. 4,2 und 1. Kor. 12,3). „Gott ist Liebe" ist also nur dann ein wahrer menschlicher Satz, wenn Gott als Liebe unter Menschen Ereignis ist: „So wir uns untereinander lieben, so bleibt Gott in uns, und seine Liebe ist völlig in uns" (1. Joh. 4,12).

I.

Der Satz „Gott ist Liebe" ist formulierte Wahrheit. Soll er nicht zur Formel gerinnen, muß er sowohl gelebt als auch gedacht werden. Gott als Liebe zu denken ist Aufgabe der Theologie. Dabei hat sie zweierlei zu leisten. Sie hat einerseits dem Wesen der Liebe zu genügen, die auch als Prädikat Gottes dem nicht widersprechen darf, was Menschen als Liebe erfahren. Und sie hat andererseits dem Sein Gottes zu genügen, das vom Ereignis *menschlicher* Liebe doch so unterschieden bleibt, daß „Gott" kein überflüssiges Wort wird. Zur Verdeutlichung dieser doppelten Aufgabe soll die Problematik, der das Denken dabei ausgesetzt ist, an Ludwig Feuerbach expliziert werden.

Feuerbach hat den Satz „Gott ist die Liebe" als Interpretation des Dogmas von der Menschwerdung Gottes verstanden. Die von ihm intendierte Anthropologie unterscheidet sich jedoch von der theologischen Intention des Dogmas dadurch, daß sie die Aussage dieses Dogmas als Ansage der Überwindung der Gottheit durch die Liebe auffaßt: „Sie kritisirt das Dogma und reducirt es ... auf die *Liebe*. Das Dogma stellt uns zweierlei dar: *Gott und die Liebe*. Gott ist die Liebe; was heisst aber das?"[1]

Nach Feuerbach geht die Theologie und mit ihr die spekulative Philosophie darin fehl, daß sie in dem Satz „Gott ist die Liebe" der Liebe „den Rang nur eines Prädicats, nicht des Subjects" zuerkennt. „Die Liebe wird so zurück- und herabgesetzt durch den dunkeln Hintergrund: Gott."[2] Demgegenüber macht Feuerbachs „anthropologische" Interpretation des Christentums geltend: „Nicht aus seiner Gottheit als solcher, nach welcher er das Subject in dem Satze: Gott ist die Liebe, sondern aus der Liebe, dem Prädicat kam die Verleugnung seiner Gottheit; also ist die Liebe eine höhere Macht und Wahrheit, als die Gottheit. *Die Liebe überwindet Gott* ... Wer ist also unser Erlöser und Versöhner? Gott oder die Liebe? Die Liebe; denn Gott als Gott hat uns nicht erlöst, sondern die Liebe, welche über den Unterschied von göttlicher und menschlicher Persönlichkeit erhaben ist. Wie Gott sich selbst aufgegeben aus Liebe, so sollen wir auch aus Liebe Gott aufgeben; denn *opfern wir nicht Gott der Liebe auf, so opfern wir die Liebe Gott auf* ..."[3]

Wir können hier die abenteuerliche Logik der Argumentation Feuerbachs auf sich beruhen lassen. Die Prämisse dieser Argumentation ist von Feuerbach selber deutlich genug ausgesprochen. Das Dogma von der Menschwerdung Gottes wird interpretiert von der Voraussetzung aus, daß Gott gar nicht Mensch *werden* kann, weil er eben schon immer Mensch *ist:* „der menschgewordene Gott ist nur die Erscheinung des *gottgewordenen* Menschen."[4] Auch darauf braucht hier nicht eigens eingegangen zu werden. Interessant ist in unserem Zusammenhang vielmehr die kritische Frage, die aus Feuerbachs Ausführungen sich an die Adresse der christlichen Theologie erhebt: wird die logische Unterscheidung von Subjekt und Prädikat in dem Satz „Gott ist Liebe" theologisch in der Regel nicht tatsächlich im Sinne einer ontologischen Differenz von Gott und Liebe interpretiert, so daß die Liebe durchaus „zurück- und herab-

---

[1] *L. Feuerbach*, Das Wesen des Christenthums, Sämtliche Werke hg. v. W. Bolin und F. Jodl, Bd. 6, Stgt 1960², S. 63 f.
[2] AaO, S. 64.   [3] AaO, S. 64 ff.   [4] AaO, S. 61.

gesetzt" wird durch einen dann allerdings „dunkeln Hintergrund: Gott"? Trifft die Feuerbachsche Karikatur nicht trotz aller Überzogenheit ins Schwarze, die in einem von der Liebe dann doch noch einmal unterscheidbaren Gott nur ein liebloses Ungeheuer entdecken kann? „So lange die Liebe nicht zur Substanz, zum Wesen selbst erhoben wird, so lange lauert im Hintergrunde der Liebe ein Subject, das *auch ohne Liebe noch Etwas für sich* ist, ein *liebloses Ungeheuer*, ein *dämonisches Wesen*, dessen von *der Liebe unterscheidbare* und *wirklich unterschiedne Persönlichkeit* an dem *Blute* der Ketzer und Ungläubigen sich ergötzt — das *Phantom des religiösen Fanatismus!*"[5]

Will man dem Satz „Gott ist Liebe" nicht seine theologische Strenge rauben, dann wird man sich — das kann man aus Feuerbachs Polemik auf jeden Fall lernen — davor zu hüten haben, Gott und Liebe in dem Sinn ontologisch zu differenzieren, daß Gottes Sein eben doch nicht durch Liebe *definiert* ist. Der auf die Unterscheidung von Subjekt und Prädikat eingeübten Theologie wird es zwar schwerfallen, die ontologische Differenzierung von Gott und Liebe im Sinne eines „Trägers" der Liebe einerseits und der Liebe als Seinsweise einer Person andrerseits aufzugeben. Und das „lutherische" Argument, man müsse eben unterscheiden zwischen dem offenbaren Gott, der Liebe ist, und dem verborgenen Gott, der noch ganz etwas anderes ist, liegt nah. Doch man möge sich klarmachen, daß man damit eben den Satz „Gott ist Liebe" entwertet zu einem Satz wie „Gott hat Liebe" — womit die Differenz zwischen Gott und Mensch dann allerdings aufgehoben wäre. Es geht aber in der christlichen Theologie nicht primär um einen Gott, der Liebe hat, sondern um den Gott, der Liebe ist. Ein so unverdächtiger Zeuge wie Regin Prenter hat das nachdrücklich herausgestellt: „Man kann ... von einer Person sagen, daß sie Liebe hat und übt, oder daß sie Liebe empfängt, aber nicht, daß sie Liebe ist. Denn jede Liebe als die Seinsweise einer Person muß einen persönlichen Träger haben, der sie hat, aber nicht ist ... Das Leben für seine Brüder zu geben, *ist* Liebe. Dem verlorenen Sohn zu vergeben, *ist* Liebe. Aber derjenige, der sein Leben für die anderen gibt, ist nicht Liebe, er *hat* sie."[6] Prenter folgert daraus, „daß die Liebe Gottes nur in der Begrifflichkeit des Dreieinigkeitsdogmas ausgesagt werden kann. Denn Gott so lieben, wie er selbst liebt, kann nur Gott selbst"[7]. Das ist wahr.

---

[5] AaO, S. 64.

[6] *R. Prenter*, Der Gott, der Liebe ist. Das Verhältnis der Gotteslehre zur Christologie, ThLZ 96, 1971, Sp. 401.

[7] AaO, Sp. 406.

II.

Der Satz „Gott ist Liebe" ist in der Tat ein trinitarischer Satz und nur als solcher sinnvoll. Bevor das von der unerläßlichen christologischen Begründung her motiviert wird, soll der Satz „Gott ist Liebe" jedoch noch von einer anderen Seite her diskutiert werden. Die bekannte theologische Sorge, die Identifizierung von Gott und Liebe würde zwangsläufig zur Feuerbachschen Konsequenz, also dahin führen, daß Gott der Liebe aufzuopfern ist, ist ja nicht unbegründet und hat Anspruch darauf, ernst genommen zu werden. Wie kann, so ist deshalb zu fragen, besagte Zwangsläufigkeit vermieden werden? Auch hierbei mag eine Orientierung an einigen Sätzen Feuerbachs hilfreich sein. Sie beziehen sich auf die Unterscheidung von Glaube und Liebe.

Daß Gott der Liebe aufzuopfern sei, ist für Feuerbach darin begründet, daß die Liebe keinen Plural hat. Feuerbach folgert daraus, die Kritik des Christentums habe dessen höchsten Satz „Gott ist Liebe" so auszulegen, daß der *Glaube* an Gott als Widerspruch zum Wesen der Liebe durchschaut werde. „In dem Satze: ‚Gott ist die Liebe' ist das Subject das *Dunkel*, hinter welches der Glaube sich versteckt; das Prädicat das *Licht*, das erst das an sich dunkle Subject erhellt... Der Glaube hält sich an die *Selbstständigkeit* Gottes; die Liebe hebt sie auf... Der Glaube tritt mit seinen Prätensionen auf und räumt der Liebe nur so viel ein, als überhaupt einem Prädicat im gewöhnlichen Sinne zukommt. Er lässt die Liebe sich nicht frei und selbstständig entfalten, er macht *sich* zum *Wesen*, zur *Sache*, zum *Fundament*."[8] Gerade damit aber widerspricht der Glaube nach Feuerbach dem Wesen der Liebe. Denn die „Liebe identificirt den Menschen mit Gott, Gott mit dem Menschen, darum den Menschen mit dem Menschen; der Glaube trennt Gott vom Menschen, darum den Menschen von dem Menschen."[9]

Das Wesen der Liebe ist nach Feuerbach also das Identifizieren oder auch das Verallgemeinen, während das Wesen des Glaubens das Individuieren und Entzweien ist. „Der Glaube vereinzelt Gott, er macht ihn zu einem *besonderen, anderen* Wesen; die Liebe verallgemeint; sie macht Gott zu einem *gemeinen* Wesen, dessen Liebe eins ist mit der Liebe zum Menschen."[10] Das Gegenüber von Gott und Mensch, das der Glaube bewirkt, ist nach der Feuerbachschen Prämisse, daß die Anthropologie das Geheimnis der Theologie sei, dann selbstverständlich letztlich eine Entzweiung des Menschen mit sich selbst und zugleich mit der mensch-

---
[8] *Feuerbach*, aaO, S. 318 f.   [9] AaO, S. 297.   [10] AaO, S. 297 f.

lichen Gattung. „Der Glaube entzweit den Menschen im *Inneren, mit sich selbst*, folglich auch im Äusseren; die Liebe aber ist es, welche die Wunden heilt, die der Glaube in das Herz des Menschen schlägt."[11] Ist aber erst einmal erkannt, „dass das Bewusstsein Gottes nichts Anderes ist als das Bewusstsein der Gattung"[12], dann ist der Glaube als die Borniertheit des Christentums durchschaut. Die wahre Liebe treibt den Glauben aus. Und wenn Gott der Liebe aufzuopfern ist, dann ist eben damit gesagt, daß der *Glaube* der Liebe *aufzuopfern* ist.

Feuerbachs Argumentation zeichnet sich durch eine besondere Sensibilität für das Wesen des reformatorischen Christentums aus[13]. Das ist sein ungeheurer Vorzug gegenüber den heute begegnenden — theologischen! — Versuchen, Glaube und Liebe zu identifizieren und damit eben den Glauben der Liebe aufzuopfern. Aufstellungen wie „Glaube und Liebe sind eins im ... Interim des Wartens" oder „Wir wenden uns weg von den Problemen des Glaubens — hin zur Wirklichkeit der Liebe"[14] wirken in ihrem Kontext gegenüber den Ausführungen Feuerbachs geradezu naiv. Feuerbach hatte gewußt, wie er die christliche Theologie tödlich treffen konnte. Und er hat dabei noch ein präzises Gespür für die eigentliche Funktion der christlichen *Theologie* gegenüber dem Phänomen *Religion* bewiesen, insofern er für die penetrante Unterscheidung von Glaube und Liebe die Theologie als Kritik der Religion verantwortlich macht. Versteht er doch unter Theologie eine Reflexion über die Religion, die innerhalb der Religion erwacht, aber durch das Reflektieren die Religion gerade daran hindert, ihre eigene, sozusagen unschuldige Fehlorientierung zu durchschauen; vielmehr wird diese Fehlorientierung durch Theologie stabilisiert, so daß das wahre Wesen der Religion in theologisches Unwesen verkehrt wird.

Feuerbach hat mit seiner polemischen Entgegensetzung von Liebe und Glaube das Wesen des Christentums besser verstanden als die heute beliebte theologische Identifizierung von Glaube und Liebe, die das Wesen des Glaubens von vornherein verfehlt. Denn die nicht zu bestreitende enge Bezogenheit von Glaube und Liebe kommt überhaupt erst dann in den Blick, wenn man die besondere Eigenart des Glaubens gegenüber der

---

[11] AaO, S. 298.   [12] AaO, S. 325.
[13] Cf. dazu: *J. Wallmann*, Ludwig Feuerbach und die theologische Tradition, ZThK 67, 1970, S. 56-86 und *O. Bayer*, Gegen Gott für den Menschen. Zu Feuerbachs Lutherrezeption, ZThK 69, 1971, S. 34-71.
[14] *W. Hamilton*, ‚Death-of-God-Theology' in den Vereinigten Staaten. Bericht über einen Trend theologischen Denkens. Past Th 56, 1967, 429 und 433.

Liebe verstanden hat. Was Feuerbach die Borniertheit des Glaubens nennt, trifft die besondere Eigenart des Glaubens gegenüber der Liebe durchaus. Der Glaube fühlt sich sehr wohl verstanden. Luther hat diese Borniertheit des Glaubens sogar als das unterscheidend Christliche verstanden: „ista in causa sey mir stolz qui potest. Charitas sol pati, ferre; fides: nihil toleres, feres, sed regnes, imperes, gubernes et facias omnia, ut contrariae sunt virtutes: Caritas: ‚ein tropfen wasser', omnia fert; fides: cedant mihi omnia ... Da gilts weichen."[15]

Nach Feuerbach ist der Glaube nun freilich letztlich darin von der Liebe unterschieden, daß er den Menschen sich selber entfremdet, insofern er den Menschen veranlaßt, seine *eigene* Vollkommenheit aus sich selbst *als Gott* herauszusetzen, statt sie im Ergreifen seiner selbst als menschlichen Gattungswesens zu erreichen. Wenn das Geheimnis der Theologie die Anthropologie ist, dann ist das konsequent. Denn Anthropologie ist für Feuerbach ja diejenige Lehre vom Menschen, die das Wesen des Menschen nur aus der Begegnung mit dem Menschen und mit der Natur versteht.

Es könnte aber unter der ganz anderen Voraussetzung, daß Anthropologie diejenige Lehre vom Menschen ist, die den Menschen als durch die in der Person Jesu Christi geschehene Begegnung Gottes mit dem Menschengeschlecht definiert versteht, die Anthropologie in einem radikal anderen Sinne als von Feuerbach intendiert das Geheimnis der Theologie sein: nämlich so, daß der *Glaube* den Menschen zwar aus sich selber *heraussetzt,* aber nun nicht als Gott, sondern als einen *neuen Menschen,* der noch immer und erst recht ein von Gott unterschiedener Mensch ist. Der Glaube wäre auch dann eine Art Selbstentfremdung (2. Kor. 5,17). Aber Gott wäre nun nicht mehr, wie von Feuerbach vorausgesetzt, das Höchste des dem Menschen Möglichen, sondern obwohl superior summo meo zugleich und noch mehr interior intimo meo. Gott wäre also nicht mehr das Äußerste des dem Menschen Möglichen; sondern er ist, *weil jenseits* dieses Äußersten, *noch mehr diesseits* der Grenzen des Menschseins, in den Schwächen des Menschseins da. Die Überlegenheit und Macht des im Namen Jesu Christi zu bedenkenden Gottes kommt in den Schwachen zur Vollendung (2. Kor. 12,9).

Das so verstandene Wesen des Glaubens kommt nun aber nicht nur dem Eifer um Gott, sondern auch — deshalb! — dem Verständnis des Menschen zugute. Denn das so verstandene Wesen des Glaubens gibt der Anthropologie entschieden mehr Dignität als die Forderung der Auf-

---

[15] *Luther,* In epistolam S. Pauli ad Galatas Commentarius 1531, WA 40 I, S. 212 f.

opferung des Glaubens zugunsten der Liebe. Wird doch der Mensch durch den Glauben, der den deus superior summo meo zugleich interior intimo meo *sein* läßt, niemals auf ein „nicht mehr" oder „nicht weiter" fixiert, wie es das Feuerbachsche Postulat, Gott als mein Äußerstes einzuklagen und durch Liebe zur menschlichen Gattung zu verallgemeinen, impliziert. Ist Gott das Höchste und Äußerste des dem Menschen Möglichen, dann bezeichnet Gott die Grenze, an der der Mensch nichts mehr tun kann[16], weil er sich als Mensch erschöpft hat. Er kann *nichts* mehr tun, weil er nicht *mehr* tun kann. Er ist erschöpft. Ist Gott jedoch, weil superior summo meo, zugleich interior intimo meo, dann ist Gott die Liebe, für die der Mensch gar nichts *tun* kann. Aber gerade dieses Gar-nichts-*tun*-Können, als das der Glaube verstanden werden muß, ist dem Nicht-*mehr*-tun-Können der menschlichen Selbsterschöpfung gegenüber durch eine grundsätzliche Überlegenheit an menschlicher Aktivität und also an Fortschrittsmöglichkeiten ausgezeichnet[17]. Gott gegenüber nichts tun können schließt keineswegs aus, sondern vielmehr ein, daß man für das Wohl der Menschheit noch immer mehr und immer noch mehr tun kann, so daß gilt: „Weil Gott für unser Heil genug getan hat, können wir für das Wohl der Welt nicht genug tun."[18] „Gar nichts tun" muß nicht weniger sein als „nichts mehr tun", und „gar nichts *tun* können" kann sehr viel mehr sein als „nicht *mehr* tun können".

III.

Die Folgerung, die daraus zu ziehen ist, dürfte darin bestehen, daß allein der *Glaube* Gott den sein läßt, der *Liebe ist. Für* die Liebe nämlich kann man gar nichts tun, obwohl man *aus* Liebe alles tun kann. Zur

---

[16] Das entspricht dem Grundsatz, daß auch das Denken erst im Gottesgedanken seine äußerste Grenze erreicht und also erst dann verwirklichtes Denken ist, wenn Gott gedacht wird.
[17] Karl Marx hat deshalb völlig zu Recht gegen Feuerbach eingewendet, er kritisiere nur den Himmel, aber nicht die Erde, — wie denn überhaupt die Marxsche Religionskritik von der Theologie sehr viel eher akzeptiert werden könnte als die Feuerbachsche, wenn diese in jener nicht vorausgesetzt wäre. Man wird aber das spezifische Interesse der Religionskritik von Karl Marx der Theologie durchaus kritisch integrieren können — und in mancherlei Hinsicht auch integrieren müssen. Aber das ist ja zur Zeit gang und gäbe, so daß in dieser Hinsicht wohl kaum zu wenig theologisch getan wird. Videant consules!
[18] Der Satz steht ähnlich auch in der Erklärung des Theologischen Ausschusses der EKU: Zum Verständnis des Todes Jesu, hg. v. F. Viering, 1968, S. 22.

Liebe gehört deshalb Erwählung. Erwählung ist aber ihrerseits *Geliebtsein*. Insofern ist der Glaube dann seinerseits ein Liebesphänomen. Daß ich geliebt werde, läßt sich „nur" glauben. Dabei ist die Evidenz des Glaubens allerdings durch nichts zu überbieten. Nur glauben — das ist diejenige Evidenz, die zur Liebe selber gehört.

Aus der Auseinandersetzung mit Ludwig Feuerbachs Kritik des Christentums dürfte für unser Problem resultieren, daß die theologisch gebotene *Identifizierung von Gott und Liebe* dann vor der Zwangsläufigkeit bewahrt wird, das Wort „Gott" zu einem den Superlativ des Menschseins aussagenden Begriff verkommen zu lassen, wenn *zwischen Glaube und Liebe so streng wie nötig unterschieden* wird. So sehr nämlich die Liebe vereinigt, so sehr bleibt sie selbst doch von den einander Liebenden unterschieden. Diesen Unterschied wahrt der Glaube, der glaubt, daß Gott die Liebe *ist*.

Der Glaube ist also kein Konkurrent der Liebe. Er hebt die Vereinigung der Liebenden nicht auf. Das gilt auch für die Vereinigung von Gott und Mensch, sofern Gott und Mensch einander Liebende sind. Aber der Glaube bewahrt die Vereinigung von Gott und Mensch vor der Verwechslung und Ununterschiedenheit zwischen Gott und Mensch, die der Tod der Liebe wäre. Er tut es, indem er den Satz „Gott liebt" durch den Satz „Gott ist die Liebe" interpretiert. Kein Mensch ist die Liebe. Auch zwei einander Liebende sind nicht die Liebe. Das wissen die Liebenden selbst am besten, insofern sie, eben weil sie nicht die Liebe sind, immer auch die Ohnmacht der Liebe erfahren. Insofern Gott und Mensch einander lieben, kommt auch zwischen ihnen die Ohnmacht der Liebe zur Erfahrung. Doch *Glaube* ist das Vertrauen darauf, daß der liebende Gott zugleich die Liebe selber *ist*. Insofern unterscheidet der Glaube zwischen Gott und Mensch. Er tut es zugunsten der den Unterschied niemals verzehrenden Vereinigung von Gott und Mensch, die man deshalb besser nicht eine unio mystica nennt. Der Glaube ist Gottvertrauen, insofern er angesichts der Ohnmacht der Liebe darauf vertraut, daß die Liebe niemals aufhört (1. Kor. 13,8)[19]. Dafür beruft er sich auf Jesus Christus, dem der Satz „Gott ist Liebe" seine Wahrheit verdankt.

Gegen Feuerbach ist deshalb einzuwenden, daß die penetrante Unterscheidung von Glaube und Liebe um der *Liebe* willen geschieht[20]. Man

---

[19] *E. Fuchs*, Jesus. Wort und Tat. Tübingen 1971, S. 121: „Die Liebe ist Liebe, weil sie spricht, indem sie sich selber verspricht, also in sich selbst zukünftig und als solche irreversibel ist, so daß sie Zukunft eröffnet."

[20] In diesem Sinn kann man mit *Ernst Fuchs* (Marburger Hermeneutik, Tübingen

kann diesen Unterschied am besten wohl dadurch zum Ausdruck bringen, daß man die ontologische Unterscheidung zwischen dem Menschen, der Liebe empfängt und Liebe hat, und dem Gott, der Liebe ist, herausarbeitet. Für den Gottesbegriff leistet dies eine sich als theologia crucifixi begründende *Trinitätslehre*.

Die Trinitätslehre ist der unerläßlich schwierige Ausdruck der einfachen Wahrheit, daß Gottes Leben Liebe ist. Unerläßlich schwierig ist der Ausdruck dieser einfachen Wahrheit deshalb, weil die Gewißheit „Gott lebt" sich an der Wirklichkeit des als Gott verkündigten, geglaubten und bekannten Menschen Jesus von Nazareth zu bewähren hat. Und das heißt ja sofort, daß die Gewißheit „Gott lebt" sich am *Tode* dieses zu Gott gehörenden Menschen zu bewähren hat. Nicht nur, weil auch zum Leben dieses Menschen das tödliche Ende eines Menschenlebens gehört; sondern vor allem, weil im tödlichen Ende dieses Menschenlebens der Anfang eines neuen Gottesverhältnisses aller Menschen begründet ist. Ein neues Gottesverhältnis erschließt der Tod Jesu aber deshalb, weil sich das *Sein Gottes* aufgrund des Todes Jesu allererst in seiner *göttlichen* Lebendigkeit erschließt. Die Gottheit des lebendigen Gottes — die Göttlichkeit seines Lebens und folglich eben die Lebendigkeit Gottes — *verträgt* sich in einem sehr präzisen Sinn mit dem Tod dieses Menschenlebens: sie *besiegt* ihn, indem sie ihn *erträgt*. Doch indem der lebendige Gott in seiner Gottheit den Tod dieses Menschen erträgt, indem er die Lebendigkeit seines Seins mit dem Kreuzestod Jesu belastet, erweist er sein göttliches Sein als *lebendige* Einheit von Leben und Tod. Diese lebendige Einheit von Leben und Tod ist das Wesen der Liebe. Als diese Einheit *ist* Gott Liebe. Der Glaube, der sich der am Tode Jesu bewährten Gewißheit dieses lebendigen Gottes verdankt, erzählt die das Sein Gottes selber bestimmende spannungsvolle Einheit von ewigem Leben und zeitlichem Tod als Geschichte der Liebe. Und er denkt diese Geschichte im Begriff des dreieinigen Gottes.

1968, S. 197) „den Glauben als Zwischenbestimmung der Liebe bezeichnen", ohne deshalb schon katholisch geworden zu sein. Allerdings stellt sich eben diese Zwischenbestimmung nicht von selbst ein. Fuchs weist mit Nachdruck darauf hin, daß „der Glaube seinerseits in einer festen Relation zum ‚Wort' (Röm. 10,8 ff.)" steht (ebd.). Man wird sich also davor zu hüten haben, aus der Angewiesenheit der Liebenden auf ein der Zukunft der Liebe geltendes Vertrauen und der damit gegebenen Unterscheidung von Glaube und Liebe so etwas wie einen Gottesbeweis machen zu wollen. Die Angewiesenheit auf Vertrauen und das Ereignis des Vertrauens sind zweierlei. Das gilt übrigens im Blick auf die Gerechtigkeit nicht weniger als im Blick auf die Liebe. Die Seligpreisung derer, die da hungert und dürstet nach der Gerechtigkeit (Matth. 5,6), ist bereits ein im Namen Gottes gesprochenes Wort, das Glauben gewährt. Die Leidensgeschichte der Welt ist zwar faktisch die Zeit, innerhalb derer Glaube an Gott möglich wird. Sie ist aber nicht der Grund dafür. Die sittlich allerdings unstillbare Sehnsucht, daß der Mörder nicht über das unschuldige Opfer triumphieren möge, mag sich als „Sehnsucht nach dem Anderen" artikulieren. Mit Gott hat sie nur unter der Voraussetzung Gottes etwas zu tun. Einen Gott daraus zu konstruieren ist eines Gottes unwürdig. Daß Gott gerecht ist und Gerechtigkeit schafft (aber wie!), sollen wir einem Gott wohl abverlangen dürfen, wenn wir glauben, daß ein Gott ist. Aber daß ein Gott sein muß, weil die Ungerechtigkeit wenigstens am Ende nicht triumphieren soll, ist für die Existenz eines Gottes ein diesen selber doch wohl einigermaßen kränkender Existenzgrund. Gott ist nicht Gott, weil er Richter ist, sondern er ist Richter, weil er Gott ist. Und sein Gericht heißt — Rechtfertigung des Sünders. Eine christliche Theologie, die sich ihren Duktus von der sittlich allerdings unerläßlichen Sehnsucht, daß der Mörder nicht über das unschuldige Opfer triumphieren möge, geben läßt, wird jedenfalls den Mörder nicht von der rechtfertigenden Gnade ausnehmen dürfen, wenn sie das Christentum nicht um seine Identität bringen will.

ENDE DES VERNEHMENS?

Hans Alberts Herausforderung an die Theologie

GÜNTER KLEIN

Hermeneutischem Denken läutet heute ein weithin hallendes wissenschaftstheoretisches Sterbeglöckchen, darauf zu achten die Ehrung für den Verfasser der „Hermeneutik" und der „Marburger Hermeneutik" gewiß nicht den unpassendsten Rahmen stellt. In seinem „Traktat über kritische Vernunft"[1] setzt Hans Albert zum Nekrolog auf einen von ihm so genannten „hermeneutischen Positivismus" an, in dessen Bannkreis „kritische Rationalität ... einer vernehmenden Vernunft quasi-theologischen Charakters gewichen" sei, die „den Zumutungen eines ... Verschleierungsdenkens" entgegenkomme, „wie es sich z. B. in der modernen protestantischen Theologie entwickelt hat"[2]. Dementsprechend wie hier eine generelle, sogar die hermeneutische Philosophie nur als eine Spezialform überholter Denkweise traktierende erkenntnistheoretische Polemik die Basis für eine Kritik der Theologie bereitet, soll im folgenden vorwiegend die epistemologische Grundherausforderung bedacht, auf die Theologiekritik nur anhangsweise eingegangen werden. Daß die vorliegenden Marginalien[3] nur einen thematisch eng begrenzten Beitrag zu der gebotenen Diskussion leisten und innerhalb der selektierten Problembereiche wiederum lediglich einige Markierungspunkte andeuten können, hängt unter anderem damit zusammen, daß theologischerseits ein umfassendes Gespräch mit Albert, das eine sensible Nachzeichnung seiner

---

[1] Die Einheit der Gesellschaftswissenschaften. Studien in den Grenzbereichen der Wirtschafts- und Sozialwissenschaften Band 9; 2. Aufl. 1969.

[2] AaO, VII.

[3] Sie gehen auf ein Kurzreferat zurück, das am 9. 10. 1971 im Herausgeberkreis der ZThK in Schloß Sindlingen gehalten, später, nicht zuletzt unter dem Eindruck eines am 20. 2. 1972 im gleichen Kreis geführten Gesprächs mit Hans Albert, überarbeitet und schließlich für ein im Sommersemester 1972 gehaltenes Oberseminar ausgewertet wurde, dessen Teilnehmern der Verfasser für ihre kritische Begleitung dankbar ist.

Position und Intentionen mit einer perspektivenreichen Auseinandersetzung verbindet, soeben von Gerhard Ebeling eröffnet worden ist[4]. Mehr als partielle Ergänzungen und Akzentsetzungen können dem im folgenden nicht nachgeliefert werden.

I.

Die von Albert entwickelte erkenntnistheoretische Konfrontation setzt einen elementaren Dualismus voraus: auf der einen Seite die klassische, der Direktive des Satzes vom zureichenden Grunde gefügige Rationalitätskonzeption (9 f.), welche noch die divergierendsten theoretischen Ansätze unter dem „Offenbarungsmodell der Erkenntnis" zusammenschließt (15 ff.), auf der anderen Seite „die Idee der kritischen Prüfung", welche das Begründungsdenken zugunsten eines permanenten Zirkels von Versuch und Irrtum suspendiert (35). Das nötigt zunächst zur Prüfung der Kritik am Begründungskonzept, danach zur Prüfung einiger fundamentaler Prinzipien des alternativen Erkenntnismodells.

1. Als das Begründungsdenken diskreditierende Faktoren werden unter anderem namhaft gemacht:

a) Eine illusionäre Vorstellung von der Erkenntnissituation, die sogenannte „Vakuumfiktion", derzufolge vorhandene Vorurteile allererst zu beseitigen sind (41), bevor ein kontextunabhängiger Erkenntnisprozeß in Gang kommen kann (vgl. 39). Dies Postulat übersieht nach Albert unter anderem die positive Bedeutung der Vorurteile, die als Hypothesen in prüfungsrelevanten Situationen der Möglichkeit des Scheiterns auszusetzen sind, um so eine Weiterentwicklung des Denkens zu erzwingen (42 f.);

b) eine illusionäre Vorstellung von der Realisierbarkeit des Begründungspostulats, dessen Vollzug — da er nicht ad infinitum durchgehalten werden kann — an irgendeiner Stelle abgebrochen werden muß (13) und so zur Dogmatisierung jeweils des Grundes nötigt, der dem Begründungsverfahren entnommen bleibt (14);

c) eine illusionäre Vorstellung von der Seinsweise, Zugänglichkeit und Tragfähigkeit der Wahrheit, als sei diese
    hinsichtlich ihrer Seinsweise „gegeben", daher hinzunehmen (23),
    hinsichtlich ihrer Zugänglichkeit durch die richtige Theorie zu er-

---

[4] Kritischer Rationalismus? Zu Hans Albert, Traktat über kritische Vernunft (ZThK 70, 1973, Beiheft 3).

schwingen (theoretischer Monismus, Ablehnung eines Denkens in Alternativen: 10 f.),

hinsichtlich ihrer Tragfähigkeit imstande, eine gleichzeitige Lösung des Ursprungs- wie des Geltungsproblems zu ermöglichen (23) und sich daher für den Erkennenden zusammen mit der Gewißheit zu vermitteln (24).

Illusionär ist diese Wahrheitsauffassung nach Albert u. a. deshalb, weil menschliche Theoriebildung nie eine passive, „Gegebenes" lediglich widerspiegelnde Schau ist, sondern auf Erfindung, Konstruktion, Phantasie beruht, also schöpferisches Gepräge hat (26).

Ad a) Die Entlarvung der „Vakuumfiktion" leuchtet zunächst ein. Das Ideal möglicher Kontextunabhängigkeit der Erkenntnis ignoriert in der Tat mit der Geschichtlichkeit des menschlichen Daseins die von Albert zwar nur mit Vorbehalt so genannte, in ihrer Faktizität aber auch von ihm entschieden anerkannte Seinsverbundenheit des Denkens (91 f.). Eben diese in den theoretischen Ansatz angemessen mit aufnehmen will die hermeneutische Kategorie des „Vorverständnisses"[5]. Es fragt sich aber sogleich, ob mit der so nachdrücklich betonten Kontextabhängigkeit (92) die hier zu bedenkende Außengesteuertheit des Daseins in vergleichbarer Radikalität erfaßt ist.

Das ist schon deswegen nicht zu erwarten, weil die Bestimmung des „Kontextes" wie die der davon bedingten anthropologischen Dispositionen viel zu partikular bleiben. Denn gegen die „Nicht-Existenz einer ‚reinen Vernunft'" werden von Albert lediglich die das Denken bestimmenden Einflüsse „vitalen, motivationalen und sozialen Charakters" ins Feld geführt (91); folgerichtig gilt die „Deutungsaktivität" als durch soziale Einflüsse geprägt (134) und Vernunft „in jeder Gestalt" als „ein sozial-kulturelles Zuchtprodukt auf vitaler Grundlage" (93). Nun könnte es ja sein, daß mit solcher in der Tat „biologistischen Definition"[6] ein umfassenderer Sachverhalt abgedeckt werden soll, als die Terminologie ahnen läßt. Wie wenig dies der Fall ist, zeigt sich aber daran, daß „die Verankerung ... in Faktoren des sozialkulturellen Milieus" konkretisiert wird lediglich als „die Art, wie die Umgebung für die Befriedigung der Bedürfnisse sorgt" (vgl. aaO). In solcher Perspektive sind entscheidende Sektoren des „Kontextes" von vornherein ausgeblendet und gera-

---

[5] Vgl. nur *E. Fuchs,* Das Problem der theologischen Hermeneutik (in: *E. Fuchs,* Zum hermeneutischen Problem in der Theologie. Die existentiale Interpretation, 1959, 116 bis 137), 119 f.
[6] *Ebeling,* 31.

ten alle Weisen anthropologischer Abhängigkeit, die sich nicht aus der Bedürfnisbefriedigung durch das „sozialkulturell(e) Milie(u)" (aaO) ergeben, gar nicht erst in den Blick.

Man kann sich die hier waltende Problembegrenzung an dem von Albert gelieferten Beispiel für eine positive Auswirkung von Kontextabhängigkeit weiter verdeutlichen. Als solches gilt ihm der sozial verbürgte Schutz von „Spielräume(n) freier schöpferischer Tätigkeit gegen Eingriffe ..., die solche Tätigkeit zunichte machen würden" (aaO). Hier reduziert sich kontextbedingte Fremdbestimmung also auf die Ermöglichung von Autonomie. Damit stellt sich eine bezeichnende Alternative. *Entweder* wird die von solchem Spielraum erwartete Freiheit als Aufhebung der Kontextabhängigkeit verstanden. Dann hat sich die geächtete Vakuumfiktion hinterrücks von neuem eingeschlichen. Es wäre aber keineswegs einzusehen, wieso ein gesellschaftlich verbürgtes Vakuum weniger fiktiv sein sollte als die mit Recht zurückgewiesene Idee eines erkenntnisimmanent herstellbaren Vakuums. Denn es ist selbstverständlich eine Illusion anzunehmen, die Einflüsse des „Milieus" ließen sich überhaupt durch Eingriffe des „Milieus" stillstellen, da jeglicher so hergestellte „Spielraum" eben seinerseits milieubedingt wäre. *Oder* die von solchem „Spielraum" erwartete Freiheit bedeutet gar nicht strikte Kontextunabhängigkeit, sondern lediglich Entlastung vom Druck der Alltagsprobleme[7]. Dann ist zunächst zu fragen, wieweit eine sozial konditionierte Entlastung jenen Druck wirklich aufhöbe und nicht bloß in verwandelter Gestalt perpetuiere. Problematisch wird dann aber vor allem die Differenzierung zwischen Alltäglichkeit und Kontext als solche. Denn mit der Ausklammerung des Alltags aus der die Kontextabhängigkeit konstituierenden Faktorensumme werden nicht nur alle konkreten Lebenszusammenhänge unzulässig verharmlost, sondern scheint eine Bestimmung von „Kontext", die dessen zur Abhängigkeit verhaltenden Wirkungsquanten angemessen respektiert, überhaupt nicht mehr möglich zu sein.

Nun ließe sich zwar fragen, ob Albert über jene „biologistische" Beschreibung der Kontextwirkungen nicht stellenweise hinausdrängt — dort nämlich, wo die Kritik an der Vakuumfiktion auf die Existenz von „Vorurteilen" verweist, die sich „in Denkgewohnheiten und Auffassungsbereitschaften" niedergeschlagen haben. Das Verständnis der Kontextabhängigkeit ist aber damit auf keinen Fall vertieft. Denn die „Vor-

---

[7] In diese Richtung schien auch ein mündlicher Einwand Alberts zu weisen (s. o. Anm. 3).

urteile" gelten für „theoretische Gesichtspunkte", die zwecks Erkenntniszuwachs dem Falsifizierungsprozeß auszusetzen sind (vgl. 42 f.). Die von solchen überkommenen Theoriegehalten bedingte Abhängigkeit ist also lediglich transitorisch. In drastischer Bildhaftigkeit kommt dieser Sachverhalt in Alberts Bewertung von Traditionen „als ‚Sprungbretter' " (157) zum Ausdruck. Nimmt man hinzu, daß die sozialkulturellen Konditionen als „der Gestaltung zugänglich" gelten (93), so zeigt sich, daß „die Einsicht in die unaufhebbare Kontextabhängigkeit der Vernunfttätigkeit" hier allenfalls „auf einen Sachverhalt reduziert (ist), durch den die kritische Vernunft ... zu immer neuen kritischen Anläufen herausgefordert wird"[8], wenn nicht sogar gilt, daß jedwede „Abhängigkeit" nur metaphorisch gedacht ist.

Für einen angemessenen Gebrauch der Kategorie der „Kontextabhängigkeit" kommt aber alles darauf an, den Umfang wie die Macht des Kontextes hinreichend radikal zu bestimmen. Daß „gerade die Vernunft" einen „entscheidenden Spielraum der Freiheit" gegenüber dem vital-motivational-sozialen Einflußsyndrom zu schaffen vermag, wird damit nicht bestritten, zeigt aber gerade die Notwendigkeit, den Begriff des Kontextes elementarer anzusetzen[9]. Hier wäre einerseits zu bedenken, daß die Determinanten der Tradition[10] vom Modell der sozialkulturellen Bedürfnisbefriedigung nicht zureichend erfaßt werden, so gewiß die Tradition immer auch Wirkungskomponenten birgt, die nicht lediglich vorhandene Bedürfnisse durch Vermittlung von „emotionale(r) Sicherheit", „geistige(r) Orientierung" und „ästhetische(r) Befriedigung" (93) absättigen, sondern sie insgesamt in Frage stellen. Andererseits bleibt jede Bestimmung des Kontextes defizient, die wie der Kritische Rationalismus „das Subjekt von Kritik ... nicht als solches in den Blick bekommen kann, weil das Subjekt von Kritik notwendig sich selbst entzogen bleibt"[11], denn unter solchen Umständen gerät der für die Heteronomie des Daseins entscheidende Sachverhalt in Vergessenheit, daß das erkennende Subjekt selber zu den konstitutiven Faktoren seines eigenen Kontextes gehört. Dieser Tatbestand ist im hermeneutischen Modell des „Vorverständnisses" berücksichtigt, daher Bultmanns bekannte Forderung, das Vorverständnis „aufs Spiel zu setzen"[12], nichts mit dem Po-

---

[8] Vgl. *Ebeling*, aaO.
[9] Zu *Ebeling*, aaO.
[10] Zur Notwendigkeit eines differenzierten Traditionsverständnisses vgl. *Ebeling*, 49 f.
[11] *Ebeling*, 111.
[12] Das Problem der Hermeneutik (Glauben und Verstehen II, 1952), 211—235), 228.

stulat zu tun hat, Vorurteile seien in prüfungsrelevanten Situationen der Möglichkeit des Scheiterns auszusetzen. Im zweiten Fall waltet die Illusion einer Autonomie, die über die das Dasein determinierenden Faktoren wie über ein Spielmaterial instrumentalistisch verfügen zu können meint; im ersten Fall aber gilt es, von vorgegebener Tradition „sich selbst... befragen zu lassen"[13], d. h. an experimenteller Auslösung von Akten des Scheiterns sich gar nicht erst zu versuchen.

Nach alledem scheint der hermeneutische Begriff des Vorverständnisses dem Umfang des Kontextes wie der Strenge der Abhängigkeit von diesem angemessener zu entsprechen als der Begriff der Kontextabhängigkeit im Albertschen Verstande. Denn jener vermag zumindest für die folgenden Tatbestände nachhaltiger zu sensibilisieren als dieser: erstens, daß das soziale Milieu als wesentlicher Kontextfaktor unter keinen Umständen Milieufreiheit vermitteln kann; zweitens, daß der Kontext nicht im Milieu aufgeht, Milieu vielmehr nur einen Sektor von Kontext darstellt; drittens, daß der Kontext nicht nur transsubjektive Dimensionen hat, sondern das erkennende Subjekt selber als eines seiner Elemente enthält, was der Steuerung der Kontextabhängigkeit durch das Subjekt eine prinzipielle Grenze setzt.

Ad b) Mit der durch die Abschwächung der Kontextabhängigkeit bedingten Verharmlosung der Erkenntnissituation scheint unmittelbar zusammenzuhängen, was Albert gegen die Realisierbarkeit des Begründungspostulats geltend macht. Natürlich läßt sich kein Begründungsregreß ad infinitum durchhalten, sondern muß an irgendeiner Stelle abgebrochen werden. Doch ist zunächst zu fragen, was solche Feststellung gegen die entsprechend verfahrenden Einzelwissenschaften austrägt. „Es gibt... ein methodisch begründetes und entsprechend reflektiertes Abbrechen kritischer Rückfrage, das nicht durch eine dogmatisch-autoritäre Setzung den infiniten Begründungsregreß beendet"[14]; inwiefern ein derart „selbstkritisch(er)"[15] Begründungsabbruch eine Hypothek des Erkenntnisvorgangs bedeuten könnte, läßt sich um so weniger vermuten, als nicht abzusehen wäre, wie eine Erfüllung einzelwissenschaftlicher Aufgabenstellung bei Suspension des Begründungspostulates überhaupt noch möglich sein sollte. Die Kategorie der „Dogmatisierung" auf die Gegenstände solch jeweiligen einzelwissenschaftlichen Begründungsabbruchs anzuwenden, liefe auf Interdizierung wissenschaftlicher Rückfrage überhaupt hinaus.

---

[13] AaO.   [14] *Ebeling*, 15.   [15] AaO.

Nun ist freilich einzuräumen, daß die Kritik des Begründungspostulats primär nicht auf dessen Fungibilität in einzelwissenschaftlichen Erkenntnisprozessen, sondern (ohne allerdings die Möglichkeit einer partiellen Brauchbarkeit des Postulats zu thematisieren) auf dessen Handhabung „als oberstes Prinzip" (35) zielt, also von dem fundamentaleren Problem bewegt ist, wieweit es eine sichere Entscheidung der Wahrheitsfrage gewährleiste. Anders formuliert: es geht darum, ob der im Rahmen des Begründungsdenkens stets unvermeidliche Begründungsabbruch jemals damit legitimiert werden kann, daß es sich bei dem Punkt des Begründungsabbruchs um „unanzweifelbare Gegebenheiten" handele (29). Albert meint das schon mit der Feststellung verneinen zu können, derartige als „letzte Voraussetzungen" qualifizierte Einsichten würden doch eben durch den Qualifikationsakt einem „weiteren Kontext eingeordnet" und damit ihrer Funktion als letzte Voraussetzungen enthoben (30). Ob mit solcher formallogischen Argumentation das hier aufbrechende Evidenzproblem[16] sich überspielen läßt, ist zu bezweifeln. Jedenfalls vollzieht ein Begründungsabbruch, der aus dem Widerfahrnis noetischer Alternativlosigkeit resultiert, nicht eine logische Subsumption, sondern hat den Charakter eines vom Erkenntnisgegenstand abgenötigten Urteils. Umgekehrt muß, wer noetische Alternativlosigkeit nur als grundsätzlich überwindbares faktisches Erkenntnismanko anzuerkennen bereit ist, sich fragen lassen, wieweit er noch mit der Nichtwählbarkeit der Erkenntnissituation den möglichen Begegnungscharakter von Erkenntnis respektiert und nicht vielmehr den Versuch unternimmt, die verbal emphatisch betonte Kontextabhängigkeit erkenntnistheoretisch zu unterlaufen.

Im übrigen hat schon Ebeling darauf hingewiesen, daß auch der Kritische Rationalismus „nicht darauf verzichten kann, daß die Argumente ‚einleuchten'"[17], insofern also, um eines seiner favorisierten Verdikte[18] aufzugreifen, „selbstreflexiv" verfährt. Dem wäre nur noch hinzuzufügen, daß es sich „bei diesen Inanspruchnahmen von Evidenz" keineswegs immer „nur um Falsifikationen handelt"[19], sondern durchaus auch um positive Urteile von großer Reichweite. Dazu gehört — auf der Ebene der Metatheorie — schon die tragende Prämisse des Falsifikationsprinzips, „daß man eigentlich alles ... grundsätzlich bezweifeln kann" (14), die bis in die Formulierung hinein die Betroffenheit durch erfahrene Stringenz verrät. Dazu gehört weiter — auf der Ebene der Theorie —

---

[16] Zu ihm vgl. im einzelnen *Ebeling*, 24. 41 ff.
[17] 21 f.   [18] Vgl. z. B. *Albert*, 82.   [19] So *Ebeling*, 21.

die Grundeinsicht der Kontextabhängigkeit: „Wer die utopische Idee einer ... reinen Vernunft aufzugeben bereit ist, muß sich damit abfinden, daß es soziale Faktoren ... gibt, ... deren Existenz ... nicht wegdekretiert werden kann" (93). Was ist solches Sich-Abfinden anderes als das Innewerden einer „unanzweifelbaren Gegebenheit", die Hinnahme einer Alternativlosigkeit, deren mögliche Aufhebung von keiner Reflexion mehr einzulösen ist?! Das Problem wird, als Frage an das Gesamtsystem, noch einmal wiederkehren (dazu s. u. 2b).

Ad c) Liefert nun aber nicht eine radikalisierende Einlassung auf Kontextabhängigkeit, erst recht im Verein mit bleibender Offenheit für mögliche Evidenzerfahrung, Alberts Destruktion des vom Begründungspostulat angeblich entstellten Wahrheitsverständnisses neues Material? Muß nicht, wo Kontextabhängigkeit als anthropologisches Zentraldatum akzeptiert ist, Wahrheit notwendig als Element des Kontextes und daher als hinzunehmende Gegebenheit in einem Sinne aufgefaßt werden, der Erkenntnis in der Tat nur noch als „Passivismus einer vernehmenden Vernunft" (149; vgl. 53) zuläßt und so einen „konservativen Deskriptivismus" entbindet, der, statt das Gegebene kritisch zu durchdringen, dieses nur noch verstehend sanktionieren kann (vgl. 148 f.)? Solche Verdikte sind schon deswegen fragwürdig, weil in ihnen ontologische, methodologische und wissenssoziologische Aspekte ungeklärt zusammenfließen.

Der ontologische Aspekt: Der Satz, die Wahrheit sei gegeben, ist — wo er hermeneutisch verantwortet wird — eine ontologische These. Als solche besagt er: Wahrheit ist nicht das Produkt, sondern die Voraussetzung des Erkennens. Ist damit freilich der „kontextuale" Charakter der Wahrheit pointiert, so doch keineswegs eine fraglose Identität von Wahrheit und Kontext behauptet, wie der Vorwurf der „Heiligung des Gegebenen" (148) unterstellt. Weil sich für hermeneutische Denkweise solche Identität gerade nicht von selbst versteht, ist für sie „das Gegebene keineswegs ein so eindeutiger Sachverhalt"[20] wie für den Kritischen Rationalismus; das befähigt sie zu der Einsicht, daß Kontextabhängigkeit sich in zwei verschiedenen Modi jeweils konkret zeitigt: nämlich als Verfallensein an Kontext und als Angewiesensein auf Kontext. Die Kategorie des Kontextes bezieht sich also keineswegs auf eine invariante Größe, vielmehr ist jeweils zu unterscheiden zwischen dem Kontext, in bezug auf welchen die Abhängigkeit die Weise des Verfallenseins an-

---

[20] Vgl. *Ebeling*, 45.

nimmt, und dem Kontext, in bezug auf welchen die Abhängigkeit die Weise des Angewiesenseins annimmt. Die Frage nach der Wahrheit wäre dann die Frage nach der rechten Unterscheidung der Kontexte, und das Innewerden der Wahrheit vollzöge sich als Entfremdung[21] in bezug auf den Kontext, der Verfallenheit bedingt, und als Beheimatung in dem Kontext, der Angewiesenheit bedingt.

Fazit: Der Satz, die Wahrheit sei gegeben, ist in hermeneutischer Verantwortung so wenig ein positivistisches Credo, als er vielmehr die ontologische Konsequenz aus der komplexen Fremdbestimmung des seinsverbundenen Denkens zieht.

Der methodologische Aspekt: Diese ontologische Einsicht schlägt nun aber keinesfalls in jene von Albert als „Passivismus einer vernehmenden Vernunft" perhorreszierte (149) methodologische Praxis um, die für ihn im schroffen Gegensatz zu konstruktiv und experimentell verfahrender „Aktivität" steht (vgl. 54)[22]. So wie einerseits „in aller Aktivität methodisch betriebener Erkenntnistätigkeit ... (das) Moment des Passiven (unentbehrlich)" ist[23], so kommt andererseits ohne die Momente von Konstruktion, Theorie, Entwurf, Hypothese, Phantasie in der Tat auch kein vernehmensbereites Denken aus. Die Unterstellung, bei Hinnahme einleuchtender Wahrheit seien diese Momente zugunsten blanker Rezeptivität suspendiert, ist ein psychologistisches Mißverständnis eines ontologischen Satzes. Wenn Bultmann jegliche Interpretation „an einem bestimmten Woraufhin orientiert" sein läßt, das Ideal voraussetzungslosen Verstehens daher abweist[24] und statt dessen „die äußerste Lebendigkeit des verstehenden Subjekts, die möglichst reiche Entfaltung seiner Individualität" postuliert und zugespitzt die „‚subjektivste'" Interpretation für die „‚objektivste'" erklärt[25], so ist damit die dem sogenannten „hermeneutischen Positivismus" zugeschriebene Wahnidee „eines theoriefreien und unmittelbaren Erfahrungszuganges" zu einer als vortheoretisches brutum factum geltenden Wirklichkeit (vgl. 133 f.) eindeutig dementiert — ganz davon abgesehen, daß das hermeneutische Prinzip des Ver-

---

[21] Anders, nämlich im heute üblichen disqualifizierenden Sinn, wird der Begriff der Entfremdung bei *D. Schellong* gebraucht (Theologie im Widerspruch von Vernunft und Unvernunft. Drei Vorträge [ThSt (B) 106], 1971, 42), der ausgerechnet im Gespräch mit Albert Theologie als „Symptom für Entfremdung" eingesteht. Die Bedeutung der seltsamen Selbsteinschätzung ist mir verborgen geblieben.

[22] Zu der bemerkenswerten Spannung, „daß der Passivismus des Offenbarungsmodells zugleich als Aktivismus des Begründungsabbruchs gekennzeichnet wird", vgl. *Ebeling*, 39 ff.

[23] *Ebeling*, 45.   [24] AaO, 216.   [25] AaO, 230.

nehmens die auf methodische Distanzierung der Gegenstände zielenden kritischen Interpretationstechniken nicht ersetzen, sondern ergänzen will[26]. Vernehmende Vernunft und entwerfende Vernunft lassen sich daher nur unter der unschwer zu falsifizierenden Voraussetzung gegeneinander ausspielen, daß der konstruktive Entwurf notwendig zu Ergebnissen führe, die keinem Vernehmen einleuchten. Die Feststellung Alberts: man könne ein positives Verhältnis auch zu Überlieferungen haben, zu denen man in methodischer Distanz steht (vgl. 142), läuft als Einwand gegen das Prinzip des Vernehmens ins Leere.

Der wissenssoziologische Aspekt: Eine ebensolche Vermischung der Aspekte steht hinter dem Vorwurf, die Auffassung der Wahrheit als gegebener lasse das Denken mit dem Verstehen des Gegebenen sich begnügen, wobei dieses lediglich „gespiegelt" werde (vgl. 26), fixiere übermäßig auf Sinnproblematik, entwöhne damit von der kritischen Durchdringung der Wirklichkeit und leiste mit alledem der Sanktionierung des jeweils Bestehenden Vorschub (vgl. 148 f.). Nur im Vorübergehen sei angemerkt, daß derartige Behauptungen das auf den gleichen Angeklagten zielende Verdikt der gesellschaftlichen Folgenlosigkeit (vgl. 3) in einem sehr seltsamen Licht erscheinen lassen. Auch kommt es hier nicht darauf an, wieweit solche Tendenzen im Einzelfall tatsächlich zu beobachten sind; es geht vielmehr um die Frage, ob sie sich aus dem attackierten Wahrheitsverständnis zwangsläufig ergeben. Dies ist zu verneinen. Wenn nämlich die Einsicht in den „kontextualen" Charakter der Wahrheit die Notwendigkeit zur Unterscheidung der Kontexte impliziert (s. o.), so ist damit einer bewußtlosen Fixierung auf den jeweils determinierenden Kontext gewehrt. Je intensiver die Aufgabe solcher Unterscheidung wahrgenommen wird und dabei Verfallenheit und Angewiesenheit als die zwei Weisen der Kontextabhängigkeit in den Blick geraten, um so tiefer greift empirisch die Entfremdung gegenüber den Wirkungszusammenhängen, in denen die Angewiesenheit auf vorgegebene Wahrheit von der Verfallenheit an die Fiktion der Selbstgenügsamkeit permanent verstellt wird. Der ontologische Satz, daß die Wahrheit gegeben sei, führt daher wissenssoziologisch nicht zur Stabilisierung, sonden zur Infragestellung solcher Wirkungszusammenhänge, d. h. in aller Regel: zu einer Entzauberung des Status quo.

2. Fragen wir nun nach dem vom Kritischen Rationalismus angebotenen Erkenntnismodell, so lassen sich dessen Grundzüge zunächst folgen-

---

[26] Vgl. *Bultmann*, aaO, 231 und heute etwa *P. Stuhlmacher*, Neues Testament und Hermeneutik — Versuch einer Bestandsaufnahme (ZThK 68, 1971, 121—161), 148 f.

dermaßen zusammenfassen: konstruktive „Theoriebildung" (26) trachtet danach, „prüfungsrelevant(e)", die Möglichkeit des Scheiterns enthaltende Situationen „aufzusuchen oder sogar herzustellen" (43), um so die „in symbolischen Konstruktionen durchartikulierte(n)... Erzeugnisse der Einbildungskraft... in Gedankenexperimenten und Realexperimenten, also durch aktive Eingriffe", zu erproben (vgl. 54), d. h. ihnen „die Gelegenheit" zu verschaffen, „am Widerstand der realen Welt zu scheitern" (33). Einem infiniten Progreß winkt so die Möglichkeit, „durch Versuch und Irrtum... der Wahrheit näherzukommen, ohne allerdings jemals Gewißheit zu erreichen" (35). Der kategorische Imperativ solcher Erkenntnistheorie lautet folgerichtig: „Suche stets nach relevanten Widersprüchen, um bisherige Überzeugungen dem Risiko des Scheiterns auszusetzen, so daß sie Gelegenheit haben, sich zu bewähren" (43).

Dieses Modell, das ja nicht einfach für das in aller Wissenschaft in der Tat unerläßliche „ständige Ineinandergreifen von Erkenntnisgewinnung und Überprüfungsbereitschaft"[27] einen verbesserten theoretischen Bezugsrahmen liefern will, sondern — in bezeichnender Abkehr vom eigenen Postulat des theoretischen Dualismus — auf der Ebene der Metatheorie keinerlei Pluralismus gelten läßt[28], erscheint in solcher totalitären Fassung u. a. aus den folgenden Gründen unrealistisch.

a) Die absolute Isolierung der Wahrheit gegen die Gewißheit zusammen mit der uneingeschränkten Suspension der Gewißheit ist selbstreflexiv. Denn mag im Schema des Kritischen Rationalismus alle Einzelgewißheit in die Schwebe gebracht sein, so waltet doch mit der „Zuversicht" zu „dem Prozeß der Falsifikation als einem Prozeß der Annäherung an die Wahrheit"[29] eine derart stabile Gewißheit hinsichtlich der Angemessenheit und Funktionsfähigkeit des vom Gewißheitsstreben entlasteten Erkenntnismodells als solchen, daß sich in seinem Sinne durchaus formulieren läßt, „die bewußt bejahte und wachgehaltene Ungewißheit" könne „ihrer selbst gewiß sein"[30]. Damit aber hebt sich das Modell selbst mit Notwendigkeit auf. Sein Fundamentalsatz, „daß sich Gewißheitsstreben und Wahrheitssuche letzten Endes ausschließen" (33), impliziert ja die Alternative, entweder selber ungewiß oder unwahr zu sein. Jenen Satz als zwar nicht gewiß, doch sinnvoll zu bezeichnen[31], dürfte das Dilemma schwerlich beseitigen, da damit die Gewißheit der Aussage — mit allen existenziellen Folgen für die Organisation der Wahrheitssuche —

---

[27] Ebeling, 43.   [28] Dazu vgl. die wichtigen Ausführungen bei Ebeling, 59.
[29] Ebeling, 48.   [30] Ebeling, 112.   [31] Vgl. o. Anm. 7.

eben an das Charakteristikum „sinnvoll" gebunden wird. Oder sollte etwa die Konkurrenz von Wahrheit und Gewißheit nur auf Theorieebene, nicht jedoch metatheoretisch gelten? Doch wäre einerseits nicht zu sehen, wieso die auf Theorieebene als selbstfabrizierter Mechanismus von Immunisierungsdrang (vgl. 30) abqualifizierte Gewißheit auf der Ebene der Theorie-Theorie auf einmal akzeptabel erscheinen könnte; zum andern war bereits darauf hinzuweisen, daß der Kritische Rationalismus durchaus auch auf Theorieebene auf Einsichten gründet, deren Wahrheit ihm gewiß ist (s. o. 1b). So illustriert er selbst, daß eine wie auch immer geartete Gewißheit zu den fundamentalen Voraussetzungen jeder erkenntnisrelevanten Aussage gehört und sich der methodischen Ausblendung entzieht.

b) Es fehlt bei Albert jegliche schlüssige Auskunft über die Modalitäten der konstruktiven Theoriebildung, die doch jeden neuen Erkenntnisakt im infiniten Progreß initiieren soll. In dieser Hinsicht finden sich nur überaus vage Andeutungen. Das Postulat „der kritischen Diskussion aller in Frage kommenden Aussagen mit Hilfe rationaler Argumente" (35) läßt jegliche Reflexion über die Genese solcher „in Frage kommenden Aussagen" ebenso vermissen wie über die Kriterien, nach denen sich bemißt, was als „in Frage kommende Aussage" zu gelten hat. Allenfalls die Empfehlung, „die sogenannten Vorurteile für den Erkenntnisfortschritt nutzbar zu machen" (42), deutet darauf hin, daß das erkenntnisstimulierende Material aus der Tradition gewonnen werden soll, die demnach so etwas wie ein Potential ihrer eigenen experimentellen Hypothetisierung und Falsifizierung abgäbe.

Sieht man selbst einmal davon ab, daß damit Geschichte „gewissermaßen nur noch als Steinbruch" in Frage käme[32], und beschränkt man sich auf die Frage nach der immanenten Realisierbarkeit einer derartigen Rationalitätskonzeption, so ist doch nicht zu erkennen, nach welchen Kriterien in dem unermeßlichen Traditionspotential das jeweils akut Falsifikationswürdige erstens ausgemacht und zweitens für das Experiment aufbereitet werden soll. Wenn bereits „im Hinblick auf die Theoriebildung ... der Passivismus überwunden" und eine die überkommenen geistigen Gehalte konstruktiv durcharticulierende „Aktivität" entbunden werden soll (vgl. 53 f.), Theoriebildung daher konsequent eine „schöpferische Tätigkeit" heißt (26), so ist klar, daß das aus der Tradition selektierte, für das Experiment hergerichtete und in den Stand der Hypothese

---

[32] *Ebeling*, 101.

überführte Falsifikationsmaterial längst vor dem Falsifikationsakt zutiefst von einem im Rahmen des Modells freilich notwendig unbestimmt bleibenden Anteil des erkennenden Subjekts stigmatisiert ist. Hinzu kommt, daß auch für den eigentlichen Falsifikationsakt keine Kriterien beigebracht[33] und die *Verifikation* der Falsifikation offenbar einfach der selbstregulierenden Kommunikation rationaler Geister übermacht wird, deren Konsensus dann faktisch die Funktion der Evidenz im Begründungsdenken übernimmt[34]. Nach alledem dürfte kaum zu bestreiten sein, daß es im Rahmen dieses Rationalitätskonzepts auf dem Wege zwischen Theoriebildung und Falsifikation mehrfach zu reflexionsloser Freigabe von Irrationalität kommt.

Damit hängt ein weiteres zusammen: Der projektierte Erkenntnisvollzug, der von der Theoriebildung zum Aufsuchen oder gar Herstellen solcher Situationen verläuft, in denen die „reale Welt" bzw. die „Wirklichkeit" (vgl. 33) das Risiko des Scheiterns bereithält, tendiert jedenfalls zu einer Auffassung von Theoriebildung, wonach diese dem Einfluß von Welt und Wirklichkeit voraus sich vollzieht. Hier scheint das Modell das Opfer einer modifizierten Vakuumfiktion geworden zu sein. Nur so ist m. E. auch zu erklären, daß „unbefangene Wahrheitssuche" (4) für realisierbar gehalten und auf das Problem, wie sich solche postulierte Unbefangenheit zur Kontextabhängigkeit verhält, überhaupt nicht reflektiert wird.

c) Wenn Erkenntnis prinzipiell davon lebt, daß sich Situationen finden oder herstellen lassen, in denen der „Widerstand der realen Welt" zum Katalysator möglichen Scheiterns von Theorien wird, so läuft das auf eine fundamentale Zerklüftung von Mensch und Welt hinaus, sofern die widerständige Welt in ein Kalkül eingestellt wird. Die „Idee der kritischen Prüfung" richtet sich also „die reale Welt" als Gegenstand einer operationalistischen Veranstaltung zu. Welt wird zum Moment eines Experimentes, in dessen Rahmen sie auf Theorie zu reagieren hat und solche Reaktion von vornherein auf die Struktur einer Binärentscheidung festgelegt ist. Wie immer die Entscheidung ausfällt, ob Falsifizierbarkeit oder deren Ausbleiben signalisiert wird — das Experiment als solches kann nicht mißlingen, da beide möglichen Ergebnisse erkenntnisrelevant sind. Die experimentelle Operation stellt so den umfassenden,

---

[33] Das Postulat „relevanter Widersprüche" (vgl. 43) hilft nicht weiter: wer befindet über die Relevanz? (Hinweis von Michael Schibilsky; s. o. Anm. 3).

[34] Diesen Gesichtspunkt verdanke ich meinem wissenschaftlichen Mitarbeiter Hans-Martin Lübking.

Theorie und Welt zusammenschließenden Horizont, eine Art Meta-Welt, dar, in deren Rahmen die „reale Welt" zum Speicher abrufbarer binärer Signale depotenziert ist. Zu fragen ist, was ein derartiger Weltbegriff mit seinen Momenten der Verfügbarkeit und Kalkulierbarkeit noch mit jenem Kontext zu tun hat, zu dem sich der Mensch doch auch nach Albert im Modus der Abhängigkeit verhält. Deutlich ist jedenfalls, daß die Metapher vom „Widerstand" der realen Welt diesen Weltbegriff mit der Kategorie des Kontextes nicht zu vermitteln vermag. Der Widerstand ist ja kalkuliert, richtet sich auf die versuchsweise herangeführte Theorie, nicht aufs erkennende Subjekt, dem er vielmehr als heuristisches Instrument gefügig ist. Demgegenüber dürfte ein Weltverständnis, welches für die Möglichkeit offen bleibt, daß Welt dem Menschen auch noch anders als signalisierend begegnen könnte, dem Kritischen Rationalismus an Erklärungsrelevanz voraus sein.

d) Solcher Depotenzierung der „realen Welt" entspricht eine hochgradige Potenzierung der Subjektivität. Das Subjekt bleibt in jeder Phase Herr des von ihm experimentell gesteuerten infiniten Progresses. Die im Spannungsfeld von Versuch und Irrtum erfolgenden Akte des Scheiterns betreffen ja lediglich die eingebrachten Theorien, sind vom Subjekt inszeniert und schlagen allemal zur Rechtfertigung seines erkenntnistheoretischen Ansatzes und seiner daraus folgenden Grundeinstellung zur Welt aus. Die Frage lautet aber, ob ein Erkenntnismodell, welches unter den eigenen Bedingungen Subjektivität nur als permanent gerechtfertigte erscheinen zu lassen vermag, anthropologisch nicht folgenschwer defizitär ist.

II.

Abschließend sei auf zwei Argumente in Alberts Theologiekritik wenigstens noch andeutungsweise eingegangen.

1. Die Entmythologisierung wird als Apologetik verworfen: sie wolle den Kern des christlichen Glaubens durch eine mit dem modernen Weltbild harmonierende Auslegung retten (109). Da die Bestimmung dieses Kerns unter dogmatischem Gesichtspunkt erfolge, sei die Grenze der Entmythologisierung gänzlich willkürlich gezogen (114). Die Option gegen Eliminierung des Mythos zugunsten seiner Interpretation laufe auf Beschränkung der Kritik hinaus (111). Speziell gegen die existentiale Interpretation wird eingewandt: Sie sei als Trennung von Kosmologie

und Existenzverständnis eine künstliche dogmatische Operation (112). Denn so wenig sich das damalige Existenzverständnis von dem damaligen kosmologischen Kontext ablösen lasse, so sicher sei die existentiale Deutung mit dem modernen Weltbild als einer Alternative zum antiken verbunden (111). Auch hier sei die kritische Funktion der Erkenntnis für die Ethik zu beachten (112 A 22), die es ausschließe, an die Möglichkeit existentialer Deutungen zu glauben, die keinerlei existentiale Implikationen, nämlich keine kosmologischen Konsequenzen haben (vgl. 112).

Dazu ist zu sagen: so richtig es ist, daß in den Anfängen der Debatte der Anschein entstehen konnte, als gehe es im Programm der Entmythologisierung vorrangig um die Konkordanz des Glaubens mit „dem" modernen Weltbild, so deutlich hat inzwischen die Weiterarbeit an den neutestamentlichen Texten gezeigt, daß eine weltbildliche Option überhaupt nicht zu den primären Konstitutionsmerkmalen des Glaubens gehört. Alberts gegenteilige Überzeugung hängt einmal mit einem von vornherein unzulänglichen Verständnis antiker Kosmologie als einer „pseudowissenschaftliche(n) Theorie"[35], zum andern aber auch mit einer irrigen Auffassung der Beziehung von Kosmologie und Existenzverständnis zusammen. Daß diese Beziehung jeweils unauflöslich sei, ist mit „der kritischen Funktion der Erkenntnis für die Ethik" überhaupt nicht zu begründen, da das Existenzverständnis im hier gemeinten Sinne durchaus ein vorethischer, nämlich seinerseits dem Bereich der Erkenntnis zugehöriger Faktor ist. Daß innerhalb dieses Bereiches das Existenzverständnis fundamentaleren Charakter hat als die Kosmologie, zeigt sich neutestamentlich schon daran, wie das Urchristentum an den komplexen und manchmal konträren kosmologischen Entwürfen des Zeitalters synkretistisch partizipiert, zugleich aber mit den betreffenden Existenzentwürfen kollidiert. Umgekehrt führt auch keineswegs ein monokausaler Ablauf von einem Existenzverständnis zu bestimmten kosmologischen Konfigurationen. Vielmehr kann sich ein identisches Selbstverständnis in verschiedenen kosmologischen Objektivationsformen verlautbaren. Daher nötigen die Texte zwar nicht zu einer Trennung von Kosmologie und Existenzverständnis, wohl aber zu einer sorgfältigen Interpretation des existentialen Verweisungscharakters der Kosmologie. Wer es dagegen für die heute einzig begründbare Verfahrensweise hält, „die Mythologie zu eliminieren" (111), überantwortet Kosmologie und Existenzverständnis miteinander dem Vergessen, bringt damit Tradition gewaltsam zum

---

[35] Dazu vgl. im einzelnen *Ebeling*, 108.

Verstummen und beschneidet so die Chancen eigener Einsichten aus dem geschichtlichen Kontext.

2. *Das Problem der Existenz Gottes und die moderne Theologie.* Die theologische Preisgabe der natürlichen Theologie hat nach Albert fatale Folgen, denn damit verliere das Motiv der Existenz Gottes jegliche Funktion. Es habe nämlich keinen vernünftigen Sinn, an der Hypothese „Gott" festzuhalten, wenn der Kontext, innerhalb dessen sie Erklärungswert besitzt, aufgegeben wurde. Ein solcher Kontext aber sei nur mit jener inzwischen obsolet gewordenen Kosmologie gegeben gewesen, von der die natürliche Theologie ein erklärungsrelevanter Bestandteil war (115—117).

Jedoch schon die behauptete Motivation der Abkehr protestantischer Theologie von einer natürlichen Theologie indiziert ein erhebliches theologiegeschichtliches Informationsdefizit. Die theologische Ächtung der natürlichen Theologie erfolgte jedenfalls im modernen Protestantismus nicht wegen deren wissenschaftlicher Obsoletheit, sondern aufgrund des neuentdeckten Primats der Christologie.

Daß das christliche Gottesverständnis mit der natürlichen Theologie stehe und falle, würde im übrigen nur gelten, wenn das urchristliche Reden von Gott ein Ausfluß von theologia naturalis gewesen wäre. Das Gegenteil ist der Fall. Mit Recht weist Gerhard Ebeling auf die „kritische Funktion" des biblischen Gottesverständnisses „gegenüber der vorderorientalischen theologischen Kosmologie und politischen Theologie" hin[36]. Das läßt sich noch weiter konkretisieren. Die urchristliche Verkündigung des gekreuzigten Auferstandenen als des Herrn der Welt steht der metaphysischen Gottesidee entgegen; sie bestreitet gerade, „daß die Wahrheit Gottes ... aus dem Verhältnis der Welt als der Summe seines geschöpflichen Werkes erschlossen werden kann"[37], sie impliziert den Verzicht auf den Gottesbegriff und versteht Gott als Namen[38] — und zwar als Namen dessen, der jedwede Gottesvorstellung, die Gott als Prädikat der endlichen Wirklichkeit für die Kohärenz eines Weltbildes bürgen läßt, in Jesus Christus als Götzenbeziehung entlarvt.

Man mag dieses Gottesverständnis für illusionär halten. Es aber mittels der Destruktion seines Gegenteils zu kritisieren, dürfte nicht einmal unter den Bedingungen des Kritischen Rationalismus ein erklärungsrelevantes Verfahren sein.

---

[36] AaO, 108.
[37] *H.-G. Geyer,* Atheismus und Christentum (EvTh 30, 1970, 255—274) 267.
[38] AaO, 268.

JESUS UND DER TÄUFER*

ETA LINNEMANN

Der Täufer kündigte die drohende Nähe des Gerichtes an: „Schon ist die Axt an die Wurzel der Bäume gelegt!" (Mt 3,10/Lk 3,9)[1]. Jesus verkündigte den Anbruch der Gottesherrschaft: „Wenn ich mit dem Finger Gottes die Dämonen austreibe, dann ist die Gottesherrschaft über euch gekommen" (Lk 11,20/Mt 12,28). Er sprach in der Parabel von den Arbeitern im Weinberg vom Erscheinen der Güte Gottes und stellte es für sein Verhalten zu Zöllnern und Sündern in Rechnung[2].

Nicht nur für den zeitgenössischen Pharisäismus, sondern auch für den Täufer stand es fest, daß der Sünder der Buße bedurfte, um zum Heil

---

* Ohne Anmerkungen als Vortrag gehalten vor der Arbeitsgruppe „Der historische Jesus" beim 26. General Meeting der SNTS am 26. 8. 1971.

[1] *Bultmann* (Die Geschichte der Synoptischen Tradition, Göttingen 1967[7], S. 123) ist freilich der Meinung, „daß die Worte (Mt 3,7—10/Lk 3,7—9) in der christlichen Tradition umliefen und dem Täufer in dem Mund gelegt wurden, weil man ein Stück seiner Bußpredigt berichten wollte". Es sei „als bloßer Zufall zu beurteilen", „daß Jesus nicht der Sprecher dieser Drohworte ist". Ein derartiges Verfahren erscheint mir jedoch reichlich unwahrscheinlich. Die Überlegung, was der Täufer wohl gesagt haben könne und der Versuch, seine Bußpredigt zu rekonstruieren, setzen ein historisches Interesse voraus, das sich in der Urgemeinde nicht nachweisen läßt. Eine fiktive Zusammenstellung aus dem Motiv, die Erwartungen des Lesers zu befriedigen, wäre allenfalls bei den Evangelisten denkbar, welche der Markusvorlage folgend vom Täufer erzählten. Der Redaktor von Q dagegen konnte derartige Erwartungen bei seinen Lesern gar nicht voraussetzen. Für ihn bestand kein Anlaß, zwischen Jesus und dem Täufer als Sprecher der von ihm zusammengestellten Logien zu unterscheiden, es sei denn, daß ihm eine derartige Unterscheidung durch die Überlieferung vorgegeben war.

[2] Mit dieser Darstellung der Verkündigung Jesu vom Anbruch der Gottesherrschaft beziehe ich mich auf mein Buch ‚Gleichnisse Jesu' (Göttingen 1969[5], besonders S. 45 bis 49 und 138—142); Beweisführung und Absicherung gegen etwaige Mißverständnisse sind dort zu suchen.

zu gelangen. Die Täuflinge werden verwarnt: „Bringt Frucht, würdig der Buße!" (Mt 3,8/Lk 3,8). Bei Jesus dagegen haben „Heil und Buße ... ihren Platz vertauscht", bei ihm gilt, „daß an der Gnade die Umkehr entsteht"[3]. Sein Urteil lautet, daß der Zöllner, dem nichts anderes übrig bleibt, als sich an die Brust zu schlagen und zu bitten: „Gott, sei mir Sünder gnädig!", als Gerechter den Tempel verläßt (Lk 18,14). Jesus sieht die Verlorenen, mit denen er sich an einen Tisch setzt, als Wiedergefundene an (Lk 15,1—32).

Wenngleich zweifellos zwischen dem Täufer und Jesus eine Beziehung besteht, unterscheidet sich Jesus vom Täufer gerade in dem, was für seine Verkündigung das Wesentliche ist. Soll man sich nun damit begnügen, Jesus von der Folie des Täufers abzuheben und Unterschiede festzustellen? Oder darf man es wagen, einen Schritt darüber hinaus zu versuchen und zu fragen, wie es zu diesen Unterschieden gekommen ist? Muß man es damit genug sein lassen, an den Gleichnissen abzulesen, daß für Jesus offenbar zwischen seiner Verkündigung der Gottesherrschaft und seiner Tischgemeinschaft mit Zöllnern und Sündern ein Zusammenhang besteht? Oder darf man danach fragen, wie Jesus dazu kam, einen derartigen Zusammenhang herzustellen, der religionsgeschichtlich kaum vorgezeichnet war?

Mir erscheinen solche Fragen gerechtfertigt. Denn es gibt einen — bislang für den Problemkreis Jesus und der Täufer zu wenig herangezogenen — Text, der sie beantworten kann, nämlich Jo 3,22—4,3. Allerdings setze ich mich zu den gängigen Urteilen in Widerspruch, wenn ich ausgerechnet von diesem Text eine Antwort auf historische Fragen erwarte.

I. Jo 3,22 ff. — eine Bildung des Evangelisten?

Dibelius sieht den Abschnitt als Dichtung an. „Der kühn komponierende Evangelist [stellte] Johannes und Jesus beim gleichen Werk zur gleichen Stunde nebeneinander", um dadurch einerseits die Überlegenheit Jesu, andererseits die Unabhängigkeit der christlichen Taufe von der Johannestaufe zu erweisen[4]. Die Ungeschichtlichkeit des „nicht nur zeitlichen, sondern auch beruflichen Nebeneinanders" erhellt sich für Dibe-

---

[3] G. Bornkamm, Jesus von Nazareth, Stuttgart 1965[7].
[4] Die urchristliche Überlieferung von Johannes dem Täufer (FRLANT 15), Göttingen 1911, S. 111 bzw. 113.

lius „aus der Untersuchung der synoptischen Berichte"[5]. Er geht dabei von der falschen Voraussetzung aus, daß jede ursprüngliche Tradition den Synoptikern bekannt war und auch von ihnen überliefert wurde[6]. Ferner übersieht er, daß das zeitliche Nebeneinander nicht in Widerspruch zu den Angaben der Synoptiker steht, falls die Tauftätigkeit Jesu vor Beginn seiner eigenen Verkündigung anzusetzen ist, welche in Jo 3,22 ff. übrigens nicht erwähnt wird.

Auch Bultmann hält es für unzweifelhaft, „daß diese Szene (V. 22 bis 26) ein *literarisches Gebilde* ist. Als Ganzes erweckt 3,22—26 den Eindruck, Bildung des Evangelisten zu sein ... Er wollte die Konkurrenz der beiden Taufsekten bildhaft darstellen, indem er Jesus und Johannes nebeneinander als Täufer zeigt"[7]. Bultmann rechnet jedoch mit der Möglichkeit, „daß in V. 25 ein altes Traditionsstück zum Vorschein kommt", zu dem noch V. 27 und allenfalls V. 29a zu rechnen sind. Diese vom Evangelisten benutzte Vorlage sei „ein Apophthegma aus der täuferischen Tradition, das von einem Streit über die Frage der Reinigungsbräuche handelte"[8].

Ein Apophthegma, welches die genannten Verse umfassen sollte, wäre jedoch undenkbar. Was hat die Feststellung: „Wer die Braut hat, der ist der Bräutigam", mit der Frage der Reinigungsbräuche zu tun? Scheidet man aber V. 29a aus, den ja auch Bultmann nicht sicher zu dem Traditionsstück rechnet, dann ergibt der Rest noch immer kein brauchbares Apophthegma. Einerlei, wie der Streitfall über die Reinigungsbräuche beschaffen war — das Täuferwort: „Ein Mensch kann sich nichts nehmen, es sei ihm denn vom Himmel gegeben" (Jo 3,27) konnte ihn nicht entscheiden. Es geht auf das Problem der Reinheit nicht ein, sondern antwortet lediglich auf die Frage, ob einem bestimmten Menschen etwas zu Recht oder zu Unrecht zuteil geworden ist.

Noch unvorstellbarer ist aber die literarische Operation, welche der Evangelist vorgenommen haben müßte, um dieses Apophthegma in den

---

[5] Ebd. S. 111.
[6] Vgl. dazu *R. Bultmann*, Das Evangelium des Johannes (MeyerK 2, Göttingen 1968[19], im folgenden abgekürzt; Johannes) S. 122: „... daß die synoptische Tradition nichts von einer Tauftätigkeit Jesu berichtet, ist jedenfalls kein Gegenargument; denn was diese über das Verhältnis Jesu zum Täufer erzählt, beruht auf einseitiger Auswahl."
[7] Ebd. S. 121 f.
[8] Ebd. S. 123.

Zusammenhang seiner eigenen Komposition einzubauen. Was konnte ihn dazu bringen, das Traditionsstück zu verwenden, obwohl V. 25, den er daraus übernommen haben soll, seinen eigenen Gedankengang stört und alles, was ihm V. 27 einbringen konnte, V. 29 ihm weitaus besser bot? Wozu überlieferte er dieses Apophthegma, das ihm keinerlei Gewinn brachte, wenn er es gleichzeitig zerstörte, indem er die Verse auseinanderriß oder wichtige Bestandteile unterschlug?

Diese Schwierigkeiten resultieren allein aus Bultmanns Vorurteil, daß der Abschnitt eine Bildung des Evangelisten ist. Der Text hat ihn nicht zu dieser Annahme genötigt.

„Die Einfachheit des Stils" welche der Abschnitt mit den redaktionellen Stücken des Evangelisten gemeinsam hat, schließt die Möglichkeit, daß er zur Tradition gehört, nicht aus. Die Anknüpfung mit οὖν mag zwar bei Johannes häufig sein, ist aber sicher nicht sein Privileg. Auch ἦν δὲ καὶ und die „bei Joh. beliebte Übergangsformel" μετὰ ταῦτα beweisen nicht die Bildung des Abschnitts durch den Evangelisten. Will man nicht die Möglichkeit zugestehen, daß er sie gelegentlich auch in seiner Tradition vorfand, dann wird man doch zum mindesten nicht leugnen können, daß er dieselben in seine Vorlage eingetragen haben kann[9].

Wenngleich einige Bestandteile des Abschnitts 3,22 ff. auf den Evangelisten zurückgehen, ist damit noch nicht bewiesen, daß dieser ihn ganz gebildet haben muß. In V. 26 lassen sich die Worte ᾧ σὺ μεμαρτύρηκας leicht als redaktionelle Zutat ausscheiden. Es besteht deshalb kein Anlaß, den ganzen Vers der Redaktion zuzuschreiben[10]. Auch der von Johannes gebildete V. 28 ist für den Textabschnitt nicht konstitutiv, und kann somit Einfügung in die Vorlage sein.

Ebensowenig, wie der Text dazu nötigt, den Abschnitt für eine Bildung des Evangelisten zu halten, legt er die von Bultmann postulierte Absicht nahe, welche Johannes bei der Bildung des Textes geleitet haben soll: „die Konkurrenz der beiden Taufsekten bildhaft dar[zu]stellen"[11]. Bultmann muß selber zugeben, daß die Formulierung des Verses 25 „von der Absicht der Erzählung her nicht verständlich"[12] ist. Auch die Erklärung 3,23, warum Johannes in Ainon tauft, oder die Aufnahme des

---

[9] Gegen *Bultmann*, Johannes, S. 122, Anm. 1. Soweit sich in dem Abschnitt noch weitere johanneische Stileigentümlichkeiten nachweisen lassen, können sie gleichfalls als sprachliche Bearbeitung der Vorlage durch den Evangelisten verstanden werden.

[10] Gegen *Bultmann*, Johannes, S. 123.

[11] *Bultmann*, Johannes, S. 122.

[12] Ebd.

Ortsnamens aus der mündlichen Tradition, die Bultmann annimmt[13], läßt sich nicht auf diese Erzählungsabsicht zurückführen. Dasselbe gilt für die Rückfrage der Johannesjünger an den Täufer (3,26) sowie für dessen Antwort (V. 27). Wollte der Evangelist lediglich zeigen, daß die Jesussekte erfolgreich mit der Johannessekte konkurriert, dann konnte er sich wesentlich kürzer fassen. Er hätte sich mit V. 22, den ersten Worten von V. 23 sowie der Feststellung πάντες δὲ ἔρχονται πρὸς Ἰησοῦν begnügen oder diese Feststellung, daß die Leute zu Jesus und nicht zum Täufer kommen, allenfalls auch den Täuferjüngern in den Mund legen können. Alles weitere war von dieser Absicht her überflüssig. Deshalb läßt sich die Entstehung des weitaus umfangreicheren Textes nicht auf dieselbe zurückführen.

II. Tradition und Redaktion in Jo 3,22—4,3

Aus den genannten Gründen kann ich es nicht für erwiesen halten, daß Jo 3,22 ff. eine Bildung des Evangelisten ist. Deshalb möchte ich den Text noch einmal auf die ihm zugrunde liegende Tradition hin untersuchen. 4,1—3 schließe ich ein, da sich auch diese Verse auf Jesu Verhältnis zum Täufer beziehen.

Wir haben nicht nur zu fragen, welche Verse der Tradition zugerechnet werden dürfen, sondern auch, ob und wie weit die in diesem Abschnitt verarbeitete Tradition einheitlich ist.

Die Verse 3,31—36 haben zweifellos mit 3,22—30 oder 4,1—3 keine ursprüngliche Einheit gebildet. Da sie das Thema Jesus und der Täufer nicht berühren, können wir sie beiseite lassen.

Die Worte ᾧ σὺ μεμαρτύρηκας in V. 26 sowie V. 28 gehen wie gesagt auf das Konto der Redaktion, wie der Rückbezug zu 1,19—36 zeigt. V. 24, für den Zusammenhang nicht wesentlich, ist ein späterer Zusatz, aber vermutlich nicht erst vom Evangelisten.

Die Verbindung von V. 22 und V. 23 kann nicht ursprünglich sein. Der Unterschied zwischen der ungefähren Ortsangabe in V. 22 und der detaillierten in V. 23 fällt ins Auge. Bei einer ursprünglichen Gegenüberstellung der Aufenthaltsorte dürfte man eine bessere Entsprechung erwarten. Überdies ist von V. 23 an durchgehend vom Standort des Täufers aus erzählt. Ferner wird die Information, daß Jesus tauft, in V. 26

---

[13] Ebd.

noch einmal gegeben, so daß V. 22 für das Verständnis des Abschnitts überflüssig ist.

Da V. 29 den V. 27 nicht voraussetzt, sondern mit ihm konkurriert, kann der Zusammenhang zwischen beiden Versen nicht ursprünglich sein. Das Gleiche gilt für V. 30, der nicht nur mit V. 29, sondern auch mit V. 27 konkurriert.

Daß 4,1—3 nicht die ursprüngliche Fortsetzung von 3,31—36 ist, liegt auf der Hand. Der Abschnitt kann aber auch nicht die Fortsetzung von 3,27 sein. Eine derartige Fortsetzung wäre in einem Apophthegma, wie es zweifellos in Jo 3,23—27 vorliegt, stilwidrig. Überdies ist in 3,23 ff. vom Standort des Täufers, in 4,1 ff. aber vom Standort Jesu aus erzählt.

Die Verse 4,1—3 lassen sich aber ebensowenig als redaktionelle Überleitung verstehen. Die ohnehin überflüssige Motivierung des Ortswechsels ist dafür zu weit hergeholt und aus den Absichten des Evangelisten nicht zu begreifen. Wir haben es demnach in diesen Versen mit einem selbständigen Traditionsstück zu tun. Die Einleitung dazu steht offenbar in 3,22, wo gleichfalls vom Standort Jesu aus erzählt wird. Das μετὰ ταῦτα am Anfang von V. 22 ist allerdings auszuscheiden als Zutat des Evangelisten, der den Zusammenhang mit dem Vorangehenden herstellen wollte. 4,3 bildet einen befriedigenden Abschluß des Abschnitts, den nur das in etlichen Handschriften[14] fehlende πάλιν stört, das vielleicht vom Redaktor in die Tradition eingefügt wurde. Die Frage, ob 4,2 in diesem Zusammenhang ursprünglich ist, mag einstweilen auf sich beruhen.

III. Zwei Traditionen über Jesus und den Täufer

Unsere Analyse ergibt, daß der Evangelist für die Komposition des Abschnitts 3,22—4,3 zwei Traditionen benutzt hat, welche sich mit dem Verhältnis von Jesus und dem Täufer befassen. Die eine ist in 3,23.25. 26*.27 enthalten, die andere umfaßt die Verse 3,22 und 4,1—3. Die erstgenannte wurde wahrscheinlich bereits in der mündlichen Überlieferung erweitert um die Verse 24.29* und 30.

Die erste der beiden Traditionen lautet:

„Johannes taufte aber in Ainon nahe bei Salim, weil dort viel Wasser war. Da kam es zu einer Auseinandersetzung zwischen den Jüngern des Johannes und einem Juden über die Reinigung. Und sie kamen zu Jo-

---

[14] B*Kal.

hannes und sagten ihm: ‚Rabbi, der bei dir war jenseits des Jordan, siehe dieser tauft und alle kommen zu ihm.' Johannes antwortete und sprach: ‚Ein Mensch vermag sich nichts zu nehmen, wenn es ihm nicht vom Himmel gegeben wird.'"

Dem Zusammenhang nach kann mit καθαρισμός nur die Taufe gemeint sein. Die Bezeichnung derselben als Reinigung war zwar ungewöhnlich, aber nicht unmöglich[15]. Die Mitteilung der Täuferjünger an ihren Meister läßt den Grund der Auseinandersetzung erkennen: Es gibt zwei Täufer, zwei Orte, an denen man die Taufe erlangen kann. Wohin soll man sich wenden[16]? Für Jesus spricht, daß er den größeren Zulauf hat.

Für die Täuferjünger ist dieser Erfolg Jesu das eigentliche Problem. Johannes beantwortet ihre indirekt zur Sprache gekommene Frage mit den Worten: „Ein Mensch vermag sich nichts zu nehmen, wenn es ihm nicht vom Himmel gegeben wird." Eine „übernatürliche Bezeugung Jesu vom Himmel her"[17] darf man aus ihnen nicht entnehmen. Sie enthalten lediglich eine allgemeine Feststellung, die auf den vorliegenden Fall anzuwenden ist. „Jedes Nehmen", sagt Bultmann, „mag es für den ersten Blick als willkürlich, als leichtsinnig oder eigenmächtig erscheinen, muß doch als ein Empfangen verstanden werden. Der Satz sagt nichts über das subjektive Recht des Nehmenden; er würde vielmehr auch für einen Räuber gelten, der seinen Raub ohne Gottes Verfügung nicht nehmen könnte..."[18]

Die Tradition Jo 3,23—27 ist nicht darauf angelegt, die Überlegenheit Jesu oder seiner Jünger über den Täufer oder dessen Anhängerschaft herauszustellen. Der größere Zulauf an Täuflingen hätte niemandem als Beweis dafür gegolten, daß nicht der Täufer, sondern Jesus der Messias ist — vorausgesetzt, daß diese Streitfrage jemals existiert hat. Das Wort des Täufers kann auch nicht als Zeugnis für Jesus gewertet werden. Es schreibt ihm keine vom Himmel verliehene Würde zu, sondern fordert die Täuferjünger auf, den sie bestürzenden Erfolg dessen,

---

[15] *Bultmann,* Johannes, S. 122, Anm. 7.
[16] So urteilt auch *R. Schnackenburg,* Das Johannesevangelium (HerdersK) Bd. I, 1967², S. 451.   [17] *Dibelius,* aaO, S. 110, Anm. 2.
[18] Johannes S. 125. Das ist auch gegen *Schnackenburg,* aaO, S. 453 oben festzuhalten: V. 29 gibt nicht her, daß Jesus der Messias ist. Eine Verbindung des Messiastitels mit dem Bild des Bräutigams ist — wie Schnackenburg weiß — nicht vorgeprägt; ebensowenig wird vom Messias erwartet, daß ihm „die Scharen zuströmen und er eine Gemeinde sammelt". Beides ist deshalb in bezug auf Jesus kein Messiasbeweis. V. 29a dürfte ebenso sprichwörtlich sein wie V. 27. Der Rest des Verses ist vielleicht eine Ergänzung des Evangelisten.

der mit ihrem Meister konkurriert, als Gottes Verfügung hinzunehmen[19]. Deshalb ist es wenig wahrscheinlich, daß der Text eine Bildung der christlichen Gemeinde ist. Er gibt aber ebensowenig zur Verherrlichung des Täufers her und kann aus diesem Grunde auch nicht zu dessen Ehre erzählt worden sein. In dem Traditionsstück läßt sich also keinerlei Tendenz nachweisen und man kann es nicht als kerygmatische Erzählung verstehen. Demnach muß man dasselbe wohl als historische Nachricht ansehen und V. 27 für ein echtes Täuferwort halten, das im Kreise der Täuferjünger tradiert wurde, ehe es zur Kenntnis der christlichen Gemeinde gelangte.

Die zweite Tradition, welche in Jo 3,22/4,1—3 enthalten ist, hat folgenden Wortlaut:

„Jesus und seine Jünger gingen in das Land Judäa, und dort hielt er sich mit ihnen auf und taufte. Als nun Jesus erfuhr, daß die Pharisäer gehört hatten, er mache mehr Jünger und taufe [mehr] als Johannes (— jedoch taufte Jesus nicht selbst, sondern seine Jünger —) verließ er Judäa und zog wieder nach Galiläa."

Auch diese Tradition verrät weder eine Tendenz noch besitzt sie irgendeinen kerygmatischen Gehalt. Deshalb muß man sie gleichfalls als historische Notiz betrachten. 4,2 wird eine spätere Ergänzung sein. Ob der Vers aus Tendenzgründen eingefügt wurde[20] oder auf Grund besserer historischer Kenntnis, kann einstweilen offenbleiben.

Demnach liegen uns in Jo 3,22—4,3 zwei Traditionen vor, für deren Entstehung es keine bessere Erklärung gibt als die Annahme, daß sie auf historischen Tatsachen beruhen[21]. Das ist gewiß ungewöhnlich, wenn man auf das Gros der neutestamentlichen Texte blickt, aber man darf es nicht von vornherein für unmöglich erklären. Für die Annahme, daß die Traditionen voneinander abhängig sind, besteht kein Grund.

Zwei historische Nachrichten werden von beiden Traditionen übermittelt und haben deshalb um so größeres Gewicht:

1. Jesus hat zu Lebzeiten von Johannes, umgeben von einem Jüngerkreis, als Täufer gewirkt oder — falls wir 4,2 Glauben schenken müssen — durch seine Jünger die Taufe vollziehen lassen.

---

[19] Möglicherweise war dieses Täuferwort allerdings der Ausgangspunkt für jene Texte, die Johannes ein positives Zeugnis für Jesus zuschreiben.
[20] Vgl. *J. Jeremias*, Neutestamentliche Theologie I, Gütersloh 1971, S. 53.
[21] Auch *M. Goguel* (Au seuil de l'Evangile, Jean Baptiste, 1928, S. 86—95) und *J. Jeremias* (aaO) vertreten die Ansicht, daß in Jo 3,22 ff. ein historisches Zeugnis überliefert ist.

2. Jesus hat in dieser Zeit als Täufer größeren Zulauf gehabt als Johannes.

Jo 3,23—27 können wir überdies zwei weitere Nachrichten entnehmen:

1. Jesus hielt sich längere Zeit bei Johannes in Peräa auf, er ließ sich also nicht nur von ihm taufen, sondern er war ein Täuferjünger.
2. Das spätere Nebeneinander der beiden Taufgruppen wurde zum Problem.

Aus Jo 3,22/4,1—3 erfahren wir noch:

Jesus gab seine Tauftätigkeit auf, als er hörte, daß sein den Täufer ausstechender Erfolg den Pharisäern zu Ohren gekommen war. Das läßt einen Konflikt zwischen Johannes und den Pharisäern vermuten und die Absicht Jesu, eine Bloßstellung des Täufers vor seinen Gegnern zu vermeiden.

IV. Die Traditionen im Rahmen der geschichtlichen Situation

Lassen sich die beiden Traditionen mit diesen Nachrichten in den Kontext der uns bekannten Zeitgeschichte einfügen?

1. Ist ein Konflikt zwischen Johannes und den Pharisäern denkbar und durch andere Texte belegt?

In Lk 7,29 f. und Mt 21,31b.32ab wird ein Sachverhalt berichtet, der diesen Konflikt wahrscheinlich macht:

„Und alles Volk, das [ihn] hörte und die Zöllner rechtfertigten Gott, indem sie sich mit der Taufe des Johannes taufen ließen. Die Pharisäer aber und die Schriftgelehrten schoben den Willen Gottes für ihre Person beiseite, indem sie sich nicht von ihm taufen ließen." (Lk 7,29 f.)

„Wahrlich, ich sage euch: Die Zöllner und Huren kommen vor euch in die Gottesherrschaft. Denn Johannes kam zu euch auf dem Wege der Gerechtigkeit und ihr habt ihm nicht geglaubt. Aber die Zöllner und Huren glaubten ihm." (Mt 21,31b.32ab)

Diese Nachricht hat die historische Wahrscheinlichkeit für sich. Sieht man von jenen ab, welche an der von den Vätern ererbten Religion zwar festhielten, sich im übrigen aber mit größerem Eifer der hellenistischen Kultur als den religiösen Fragen zuwandten, dann stand in Israel zur Zeit des Täufers einer kleinen Gruppe religiös Privilegierter die große Masse derjenigen gegenüber, die keine Chance hatten. Sie konnten sich den Aufwand nicht leisten, die zahllosen Vorschriften des Gesetzes zu lernen, und ihr Alltag ließ keinen Raum für deren peinlich genaue Erfüllung.

Mochte das nun Unvermögen oder Gleichgültigkeit, oder beides in irgendeiner möglichen Mischung sein, auf jeden Fall hatten sie dafür den Preis zu zahlen, daß sie sich nicht zu den Gerechten zählen konnten und ihres Heiles nicht sicher waren. Die Zöllner und Huren waren noch schlimmer dran. Die Möglichkeit der Umkehr im Sinne einer Änderung ihres Lebenswandels wurde ihnen zwar nie bestritten, aber es war für sie nicht einfach, aus den Verstrickungen des Lebens und dem Druck der Verhältnisse herauszukommen. Die Bußpredigt des Täufers, das ganz neue Angebot seiner Taufe, mußte diesen Kreisen willkommen sein[22]. Den religiös Privilegierten dagegen mußte der Bußruf des Johannes als eine unnötige und unsinnige Forderung erscheinen, oder besser gesagt, als eine Forderung, die zwar für andere gelten mochte, aber nicht für sie. Denn sie bemühten sich ja ohnehin täglich mit Erfolg darum, die Forderungen des Gesetzes zu erfüllen. Wozu sollten sie einer besonderen Buße bedürfen außer derjenigen, die der Versöhnungstag vorschrieb? Sie waren Söhne Abrahams, gehörten zum Volke des Bundes und hatten diesen Bund nicht durch grobe Verfehlungen gebrochen. Weshalb sollten sie sich der Taufe unterziehen?

Aufgrund der geschichtlichen Situation ist es also durchaus glaubwürdig, daß die pharisäischen Kreise mit ihren Schriftgelehrten dem Täufer ablehnend gegenüberstanden, während der *am-haarez* ihm zuströmte.

Unter diesen Umständen war aber der Konflikt zwischen Johannes und den Pharisäern gegeben. Lehnten sie es ab, zur Taufe zu kommen, die sie als Abrahamskinder ihrer Ansicht nach nicht nötig hatten, so hielt er ihnen entgegen: „Glaubt nicht, ihr [könntet] bei euch sagen: ‚Wir haben Abraham zum Vater.' Ich sage euch, es vermag Gott aus diesen Steinen dem Abraham Kinder zu erbauen." (Mt 3,9 par. Lk 3,8b)[23].

---

[22] Eine derartige Wirkung der Predigt des Täufers auf den *am-haarez* würde die von Josephus Antiquitates XVIII, 5,2 berichtete Furcht des Herodes vor einem Aufstand verständlich machen. Auf die Frage nach den Gründen für die Hinrichtung des Täufers möchte ich hier aber nicht eingehen.

[23] Da die widersprüchlichen Adressatenangaben für die Bußpredigt des Täufers Mt 3,7 par. Lk 3,7 beide auf die Redaktion zurückgehen, kann die Frage, an wen diese sich wendet, allein aufgrund der folgenden Logien beantwortet werden. In Paulusforschung und Gleichnisauslegung längst gebräuchliche Methoden, aus dem Text unter Beachtung der historischen Situation den Adressaten zu ermitteln, sind auch hier anzuwenden. Dabei darf man nicht voraussetzen, daß die zu untersuchenden Logien eine Einheit bilden und alle an die gleiche Adresse gerichtet sind.

Mt 3,7b par. Lk 3,7b wendet sich an Leute, die einen Weg gefunden haben, dem kommenden Zornesgericht zu entrinnen, welcher für sie offenbar nicht gedacht gewesen ist. Kann dieser Ausweg etwas anderes als die Taufe sein? Dann müssen wir in den

2. Die Möglichkeit, daß Jesus eine Zeitlang zum Kreise der Täuferjünger gehörte, wird man nicht grundsätzlich in Frage stellen können, zumal auch seine Wertschätzung des Täufers dafür spricht. Ist es aber denkbar, daß er den Täufer verließ, um selber mit einer Gruppe von Jüngern zu taufen?

Diese von ihm oder seinen Jüngern vollzogene Taufe konnte keinen anderen Sinn haben als die Johannestaufe. Denn Jesus hatte seine eigene Verkündigung zu der Zeit noch gar nicht aufgenommen. Überdies lassen sich keine Anhaltspunkte einer „jesuanischen Taufauffassung" entdecken, die doch zweifellos in der christlichen Tauftradition Spuren hinterlassen haben würde. Auch Jo 3,23—27 spricht gegen die Annahme, daß Jesus eine andere Taufe als Johannes vollzog. Das Befremden der Täuferjünger über Jesu Tauferfolg wäre nicht so groß gewesen, wenn Jesu Taufe mit der Johannestaufe nichts zu tun gehabt hätte[24].

Angeredeten Leute sehen, die zur Taufe kommen. An sie muß sich auch die nachfolgende Aufforderung richten, Frucht zu bringen, die der Umkehr würdig ist. Man darf sie nicht zum folgenden Verse ziehen. Unter Berufung auf den Abrahambund konnte ein Israelit wohl die Taufe, aber niemals die Buße ablehnen. Das wird von *E. Klostermann* Das Matthäusevangelium (HNT 4, 1927², S. 23) richtig beobachtet. Er unterläßt es jedoch, daraus die Konsequenz zu ziehen, daß die Verse verschiedene Adressaten haben.

Demnach richten sich die Verse Mt 3,7b.8 par. Lk 3,7b.8a an Leute, die zur Taufe kommen, ohne die nötige Buße zu tun. Mt 3,9 par. Lk 3,8b wendet sich dagegen an solche, die es nicht für nötig halten, sich taufen zu lassen, weil sie Abrahams Söhne sind.

Der in den Qumranschriften einmal verwendete, γεννήματα ἐχιδνῶν entsprechende Begriff רוחי אפעה (1QH III, 18), welcher dort wahrscheinlich die Pharisäer bezeichnet, rechtfertigt keineswegs die Annahme, daß auch in Mt. 3,7b par. Lk 3,7b die Pharisäer gemeint sein müßten. Es gibt keinen ausreichenden Anhalt für eine derartige terminologische Festlegung des Begriffs. Dieser dient allgemein der religiösen Disqualifizierung, wobei die Gründe für eine religiös negative Bewertung verschieden sein können.

[24] Die These *Schnackenburgs* (aaO, S. 449), daß man die Tauftätigkeit Jesu nicht „der Taufe des Johannes gleichsetzen" dürfe und daß Jesus „dieser Taufe nur einen vorbereitenden Charakter, den Sinn des Anschlusses an ihn und der Bereitschaft zum Hören auf seinen Ruf, zugemessen haben" könne, ist völlig haltlos. Sie läßt sich nicht damit beweisen, daß Jesu Botschaft über die eschatologische Bußpredigt hinausgreift. Die Frage ist doch, ob das bereits für die Zeit gilt, in der Jesu Tauftätigkeit anzusetzen ist.

Man kann auch nicht zugunsten dieser These anführen, daß Jesus „seine Sendung als eine ungleich höhere und einzigartige" verstand. Man läßt sich damit nämlich nicht nur auf die Problematik des Messiasbewußtseins Jesu ein, die Schnackenburg übrigens mit keinem Wort erwähnt, sondern hat obendrein noch den Nachweis zu erbringen, daß Jesus dieses Messiasbewußtsein zu der in Frage kommenden Zeit bereits entwickelt hatte.

Was konnte aber der Anlaß dafür gewesen sein, daß Jesus den Täufer verließ, um an einer anderen Stelle im gleichen Sinne wie jener zu taufen? Ich meine, er ist nicht so schwer zu entdecken. Der einseitige Erfolg der Bußpredigt des Täufers mußte die Täuferbewegung in eine Krise führen. Johannes hatte zwar das ganze Volk zur Buße gerufen, aber es dürfte keineswegs seine Absicht gewesen sein, mit seiner Taufe Zöllnern und Huren den Weg in Abrahams Schoß zu bahnen! Auf die Dauer ließ sich dieser einseitige Erfolg der Täuferpredigt nicht übersehen, sondern forderte zu einer Entscheidung heraus. Entweder man sagte ja zu dem, was sich geschichtlich ereignete, oder man versuchte, wenigstens die offenkundigen Sünder von der Taufe abzuschrecken. Diese Entscheidungsfrage hat anscheinend eine Spaltung der Täuferbewegung verursacht.

Johannes schleuderte den Zöllnern und Huren, die zur Taufe kamen, ins Gesicht: „Ihr Natterngezücht, wer hat *euch* [den Weg] gewiesen, dem kommenden Zornesgericht zu entrinnen? Wirkt nun Frucht, würdig der Buße!" (Mt 3,7 f./Lk 3,7 f.)[25]. Er war offensichtlich nicht bereit, Sündenbekenntnis und Taufe als Buße zu werten, sofern sie nicht von einer tätigen Umkehr begleitet wurden, welche dem entsprach, was man im damaligen Judentum als Buße verstand.

Von Jesus müssen wir dagegen annehmen, daß er es als vollwertige Buße gelten ließ, wenn auf den Ruf des Johannes Zöllner und Sünder kamen, ihre Sünden bekannten und sich taufen ließen. Denn er sagt in seinem Gleichnis von dem Zöllner, welcher an seine Brust schlägt und bittet: „Gott, sei mir Sünder gnädig!", „dieser ging als ein Gerechter herab in sein Haus" (Lk 18,13). Nach seinen Worten werden nur jene in die Gottesherrschaft eingehen, welche sie empfangen wie ein Kind [das kein Werkverdienst vorweisen kann] (Mk 10,15). Er fordert auf: „Bittet, so wird euch gegeben werden. Suchet, so werdet ihr finden. Klopfet an, so wird euch aufgetan werden" (Mt 7,7 par. Lk 11,10). Er ermutigt: „Wenn ihr, die ihr schlecht seid, euch darauf versteht, euren Kindern gute Gaben zu geben, um wieviel mehr wird der Vater im Himmel Gutes geben denen, die ihn darum bitten" (Mt 7,11 par. Lk 11,13). Deshalb können wir den Schluß ziehen, daß Jesus, herausgefordert durch jene geschichtliche Situation, eine Entscheidung traf, die ein neues Verständnis dessen, was Buße ist, implizierte[26].

---

[25] Vgl. dazu die Anmerkung 1 und 23.

[26] Auf Grund dieser Annahme wird auch verständlich, wie Jesus dazu kommen konnte, sich mit Zöllnern und Sündern, die von jedem Frommen gemieden wurden, an

Eine so unterschiedliche Beurteilung des Taufbegehrens notorischer Sünder mußte eine Spaltung der Täuferbewegung verursachen und dazu führen, daß Jesus mit einem Teil der Täuferjünger, der von ihm überzeugt wurde und sich ihm anschloß, die Tauftätigkeit an einer anderen Stelle als Johannes aufnahm[27]. Daß er den größeren Zustrom hatte, läßt sich leicht vorstellen, wenn er Schuldbekenntnis und Taufe als vollgültige Buße gelten ließ und die Sünder nicht von der Taufe abschreckte.

3. Daß Jesus seine Tauftätigkeit aufgab, um Johannes nicht vor dessen pharisäischen Gegnern bloßzustellen, ist in Anbetracht seiner Wertschätzung des Täufers durchaus glaubhaft. Vielleicht hatte die Taufe mittlerweile für ihn an Bedeutung verloren und möglicherweise stimmt sogar die Nachricht Jo 4,2, daß er selber gar nicht getauft hat, sondern nur jene Täuferjünger, die mit ihm Johannes verließen.

V. Das Ereignis der Buße und der Anbruch der Gottesherrschaft

Wir kamen zu dem Schluß, daß Jesu Bußverständnis in jener Krise erwuchs, welche der einseitige Erfolg der Bußpredigt des Johannes für die Täuferbewegung heraufgeführt hatte. Wie das Gegenbeispiel des Täufers zeigt, ist dieses neue Verständnis der Buße keineswegs das zwangsläufige Ergebnis dieser Situation. Dennoch ist es durch die einmalige und unwiederholbare geschichtliche Situation vermittelt worden. Die Einführung des neuen Elements der Taufe hatte die Lösung der Buße von dem Wege gesetzlicher Wiedergutmachung begünstigt. Kamen jene, die auf dem üblichen Gesetzeswege keine Chance hatten, ihrer Sünden eingedenk und bußwillig zur Taufe, dann war zum mindesten die Möglichkeit gegeben, dieses Ereignis als Buße zu werten und von daher zu einem neuen Bußverständnis zu gelangen. Von dieser geschichtlichen Möglichkeit hat Jesus Gebrauch gemacht. Die Bedeutung seiner Entscheidung wird nicht geringer, wenn sich erweist, daß sie geschichtlich vermittelt ist.

---

einen Tisch zu setzen und diese Verlorenen für Wiedergefundene zu erklären (Lk 15, 1—32).

[27] Von langer Dauer scheint diese Tauftätigkeit Jesu nicht gewesen zu sein. Offen bleibt, ob Jesus sie bereits vor der Verhaftung des Täufers beendete oder erst (kurz?) danach. Neben Jo 4,1.3 ist Mk 1,14 par. zur Beantwortung dieser Frage heranzuziehen. Die Tauftätigkeit Jesu, welche sich möglicherweise erst herumsprach, als er sie bereits aufgegeben hatte, würde erklären, wieso Herodes (Mk 6,16) oder die Leute (Mk 8,28) Jesus für Johannes redivivus hielten.

Obwohl jene Situation die Trennung zwischen Jesus und dem Täufer herbeiführte, mußte sie zugleich die Wertschätzung des Täufers durch Jesus steigern. Johannes wurde in seinen Augen „mehr als ein Prophet". Er war Elia, der wiedergekommen war, um Gott das Volk zuzubereiten (Mt 11,14 vgl. Mk 9,11.12a.13a), und das Ereignis der Buße der Zöllner und Sünder wurde Jesus zum Zeichen für den Anbruch der Gottesherrschaft. Das läßt sich ablesen an dem Wort vom Jonazeichen (Lk 11,29 par. Mt 12,39)[28].

Die Frage, was mit dem „Zeichen des Jona" gemeint ist, hat bisher noch keine befriedigende Antwort gefunden. Die Benennung der *Errettung* Jonas aus dem Fisch als Zeichen des Jona war den Zeitgenossen Jesu nicht geläufig[29], und der ursprüngliche Text gibt keinen Hinweis,

---

[28] Die Deutung des Spruches auf Jesu Tod und Auferstehung (Mt 12,40) ist zweifellos sekundär. (So urteilen *Bultmann*, Geschichte S. 124; *J. C. Fenton*, St. Matthew [The Pelican Gospel Commentaries] 1968³ S. 203; *Klostermann*, aaO, S. 111 f.; *C. H. Kraeling*, John the Baptist, 1951, S. 136; *W. G. Kümmel*, Verheißung und Erfüllung [AThANT 6] 1956³ S. 61; *G. Strecker*, Der Weg der Gerechtigkeit [FRLANT 82] 1966², S. 103 f.; *H. E. Tödt*, Der Menschensohn in der synoptischen Überlieferung, 1963², S. 196 und *A. Vögtle*, Der Spruch vom Jonaszeichen [Synoptische Studien für A. Wikenhäuser zum 70. Geburtstag, München 1953, S. 230—277] S. 253—263).

Aber auch die Anwendung, welche das Wort vom Jonazeichen in Lk 11,30 erhalten hat, kann nicht ursprünglich sein. (Diese Ansicht wird vertreten von *G. B. Caird*, St. Luke (The Pelican Gospel Commentaries) 1968³, S. 156; *Kraeling*, aaO, S. 137; *Kümmel*, aaO, S. 61; *N. Perrin*, Rediscovering the Teaching of Jesus, 1967, S. 197; *Vögtle*, aaO, S. 263—273.) Diese Anwendung tauscht das Jonazeichen gegen das Zeichen des Menschensohnes aus und stellt die Verbindung mit V. 29 lediglich durch den Vergleich beider Zeichen her. Hätte der Verfasser von Lk 11,29 aber nur sagen wollen, daß allein der Menschensohn dieser Generation ein Zeichen sein wird, dann brauchte er das Jonazeichen gar nicht erst zu bemühen. Er konnte sich mit den Worten begnügen: „Es wird euch kein Zeichen gegeben werden als das Zeichen des Menschensohnes." Wie Mt 12,40 ist deshalb auch Lk 12,30 als eine nachträgliche Deutung anzusehen, welche versucht, dem rätselhaften Wort vom Jonazeichen einen Sinn abzugewinnen.

[29] Schlatters These: „Wenn von einem ‚Zeichen Jonas' gesprochen wurde, hat von den Zeitgenossen Jesu keiner an etwas anderes als an das Wunder gedacht" (Der Evangelist Matthäus, Stuttgart 1959⁵, S. 416), hat an den von ihm beigebrachten Belegen keinen ausreichenden Anhalt.

Josephus An. 9.208—214 vermeidet bei der Erzählung der Errettung Jonas durch bzw. aus dem Walfisch geflissentlich den Begriff Zeichen oder Wunder und bringt sie — offenbar bewußt — nicht mit Gott in Verbindung. Erst nach der Rettung Jonas ist von Gott die Rede: Auf das Gebet Jonas — das nach den Angaben des Josephus erst jetzt erfolgt — gewährt ihm Gott Vergebung. Die Josephusstelle ist also kein Beweis dafür, daß den Zeitgenossen Jesu Jonas Errettung aus dem Walfisch als „Zeichen" geläufig war. Das Argument Schlatters, „Das ‚Zeichen' besteht nicht in dem, was Menschen

daß das Jonazeichen in diesem Sinne verstanden werden soll. Die Erwartung, daß einer der Hörer Jesu das Jona*zeichen* als Buß*predigt* gedeutet hätte, wäre einem Lotteriespiel gleichgekommen[30]. Die *Person* des Jona als Zeichen anzusehen, hatten dieselben keinen Anlaß[31].

---

tun ...", sondern ist unzweifelhaft ein Eingriff der göttlichen Allmacht in den Verlauf der Ereignisse", überschreitet nach K. H. Rengstorf (σημεῖον, ThW VII, S. 231 f., Anm. 229) „die Grenze dessen, ... was eine Untersuchung des Wortsinnes von σημεῖον ergibt."
Auch die Belege bei *P. Billerbeck* (Kommentar zum Neuen Testament aus Talmud und Midrasch, Bd. I., München 1956², S. 642—649), auf die *Grundmann* (Das Evangelium nach Lukas [THK 3] 3. A. Berlin o. J., S. 242) hinweist, der Schlatters These aufnimmt, geben nichts her. Der einzige Beleg, der sich dort auf Jonas Errettung durch den Fisch bezieht, PirqeREl 10, redet zwar in der Tat von „Zeichen und großen Wundern, die Jahwe an Jona tat" (aaO, S. 646), aber die zitierte Schrift stammt (nach *H. Strack*, Einleitung in Talmud und Midrasch, München 1930⁵ [Nachdruck] S. 217) aus dem 9. Jhdt. n. Chr. und kann deshalb über das jüdische Denken im 1. Jhdt. keine Auskunft geben.
3. Makk 6,8, von Jeremias ('Ιωνᾶς, ThW III, S. 410—413, S. 412, Anm. 24) herangezogen, redet lediglich von dem bewahrenden Handeln Gottes an Jonas; von einem Zeichen ist keine Rede. Ta'an 2,4, von Jeremias ebd. genannt, wird von Jonas Rettung nichts gesagt und der Begriff Zeichen oder Wunder fehlt.

[30] Die Annahme, daß mit dem Jonazeichen die Bußpredigt gemeint sei, schließt die Behauptung eines abwegigen Sprachgebrauchs ein. Wollte Jesus sagen: „Euch wird kein Zeichen gegeben werden, haltet euch an die Predigt, die euch zur Buße ruft", dann wäre der Verweis auf Jona für seine Hörer keine Verstehenshilfe, sondern nur eine hinderliche und unnötige Verschlüsselung des Gemeinten gewesen.

[31] Nicht geringere Schwierigkeiten stehen dem Versuch entgegen, „Jona selbst in der Besonderheit seiner geschichtlichen Erscheinung" als Zeichen anzusehen (*Rengstorf*, aaO, S. 231, ähnlich *Grundmann*, aaO, S. 242). Die Bezeichnung Ezechiels (12,6.11) und Jesajas (20,3) als מופת geschieht auf Grund der von diesen Propheten vorgenommenen symbolischen Handlungen. Wenn Jesaja (8,18) nicht nur sich selbst, sondern auch seine Kinder als Zeichen bezeichnet, hängt das möglicherweise mit den diesen Kindern gegebenen Namen zusammen. Die Bezeichnung eines Menschen als Zeichen war somit kein allgemeiner Brauch, sondern hatte stets einen besonderen Anlaß. Nicht jeder Prophet wurde ein Zeichen genannt. „Jona als Prediger der Umkehr" (Grundmann ebd.) ein Zeichen zu nennen, lag so wenig nahe, daß die Hörer Jesu schwerlich auf diesen Sinn des Wortes vom Jonazeichen verfallen wären. Darf man ihnen zutrauen, sie würden obendrein noch verstanden haben, daß Jesus sich selbst mit Jona vergleicht, noch dazu wo er keineswegs als „Prediger der Umkehr" auftrat? Ich halte es deshalb für wenig wahrscheinlich, daß Jesus zur Metapher vom Jonazeichen gegriffen hätte, wenn er lediglich sagen wollte: Euch wird kein Zeichen gegeben werden außer mir, dem Prediger der Umkehr.
Die Schwierigkeiten werden kaum geringer, wenn man das Jonazeichen auf die Person Johannes des Täufers bezieht und annimmt: „Jesus pointed metaphorically to John, the preacher of repentance, saying that John was the only sign that the present

Wenn wir annehmen wollen, daß die Verwendung der Metapher Jonazeichen sinnvoll war, dann können wir Jonas Rettung, Predigt oder Person nicht für das mit ihr Gemeinte halten. Die Metapher muß vielmehr ins Auge fassen, was durch Jonas Bußruf wunderbarerweise bewirkt wurde: Die Umkehr von ganz Ninive.

Mit dem Hinweis auf das Jonazeichen konnte Jesus seine Hörer nicht auf die Wirkung seiner eigenen Predigt verweisen. Er trat nicht als Bußprediger mit einer Gerichtsdrohung auf. Johannes der Täufer dagegen ist ein Bußprediger gewesen[32], und die durch seinen Bußruf bewirkte Umkehr des *am-haarez* einschließlich der Zöllner und Sünder konnte Jesus mit dem Wort vom Jonazeichen ansprechen. Denn diese läßt sich in der Tat mit der Umkehr der heidnischen Niniviten vergleichen[33].

Fragen wir, was der Anlaß für die Forderung eines Zeichens vom Himmel war, dann müssen wir uns an das halten, was vor allem einer Legitimation bedurfte: Jesu anstößige, Glauben fordernde Verkündigung vom Anbruch der Gottesherrschaft[34]. Diese Verkündigung, daß

---

generation would receive." (*Kraeling*, aaO, S. 137) Die Metapher leistet auch in diesem Falle nichts und die Bezeichnung des Täufers als Zeichen hätte die nach einem Zeichen fragenden Hörer kaum überzeugen können.

[32] Vgl. Mk 1,4 par. Lk 3,3 u. Mt 3,2; Mt 3,7b—10 par. Lk 3,7b—9. Siehe *Kraeling*, aaO, S. 137.

[33] Sofern das Wort vom Jonazeichen den Prediger oder die Predigt bezeichnet, bringt der darin angelegte Vergleich nichts ein. Das Prädikat Bußprediger oder seiner Rede als Bußpredigt würde man jedem, der als Bußprediger auftritt, auch ohne das zugestanden haben. Als Bezeichnung der Umkehr der Zöllner und Sünder erfüllt die Wendung dagegen die Funktion des Gleichnisses, *etwas als etwas anzusprechen* und dadurch das Urteil der Hörer in die gewünschte Bahn zu lenken. Zwischen Jesus und seinen Hörern bestand der Unterschied in der Beurteilung der Lage, daß diese jenem Ereignis nicht die gleiche Bedeutung zumaßen wie er. Ihre Einstellung gegen die ‚Zöllner und Sünder' mußte sie daran zweifeln lassen, daß jene Buße taten. Diese Einstellung wird abgefangen durch das, was Jesus ihnen durch den Vergleich jener mit den heidnischen und überaus sündigen Niniviten einräumt. Zugleich aber sichert der Vergleich mit dem, was einst in der Stadt Ninive geschah, die Ereignisse der Gegenwart davor, als bedeutungslose Einzelfälle beiseite geschoben zu werden.

Konnten aber die Hörer Jesu darauf kommen, daß er mit dem Jonazeichen die durch die Bußpredigt des Täufers bewirkte Umkehr der Zöllner und Sünder meinte? Wenn die Bezeichnung Jonas selbst als Zeichen fernlag und die Bezeichnung seiner Errettung aus dem Fisch als Zeichen oder zumindest als Zeichen des *Jona* nicht geläufig war, dann konnten die Hörer Jesu nur an ein von bzw. durch Jona gewirktes Zeichen denken. Unter diesen Umständen kam aber nur die Wirkung seiner Bußpredigt in Frage. Von daher dürfte es ihnen m. E. nicht unmöglich gewesen sein, die Brücke zu der Wirkung der Täuferpredigt zu schlagen.

[34] Für die Notwendigkeit, diese Verkündigung zu beglaubigen, spricht Lk 11,20 par.

jetzt der Zeitpunkt gekommen ist, an dem Gott seine Herrschaft offenbar macht, ließ sich an der Wirklichkeit nicht ausreichend verifizieren, denn es ereignete sich wenig oder nichts von dem, was Jesu Hörer vom Anbruch der Gottesherrschaft erwarteten. Deshalb lag es nahe, daß sie von ihm ein „Zeichen vom Himmel" forderten.

Verweist Jesus die Zeichenforderer auf das „Zeichen des Jona", d. h. auf die durch die Predigt des Täufers bewirkte Umkehr des *am-haarez* einschließlich der Zöllner und Sünder, dann dürfen wir annehmen, daß dieses Ereignis auch für ihn der Anlaß war zu glauben, daß jetzt die Gottesherrschaft offenbar wurde[35].

Demnach ist also nicht nur Jesu Verständnis der Buße, sondern auch seine Verkündigung vom Anbruch der Gottesherrschaft geschichtlich vermittelt. Beides brach an ein und demselben geschichtlichen Ereignis auf. Es ist deshalb nicht verwunderlich, wenn beides auch in den Gleichnissen Jesu eine Einheit bildet.

Noch einmal möchte ich betonen, daß solche geschichtliche Vermittlung nicht als kausales Verhältnis aufzufassen ist. Jesu Verkündigung vom Anbruch der Gottesherrschaft wurde nicht durch die „Buße" der „Zöllner und Sünder" verursacht. Aber sie entstand nicht in einem luftleeren Raum, sondern war bezogen auf ein konkretes geschichtliches Ereignis.

Wie wir sahen, war die Verbindung Jesu mit dem Täufer enger, als zumeist vermutet wird. Er ließ sich nicht nur von ihm taufen, sondern er gehörte auch zu seinem Jüngerkreis. Am stärksten ist er aber mit dem Täufer durch das verbunden, was ihn am schärfsten von jenem schei-

---

Mt 12,28. Dort verweist Jesus allerdings auf seine Dämonenaustreibungen als Zeichen für den Anbruch der Gottesherrschaft. Aber diesen Unterschied darf man doch wohl nicht als ausschließenden Gegensatz auffassen, zumal ja die Gewißheit des Anbruchs der Gottesherrschaft Jesus möglicherweise dazu gebracht hat, die Exorcismen zu wagen, deren Erfolg dann wiederum jene Gewißheit bestätigen mußte.

Auch die Möglichkeit, daß Jesu Gewißheit aufgrund eines visionären Erlebnisses entstanden sei (vgl. Lk 10,18), läßt sich nicht als Einwand gegen unsere These benutzen. Brach sich diese Gewißheit durch ein visionäres Erlebnis Bahn, dann ist damit nicht ausgeschlossen, daß sie geschichtlich vermittelt wurde. Man vergleiche dazu den Zusammenhang zwischen den Berufungsvisionen der Propheten und den aktuellen politischen Ereignissen, welche sich hinter ihren Unheilsdrohungen erkennen lassen.

[35] An die Erwägung, daß Israels Buße den Anbruch der Gottesherrschaft herbeiführt oder wenigstens beschleunigt, wird man dabei allerdings nicht denken dürfen. Derartige Gedanken scheinen erstmals aufgetaucht zu sein, als der errechnete Termin für die Ankunft des Messias, der 9. Ab 68, ohne dessen Kommen verstrichen war. (Vgl. das von *Billerbeck*, Bd. IV, S. 992 f. und 1003 vorgelegte Material.)

det. Nämlich durch die gegensätzliche Entscheidung in der Herausforderung durch eine geschichtliche Situation, die Jesus gemeinsam mit dem Täufer und dessen übrigen Jüngern zu bestehen hatte.

Der Täufer entschied sich so, daß er in das Althergebrachte zurückwich. Jesus aber nahm die Herausforderung der Stunde an und wagte etwas Neues und Unerhörtes.

KOMMENTAR ZUR JUGENDREVOLTE

KNUD E. LØGSTRUP

I. Die Moralisten sind über uns

Don Quichottes Lebensende ist überraschend. Seine Torheit ist überwunden, und seine Grillen sind verflogen. Auf dem Totenbett kehrt seine gesunde Vernunft wieder zurück. Nach Fieber und Schlaf ist der Spuk mit einem Schlage verschwunden. Der unerwartete Schluß hat seine tiefere Ursache in Cervantes' Überzeugung, daß die Weltordnung als solche vernünftig ist. Der Zauberspuk in Cervantes' Roman entspringt den Hirngespinsten Don Quichottes. Sie sind eine Verrücktheit, mit der er seine Träumereien über sich selbst als wandernden Ritter in Einklang mit einem Alltag bringt, der nichts mit seinen Träumen zu tun hat. Er bildete sich ein, daß das damalige Spanien in seiner Alltäglichkeit verhext war, damit er es mit den Illusionen, die er sich über seine eigene Person und seine Großtaten machte, in Übereinstimmung bringen konnte.

In der Erzählung des heiteren und humorvollen Romantikers E. T. A. Hoffmann „Klein Zaches" ist es umgekehrt. Die Personen sind durchaus vernünftig. Soweit sie es selber in der Hand haben, verlaufen ihr Dasein und ihre Handlungen in sinnvollem Zusammenhang. Der Zauberspuk steckt im Universum, ein Zauber, dem sich die Personen, Balthasar und seine Freunde, mit ihrem Realitätssinn widersetzen. Doch vergebens, die Verhexung ist stärker als sie, und sie ziehen den kürzeren. Ihr Erfolg wird ihnen vor der Nase weggerissen und fällt einem kleinen Wechselbalg zu. Was sie verdient hätten an Beifall, Bewunderung und Gewinn, wird von ihm vereinnahmt. In den Augen der Umwelt sind sie der Wechselbalg und er ist sie. Was er hätte auskosten müssen an Verachtung, Abscheu und Mißerfolg, wird ihnen zuteil. Seine Zauberkräfte verleihen ihm die Macht des Vertauschens. Die Erzählung „Klein Zaches" ist ein Märchen. Aber im Märchen und in der Verhextheit enthüllt sich die Unvernunft der Welt. Zwar trägt Balthasar letztlich den Sieg davon, doch nicht infolge seines Realitätssinns, sondern nur, weil er dem stärkeren Zauberer sympathisch ist und dieser ihm hilft. Nur mit Zauber läßt sich Zauber vertreiben.

Bei Cervantes ist die Vernunft auf seiten der Welt und die Verrücktheit bei Don Quichotte. Bei E. T. A. Hoffmann ist die Verrücktheit auf seiten der Welt und die Vernunft auf seiten Balthasars und seiner Freunde. Die Wirklichkeit ist Narrenwerk, was vernünftig erscheint, ist illusorisch. Doch wer hat recht, Cervantes oder Hoffmann? Die Frage ist ständig aktuell. Nur mit dem Unterschied, daß heute der Moralismus das große Wort führt.

Die Überzeugung, die Weltordnung müsse vernünftig sein, steckt tief in uns allen, sie entspringt einem brennenden Wunsch, den jeder kennt. Nihilist oder Absurdist ist der Mensch daher auch immer unter dem Aufgebot großer Leidenschaft. Nur so kann er dem Drang widerstehen, sich die Welt zu harmonisieren. Eine solche Leidenschaft beseelte den Existentialismus. Die Auflehnung, die dahinter stand, war metaphysischer Art, sie war ein Aufruhr gegen das Dasein an sich. In seinem innersten Wesen oder besser in seinem innersten Unwesen erkannte man das Dasein als absurd. Nichts Haltbares, nichts, worauf man sich verlassen kann, bot einem das Dasein. Auch der Empiriker konnte in dieser Richtung denken. Nicht nur Sartre und Camus, sondern auch Bertrand Russell setzte all seine Hoffnung darauf, daß sich aus der Erbitterung des Menschen heraus, der allumfassenden Sinnlosigkeit des Universums preisgegeben zu sein, eine Solidarität zwischen ihnen einstellen würde, die das Durchhalten des Lebens einigermaßen erträglich machen würde.

Diese Einstellung ist seit einigen Jahren der Überzeugung gewichen, alles Böse erkläre sich aus der Unmoral der Menschen. Im Existentialismus war man erbittert über das Universum, heute ist man erbittert über die Gesellschaft. Die stillschweigende Voraussetzung dabei ist notwendigerweise, daß die Welt an und für sich gut und vernünftig eingerichtet sei, sonst ließe sich die Unmoral nicht allgegenwärtig machen.

Das eine hängt also mit dem anderen zusammen: Ist die Weltordnung an und für sich gut, so sind alle Gefahren und Unglücke der menschlichen Unmoral zuzuschreiben. Und umgekehrt, ist die Unmoral der Menschen an allen Mißständen und an allem Elend schuld, so muß die Weltordnung an und für sich gut sein.

Die Auffassungen darüber, ob die Weltordnung vernünftig oder unvernünftig eingerichtet ist, wechseln sich ab. Wenn heutzutage der Moralismus anführt, so ist das auf den Umstand zurückzuführen, daß das

Bürgertum zur Herrschaft gelangt ist. Es begann seinen Siegeszug unter den fliegenden Fahnen der Moral, mit denen heute in jedem Schrebergarten und in jeder Studentenbude geflaggt wird. Wie tief wir in der Epoche des Bürgertums stecken, zeigt stärker als alles andere die Revolte gegen die Bürgerlichkeit. Revoluzzer wie Bürger nehmen ihre tägliche Dusche im Moralismus. Man kann sich von einem Extrem zum anderen bewegen, der Moralismus folgt mit. Er war, ideologisch gesehen, die durchschlagendste Waffe der Nazis. Alles, was sie unternahmen, vom Vertragsbruch über Pogrome bis zum Krieg, wurde von ihnen moralisch begründet. Niemals hätten gewissenlose Verbrecher zur Macht gelangen können, wenn ihnen nicht harmlose Idealisten, irregeleitet durch die Massenhysterie des Moralismus, dazu verholfen hätten. In den Ostblockländern macht man seine Verbeugung vor der Moral mit der Moral. Darin besteht das Hofzeremoniell, wenn Husak, um an der Macht zu bleiben, der Sowjetunion für die Besetzung der Tschechoslowakei danken muß. Im Westen ist es auch nicht besser. Ohne Moralismus im christlichen Gewand läßt sich weder in Westdeutschland noch in Italien eine bürgerliche Politik führen. Machiavellis Fürsten in Italien konnten es sich bekanntlich noch erlauben, auf eine moralische Argumentation zu verzichten. Die Stunde des Bürgertums war noch nicht gekommen.

Nun läßt es sich aber bei nüchterner Überlegung nicht bestreiten, daß es eine Unordnung in der Welt gibt, die nun einmal nicht der Unmoral der Menschen zuzuschreiben ist. Kein Mensch kann für die Unordnung aufkommen, die dadurch entsteht, daß die Bekämpfung der Kindersterblichkeit einen Bevölkerungszuwachs zur Folge hat, der den Untergang der Menschheit verursacht, wenn er nicht gebremst wird, was wiederum nur mit künstlichen Mitteln geschehen kann. Ebensowenig beruht es auf menschlicher Niedrigkeit, daß die Armut in den europäischen Ländern nur durch eine Arbeitsteilung und nur durch eine Technifizierung der verteilten Arbeit überwunden werden konnte, die für unzählige Menschen die Arbeit sterbenslangweilig und für einige lebensgefährlich gemacht hat. Gewiß hätte der Prozeß gemildert werden können, wäre nicht die Rücksichtslosigkeit der Menschen hinzugekommen, aber zur Abhilfe der Armut war er unumgänglich. Was also diese Art von Unordnung betrifft, so haben wir uns gegenseitig nichts vorzuwerfen — wir können uns folglich die moralische Entrüstung ersparen.

Aber genau das geht uns gegen den Strich. Wir sind von einem unbändigen Drange beseelt, uns der moralischen Erregung in die Arme zu werfen. Wir machen uns auf die Jagd nach einem Unrecht, das wir frei erfinden müssen, bloß um moralisch agieren zu können. Darin steckt auch die Wurzel des Beleidigtseins, als dem vorherrschenden Sentiment in der Bürgerlichkeit. Die Chance einer ungehemmten moralischen Entrüstung haben wir, wenn wir alle Mißstände auf die Unmoral der Menschen schieben können. Das hat den doppelten Vorteil, teils, daß man sein Unrecht in der Stille — oder in der Aufgeregtheit — des Beleidigtseins genießen kann, teils, daß man alle vorliegenden Probleme zu einem einzigen reduzieren kann: wie macht man die Unmoralischen moralisch? Um diese Simplifizierung herstellen zu können, muß man blind sein für den Mangel an Ordnung in der Welteinrichtung und den sich daraus ergebenden Komplikationen. Nur bringt uns das nicht weiter. Moralismus simplifiziert, und Simplifizierungen können sich heute nur Dilettanten leisten.

Es ist also von Wichtigkeit, daß wir uns klarmachen: es gibt nun einmal Gefahren, die von gewissen Zügen des Daseins und des Universums her drohen, und an denen die Menschen nicht schuld sind. Nur dann können wir auf differenzierte Weise den Kampf mit ihnen aufnehmen und sie bannen. Wie uns einleuchten muß, daß wir ohne Erfindungsgeist, ohne Verzicht und Solidarität niemals den Gefahren die Stange halten können, so muß uns einleuchten, daß wir auch mit Gefahren zu rechnen haben, die uns vom Weltall, so wie es geschaffen ist, her drohen, und wo Unordnung mit Ordnung, Grausamkeit mit Herrlichkeit gekoppelt ist.

Ebenso wichtig ist es einzusehen, daß jede Gesellschaftseinrichtung als solche voller Unzulänglichkeiten ist, die uns die Überwindung neuer Schwierigkeiten erschweren oder womöglich ihre Inangriffnahme überhaupt verhindern. Wir müssen uns auch vor Augen halten, daß es in vielen Fragen heute mit einer politischen Entscheidung eilt. Wir könnten sonst zu spät kommen mit unseren Maßnahmen gegen Umweltvergiftung und Bevölkerungsexplosion. Sind wir uns aber nicht klar darüber, daß die Schwierigkeiten nicht ausschließlich von der Gesellschaftseinrichtung herrühren, sondern auch mit der Welteinrichtung zusammenhängen, so werden wir unwillkürlich die Lage verharmlosen und uns einbilden, den Übelständen sei durch Vereinfachungen abzuhelfen. Was wiederum zu der Auffassung verleitet, nur die Unmoral der Menschen gefährde unser Dasein.

Wie gesagt, es gibt Zeiten, in denen die Überzeugung vorherrscht, die Gefahren, die dem Dasein drohen, seien von außermenschlichen Kräften her zu verstehen, und es gibt andere Zeiten, in denen man die Verhängnisse auf die Schuld des Menschen zurückführt. Die Tendenz schwankt und hängt von der Lebenshaltung und Lebensstimmung der jeweiligen Zeitepoche ab.

Wo finden wir denn nun wirklich die sinnvolle Ordnung des Daseins und die lebenserhaltenden Kräfte, auf seiten des Universums oder auf seiten des Menschen? Natürlich gibt es kein solches Entweder — Oder. Die Einrichtung des Universums ist zugleich sinnvoll und sinnlos, die Kräfte in der Natur sind zugleich lebenserhaltend und lebenszerstörend, und genauso verhält es sich auch mit uns. Mit dem Aufgebot aller unserer Vernunft suchen wir den Kampf gegen die lebenszerstörenden Kräfte im Universum und in der Natur aufzunehmen und dem Schlimmsten zu wehren, und mit unserer Unvernunft unterminieren wir die lebenserhaltenden Kräfte im Universum und in der Natur und führen uns ganz so auf, als wollten wir das Schlimmste herbeiführen.

Wir lassen uns alle dazu verlocken, zum Moralismus zu greifen. So dürfen wir uns nicht wundern, wenn auch die Jugendrevolte sich seiner bedient. Nur führt das die Vereinseitigung und Simplifizierung der Probleme mit sich. Im Zuge unserer Betrachtungen wäre es nun doppelt verkehrt, zur Jugendrevolte einseitig Stellung zu nehmen. Nur eine differenzierte Stellungnahme kann ihr gerecht werden. Ich beginne daher mit einigen kritischen Überlegungen, fahre fort mit ihren berechtigten Anklagen, denen wir zustimmen müssen, und ende schließlich wieder mit einer Kritik.

II. Die einfache und die komplizierte Handlung

Es gibt Zustände und Ereignisse, die einfache Handlungen erfordern, und solche, die komplizierte Handlungen verlangen. Zwischen diesen beiden Polen gibt es alle möglichen Abstufungen, von denen ich absehe. Die Handlungen, die der Vietnam-Krieg in den USA verlangte, und die die amerikanischen Studenten mit ihren Demonstrationen gegen den Krieg vornahmen, waren einfach. Die Handlungen hingegen, die eine Änderung der wirtschaftlichen Struktur der modernen Gesellschaft erfordert, sind höchst kompliziert. Simple Radikalität in den politisch-ökonomischen Theorien richtet hier nichts aus, dazu ist die Gesellschaft ein zu komplizierter Organismus, und dazu sind die Menschen zu widerspenstig. Respektiert man diese beiden Tatsachen nicht und will eine Theorie unter Berufung auf ihre Radikalität durchsetzen, stellt sich alsbald heraus, daß sie dilettantisch ist und unweigerlich zu schweren Verhängnissen führt.

Hannah Arendt äußert sich mit größtem Respekt über den Willen zur Handlung, der die gegenwärtige amerikanische Studentengeneration beseelt. Sie ist der Meinung, daß dank ihrer Aktionsbereitschaft Großes im Kampf für die Durchführung der Bürgerrechtsgesetze und im Kampf gegen den Vietnam-Krieg geschehen ist. Um so enttäuschender ist es, fügt sie hinzu, daß die Bewegung heute in theoretischer Sterilität geendet ist. Die Erklärung dafür läßt sich leicht finden. Übertragen die amerikanischen Studenten die Einfachheit der Handlungen, zu denen die Rassendiskrimination und der Vietnam-Krieg auffordern, auf ihre wirtschaftstheoretische Stellungnahme zur Änderung der Gesellschaftsstruktur, so kann das nur zu theoretischer Sterilität führen.

Je komplizierter unsere Gesellschaft und im ganzen genommen unsere Kultur ist, desto größer ist die Versuchung zum Defätismus. Man kann auf verschiedene Weisen aufgeben. Man kann sich dem Steckenpferd der ideologischen Simplifizierung hingeben — das erfordert ein Minimum an Gedankenarbeit und gibt ein Maximum an Gelegenheit zu genüßlich-aggressiven Redeergüssen. Gehört man zu denen, die sich nicht gern auf ungesicherte Standpunkte einlassen, kann man sich in sein Spezialgebiet, wenn man eins hat, vertiefen, auf alles Standpunktnehmen verzichten und sich damit begnügen, Experte auf seinem Gebiet zu sein. Der eine wählt die Dilettantokratie, der andere die Technokratie.

Das Komplizierte einer Angelegenheit braucht aber durchaus nicht auszuschließen, daß man zu einem Standpunkt darüber gelangen und ihn verfechten kann. Doch wird man der Kompliziertheit nur dann gerecht, wenn man die Debatte darüber mit den Andersdenkenden offenhält und ihnen bis zur äußersten Grenze folgt. Um so stärker werden dann die Argumente dastehen, die einem noch bleiben für den eigenen Standpunkt.

Welches sind nun die Schwierigkeiten, vor denen wir heute stehen? Etwa dies, daß die industrielle Produktion nicht immer in erster Linie berücksichtigt, was an Bedarf vorliegt, sondern daß entscheidet, welche Branchen und Firmen die wirtschaftliche Macht haben. Oder: daß uns die Produktion dazu verführt, den wirtschaftlichen Kampf fortzusetzen, obgleich er überflüssig geworden ist. Daß die eine Produktion nach der anderen unsere Umwelt, Luft, Wasser und Erde vergiftet. Daß wir mit dem Einkommensausgleich nicht zu Rande kommen. Daß die Wirtschaft der Großmächte die Aufrüstung nicht entbehren kann. Daß unser System so beschaffen ist, daß es die Beihilfe für die Entwicklungsländer zur Ausbeutung macht.

Die neuen Schwierigkeiten werden, so meine ich, nur mit einer sozialistischen Ökonomie überwunden werden können, etwa im Sinne des polnischen Nationalökonomen Oskar Lange. Nur sollte man sich nicht einbilden, eine sozialistische Ökonomie sei radikal. Erstens kehrt ein Teil der Probleme aus der kapitalistischen Wirtschaft in der sozialistischen wieder. Es gibt in den Ostblockländern genug sozialistische Wirtschaftler, die nach bitteren Erfahrungen zu dem Ergebnis gekommen sind, daß auch eine sozialistische Wirtschaft nicht funktionieren kann ohne den offenen Markt, ohne Einführung der Konkurrenz und ohne größere Selbständigkeit der Industrie. Zweitens gibt es Probleme, die in einer sozialistischen Wirtschaftspraxis größer sein werden als in einer kapitalistischen. Man wird sich mit der Bürokratisierung herumschlagen müssen, das ist unumgänglich, wenn der Produktionsapparat in öffentlichen Besitz kommt. Drittens kommen dann die Schwierigkeiten, die nur die sozialistische Wirtschaftspraxis beheben kann. Mit dem Einkommensausgleich ist man in der kapitalistischen Gesellschaft nicht vorwärtsgekommen — und nachdem wir im Wohlstand leben, schon gar nicht. Eine vernünftige Einkommensverteilung läßt sich nur durchführen bei kollektivem Besitz der Produktionsmittel. Auch ist die Kollektivisierung des Besitzes deswegen nötig, damit die Riesensummen zur Bekämpfung der Naturvergiftung als Produktionskosten im sozialen Haushalt gebucht werden können. Und schließlich hat sich erwiesen, daß die Möglichkeiten einer kapitalistischen Wirtschaftsordnung dem wirtschaftlichen Kampf immer noch kein Ende bereitet haben, selbst nachdem er überflüssig geworden ist. Man darf erwarten, daß das in einer sozialistischen Wirtschaft der Fall sein wird.

In diesem Zusammenhang sei ein vom sozialistischen Standpunkt her gesehen bedauernswerter Umstand erwähnt: die Marx-Renaissance. Nichts hat die Simplifizierung derartig gefördert wie sie. Es gibt nämlich eine Frage, mit der sich Marx nie in seinem Leben befaßt hat, und Lenin im Grunde genommen auch nicht, und zwar die, wie, rein praktisch, eine sozialistische Wirtschaft funktionieren soll. Aber gerade um diese Frage geht es heute. Die Spätmarxisten wollen der Tatsache, daß sich Marx damit nicht beschäftigt hat, einfach nicht ins Auge sehen, weil sie ihn als Kirchenvater betrachten, der für alle Fragen Antworten und für alle Probleme Lösungen hat. Die Folge davon ist, daß gerade die Spätmarxisten in dieser für uns so brennenden Frage im großen Stil — und an der Sache vorbei — mit Vereinfachungen operieren.

Die glückliche Möglichkeit, daß eine Gesellschaftsordnung irgendwann einmal einfach werden könnte, liegt schlechthin nicht vor. Was einfach ist in unserem Dasein, liegt ganz woanders. Einfach ist nämlich die Lebensgrundlage von Gesellschaft und Kultur, und die ist zugleich unveränderlich. Das Leben, das uns zu unserer kulturellen Tätigkeit mit Energie erfüllt, ist kein amorpher, ungebändigter Strom, dem wir erst durch unsere kulturelle Gestaltung Form verleihen. So allgemein verbreitet diese Auffassung auch sein mag, so verkehrt ist sie. Die Lebensgrundlage unserer Gesellschaft und unserer Kultur besteht aus vorgegebenen definitiven Lebensäußerungen, wie etwa Vertrauen, Aufrichtigkeit, Barmherzigkeit. Wir erschaffen sie nicht, ja wir holen sie nicht einmal selber hervor. Sie kommen von selbst. Sind wir mit einem Menschen zusammen, so kommt das Vertrauen ohne unser Zutun. Sehen wir einen Menschen in Not, so kommt unsere Hilfsbereitschaft von selber. Fangen wir zu sprechen an, so kommt die Aufrichtigkeit von allein. Die einkreisenden und verschließenden Gedankengefühle wie Mißgunst, Haß, Beleidigtsein schmarotzen an dieser Lebensgrundlage, machen sich auf ihre Kosten breit und nehmen ihr die Kraft.

Das Schicksal unserer Kultur hängt davon ab, wie es mit der unveränderlichen Lebensgrundlage weitergeht. Unsere Kultur wird technisch immer komplizierter und darum auch immer künstlicher. Wir brauchen nur daran zu denken, zu welchen Maßnahmen gegriffen werden muß, um den Bevölkerungszuwachs zu bremsen. An der Künstlichkeit können wir nichts ändern. Doch ist sie eine Gefahr für unsere Lebensgrundlage, weil sie den Sinn für deren Unveränderlichkeit schwächt. Wir befinden uns in der Situation, daß die Künstlichkeit unserer Kultur die Lebensgrundlage, die allein unsere Rettung ist, gefährdet. Vereinfachungen helfen uns da gar nichts. Das wäre als Kritik an der Jugendrevolte zu sagen. Die folgenden Überlegungen dagegen decken sich weitgehend mit einer ihr innewohnenden Haltung, der ich zustimme.

III. Die offenen Bereiche und die beiden geschlossenen Kreisläufe

Berufsausübende Personen und Leute in der Ausbildung legen den Großteil ihrer Kräfte und die längste und beste Zeit ihres Tages in ihre Arbeit. Denkt man darüber nach, worin die Arbeit, näher besehen, besteht, kommt man zu einem merkwürdigen Ergebnis. Der Sinn der Arbeit liegt in dem, was sie schafft. In der Industriegesellschaft schafft sie etwa raffinierte und variierende Lebensmittel, moderne Möbel, besser eingerichtete

Häuser und Wohnungen, schnellere Autos, Schiffe, Flugzeuge, breitere und geradere Fahrstraßen, größere Häfen, Kühlschränke, Ölheizungen usw. Da aber die Abnehmer der durch die Arbeit hergestellten Güter dieselben Leute sind wie die Hersteller und sie ihre Hauptzeit und -kraft zum Arbeiten gebrauchen, kann die Herstellung von Waren als Herstellung von dauernd besseren Arbeitsstätten und Werkzeugen betrachtet werden, die dem Abnehmer die Arbeit erleichtern sollen. Eine Arbeit, die wiederum darauf ausgeht, bessere Verhältnisse und Werkzeuge für die Arbeit der anderen zu schaffen. Mit anderen Worten, der eine arbeitet, um bessere Bedingungen und Mittel dafür zu schaffen, damit der dritte arbeiten kann, um bessere Bedingungen und Mittel zu schaffen, damit der erste arbeiten kann, um bessere Bedingungen zu schaffen, damit der zweite ... und so weiter und so fort bis ins Unendliche. Wir haben uns in den Zirkelgang der Arbeit eingeschlossen. So umfassend dieser Kreislauf ist, so ideeverlassen ist er. Fragen wir, was das Ziel ist, so kann man antworten wie man will. Entweder kann man sagen, ein Ziel gibt es nicht. Oder man kann sagen, das Ziel ist, das Arbeitsergebnis des einen, das die Arbeitsbedingung des anderen ist, höherzuschrauben und den Zirkel der Arbeit in eine Spirale zu verwandeln.

In früheren Zeiten war es nötig zu arbeiten, um die Armut in Schach zu halten. Wurde nicht gearbeitet, so ging man zugrunde oder mußte betteln gehen. Die Notwendigkeit der Arbeit war unproblematisch. Zur Frage nach dem Sinn der Arbeit kam es gar nicht. Soviel Überschuß hatte man gar nicht. Heute ist er da. Aber die Antwort auf die Frage nach dem Sinn der Arbeit ist immer noch dieselbe: gesellschaftswirtschaftlich ist der Sinn der Arbeit, den Lebensstandard zu heben. Als ob überhaupt gar keine Veränderung dadurch geschehen sei, daß der Kampf ums tägliche Auskommen bei uns nicht mehr besteht.

Begnügt man sich weiter mit derselben Antwort, so hat das verschiedene Gründe. Ein Grund besteht darin, daß es eine ganze Menge Menschen gibt, denen die Arbeit für die Erhöhung des Lebensstandards reiche Gelegenheit zur Entfaltung ihrer Fähigkeiten und Eigenschaften bietet. Welche Ansprüche an Scharfsinn und Wagemut, an Erfindungsgeist und Phantasie werden nicht an Betriebsleiter, an Nationalökonomen, an Forscher der Technik und an die Beamten der Ministerien gestellt. Welche Stimulanzen bedeuten nicht die Verzwicktheiten ihrer Aufgaben. Zu langweilen brauchen sie sich nicht. Stellte es sich so für alle, könnte man sich vielleicht mit dem Kreislauf der Arbeit abfinden. Kann man das nicht, so vor allem deshalb nicht, weil es allzuviele gibt, die an ihrer Arbeit kein Vergnügen finden können, die Arbeit ist für sie etwas, das von dem einen Tag zum anderen überstanden werden muß. Die große Scheidewand in der Bevölkerung geht zwischen denen, die Vergnügen an ihrer Arbeit finden, und denen, die keine Freude daran haben.

Ein weiterer Grund, weswegen man sich zu der Meinung verleiten lassen kann, der einzige Sinn der Arbeit sei die Erhöhung des Lebensstandards, liegt darin, daß viele Arbeitsergebnisse nicht ausschließlich als Mittel für Reproduktion von Arbeitkraft zu betrachten sind, sondern um ihrer selbst willen da sind, d. h. daß ihr Ziel mit ihnen selbst gegeben ist. Das Gesundheitswesen etwa ist nicht nur dazu da, um dafür zu sorgen, daß soviel gesunde Arbeitskraft wie möglich für die verschiedenen Berufszweige der Gesellschaft zur Verfügung steht. Vielmehr ist die Gesundheit der Menschen und ihr Wohlbefinden ein Ziel in sich selbst. Ebenso sind z. B. Wohnkultur und Berufsausbildung Betätigungsfelder, die uns als solche Freude machen. Gleichwohl wird auch hier die Reproduktion der Arbeitskraft zum übergeordneten Gesichtspunkt erhoben, wenn das einzige Ziel, das wir kennen, das wirtschaftliche Wachstum ist.

Es gibt noch einen weiteren Umstand, von dem her dafür argumentiert werden kann, das wirtschaftliche Wachstum von seiner Vormachtstellung als alleinigem Ziel unseres Tuns zu verdrängen und ihm stattdessen seinen Platz als Mittel anzuweisen. Die Verschiebung des Schwergewichts von der physischen auf die intellektuelle Arbeit als Quelle des Reichtums — weswegen die Berufsausbildung von so enormer Bedeutung geworden ist — hat eine weitere Gewichtsverschiebung zur Folge. Von Bedeutung für die Waren- und Dienstleistungsproduktion des Wirtschaftslebens ist nicht nur die Arbeit im wirtschaftlichen Sektor, sondern überhaupt jede Art von Arbeit. Immer wieder wird darauf hingewiesen, daß die Gelder, die im öffentlichen Sektor für Ausbildung und Forschung, für Gesundheitswesen und Rechtsordnung ausgegeben werden, mit zur Produktivitätssteigerung in der Wirtschaft beitragen. Nun mag das richtig sein. Wenn aber die Produktionserhöhung, die bisher nur von der Arbeit auf dem Wirtschaftssektor abhängig war, jetzt droht, zum einzigen Hauptgesichtspunkt jeglicher Form von Betätigung gemacht zu werden — und zwar ausgerechnet zu dem Zeitpunkt, an dem gerade die Produktionserhöhung kein unproblematisches Ziel mehr ist, da wir ja in den westeuropäischen Ländern die Armut überwunden haben —, ist es um so dringender erforderlich, diesen Gesichtspunkt zu dethronisieren. Nicht außer Kraft zu setzen, sondern eben zu entthronen, damit Platz für die Frage geschaffen wird, wo eine Produktionserhöhung notwendig ist und wo nicht, und welchen Preis wir für eine Produktionssteigerung zahlen wollen und welchen nicht. Ab und zu taucht diese Frage, etwas tastend, auf, so wenn es heißt, bei steigendem Wohlstand solle man der Versorgung mit materiellen Gütern nicht mehr den Vorrang geben vor der Kürzung der Arbeitszeit und vor der Herabsetzung des Arbeitstempos. Soziale Wohlfahrt ist nicht schlecht und recht dasselbe wie hoher Lebensstandard.

Die Maximierung der sozialen Wohlfahrt, um es in der üblichen Terminologie auszudrücken, läßt sich auch durch andere Mittel erlangen als durch Wirtschaftswachstum. Vor allem ist an den Einkommensausgleich zu denken.

Erwähnt werden muß auch, daß, wenn die Erhöhung des Lebensstandards als alleinseligmachendes Ziel betrachtet wird, viele Güter Gefahr laufen, zu Statussymbolen erhoben zu werden. Da der Bedarf an Statussymbolen, infolge der Natur der Sache, ins Unendliche gesteigert werden kann, stehen wir hier vor einem Umstand, der der Tendenz, die Hebung des Lebensstandards zum letzten und einzigen Ziel der Arbeit zu machen, entgegenkommt. Es sollte nicht unterschätzt werden, in wie hohem Maße die Versessenheit der Eltern auf ihre Statussymbole zur Generationskluft, die sich bei der Jugendrevolte auftat, beigetragen hat.

Wenn der Zirkelgang der Arbeit gesprengt werden muß, so gibt es noch weitere Gründe dafür. Wir befinden uns in fortschreitender Umweltvergiftung. Eine Debatte darüber, ob sie für eine Buchung im Sozialhaushalt zu umfassend und zu schwerwiegend geworden ist, greift nicht tief genug. Auch genügt es nicht zu diskutieren, wer die Kosten für die Abhilfe der Vergiftung tragen soll, die Staatskasse oder die Vergiftungsurheber. Die gesamte Betrachtungsweise muß sich ändern. Die Erhaltung der Natur ist schlechthin ein Ziel in sich selbst, eins der Ziele, um deretwillen unser Wirtschaftsleben existiert. Vom homo oeconomicus, der der Mensch bis heute gewesen ist, muß er sich unverzüglich zum homo biologicus bekehren, sonst ist unser Untergang als Art unabwendbar.

Diese Gefahr besteht auch deshalb, weil wir Raubbau mit unseren Naturlagern treiben. Bis vor kurzem hat das nur den Naturwissenschaftlern — oder einigen von ihnen — Sorge gemacht.

Wir wissen alle und reden viel davon, daß wir in einer Zeit leben, die tief vom technischen Fortschritt geprägt ist, und daß wir der Schnelligkeit, mit der sich alles verändert, preisgegeben sind. Keiner kann das bestreiten. Weniger ausgeprägt allerdings ist der Sinn dafür, daß eine Mentalitätsänderung geboten ist, nun wo der Kampf ums tägliche Brot im

Westen längst aufgehört hat. Wir respektieren die neue Situation nur dann, wenn wir als fundamentales Rangverhältnis anerkennen, daß nunmehr Zweck und Ziel des wirtschaftlichen Lebens über das Wirtschaftliche hinausweisen. Der Sinn der Ökonomie muß etwas sein, das nichtökonomisch ist, sonst ist Ökonomie sinnlos. Wir müssen ausbrechen aus dem Kreislauf — und zwar mit Arbeitsergebnissen, die darauf ausgehen, nicht Arbeitsbedingungen zu reproduzieren, sondern Bedingungen der Lebensentfaltung zu fördern. Zwei solche Arten von Arbeitsergebnissen sind die kulturellen Betätigungsfelder und das Entfaltungsgebiet der Erhaltung und des Aufbaus unseres physischen Milieus. Ökonomisch sind sie zu nichts nutze, umgekehrt, die Ökonomie ist um ihretwillen da. Gewiß, wenn man durchaus will, so kann man sie auch als Vorbedingungen sowohl für die Arbeit als auch für das wirtschaftliche Wachstum betrachten, nur ist das nicht ihr eigentlicher Sinn.

Das, wovon wir physisch und psychisch leben, und das heißt, das, was unsere Körpersinne, unsere Leiblichkeit wie auch unsere Phantasie und unser Fühlen und Denken nährt und speist, sind unsere physischen Umgebungen, die Landschaft und die Städte. Ihre Erhaltung und Erneuerung ist ein Ziel in sich selbst. Darum mündet die Wirtschaft in sie aus. Ziel in sich selbst sind ebenfalls alle Bereiche der Lebens- und Wissenserhellung, vom Universum bis zu den interpersonalen Beziehungen. Auch in ihnen endet die Wirtschaft. Was auf diese Weise Ziel seiner selbst ist und nicht Mittel, ist ein offenes Land — und um seinetwillen ist die Wirtschaft da.

Wir aber stellen die Dinge auf den Kopf. Das, worin die Ökonomie endet, machen wir zur Bedingung, um noch effektiver arbeiten und das wirtschaftliche Wachstum fördern zu können. Der Sprachgebrauch verrät uns. Die Natur und die Landschaft sind „rekreative Zonen", sie sind nur dazu da, damit wir uns von der Arbeit für die Arbeit erholen können. Alle Arten von kulturellen, musischen und lebenserhellenden Beschäftigungen werden „Freizeit-Facilitäten" genannt.

Was die Ausgaben im öffentlichen Sektor anbelangt, so rechnet man in den europäischen Ländern mit großen Zahlen bei den Entwürfen für die Zukunftsplanung. So wird im dänischen Perspektiven-Entwurf mit Milliarden operiert. Nur zwei Summen sind überschaubar, und es ist sicher symptomatisch, um welche Gebiete es sich dabei handelt. Die eine Summe betrifft die Entschädigungen und die kommunalen Ankäufe im Hinblick auf den Landschaftsschutz. Das sind nur 12 Millionen dänische Kronen, die eventuell bis auf 20 Millionen erhöht werden können. Die zweite exzeptionell winzige Summe — nämlich sechs Millionen — ist dem staatlichen Kunstfonds zugedacht, dem einzigen Posten, der nicht erhöht werden soll, obgleich alle anderen öffentlichen Ausgaben steigen. Die Politiker werden es nicht wagen, so wird im Perspektiven-Entwurf vermutet, eine Kunst zu fördern, die das Volk nicht versteht. Auf kurze Sicht möglicherweise eine kluge Taktik. Auf lange Sicht zweifelsohne unklug. Man unterschätzt einfach den Unwillen, der sich wie ein starker Unterstrom gegen den in sich geschlossenen Kreislauf der Arbeit richtet — desto zäher und widerstrebender, je länger wir uns mit jeder neuen Generation von einer Zeit entfernen, die noch ums tägliche Auskommen zu kämpfen hatte.

Nur ist merkwürdig, und damit wäre ich bei meiner abschließenden Kritik der Jugendrevolte angelangt, daß dieser Unwille nichts Besseres mit sich anzufangen weiß, als sich in einem anderen, aber genauso in sich abgeschlossenen Zirkelgang abzureagieren. Und zwar in der totalen Politisierung. Das hängt zusammen mit der Veränderung der Lage, die man allerdings nicht zur Kenntnis nehmen will. Die veränderte Lage, die ein Umdenken verlangt, wenn ihr entsprochen werden soll, bezieht sich auf folgenden Sachverhalt. Politik konnte sich bislang darin erschöpfen, ihr gesamtes Gewicht auf den Kampf um eine neue und bessere Verteilung der Güter zu legen, was wiederum den Kampf derer, die im Besitz der Güter waren, zur Erhaltung der alten und ungleichartigen Verteilung herausforderte. Politik kann sich heute in diesem Kampf nicht mehr erschöpfen, nachdem die Bedürfnisse, deren Befriedigung der heutige westeuropäische Mensch verlangt, über die physischen hinaus, seine psychischen Bedürfnisse betrifft. In dem Maße, wie dem materiellen Notstand abgeholfen ist und sich die Bedürfnisse der Menschen den sogenannten geistigen oder kulturellen Gütern zuwenden, müssen die politischen Ziele ins A-politische verlegt werden, wenn in der politischen Tätigkeit ein gesunder Blutumlauf herrschen soll. Das Ziel aller politischen Veränderungen der Gesellschaftseinrichtung muß letzten Endes darin bestehen, das offene Land für die freien Bereiche des Kulturellen und des Musischen wirklich offenzuhalten und ihre Institutionen aufs beste zu fördern.

Politisierung heißt, den Sinn der Politik darin zu sehen, alles im Dasein, mit Stumpf und Stiel, zur Politik zu machen. So logisch das war, als der Kampf noch darum ging, sich die ärgste Not vom Leibe zu halten, so widersinnig ist es, nachdem dieser Kampf vorbei ist. Die Politisierung ist zwar vom neuen Zustand der Lage hervorgerufen, den man dennoch nicht wahrhaben will.

Die Gesellschaftsveränderungen, die man politisch anstrebt, betreffen vor allem Änderungen in der politischen Ökonomie. Die Natur, die Geschichte, die Sprachen dagegen müssen weiterhin nach ihren eigenen Forschungslinien erforscht werden. Was die Vergangenheit geschaffen und hinterlassen hat, wird man weiter in Museen und anderen dazu eingerichteten Stätten erhalten und pflegen wie bisher. Sport, Mathematik und das Liebesleben wird man weiter betreiben wie sonst. Die Kunstarten werden sich nach ihren eigenen Impulsen entwickeln und entfalten. Eine Änderung der politischen Ökonomie wird an keinem dieser Punkte eine größere Veränderung bewirken, außer — so steht zu hoffen — daß sie ihnen bessere Verhältnisse schafft. Politik von heute muß darin bestehen, eine Gesellschaft mit ständig weiterem Raum für alle Arten von a-politischen Tätigkeiten zu schaffen. Es entspricht nicht unserer Zeit, die politische Aufgabe darin zu sehen, eine Gesellschaft zu formen, in der man sich ständig gegenseitig politisiert. Wenn nämlich das geschieht, dann schließen sich die offenen Bereiche und ihre Institutionen unter der Einzwängung durch die Politisierung und stellen nur eine Scheinwelt mit Scheinproblemen und Scheinkonflikten dar. Alle spannenden, lebendigen Aufgaben verschwinden aus dem Gesichtsfeld. Man rückt sich allzu dicht auf den Leib und vergeudet viel zu viel Zeit und Kraft an das ständige gegenseitige Administrieren.

Das bedeutet nicht etwa, daß es weniger wichtig geworden wäre, Politik zu treiben. Ganz im Gegenteil, es ist wichtiger denn je. Das Politisieren aber ist politik-feindlich. Es heißt öfters, das politische Engagement sei heute, im Vergleich zu früheren Epochen, ganz besonders stark. In vieler Hinsicht täuscht das aber nur. Die entscheidenden politischen Fragen sind heute so verwickelt und verwirrend, so drohend und so schwerwiegend, daß viele schnellstens kehrt davor machen. Mit Vereinfachungen ergreifen sie die Flucht auf ihren diversen Steckenpferden und reiten damit in die Politisierung der Institutionen, die um unserer a-politischen Lebensentfaltungen willen da sind. Die totale Politisierung steht im diametralen Gegensatz zur ernsthaften Beschäftigung mit politischen Fragen.

Technokratisch bewegen wir uns im geschlossenen Kreislauf der Arbeit, dilettantokratisch in dem der Politisierung. Im ersten Fall sind wir dazu da, das wirtschaftliche Wachstum immer höher zu treiben, im zweiten Falle sind wir dazu da, soviel wie möglich von unserem Dasein politisieren zu lassen — als wären Arbeit und Politik nicht nur Mittel für wichtigere Beschäftigungen, Erlebnisse und Erkenntnisse.

WAS DARF ICH PREDIGEN?

Besinnung über das freie Wort

MANFRED MEZGER

Wie kann man fragen: Was darf ich predigen? Der Prediger hat sein Amt, seinen Auftrag, seine Gemeinde, seinen Text; dazu hoffentlich etwas Talent und einige Vorbildung. Also ein klar umgrenztes Feld, das solcher Frage keinen Raum läßt. Alles darf er predigen, was sich aus diesen Voraussetzungen ergibt; der Wille des Textes, die Forderung des Tages — ein spannungsvoller Dialog. Fang an! Ist die Frage beantwortet? Sie ist verschoben: Was *soll* ich predigen? Der glatte, gern gegebene Bescheid: „Das Wort Gottes" war einmal brauchbar. Heute löst er, bei Theologen und Nichttheologen, die Gegenfrage aus: „Was ist das?" Formale Hinweise gehen ins Leere. Schon eher wird man sich sagen lassen: Du sollst den Glauben predigen, „nichts als den Glauben!"[1] Und was ist Glaube? „Gottesfurcht! Furcht allein vor Gott, sonst vor nichts!"[2] Das mag zutreffen. Aber wie macht man das? Das, was man — oder wie man — predigen *soll*, ist in der Predigtlehre, in der Anwendung unterschiedlich, im Grundsatz verbindlich, bedacht[3]. Solange die Frage: Textgebundene/textfreie Predigt nicht berührt wird, läßt sich leidlicher Friede bewahren. Und solange Gott kein Streitfall ist, mag die Gottesfurcht gelten. Wie aber, wenn die Voraussetzungen fehlen? Wenn gefragt wird:

---

[1] Vgl. *E. Fuchs*, Was sollst Du predigen? (Ein Brief). Zum hermeneutischen Problem in der Theologie (1959), 345.

[2] *Ders.*, ebda., 346.

[3] Z. T. sogar in den systematischen Leitbegriffen wortgleich: „Biblizität, Bekenntnismäßigkeit, Amtsmäßigkeit", bei *W. Trillhaas*, Evang. Predigtlehre (⁵1964), 31 ff. wie bei *K. Barth*, Homiletik (1966), 32 ff.; Predigt als Verkündigung des Reiches Gottes, in der Homiletik von *Fendt/Klaus* (²1970), 1; 38 ff. Jesus Christus, das Wort Gottes, als das „eigentliche Subjekt der Verkündigung der Kirche", bei *H.-R. Müller-Schwefe*, Die Lehre von der Verkündigung (Homiletik, 2. Bd., 1965), 22.

Texte — wozu? „Wer ist das eigentlich — Gott?"[4] Dann muß man sich zur Bestimmung des Glaubens etwas Tragfähiges einfallen lassen. Das, was man im einzelnen Fall predigen *darf*, ist noch nicht entschieden; auch dann noch nicht, wenn man (was zu loben ist) die Richtung bedenkt, die das Predigtwort nehmen soll: „Wem predigen wir?"[5] oder wenn man (sehr zu empfehlen) der Losung folgt: „Predige nicht Dich; predige Dir!"[6] Gut; aber was darf zur Sprache kommen? In der evangelischen Theologie sieht, am Anfang, alles so nobel weitherzig aus. Läßt man sich auf das Unternehmen ein, so landet man in der Sackgasse der Vorschriften: „Nichts in Frage stellen. Niemanden beunruhigen. Keine Experimente." Und im Ernstfall die Empfehlung, es sei „immer noch besser, zu textgemäß zu predigen als zu thema- und zeitgemäß"[7]. Als ob sich das trennen ließe! In der katholischen Theologie sieht, am Anfang, alles so eingegrenzt aus. Sieht man näher zu, so führt der Weg in ein unvermutet weites Land, in eine „ungeahnte Freiheit zum Handeln, zum Einsatz, zur Veränderung: *die* Chance des Lebens"[8].

I.

Die katholische Glaubens- und Predigtlehre hat den Zusammenhang beider Sachbereiche und die sich daraus ergebende Freiheit und Bindung des Predigers selber zu bestimmen. Evangelische Predigtlehre, die sich einer nichtbevormundeten Bibel verpflichtet weiß, gibt, nach bestem Wissen und Gewissen, dem Text das Wort. Darüber besteht, soweit man der Reformation etwas verdankt, Einigkeit. „Was der Text zu sagen hat, muß bedingungslos gesagt werden, und wenn es dem Prediger den Hals kosten sollte."[9] Dem Satz fehlt die notwendige Einschränkung: „Was der Text, nach des Predigers Erkenntnis und Überzeugung, zu sagen hat..." Für Martin Luther sagte der Text von Römer 13 angesichts der radikalisierten Bauern: „Drumb sol hie zuschmeysen / wurgen und

---

[4] *M. Mezger,* Wer ist das eigentlich — Gott? in: Glauben heute (hg. v. G. Otto, 1965), 224 ff. Man kann die Grundfragen, die heute der Theologie gestellt werden, wegwischen und so tun, als stünde alles von vornherein fest. Aber diese Fragen kommen in verschärfter Form wieder. Wer aus Angst oder Unwillen nicht entmythologisieren will, wird am Ende von Synodalen regiert, die an Jonas Walfisch glauben.

[5] *W. Jetter,* Wem predigen wir? (1964). Darin bes. Kap. III: Text und Zeuge im Kreuzverhör, 37 ff.

[6] *E. Fuchs.* [7] *K. Barth,* Homiletik, 97.

[8] *H. Küng,* Was in der Kirche bleiben muß (Theol. Meditationen 30, 1973), 43.

[9] *K. Barth,* Homiletik, 95.

stechen / heymlich odder offentlich / wer da kan"[10]; „sölch wunderliche zeytten sind itzt / das eyn Fürst den hymel mit blutvergissen verdienen kann / bas denn andere mit beten."[11] Sagt das dieser Text? Er sagte es, allem Anschein nach, nach des damaligen Predigers bzw. Autors Erkenntnis und Überzeugung; und er hat das exegetisch (wie er meinte) breit und gut begründet. Sagt der Text uns heute, selbst im Falle revolutionärer Lage, das auch? Wir werden uns hüten. Luther, wie gewohnt, immer in höchsten Ehren: woher wußte er das? Heute sieht man's: Aus *seiner* Deutung der Lage, aus *seiner* Auslegung des Textes. Also ganz schön aus sich selber. Aber selbstverständlich ließ er es den Text sagen. Wie kämen wir dazu, so sicher zu sagen: „Das steht da — und so ist die gehorsame Anwendung"? Wir haben etwas dazugelernt. Vergleicht man Predigten, sei es aus früheren Epochen, sei es heute, von verschiedenen Auslegern über denselben Text, so wundert man sich, oft fast erheitert, über die etwas naiv anmutende (Selbst-)Sicherheit, mit der immer wieder erklärt wird: „Das sagt der Text und nichts anderes; das will Gott und nichts anderes; das meinte Jesus und nichts anderes."[12] Woher weiß der Autor das? Sein Kollege behauptet das Gegenteil, und — was das Interessante ist — beide berufen sich auf den Text. Man wird vorsichtig. Unsere Themafrage verschiebt sich, zum zweitenmal, fast in die Wendung: „Was *kann* ich überhaupt predigen", mit dem bescheidensten Anspruch auf sachliche Autorität? Wir bleiben aber bei der Frage nach dem „darf".

Der Pfarrer, der seinen Lehrvikar gewissenhaft betreut, weiß über dieses „darf" ziemlich gut Bescheid. Er wird dem Amtsneuling sogleich beibringen: „Das und jenes kann man in dieser Gemeinde sagen; folgendes aber darf man auf keinen Fall sagen." Vielleicht sagt's der Vikar trotzdem, wird richtig verstanden, und des Pfarrers wohlunterbautes Erfahrungsurteil ist widerlegt. Vielleicht folgt er dem gutgemeinten Rat — und gibt, ohne daß er's merkt, ein Stück Freiheitsland ums andere preis. Was folgt daraus? Erwartungen und Ansprüche des Hörers können nicht diktieren, was der Prediger predigen darf, wiewohl sie's oft genug tun. Es kann aber auch geschehen, daß der mutige junge Prediger, der's

---

[10] Wider die räuberischen und mörderischen Rotten der Bauern, 1525. Clemen 3,70.
[11] Ebda. 73.
[12] „Mein Freund, die Zeiten der Vergangenheit / Sind uns ein Buch mit sieben Siegeln; Was ihr den Geist der Zeiten heißt, Das ist im Grund der Herren eigner Geist, In dem die Zeiten sich bespiegeln" (Goethe, Faust I,2). Für den „Geist der Zeiten" kann man jede theologische Disziplin einsetzen, ohne darob resignieren zu müssen.

‚trotzdem' sagt, sich viele Hörer zum Feind macht und, hart belehrt, künftig nur noch „das reine Wort" predigt, aller Anwendung auf den Alltag klug ausweichend.

„Es ist Ihr Beruf", hat mir der Bäcker von S. erklärt, „für das Gute da zu sein und mit allen im Einvernehmen zu leben." Wieder einmal habe ich gemerkt, wie ich bei den besten Gelegenheiten hilflos dastehe. Ich wußte nicht, was ich antworten sollte. Ich fühlte, wie dieser Satz sich in mich einsenkte und sich langsam festsetzte, während ich irgendeine Banalität von mir gab.
Ich schob mein Glas über das weinbefleckte Wachstuch und dachte bei mir, daß man mir dieses schöne Wort vor ein paar Jahren hätte sagen müssen, als ich noch Theologiestudent war. Worin besteht das Amt des Seelsorgers? Auf diese Frage haben meine braven Lehrer damals geantwortet, indem sie die Briefe des Apostels Paulus, das Johannesevangelium und die Reformatoren zitierten. Niemand hat so mit mir gesprochen wie jetzt der Bäcker von S.[13]

Man darf den Pfarrerdichter, in seiner glaubwürdig-bitteren Enttäuschung, belehren, daß er sich ein klein wenig von dem, was im Amt auf ihn zukommen wird, sehr wohl aus einem Pauluskolleg (wenn es gut war) hätte holen können. Die wüste Praxis hätte ihn dann besser im Sattel gefunden. Aber die Frage, was er denn predigen *darf*, wäre dadurch noch nicht beantwortet gewesen. Und wahrscheinlich wäre es mit ihm, am Ende, auf dasselbe herausgekommen, wie es der Tagebuchroman berichtet:

Das sehr ehrenwerte Fräulein de Velde gibt ihm zu verstehen, „daß er völlig versagt habe und alle Leute seiner Art und Weise überdrüssig sind". — „Überall kann die Kirche nur auf Kosten eines großen Stillschweigens bestehen. Wer das Schweigen bricht, bedroht den gefährdeten Frieden der Kirche. Nur nicht von öffentlichen Fragen sprechen! Davon sprechen, heißt ‚Politik machen'. Das ist mein Verbrechen. Mir bleibt nichts, als fortzugehen."[14]

Trifft die nicht eben erfreuliche Erfahrung heute zu? Grundsätzlich ja (wie gleich gezeigt werden wird); hinsichtlich der Tabu-Themen nicht ganz. Aber es versteht sich von selbst, daß die ‚Gegenstände', über die kein freies Wort in der Predigt erlaubt ist, wechseln. Dort, bei Hatzfeld, hieß es: „Drei Dinge gibt es, von denen jeder Mensch weiß, daß er darüber nicht sprechen darf: über geschlechtliche Fragen, über sein Bankkonto und über seine politischen Meinungen. Aber muß es denn in der Kirche, diesem Ort der Freiheit, noch unmöglicher sein, davon zu sprechen, als anderswo?"[15] Was Punkt eins und drei dieser Wunschliste betrifft: Da könnten wir den Autor heute trösten; viele, allzuviele Prediger

---
[13] H. *Hatzfeld*, Feuer und Wind (1953), 7.
[14] Ebda., 249.
[15] Ebda., 249.

und Predigten widmen sich breit und leidenschaftlich diesen früher verpönten Themen. Also ist „alles in Ordnung", denn die Tabus sind gebrochen; die Predigt macht ihre Sache so sensationell, so (risikolos) aktuell und überkühn wie die Intimreportage der Illustrierten oder der politische Leitartikel. Allein, die Grundfrage kehrt wieder: Ist das ein freigestelltes „darf"? Ist es Moderhetorik und peinlich zur Schau gestelltes Aufgeklärt-Tun? Sonderbares Schwanken, in Kirche und Gesellschaft, zwischen zuwenig und zuviel. Mit dem puren Hervor- und Herumzerren strittiger oder unterdrückter Lebensbereiche ist wenig gesagt und nichts getan.

II.

Das „Nichtdürfen" herrscht aber unvermindert weiter; nur die jeweiligen Problemfelder wechseln. Walter Dignath bringt drei Streitpunkte zur Sprache:

„Es gibt, soweit ich sehe, zur Zeit in der Evangelischen Kirche drei Todsünden für Geistliche. Erstens: der Deutschen Kommunistischen Partei (DKP), einer zugelassenen politischen Partei, anzugehören; zweitens: für die Liberalisierung der Sexualmoral einzutreten; drittens: die Säuglingstaufe der eigenen Kinder zu unterlassen. Was davon am schwersten ins Gewicht fällt, läßt sich nicht allgemein festlegen. Das ist örtlich verschieden."[16]

Trifft diese Feststellung zu — und sie tut's, mit hoher Wahrscheinlichkeit —, so ist's bedenklich. Aber noch viel schlimmer ist, daß schon die Nennung eines Stichworts, dem ein Teil der Predigtgemeinde nicht günstig gesonnen ist, einen kleinen Aufruhr verursacht. Man hört, wenn ein Name oder Sachverhalt auch nur angetippt wird, keine weitere Sekunde zu; der innere Sperriegel wird vorgeschoben, die Mienen verfinstern sich; andere gar stehen sofort auf und verlassen, nicht ganz leise, den Gottesdienst[17]. Auch das könnte noch positiv bewertet werden, weil es, im Gegensatz zu den sonst reaktionslos angehörten Predigten, überhaupt eine spontane Stellungnahme verrät. Leider eine rein emotionale, zudem nach der falschen Seite. Wo also fängt das „Nichtdürfen" an? Da, wo's konkret wird. Genau wie bei Jesus.

---

[16] W. *Dignath*, Demokratisierung — Schlagwort oder Wirklichkeit in der Kirche? in: Stimme der Gemeinde (25. Jg.) 1973, Nr. 4, 55.
[17] Dies sogar bei einer Predigtgemeinde von überdurchschnittlich kritischen und gebildeten Hörern, und zwar — es ist grotesk — obwohl der Prediger die Ziele des genannten Politikers in ihrer Erreichbarkeit in Frage stellte.

Wir hören den Einwand: „So ist's nicht. Die Gemeinde läßt sich Konkretes sehr gerne sagen; sie wünscht sogar griffige Lebensbeispiele und ist bereit zur Selbstprüfung. Es kommt immer nur auf das „Wie?" an, in Sprache und Ton". Ja, so scheint es; es ist aber anders. Der Prediger darf, sofern er pauschal urteilt, sich so gut wie alles leisten. Er darf die Kriege verdammen, die Wohlstandsoberflächlichkeit tadeln, Sympathie für Arme wecken, die Rechtlosen in Schutz nehmen, die Randsiedler der Gesellschaft verteidigen. Er darf dann, gerade noch, andeutungsweise merken lassen, daß er an die Gastarbeiter denke, daß die Dritte Welt (die ja so weit fort ist) eine Anklage gegen die reichen Nationen sei; daß die Reichen bei uns immer reicher, die Armen immer ärmer werden. Dann ist aber die Grenze schon beinahe erreicht. Jesus hätte recht gerne Allgemeinkritik üben dürfen; warum nicht? O, die Welt ist schlecht, die Leute schlimm, und mit unserem frommen Wandel ist's nicht weit her. Da nicken alle Köpfe; trifft's alle, so kommt auf mich wenig. Man möchte aber (wenn's nicht unerlaubt ausgemalte Geschichte wäre) dabei gewesen sein, als beim Erzählen von den zehn geheilten Aussätzigen das Stichwort fiel. Kierkegaard würde (wie in seinem Meisterstück von David und Nathan[18]) sein ironisches Register ziehen: „Einer aber unter ihnen, da er sah, daß er geheilt war, kehrte er um und pries Gott mit lauter Stimme und fiel auf sein Angesicht zu Jesu Füßen und dankte ihm" (Luk 17,15.16). ‚Sieh, wie erbaulich das ist: Doch wenigstens einer! Nicht alle waren undankbar, nicht alle gedankenlos; welche Genugtuung, in unserer vergeßlichen Zeit, daß *einer* umkehrte und ihm dankte! Israel war nicht so glaubens- und pietätlos, daß nicht wenigstens *einer* Jesus gedankt hätte!'

„Und das war ein Samariter." Das ist schlecht; das war giftig; das hätte er nicht sagen dürfen. Jetzt hat er sich alles verdorben. Ist's nicht genug, daß er uns Ärger bereitet hat, mit dem schlechten Beispiel des Priesters und des Leviten, am Weg nach Jericho? Muß er wieder auf sein Lieblingsthema kommen, uns diese elende Sorte von Samaritern als Vorbild hinzustellen? Wir wollen das nicht mehr hören[19]. Darf Jesus oder darf er nicht —? Ist es schwierig, Ort und Person auszuwechseln und statt des Samariters *die* Figur einzusetzen, die heute da hineingehört: einen grundunsympathischen Typ, mit jener Kleidung, Haltung und Gesinnung, die uns „mit Recht" empört? Versuch's und mache deine Erfah-

---

[18] Zur Selbstprüfung der Gegenwart anbefohlen (Schrempfsche Ausgabe, Bd. 11), 30.
[19] Man weiß nicht einmal, ob man mit einem frei erläuterten Textbeispiel verstanden wird.

rungen! Es ist ein weiter Weg zum freien Wort. Alles ist erlaubt, was generell annehmbar bleibt; verboten ist, was speziell unter die Haut geht. ‚Wir kommen nicht in die Kirche, um noch einmal das zu hören, was Zeitung und Bildschirm uns die ganze Woche über vorsetzen. Wir wollen nichts hören von Politik, Wirtschaft, Sozialproblemen, Rassenhaß, Kindesmißhandlung, Lohnkampf, Kulturkrise, Lebensangst, Jugendkriminalität.' Gewiß; in alledem braucht sich ja die Predigt auch nicht zu erschöpfen. Aber soll sie es ausklammern, damit niemand ungute Gefühle kriegt? Was darf sie denn sagen, wenn sie alles das *nicht* sagen darf? Nun, „das reine, das volle Evangelium!" Und was wäre das? „Schöpfung, Erlösung, Heiligung, Sünde, Gnade, Vergebung, Menschwerdung, Kreuzigung, Auferstehung, Hoffnung, Vollendung." Darf man fragen, wie das Prädikat heißt zu diesen Substantiven? Wo tut sich denn das, was in so hohen Begriffen einherschreitet? In unserer Welt oder in einer Überwelt? In der Alltagswelt oder im Kirchenraum? Ja oder nein.

Daß wir uns die Wahl nicht zu leicht machen! Niemand darf sich befreien „von der Schwierigkeit, die Wahrheit zu sagen"[20]. Der Irrweg beginnt meist dort, wo man ein Thema, Problem oder Sachgebiet eigengesetzlich behandelt. Das verwerflich Selbstzweckliche kann darin liegen, daß der Prediger einen (seinen) Standpunkt bedenkenlos mit dem — zu gewinnenden oder zu verspielenden — Heil gleichsetzt. Heil oder Unheil stehen dort auf dem Spiel, wo die Mitte des Glaubens preisgegeben wird, Jesus Christus selber. Er ist, zunächst, mit keinem menschlichen Sachverhalt zu vertauschen, weil er allen Sachverhalten immer voraus ist. Er ist aber — und das wird gerne übersehen — für *uns nur* in menschlich-welthaften Sachverhalten anzutreffen; sonst gar nirgends. Also gälte die Regel, Ihn an und in menschlichen Sachverhalten so sichtbar zu machen, daß der Hörer einsehen kann: „Da entscheidet sich's jetzt, ob ich Jesus bekenne oder verrate." Der Prediger darf nicht kommandieren, nicht zwingen; er darf aber die Augen öffnen, das Gehör und das Gewissen schärfen und dann — mit klarer, selbstkritischer Darstellung seines Standpunktes — sagen: „So sehe ich's, weil ich's nicht anders sehen kann. Ein jeglicher nehme meine Meinung an"; — aber ja nicht! „Ein jeglicher sei *seiner* Meinung gewiß!"

Reicht das aus? Noch nicht. Man kann, *in* der Freiheit evangelischen Glaubens, großen Spielraum gewähren hinsichtlich derjenigen Verhaltensweisen, die unsere menschlichen Lebensformen prägen. Auslegung

---

[20] Vgl. den Beitrag gleichen Titels von *H.-R. Müller-Schwefe*, in: Wort und Gemeinde, E. Thurneysen zum 80. Geb.tag; 1968, 104 ff.

braucht Sinn für Nuancen; sonst wird's Holzhackerei. Und es ist, genau besehen, nichts mit dem Satz, der Prediger habe selber nichts zu sagen, er habe den „Text nur nachzusagen"[21]. Er hat ihn neu zu sagen. Es ist auch nichts mit der Meinung, das Gefälle gehe eindeutig-einseitig vom Text, aus dem sich alle Anwendung auf heutige Verhältnisse (von denen weder Jesaja noch Paulus auch nur eine Ahnung haben konnten) ganz einfach ableiten lasse, zum Leben hin. Das Leben ist nicht bloß dem Text unterworfen; das Leben — das sind wir — ist immer noch so frei, an den Text Rückfragen zu stellen. „Wie der Text in der Exegese mit Hilfe des Lebens transparent wird, so das Leben in der Predigt mit Hilfe des Textes."[22] Auf dieser Waage spielt die Dialektik der Auslegung ein. Man kann aber, *um* der Freiheit evangelischen Glaubens willen (d. h.: damit der Glaube seine Freiheit bewahre), keinen Spielraum gewähren hinsichtlich derjenigen Verhaltensweisen, die unmenschliche Lebensverhältnisse schaffen. Wohl sind die Übergänge immer ein wenig fließend, und es ist nicht prinzipiell festzulegen, welche menschliche Entscheidung und Tat noch auf der Bandbreite des Glaubensgehorsams liegt. Es ist aber, andererseits, sehr wohl auszumachen, welche Entscheidung und Tat den Menschen und sein Leben ruiniert; den Menschen, dessen Anwalt Jesus ist. Da ist dann nicht mehr zu fragen: „Darf ich das sagen?"

III.

Wie sieht das aus vor einer beruflich, sozial, bildungsmäßig gemischten Gemeinde? Was „darf ich predigen?" Lassen wir dem Text seine Freiheit. Er sagt heute: „Weh denen, die ein Haus an das andere ziehen und einen Acker zum andern bringen, bis daß kein Raum mehr da sei, daß sie allein das Land besitzen!" (Jes 5,8). Ich will nicht schelten, aber die Wahrheit sagen. Es braucht keiner umständlichen Übertragung. Jeder weiß, was Bodenspekulation ist, Reihen-Aufkauf und Zwangskündigung. „Altbauten bringen keinen Gewinn." Dem gibt die Predigt ungeschminkt Ausdruck. Nachher: „Mußten Sie das nun wirklich so unabgesichert sagen? Wollen Sie unsere besten Kirchensteuerzahler vergraulen? Kann man das nicht auch ein wenig geschickter ausdrücken?" „Der Text sagt's aber so. Darf ich oder darf ich nicht?" „Sie dürften schon, aber Sie sollen nicht!" Da bin ich schön angekommen.

---

[21] *K. Barth,* Homiletik, 34.
[22] *E. Fuchs,* Zum hermeneutischen Problem (1959), „Zum Predigtentwurf", 351.

Am anderen Sonntag sagt der Text: Es gebe Kaufleute, die „das Maß verringern und den Preis steigern und die Waage fälschen, den Armen um Geld und die Dürftigen um ein Paar Schuhe kaufen und Spreu für Korn verkaufen" (Amos 8,5.6). Des Predigers Frau muß haushalten; sie hat's gemerkt, daß die Packung kleiner, die Füllung geringer, der Preis höher geworden ist. Soll ich allgemein von der „Ehrlichkeit" sprechen oder den Unfug beim Namen nennen? Nachher: „Sie sind schuld, wenn kein Handelsmann mehr die Kirche betrit. Sind wir Moralpauker? Kümmert sich die Bibel um Bagatellen? Predigen Sie doch die Heilstatsachen!" Da bin ich schön abgefahren.

Zu anderen, sehr vordringlichen Dingen sagt der Text vielleicht nichts, weil's dafür gar keinen Text gibt. Jeremia jedenfalls wußte nichts davon und Petrus auch nicht, daß ein Wehr-Etat, der fünfmal mehr verschlingt als der Bildungs-Etat, ein Unfug ist. Also muß ich, diesmal ohne Text, das Übel beim Namen nennen; denn außer mir und einer anrüchigen politischen Gruppe sagt's keiner. Nachher: „Was versprechen Sie sich eigentlich von solchen Invektiven? Sie ändern nichts und verwirren die Hörer. Könnten Sie sich in der Predigt nicht ein wenig politische Abstinenz auferlegen?"[23]

Was darf ich predigen? Gar nichts, wenn ich nicht den Intellektuellen, den Industriellen, den Großhändlern und den Kleinaktionären, den Soziologen und den Pädagogen, den Schwarzen und den Roten auf den Schlips treten will. Die Predigt soll im Naturschutzpark der allgemeinen Wahrheit bleiben, denn die konkrete ist des Teufels. Luther hätte sich etwas kräftiger ausgedrückt. Ein kritischer katholischer Theologe, der unter der verhinderten Kirchenreform litt, antwortete auf meine Frage: „Was gibt's Neues in Ihrem Kirchen- und Fachbereich?" — „Nichts. Es werden eben wieder einmal die Möbel umgestellt." Ein bißchen etwas „umstellen" ist die gängige Übersetzung für des Täufers und Jesu Ruf: „Lernt gefälligst umdenken!" Denn es regiert der Komparativ: ‚Ein bißchen besser; ein bißchen moderner; ein bißchen gerechter.' Jesus sagt: „Anders!" Wir aber *wollen* nicht bloß, daß sich nichts ändere. Wir *erklären* in aller Form, daß sich gar nichts ändern *könne*, schon erst recht nicht im Sinne eines Abbaues der hierarchisch-klerikalen Pyramide.

»Wenn man gegen das ‚Ein-Mann-System' in der Kirche, das heißt gegen die Beschränkung der Verantwortung auf den Pfarrer als Leiter der Gemeinde kämpft, zu einer Teilung der Aufgaben und zur Mitverantwortung der Gemeinden ihre Glieder

---

[23] Vgl. dazu *H.-E. Bahr,* Erneuerung als Rhetorik? Kirchliche Bußworte und die politische Realität, in: Die sog. Politisierung der Kirche (1968), 123 ff.

aufruft (Anmerkung von mir: als ob es um solche harmlose Profilkosmetik ginge!), so folgt das aus dem priesterlichen Amt, das im Urchristentum allen Gläubigen zugesprochen und keineswegs auf die Träger des Amtes beschränkt ist. Das als Demokratisierung zu bezeichnen, ist ein Zeichen von Gedankenlosigkeit und das Symptom eines radikalen Mißverstehens.

Von Demokratisierung in der Kirche könnte man allenfalls reden, wenn die Synoden, die ursprünglich Versammlungen von Amtsträgern gewesen sind, sich selbst als parlamentarische Kontrollorgane gegenüber den Kirchenleitungen mißverstehen oder wenn die personale Verantwortung auf anonyme Gremien abgeschoben wird. Vielleicht könnten auch einige andere beliebte Verwechslungen und Verfälschungen kirchlicher Ordnung als Demokratisierung bezeichnet werden.

Wenn man die beiden Worte ‚Kirche' und ‚Demokratie' versteht und ernst nimmt, so kann man also auf die Frage, was sich in der Kirche demokratisieren läßt, nur antworten: Nichts."[24]

Was darf man einer Kirche, die so dächte (daß sie so denkt, wollen wir nicht hoffen), predigen? Selbstbestätigung. Bemerkenswert ist ja, daß von den Sachverhalten und Zuständen, die in den oben genannten Textbeispielen angeführt sind, nicht etwa nicht gepredigt wird; es wird im Stil der allgemeinen Wahrheit gepredigt, dergestalt, daß die uns heute bedrängenden Zustände angesprochen, aber nicht ausgesprochen, genannt, aber nicht bekannt werden. So sind beide Teile noch jedesmal davongekommen, der Prediger und der Hörer. Aber das freie Wort verkümmert. Man kann (und „darf") auch durchaus individuell predigen: ‚Der einzelne vor Gott.' Die Gefahr ist dann restlos gebannt, daß man den Text in die Welt hinaus- oder die Welt in die Kirche hereinläßt.

IV.

Die Gegenrede wird nicht auf sich warten lassen: „Der Prediger kann keine weltanschaulich-politisch-soziale Position auf der Kanzel vertreten. Er ist für alle da." Das ist er gewißlich, im Sinne der unparteiischen Dienstbereitschaft. Muß er aber zu einem Neutrum werden, um allen zu gefallen? Wer in diesem Sinne für alle da ist, ist für niemand da. Recht gesehen, kann der Prediger durchaus Position beziehen, wie jeder andere Volksgenosse auch; er darf nur nicht majorisieren oder politische Propaganda machen. Das würde das Evangelium ins Gesetz verwandeln, also die Botschaft verfälschen. Wer das Heil in dieser Weise an Ideologien verkaufen würde, würde den Menschen verfehlen und seine Freiheit zer-

---

[24] — sprach der Herr Altbischof *W. Stählin*, in: Zehn Fragen an die Kirche (hg. v. W. Erk, 1969), 83 f.

stören. Man kann aber die Freiheit der Botschaft sowohl wie die Freiheit des Hörers respektieren und jeweils neu deklarieren, wenn man in jeder Auslegung den Mut übt und bewährt zur „Eintretensdebatte"[25], die es beim Text wie bei der uns gestellten Lebensaufgabe darauf ankommen läßt, was sich als heilsame Wahrheit am Menschen bewährt. Keine Instanz hat hier Vorrang oder Vorrechte; alles muß sich vor der gegebenen, kritisch zu überdenkenden Lage ausweisen. „Was gesagt wird, muß sich ausweisen können im Rahmen aktueller Weltverantwortung — konkretisiert im Blick auf den jeweiligen Adressatenkreis —, innerhalb deren Theologie und Kirche ihre partielle Aufgabe haben und ihren Beitrag aus kritischer Aufarbeitung der Tradition und gegenwärtiger Auseinandersetzung *einbringen*. Von hier aus wird auch die biblische Überlieferung zum relevanten Gegenstand, aber sie ist weder alleiniger Grund noch automatischer Ausgangspunkt aller Aussagen noch selbstverständliches Ziel („wiedergewinnen") noch unbefragbare Autorität."[26]

Vielleicht sieht man heute die Schwierigkeit der Frage: „Was darf ich predigen?" etwas allzu einseitig auf den Bereich der politisch-soziologischen Bedeutung des Evangeliums gerichtet. Das rührt her von dem — an sich lobenswerten — gesellschaftlichen Engagement der Theologie heute[27]. Man kann aber die Grundsatzproblematik ohne weiteres auch an anderen Aufgaben der Predigt anschaulich machen, zum Beispiel an den Amtshandlungen; sie haben, bei jeweils veränderter Sachlage, denselben problematischen Aspekt und gefährden das freie Wort durch ziemlich komplexe Hindernisse: Berechtigte und nichtberechtigte Erwartungen der Gemeinde; Konflikt zwischen Wahrhaftigkeit und Takt; Konkurrenz von Brauchtum und biblisch verantwortbarer Handlung. Darüber ist an anderem Ort das Nötige gesagt[28].

Die ängstliche Meinung, man dürfe im Blick auf mögliches Mißverständnis, vermutbare Überempfindlichkeit von Hörergruppen und Rücksicht aufs homiletische Decorum wenig (oder besser gar nichts) Konkretes oder Zeit-, Gesellschafts- und Kirchenkritisches sagen, führt zunächst

---

[25] Term. techn. bei W. *Bernet*, Verkündigung und Wirklichkeit (1961), passim.

[26] G. *Otto,* in: Kirche und Theologie. Beiträge zu einem Klärungsprozeß (1971), V. Zur Problematik der Predigt in der Gegenwart, 62 f.

[27] Vgl. *M. Mezger*, Botschaft und Erkenntnis (Abschn. VI: Gesellschaft), in: Die Funktion der Theologie in Kirche und Gesellschaft, hg. v. P. Neuenzeit (1969), 321 ff.

[28] *M. Mezger*, Die Amtshandlungen der Kirche (²1963): Die Amtshandlungen als Verkündigung, 59 ff. — *Ders.,* Evangelische Verkündigung bei den Amtshandlungen, in: Die Kirche und ihre Dienste (1960), 54 ff.

zu einer Verengung des pastoralen Horizonts, dann zur Schwächung der des freien Wortes. Wir stellen ihr, nicht dialektisch, sondern streng antithetisch den Satz gegenüber: Alles darf ich predigen, was die Gemeinde und den Prediger zur Weltverantwortung des Glaubens herausfordert. Ist ein Text dazu Anstoß und Hilfe, gut. Muß ich, mangels analoger Situation in der Bibel, meinen Spruch selber wagen, auch gut. Es liegt nichts daran, ob ich durch formale Autoritäten abgesichert bin; es liegt einzig daran, daß ich, dem Wort und Beispiel Jesu verpflichtet, das sage, was den Menschen freimacht, das heute Gebotene zu tun. Dieses freie Wort ist zugleich das neue Wort, heute geschenkt, morgen verheißen.

WELCHE BEDEUTUNG HAT DER BIBLISCHE TEXT FÜR DIE PREDIGT?

CHRISTIAN MÖLLER

Es gibt theologische Fragen, die man für erschöpfend beantwortet hielt und die sich trotzdem nach einiger Zeit von einer neuen Seite her wieder zu Wort melden. Dazu dürfte die Frage nach der Bedeutung des biblischen Textes für die Predigt zählen. Hatte der Kirchenkampf im Dritten Reich die Erfahrung eingebracht, daß gerade die Textpredigt von einer atemberaubenden Aktualität sein kann, weil der biblische Text den Prediger ermutigt, statt eines „Wortes zur Lage" ein „Wort zur Sache" zu sagen, so ist spätestens mit den Ausführungen von E. Lange „Zur Theorie und Praxis der Predigtarbeit" deutlich geworden, daß die Funktion des biblischen Textes für die Predigt strittig ist. In der Diskussion über E. Langes homiletische Konzeption taucht wieder die Frage auf: „Könnte es nicht so sein, daß die Situation das Thema der Predigt hergibt?"[1]

Im gleichen Zusammenhang, in dem die Bedeutung des biblischen Textes für die Predigt strittig wird, stellt sich auch die Frage, welchen Stellenwert die Predigt heute überhaupt noch hat. Es wird vor zu gro-

---

[1] So fragt *M.-L. Keller* in der Diskussion, die in Beiheft 1 der „Predigtstudien", 1968, abgedruckt ist (ebd. S. 88). — Zur Textpredigt im Dritten Reich ist auf die Sammlung von Predigten und Predigtkritiken Württemberger Pfarrer hinzuweisen, die *Herm. Diem* unter dem Titel „Warum Textpredigt?", 1939, herausgegeben und mit eigenen Ausführungen zur Notwendigkeit der Textpredigt versehen hat. *E. Langes* Ausführungen, die ebenfalls in Beiheft 1 der „Predigtstudien", S. 11 ff., abgedruckt sind, verstehen sich z. T. als bewußte Gegenkonzeption zu *Herm. Diems* Beitrag in der genannten Predigtsammlung von 1939. Vgl. aus der zahlreichen Literatur zu dieser Frage noch besonders: *M. Mezger*, Die Verbindlichkeit des Textes in der Predigt, ThLZ 89 (1964), Sp. 499—518; *E. Jüngel*, Was hat die Predigt mit dem Text zu tun? Nachwort zu den Predigten, 1968, S. 126 ff. und die leider viel zu wenig beachteten Thesen von *J. Heise*, Warum wird jeden Sonntag über einen Bibeltext gepredigt, DtPfBl 71 (1971), S. 420.

ßen Erwartungen an die Effektivität der Predigt gewarnt. Man drängt auf eine „Entdramatisierung" allzu hoher Predigtansprüche. Die Mahnung zur Nüchternheit gegenüber der Predigt als einer „Einbahn-Kommunikation" wird laut.

Überblickt man aber einmal einen Durchschnitt von Predigten junger Theologen, die jetzt zu predigen begonnen haben, so stellt man fest, daß nicht die Nüchternheit, sondern die Schüchternheit das Problem dieser Predigten ist. Ungeschrieben steht am Anfang oft die Entschuldigung dafür, daß überhaupt noch gepredigt wird. Ist etwa gar nicht die Dramatisierung das Problem der Generation von Theologen, die jetzt zu predigen begonnen haben, sondern die Mutlosigkeit, in der nicht mehr riskiert wird, als bestenfalls in 10—15 Minuten mit der Predigt über die Runden zu kommen? Auf diese Weise entsteht um die Predigt ein Teufelskreis, der immer enger wird: Nachdem man dem Studenten eingeredet hat, daß seine Predigt ohnehin kaum mehr erwartet werde und nur noch geringe Wirkung habe, steigt der Vikar bereits flügellahm auf die Kanzel und hält eine noch lahmere Predigt. Die enttäuschte Gemeinde zieht sich daraufhin noch mehr zurück, was wiederum dem jungen Theologen bestätigt, daß seine Predigt anscheinend nicht mehr gebraucht werde. Was folgt, ist entweder die Resignation oder die Aktion, zwei Seiten ein und desselben Symptoms. Die entscheidende Frage wird aber zumeist verdrängt, ob nicht zuerst die Ursache für die aufgezeigte Entwicklung bei dem Prediger und seiner Einstellung zur Predigt gesucht werden müßte. Einer Gemeinde dürfte es nicht sehr lange verborgen bleiben, daß ein Prediger von seiner Predigt nichts mehr erwartet. Es ist nur konsequent, wenn sich die Gemeinde dann zurückzieht, was keineswegs ausschließt, daß viel mehr heimliche Hoffnung auf Mut machende und befreiende Predigten in der Gemeinde vorhanden ist.

Wie könnte man aus dem Teufelskreis herauskommen, der sich um Theologie und Gemeinde nahezu geschlossen hat? Was ist nötig, um diesen Kreis aufzubrechen? Gute Predigten und charismatische Prediger mögen das Ihre dazu tun, daß die Erwartung gegenüber der Predigt trotzdem noch wach bleibt. Freilich, das reicht nicht aus. Was notwendig wäre, sind Predigttheorien, die Freude und Begeisterung zum Predigen wecken könnten. Was fehlt, sind Vorstellungen über Ziele der Predigt, die elementar, Phantasie weckend und „utopisch" genug sind, um aus der Zukunft in die Gegenwart hinein zu wirken und den Vorgang des Predigens in Bewegung zu bringen. Um hier nicht selber in ängstlicher Absicherung steckenzubleiben, sei als *Beispiel* für *eine* mögliche

Zielvorstellung der Predigt die These riskiert und erläutert: Die Predigt arbeitet *mit* am „Reich der Freiheit"[2].

Um die These zu präzisieren, daß die Predigt am „Reich der Freiheit" *mit*-arbeitet, soll auf den Begriff der Entfremdung zurückgegriffen werden, den P. Tillich, Systematische Theologie, Band II, 1958, S. 52 ff., verwandt hat, um das biblische Wort „Sünde" zu erläutern. Sowohl der Reichsbegriff wie der Begriff der Entfremdung haben den Vorzug, daß sie die törichte Alternative „Entweder individualistische oder gesellschaftskritische Verkündigung" gar nicht erst aufkommen lassen. An der Entfremdung sind sowohl der Einzelne wie die Verhältnisse beteiligt. Hat aber Paulus nicht schon in Röm 7,7 ff. die marxistische These überboten, daß an der Entfremdung der Welt die Versklavung zur Arbeit schuld sei? Der in Rm 7,24 nach Rettung schreiende Mensch hat erkannt, daß er sich selbst in einen Zwang zu Werken verstrickt hat und an seinen Werken verstummt ist. Menschen, die am Wochenende mit ihrer Arbeit nicht mehr aufhören können, ahnen von einem Zwang zu Werken sehr wohl.

Wie kann die Predigt mit einer Welt, die von ihren Taten zugrunde gerichtet wird, solidarisch werden? Wie kann die Predigt ihre Stimme für die Menschen erheben, die von ihren Werken verklagt und zum Schweigen bzw. zu überlautem Gerede gebracht werden? Die Predigt muß zum Plädoyer für die zum Schweigen Gebrachten werden, indem sie den Überschuß des Reiches Gottes als den Anbruch des Reiches der Freiheit vom Zwang zu den Werken ansagt[3].

Was soll die Predigt dem an seinen Werken verstummten Menschen sagen? Wie kann sie den Überschuß des Reiches Gottes artikulieren? Will man den Inhalt der Predigt jetzt nicht dadurch entfalten, daß man selber zu predigen beginnt, dann wird man verkürzend und begrifflich

---

[2] Das Risiko der These besteht in dem Gebrauch eines idealistischen Begriffs, der sich keineswegs nahtlos in Jesu Rede vom Reich Gottes einpaßt, obwohl er von der Reich-Gottes-Verkündigung Jesu her inspiriert sein dürfte. Was das Risiko trotzdem so reizvoll macht, ist der Überschuß an Sehnsucht und Hoffnung, der in dem Begriff vom „Reich der Freiheit" zur Sprache kommt. Wie die Predigt im Blick auf diesen Überschuß an Sehnsucht und Hoffnung in Bewegung kommen kann, ist an *J. Moltmanns* Traktat „Die ersten Freigelassenen der Schöpfung. Versuche über die Freude an der Freiheit und das Wohlgefallen am Spiel", 1970, und z. T. auch an *J. Moltmanns* Predigten „Die Sprache der Befreiung", 1972, zu ersehen.

[3] Vgl. dazu die glänzende Arbeit von *K. Adloff*, Die Predigt als Plädoyer. Versuch einer homiletischen Ortsbestimmung, erarbeitet am Zweiten Korintherbrief, 1971.

zuspitzend sagen müssen, daß die Predigt gegen die Entfremdung des Menschen ein „Ja der Liebe" im Namen Jesu Christi proklamiert[4].

Was kann das „Ja der Liebe" dem in den Zwang zu Werken verstrickten Menschen sagen? Wie kann es mit ihm solidarisch werden? Ist das nicht ein Mensch, der auf der Flucht zu immer neuen Werken ist, ein Mensch in der Fremde? Diesem Menschen im Sinne Ch. Blumhardts zuzurufen: „Ihr seid Gottes!", das müßte heißen, ihm das „Ja der Liebe" hörbar zu machen als ein „Ja", welches seinen Werken zuvorkommt und ihm sagt, daß er bei Gott schon eingeladen und angenommen ist. Wie jener Vater im Gleichnis dem heimkehrenden Sohn zuvorkommt und ihm die reuevollen Worte abschneidet (vgl. Luk 15,21 f.), so kommt das „Ja der Liebe" dem sich selber anklagenden Menschen zuvor und lädt ihn an den gedeckten Tisch der Gnade. Da herrscht kein knechtischer Geist der „Werkerei", sondern der Geist der Freude an Gottes Vermögen zur Liebe. In jeder Predigt, die den Überschuß des Reiches Gottes zur Sprache kommen läßt, ist etwas von diesem Geist der Freude enthalten, der uns jetzt schon als Angeld an dem ersehnten Reich der Freiheit zuteil wird.

Wie kann der Überschuß des Reiches Gottes zur Sprache kommen? Läßt sich da etwas über die Unverfügbarkeit des Geistes hinaus sagen? In der Tat, es muß sogar mehr gesagt werden, wenn nicht das allzu richtige Gerede von der Unverfügbarkeit des Geistes zu einem Hohlraum führen soll, in dem wir an Atemnot und Mutlosigkeit zugrunde gehen. Hat sich der Geist Jesu Christi nicht insoweit verfügbar gemacht, daß er sich an das „Ja der Liebe" geheftet hat? Dieses „Ja" zielt auf mehr als unantastbare Hohlräume ab, weil es Freude an der Liebe gewährt, die sich im *Lobpreis* Luft verschafft. Das wissen Dichter zuweilen besser als Prediger, daß sich eine Freiheit zum Wort einstellt, wo die Freude regiert. Der Lobpreis Gottes ist Ausdruck einer Freiheit zum Wort, die in der Freude an der Liebe, aber auch im Schmerz über die Not der Liebe gewonnen wird[5].

---

[4] *E. Fuchs* übersetzt Joh. 1,1 im Beiheft zur 2. Auflage der Hermeneutik, 1958, S. 13: „Im Anfang war das Ja." Gemeint ist dasjenige „Ja", das sich der „Ruhe bei Gott" verdankt und uns in die Bewegung der Liebe hineinnimmt, indem es uns „einfach weitergehen" heißt, „weil der Weg schon eröffnet ist" (ebd. S. 13). Dieses „Ja" muß in allen Predigten durchbuchstabiert werden. Wo es nicht zu finden ist, da kann vermutet werden, daß sich ein „Wenn und Dann" des Gesetzes eingeschlichen und die Herrschaft übernommen hat.

[5] Der Hinweis auf den Lobpreis, der etwa von *K. Barths* Gefängnispredigten her zu veranschaulichen wäre, erledigt die Frage nach dem „Wie" der Predigt ebensowenig,

Die Predigt bleibt sicherlich nicht beim Lobpreis, wenn sie den in Christus zur Sprache gekommenen Überschuß der Liebe aus den Augen verliert. Das geschieht etwa da, wo ein Prediger von der Gemeinde nur Aktionen und Leistungen rhetorisch erpressen will, indem er sich der beliebten Unterscheidungen von Gabe und Aufgabe, von Zuspruch und Anspruch bedient, die Gabe und den Zuspruch freilich nur als theologisch absicherndes Vorspiel für die viel wichtigeren Aufgaben und Ansprüche vorausschickt: „Mehr soziale Verantwortung!", „weniger Konsum!", „mehr Brot für die Welt!" usw. Das ist die appellierende Sprache der Daumenschraube, aber nicht die befreiende Sprache des Lobpreises. Hier wird die Gemeinde nicht zu eigener Phantasie befreit, sondern ihr wird noch mehr aufgebürdet. Hier regiert die Angst, es könne nicht genug geschehen, aber nicht der Glaube, daß aus der Freude an der Liebe genug Werke erwachsen, solche Werke, die nicht rhetorisch erpreßt werden müssen, sondern zu ihrer Zeit gern, selbstverständlich und notwendig geschehen[6].

Der in seine Werke verstrickte Mensch braucht keine Predigt mehr, die ihn noch tiefer in die „Werkerei" hineintreibt. Er braucht aber mehr denn je eine Predigt, die ihm hilft, sich selbst als den anzunehmen, für den in Christus ein „Ja" vorgesprochen worden ist, das er sich nicht noch einmal verdienen muß, um dabei wie der Hase hinter dem Igel herzujagen. Das Predigen lohnt immer weniger — und man sollte besser gar nicht erst damit beginnen —, wenn man nicht mehr als nur Appelle für die nächsten Aktionen auszurichten hat: „Aufbruch in die neuen Lager!", „Sendung zum Dienst!" usw. Das Predigen hat aber angesichts des im-

---

wie der Hinweis auf das „Ja der Liebe" die Frage nach dem Inhalt der Predigt oder der Hinweis auf das „Reich der Freiheit" die Frage nach dem Ziel der Predigt bereits löst. Es geht in diesen einleitenden Überlegungen auch nicht um Lösungen, sondern darum, den Begriff „Predigt" von der *Sache* her in den Blick zu bringen. Auf Definitionen zur Predigt wird hier absichtlich verzichtet, weil m. E. *R. Bohren* in seiner „Predigtlehre", 1971, S. 48 ff., überzeugend dargelegt hat, wie wenig sog. „Predigtdefinitionen" die Sache der Predigt in den Blick bringen, statt dessen um so mehr verstellen können. Methodische, kommunikationstheoretische und rhetorische Überlegungen zur Predigt sollen hier, wo es um einen Teilaspekt zwischen Predigt und Text geht, zurückgestellt werden. Nicht alles kann auf einmal gesagt werden.

[6] Vgl. dazu Luthers Sermon von den guten Werken (WA VI, 202 ff.), wo es heißt: „Dan der glaub lesset sich an kein werck binden, so lesset ehr yhm auch keinß nit nehmen. Sundern wie der erst psalm saget: Er gibt sein frucht, wenß zeit ist, das ist, wie es kumpt und geht ... Also einn Christen mensch, der in dieser zuvorsicht gegen got lebt, weiß alle ding, vormag alle dingk, vermisset sich aller ding, was zu thun ist, und thuts alles frolich und frey ..." (WA VI, 207).

mer größeren Leistungszwangs mehr Verheißung denn je, wenn es den in seine Werke verstrickten Menschen zur Freude an der Liebe und zum Lobpreis Gottes befreit. Gerade der Lobpreis ist frei von Zwecken und Aktionen. Er läßt den Menschen beim verkündigten „Ja der Liebe" ausruhen und im Wort verweilen. Er ist aus der Freiheit zum Wort geboren, und zielt auf immer größere Freiheit ab.

II.

Wenn wir freilich auf den Predigtalltag blicken, so ist da keineswegs eine Freiheit zum Lobpreis gleichsam von Natur aus vorhanden. Selbst einem Prediger wie K. Barth, der eine Menge vom Lobpreis verstanden und gerade in seinen Gefängnispredigten zur Sprache gebracht hat, ist die Freiheit zum Lobpreis nicht einfach angeboren. Die Situation im Gefängnis von Basel oder die Lage im Dritten Reich hätten ihm seine „angeborene" Freiheit schnell zerschlagen können. Was bleibt denn in Situationen, die einem den Mund verschließen? Das hat nicht nur K. Barth erfahren, sondern jeder, der an Gräbern zu predigen hat und mehr als Drohreden oder Lobhudelei sagen will. Da kommt heraus, daß einem zu wahrem Lobpreis Gottes keineswegs schon die Situation des Toten, sondern der angesichts der Situation des Toten vernommene und erschlossene biblische Text verhilft. Je genauer man die Situation des Toten und seiner Angehörigen kennt, desto eher schweigt man davon, was einem die Hinterbliebenen allemal danken werden. Gerade an Gräbern kann man merken, daß ein „Wühlen in der Wunde des Todes" nicht weiterhilft, sondern der gleichsam „abkühlende" biblische Text, dessen Wort angesichts des jeweils Verstorbenen und seiner Angehörigen vernommen sein will[7].

Was für ein Wort ist das, welches der biblische Text angesichts des Todes vernehmen läßt? Mit Luther sei es das „äußere Wort" genannt, das mir nicht zur Verfügung steht und das ich mir auch als Prediger nicht selber sagen kann. Im meditierenden „Hin-und-Hergehen" (E. Lange) zwischen dem biblischen Text und der jeweiligen Situation geht das „äußere Wort" hervor. In seinen Wochenpredigten über Joh 16—20 aus dem Jahr 1528/29 sagt Luther einmal im Blick auf Beter wie Prediger:

---

[7] Freilich, auch ein biblischer Text kann dem Pfarrer den Mund verschließen, und noch mehr kann ein bloßes Rezitieren biblischer Texte einer Gemeinde das Herz und den Mund verschließen, wenn der Pfarrer seinen Text nicht angesichts der Situation vernehmen und auslegen kann.

‚adeo sumus incerti in nostris cogitationibus et wanckelmudig quando quis incipit speculari de deo an spruch (in der Druckbearbeitung: on wort und schrifft), so ghets yhm gewislich also: quando vult de Christo cogitare crucifixo, sol er komen auff ein nackent weib odder auff ein golt perg vel in Hispaniam' (WA 28, 76). Das „nackent weib" ist freilich in der Druckbearbeitung getilgt worden.

Der biblische Text ordnet unsere Gedanken. Er nimmt allzu schwärmerische Lobhudelei in Zucht, indem er den Prediger an die Sparsamkeit der Schrift bindet.

Der Begriff „äußeres" bzw. „äußerliches Wort" taucht bei Luther besonders oft in der Auseinandersetzung mit den Schwärmern auf. Auch das soeben verwandte Zitat stammt aus einer Polemik gegenüber den Schwärmern. Da diese Auseinandersetzung angesichts der Schwärmer unserer Tage, die nicht minder über den Text hinwegfliegen, eine zuweilen unheimliche Aktualität hat, soll an derselben Stelle von Luthers Wochenpredigten über Joh 16—20 noch ein wenig weitergelesen werden:

„Solchs rede ich darumb, das man nicht über den Text hin schnurre wie die rohen geister und lerne, wo zu solch eusserlich wort und weise nutz und not sey, nemlich das man damit das hertz zusamen halte, das nicht zurstrewet werde, und sich mit den gedancken an die buchstaben hefte, wie man sich mit der faust an ein bawm odder wand halten mus, auff das wir nicht gleiten odder zu weit fladdern und irre faren mit eigenen gedancken. Das manglet unsern schwermern, das sie meinen, wenn sie inn ihre hohe geistliche gedancken faren, so haben sie es troffen, und sehen nicht, wie sie on wort des holtzweges faren, lassen sich eitel irre wissche verfüren." (WA 28, 77)

Es beeindruckt, wie Luther die hochfliegenden Gedanken der Schwärmer auf die „Erde" der Buchstaben und Texte herunterholen möchte. Zu genau weiß Luther aus eigener Erfahrung, daß nur diese „Erde" der Buchstaben und Texte fest genug ist, um dem wankelmütigen Herzen des Menschen festen Boden unter den Füßen zu geben, wenn die Stürme der Anfechtung herannahen.

An dieser Stelle wäre eine Menge über die Notwendigkeit von Exegese, historisch-kritischer Forschung und Meditation biblischer Texte hinzuzufügen, was aber zugunsten einer Erörterung von E. Langes Ausführungen über die Funktion des biblischen Textes innerhalb der Predigt zurückgestellt werden soll[8].

Drei Funktionen gesteht E. Lange dem biblischen Text für den Vorgang des Predigens zu: Der Text kontrolliert, profiliert und verfremdet. Insofern der Text „verfremdet", „erzwingt er die Überprüfung des

---

[8] Vgl. dazu noch einmal *E. Langes* Referat „Zur Theorie und Praxis der Predigtarbeit", Beiheft 1 der „Predigtstudien", 1968, S. 11 ff., bes. S. 38 f.

Selbstverständlichen" (ebd. S. 38). Insofern der Text „profiliert", „erzwingt er die Konkretion der Rede, gibt ihr eine bestimmte abgrenzbare Thematik" (ebd. S. 38). Insofern der Text „kontrolliert", „ermöglicht er der Hörergemeinde die kritische Distanz gegenüber dem Zeugnis des Predigers und diesem selbst die Kontrolle seiner Rede, seiner homiletischen Einfälle, seiner Formeln, seiner Bilder, seiner Urteile hinsichtlich ihrer Überlieferungsgemäßheit" (ebd. S. 38).

Es dürfte kaum einen geben, der dem biblischen Text solche Funktionen wie Kontrolle, Profilierung und Verfremdung bestreiten würde. Die Frage ist, ob sich darin schon die Bedeutung des biblischen Textes für die Predigt erschöpft? Hat nicht E. Lange den biblischen Text von einer bloß funktional-pädagogischen Seite her erschlossen, in der der biblische Text mit anderen Texten der Weltliteratur wahllos eingetauscht werden kann? Wo kommt bei E. Lange die inhaltliche Seite des biblischen Textes als *Quelle* dessen in den Blick, was Luther das „äußere Wort" nennt? Hat die gegenwärtige Situation in E. Langes Konzeption nicht eine derart beherrschende Stellung gewonnen, daß der biblische Text immer erst in sekundärer Hinsicht in Betracht kommen kann? Was bleibt für den biblischen Text — inhaltlich gesehen — dann noch anderes übrig, als zum Sprungbrett für Begriffe und Assoziationen zu werden, die angesichts der gegenwärtigen Situation gerade sinnvoll zu sein scheinen, notfalls aber auch ohne den biblischen Text „einfallen" würden? Die „Predigtstudien" mußten nun von den jeweiligen Situationen in Politik, Kultur und Kirche zehren. Themen, die in den politisch bewegten Jahren die „Predigtstudien" etwa beherrschten, waren: Studentenrevolte, M. L. King, Vietnam, SDS, APO usw. Egal, welcher Text in der Perikopenreihe vorgeschlagen war, die gegenwärtigen Themen paßten immer, weil sie passen mußten. Selbstkritisch schreibt freilich R. Roessler im Rückblick auf die ersten Bände der „Predigtstudien":

„Was uns nachdenklich stimmen sollte, ist die Beobachtung, wie schnell sich das Modische erledigt... Erliegen wir nicht bisweilen einer falschen Ehrfurcht vor den ‚Tatsachen', die Wirklichkeit als das Vorhandene, Vorgegebene, Vorfindliche ansieht, anstatt sie als den ‚Ort der Verheißung' anzusehen?" (Vorwort zu „Predigtstudien", V,2).

Was von Luther her „das äußere Wort" genannt wurde, meint mehr als eine nur funktionale Bedeutung des Textes. Es geht um dasjenige Wort, das ich mir selber nicht sagen kann und mit dem ich notwendig an den biblischen Text als Quelle des „äußeren Wortes" gewiesen bleibe. Soll es nicht auf eine willkürliche Schwärmerei des Einfalls oder auf ein gesetzliches Verhaftetsein an das jeweilige Tagesgeschehen hinauslaufen, wird es darauf ankommen, den biblischen Text als notwendige Quelle der Predigt zurückzugewinnen. Dabei kann E. Lange helfen, die Situation des Hörers nicht aus dem Auge zu verlieren, indem er dem Prediger rät, auf dem Weg zur Predigt zwischen Text und Situation „hin- und herzugehen", um beide am Ende miteinander „ver-sprechen" zu können. In der Tat, es gibt so etwas wie ein „Hin- und Hergehen" zwischen dem biblischen Text und der gegenwärtigen Situation, wenn es nicht entweder zu einer bloß historischen oder zu einer bloß modernistischen Predigt kommen soll. Worauf kann sich der Prediger bei seinem Hin- und Hergehen zwischen Text und Situation stützen? Ist er nur auf die Kommentare, Meditationen und Predigten angewiesen, die es zum jeweiligen Predigttext gibt? Hat er außer seiner Einfallskraft sonst keine Hilfe? Was ist aber, wenn es dem Prediger so ergeht, daß er sowohl von seiner erschöpften oder verwirrten Einfallskraft als auch von dem Hilfsmaterial im Stich gelassen wird? Wie soll er dann noch den biblischen Text mit der gegenwärtigen Situation des Hörers versprechen? In solchen Situationen der Verlegenheit, die im Pfarreralltag gar nicht einmal so selten sind, stellt sich heraus, daß der Prediger im homiletischen Konzept der „Predigtstudien" an einen einsamen, „dramatischen" Platz gestellt worden ist, wo er etwas miteinander „versprechen" soll, was er zuweilen gar nicht „versprechen" *kann*. Hier kommt es zu den Verlegenheitseinfällen, die für den biblischen Text zu banal und für die Situation des Hörers zu pauschal sind, so daß die Predigt zwischen den Stühlen gleichsam durchfällt, weil sie ihren Platz eher bei Alltagsweisheiten hat, die man sich auch selber sagen oder notfalls am Kiosk billig kaufen kann.

Ist es aber wirklich so, daß wir als Prediger auf dem Weg vom Text zur Predigt allein gelassen sind? Begleitet uns nicht immer schon derjenige, der den Auftrag zur Predigt erteilt hat: „Gehet hin und lehret sie halten alles, was ich euch befohlen habe! Und siehe, ich bin bei euch alle Tage bis an der Welt Ende"? Ist das nicht derselbe Herr, der auch für das in den Texten aufgeschriebene „Ja der Liebe" einsteht? Das mag wahr sein und vielleicht auch ein wenig fromm klingen, wenn man sich an Texte wie Mt 28,20 erinnert. Was bringt das aber für das „Hin- und Hergehen" zwischen Text und Hörersituation ein? Welche Bedeutung hat das für die Anfechtung des von allen Hilfsquellen verlassenen Predigers? Wer schon in seiner Meditation von der verheißenen Gegenwart Jesu Christi Gebrauch macht, der wird von der Fiktion befreit, zwischen Text und Hörersituation der „einsame Wanderer zwischen den Welten" zu sein, weil er realisiert, daß da ein Herr ist, der für sein Wort einsteht und sein Wort begleitet, wo immer dieses Wort gehört und meditiert wird. Man wird von der Einbildung befreit, auf der Kanzel eine „Ein-Mann-Show" zu vollführen, wenn man sich klarmacht, daß man im Auftrag eines anderen spricht, in dessen Namen das „Ja der Liebe" ausgerichtet werden muß. Bekommt das zuweilen wirre „Hin- und Hergehen" zwischen Text und Situation dann nicht ein ordnendes Ziel? Es gilt, mit Hilfe des biblischen Textes dem Herrn immer deutlicher zu begegnen, der auf der einen Seite mit seinem Ja für den Text letztlich einsteht, der auf der anderen Seite in sachgemäßer Auslegung des Textes auch Herr der Situation werden will. Ausgangspunkt und Ziel der Meditation wird dann die Einheit von Wort und Tat in Jesus selber sein müssen, in der auch der biblische Text und die Situation des Hörers schon miteinander „ver-sprochen" sind. Soll das „Ja der Liebe" nicht zu einer allgemeinen Idee werden, muß es stets im Blick auf jene Einheit von Wort und Tat in Jesus selber meditiert werden. Allgemeine Idee ist das Evangelium immer dort, wo der biblische Text nur an die gegenwärtige Situation angehängt wird. Da ist die Situation der Herr des Textes, aber nicht mehr Jesus selber. Er ist auch dann nicht mehr Herr seines Textes, wenn die Situation an den biblischen Text bloß angehängt wird. Erst dort übt Jesus wirklich seine Herrschaft aus, wo in seinem „ein für allemal" vorgesprochenen und vorgelebten Ja unsere und seine Situation gleichzeitig werden.

Die Gleichzeitigkeit von Jesu und unserer Situation soll nicht von Kierkegaard her erläutert, sondern im Anschluß an Luther (WA 9, 439—442) als ein „sakramentales" Ereignis präzisiert werden[9].

---

[9] Wer das Stichwort „sakramental" gebraucht, riskiert eine Reihe dogmatisch und liturgisch bedingter Mißverständnisse. Die theologische Diskussion beginnt erst langsam wieder, ein neues Sakramentsverständnis zu gewinnen. In einer Festschrift für E. Fuchs und im Kontext seiner Theologie mag das Stichwort „sakramental" nicht allzu sehr überraschen, findet sich doch in E. Fuchs' Schriften von „Das urchristliche Sakramentsverständnis", 1958, bis zu „Jesus, Wort und Tat", 1971, eine immer wiederkehrende Orientierung am Sakrament. Das haben jene nicht gemerkt oder gar verstanden, die E. Fuchs in eine „existentialistisch-anthropozentrische" (und wie solche Schlagworte sonst noch lauten) Ecke drängen wollten, während die Summe seiner „neuen Hermeneutik" darin besteht: „Der Text will ‚sakramental' verstanden werden, sozusagen als Gabentisch, der austeilt, satt macht, weil er zur Sprache bringt, worin der *Überfluß* Gottes besteht. Dann kommt man zu der Einsicht, daß der Text ein Text der Verkündigung werden *muß:* weil Gott der Reiche ist und wir die Armen sind. *Das* ist die ‚Kehre'" (Jesus, Wort und Tat, S. 140). Diese Verwendung des Begriffes „sakramental" soll durch den Hinweis auf Luthers Weihnachtspredigt über Mt 1,1 (WA 9, 439—442) von einer anderen Seite her beleuchtet werden.

III.

Von Luthers Sakramentsverständnis sind zwar die markanten Aussprüche und anschaulichen Bilder bekannt, die er zu dem „fröhlichen Wechsel" von Christi und meiner Situation geprägt hat. Weniger bekannt ist aber, daß Luther schon 1519 im Blick auf Auslegung und Predigt von einem „sacramentaliter meditari" gesprochen hat[10].

Einer nur exemplarischen Auslegung des biblischen Textes, wie sie vom Mittelalter her am Begriff der imitatio orientiert ist, wirft Luther eine Gesetzlichkeit vor, die Christus von seinem Wort abtrennt und damit den biblischen Text verliert. Weil die entsprechenden Ausführungen in Luthers Weihnachtspredigt angesichts einer um sich greifenden Gesetzlichkeit in Predigt und Auslegung von überraschender Aktualität sind, soll ausführlich daraus zitiert werden:

Atque hic a principio admoneo, omnem Christi vitam, omnes Christi res gestas bifariam nos tractaturos: Sacramenti vice, et exempli vice. Nam vulgo magno reipublice Christiane malo Christus predicatur tantum exempli gratia et ut exemplum tantum oculis hominum imitandus proponitur, non aliter atque alii sancti, puta Petrus aut Paulus, Ioannes, qui pariter exempla nobis proposuerunt. Nihil igitur prestat his Christus? Plurimum sane. A Ioanne petes exemplum humilitatis, hoc idem et a Christo petes. Sed audi, quo discrimine. Atque utinam huc tocius Evangelii scopum recte assequeremini! Nihil neque sanctius neque commodius tum audiri, tum doceri potest. Petes vero a Ioanne exemplum humilitatis, non quod ipse prestat humilitatem, sed quod eius virtutis amore captus huius viri facta imitari studes, undecumque possis. A Christo vero non modo exemplum petes, sed simul virtutem ipsam, hoc est Christus non solum speciem imitande virtutis exhibet, sed ipsam quoque virtutem transfundit in homines. Et Christi humilitas fit nostra iam in pectoribus nostris humilitas. Atque hoc est, quod dico sacramentaliter, hoc est, omnia verba, omnes historie Evangelice sunt sacramenta quedam, hoc est sacra signa, per que in credentibus deus efficit, quicquid ille historie designant. (WA 9, 439—440)

Es sieht zunächst so aus, als wolle Luther seinen Predigttext nach mit-

---

[10] In der Analyse von Luthers Predigt über Mt 1,1 kommt G. Ebeling, Evangelische Evangelienauslegung, 1942, S. 424 ff., zu dem Schluß, „daß die adverbiale Bildung ‚sacramentaliter' als hermeneutische Kategorie bei Luther m. W. neu ist". In der Sache ist Luther freilich von Augustin beeinflußt; nur will Luther noch stärker als Augustin die effektive Seite des Sakramentsbegriffs betonen, um die Beziehung der Geschichte Christi zur Existenz der Glaubenden deutlich zu unterstreichen, während Augustin durch den Sakramentsbegriff die Unterschiedenheit der Geschichte Christi von unserer Geschichte zum Ausdruck bringen will, was freilich für Luthers Predigt über Mt 1,1 auch sehr wichtig ist (WA 9, 439, 21 ff.). Vgl. dazu auch den Exkurs über „Die Geschichte Christi als Sakrament und Exempel" bei W. Jetter, Die Taufe beim jungen Luther, 1954, S. 142 ff.

telalterlichem Schema in exemplarischer und sakramentaler Hinsicht auslegen. Er kehrt freilich schon die übliche Reihenfolge um und stellt das „Sacramenti vice" an erste Stelle. Von der am imitari orientierten exemplarischen Auslegungsweise wird nur aufgezeigt, wie wenig sie der Eigenart Christi gerecht werden kann und wie sehr sie die Unterschiede zwischen Christus und den anderen Heiligen verwischt, indem sie Christus zum exemplum macht. Dadurch wird das Volk um das Wichtigste und Heiligste an Christus betrogen: Daß er dem Menschen nicht nur etwas nachzuahmen aufgibt, wie es die anderen Heiligen auch tun, sondern daß Christus die Menschen durch seine Worte und Taten *befähigt*, ihm nachzufolgen, weil er seine Tugend in die Menschen ausgießt (transfundit). Eben das ist das Sakramentale am Evangelium, daß Gott in den Glaubenden *wirkt*, was das Evangelium sagt.

Weil eine exemplarische Auslegung diese sakramentale Eigenart des Evangeliums nivelliert, indem sie Christus wie andere Heilige zum exemplum macht, kann sie auch den biblischen Text durch Heiligenlegenden (von Franziskus bis M. L. King) ersetzen oder vertauschen. Die Bedeutung des biblischen Textes für die Predigt ist dann nur noch rein zufälliger Natur, gerade so, wie es dem jeweiligen Prediger einfällt. Deshalb wendet sich Luther in der Weihnachtspredigt von 1519 nahezu vollständig von der exemplarischen Auslegungsweise ab und konzentriert sich auf das „sacramentaliter meditari" der Geburt und der Geschichte Jesu Christi.

Den biblischen Text sakramental zu meditieren, heißt für Luther, ihn mit der Erwartung auszulegen und zu predigen, daß Gott auch tut, was er verheißt (Ps 33,9), weil Christus für sein Wort einsteht, mit seiner Gegenwart begleitet und in die Herzen der Menschen übersetzt. Daß die biblischen Texte in dieser Weise „gewisse Sakramente" („sacramenta quedam") sind, hat für Luther keineswegs zur Folge gehabt, die Texte der historisch-kritischen Forschung zu entziehen. Im Gegenteil! Historisch-kritische Forschung muß um so sorgfältiger und gewissenhafter betrieben werden, wenn man es mit einem Wort zu tun hat, für das Christus selber einsteht. Wer über seinen Text „hinwegschnurrt", hat damit zu rechnen, daß ihm das Wort vom Herrn des Wortes entzogen wird. Was dann herauskommt, sind bestenfalls noch dicke Monographien mit nichtssagenden Ergebnissen oder langen Reden zur Lage der Nation, gefüllt mit Allgemeinplätzen aus aller Welt. Deshalb zielt die sakramentale Meditation darauf ab, das in den biblischen Texten geschriebene „Ja der Liebe" stets im Blick auf die Einheit von Wort und Tat in der Person Jesu Christi zu meditieren, damit es nicht zu einer allgemeinen Idee wird[11].

Luther entkräftet in seiner Weihnachtspredigt über Mt 1,1 auch den Verdacht, das Sakramentale verweise in den Bereich einer geheimnisvollen Spiritualisierung hinein und lasse von der Menschlichkeit Jesu nicht mehr viel übrig. Luther warnt eine exemplarische Auslegungsweise sogar davor, sich mit der Betrachtung auf die Gottheit Christi zu konzentrieren, denn die könne den Menschen in ihrer alle Vorbilder sprengenden Größe nur erschrecken:

Nolo te in Christo deitatem contemplari, nolo maiestatem susciperis, sed advoca cogitationem animi tui ad hanc carnem, ad hunc puerum Christum, non potest homini non terrori divinitas esse, non potest hominem non terrere maiestas illa inaudita. Propterea et Christus hominem et quicquid est humanorum affectuum preter peccata induit, ut non terrearis, sed complecti favore et amore et consolari et confirmari incipias. Ita omnibus Christus proponendus est ut is, qui venerit salutem et gratiam donaturus." (WA 9, 440—441)

Im Gegensatz zu einer exemplarischen Auslegung, die ständig in Gefahr ist, das Vorbild Christi zu spiritualisieren und göttlich zu überhöhen, kommt es der sakramentalen Meditation bei Luther darauf an, Christus in seiner Menschlichkeit in den Blick zu bekommen, weil Christus nur so den ängstlichen, verletzten und ratlosen Gewissen nahekommen kann. Die an ihren Fehlern und an ihrem Unvermögen Leidenden sollen sehen, wie er selber ein kleiner, unwissender Knabe war. Deshalb führt Luther die sakramentale Meditation so weit aus, daß er das Bild des neugeborenen Christus ausmalt, wie das Kind an der Brust seiner Mutter spielt. Es geht Luther keineswegs um Verniedlichung, sondern um die Veranschaulichung der Niedrigkeit Christi. Nur so kommt Christus als der Schenkende, Gebende und Wirkende zur Geltung. Von der sakramentalen Meditation sagt Luther:

„Mihi nulla efficacior consolatio toti hominum generi data videtur hac ipsa, quod Christus sit per omnia homo, puer, infans, in hoc puelle sinu cum his gratiosissime matris ludens uberibus. Quis est, quem non hec species capiat, consoletur ... Sicut baptismus certissime operatur gratiam, sicut absolutio certissime efficit condonationem peccati, Ita proculdubio hec pueri meditatio, hic lusus, gaudium laborantis erit conscientie et robur trepidantis anime." (WA 9, 441)

Diese Ausmalung der Geburt Christi dürfte deutlich machen, wie eine sakramentale Meditation nicht zu einer Spiritualisierung der Texte führt,

---

[11] Vgl. *E. Fuchs*, Die sakramentale Einheit von Wort und Tat, ZThK 68, 1971, S. 213 ff. Neuerdings auch die leider nur im Fotodruck vorliegende Dissertation von *Ulrich Schoenborn*, Jesu sakramentale Verkündigung, Marburg 1972.

sondern wie gerade umgekehrt der Predigttext in den Bereich des Fleischlichen, Menschlichen und d. h. konkret: in den Bereich der Solidarität mit den Ratlosen hineingezogen wird. Eine am Sakrament sich orientierende und sich mit dem Sakrament der Taufe und der Absolution vergleichende Auslegung des Evangeliums macht den biblischen Text insofern notwendig, als sie mit Hilfe des Textes den austeilenden, gewährenden, den mit den Ratlosen solidarischen Christus als Herr seines Wortes in den Blick bekommt. Umgekehrt gilt ebenso, daß eine sakramentale Meditation den biblischen Text in seiner ganzen Fülle erschließt, weil sie den Text mit Hilfe des Bildes vom schenkenden, austeilenden und solidarischen Christus meditiert[12].

Der biblische Text wird zwangsläufig zum Sprungbrett für Aktionen der Nachahmung, sobald Christus nur exemplarisch meditiert wird. Dann ist der Text für sich selbst unvollständig, solange die Werke fehlen, die der Aufforderung zur Nachahmung Folge leisten. Für eine exemplarische Meditation ist der biblische Text sozusagen nur die eine Hälfte, während die Taten der Nachahmung den Text erst vervollständigen, indem das Beispiel Christi verwirklicht wird. Woher nimmt der Mensch aber die Kraft, um die Anweisungen des exemplarisch verstandenen Textes zu verwirklichen? Eben dazu bedarf es der sakramentalen Meditation:

„Exemplariter vides in contempta carne depositam maiestatem: et tu depone supercilium etc. Vides pacis exemplum: et tu servans sis concordiarum et pacis. Vides, omnia propter alios Christum fieri: et tu aliis servi. Sed ut hoc *possis*, meditare Christum *sacramentaliter*, idest confide, quod ipse sit tibi hec donaturus." (WA 9, 442)

In Luthers Beispielen wird deutlich, wie gesetzlich und moralisch es bei einer am exemplum orientierten Auslegung zugeht: Man sieht oder liest etwas von Christus und steht bereits unter dem Gesetz, seinem Bei-

---

[12] Hier ist auf jene Meditationserfahrung zu verweisen, die von der Bedeutung des Bildes für die Erschließung eines Textes weiß (vgl. z. B. O. *Hanssen* und *R. Deichgräber*, Leben heißt Sehen. Anleitung zur Meditation, 1968). In diesem Sinn versucht eine sich am Sakrament orientierende Meditation den biblischen Text mit Hilfe des Bildes zu erschließen, das den Christus zeigt, der sein Wort als ein Sakrament an die Ratlosen und Angefochtenen austeilt, gleichwie er in Emmaus das Brot und den Wein mit den Ratlosen und am Kreuz Verzweifelnden teilte. Vgl. dazu noch einmal *G. Ebeling*, Evangelische Evangelienauslegung, S. 436: „Der der sakramentalen Auslegung zugrunde liegende ‚Weg‘, die alles Verstehen erst eröffnende ‚Methode‘ ist das Hingewandtsein zu Christus in Gebet und Meditation. Dieser Hinweis ist nicht Anhang, sondern Anfang aller hermeneutischen Erkenntnis in der Kirche."

spiel nachzufolgen. Daß es die Möglichkeit gibt, die biblischen Texte im Blick auf das nachzuahmende Vorbild Christi zu lesen, bestreitet Luther nicht. In seiner langen Weihnachtspredigt über Mt 1,1 gewährt Luther der exemplarischen Betrachtungsweise freilich nur vier abschließende Zeilen, weil es ihm um ein ursprünglicheres Verstehen Jesu Christi als des Gebers und Spenders geht, wie er im Sakrament erscheint. Dieses Verstehen halbiert Christus nicht mehr in sein Wort einerseits und die befolgende Tat des Menschen andererseits, weil bei einem am Sakrament orientierten Verstehen die Einheit von Wort und Tat in der Verheißung Jesu Christi im Blick ist.

Im Verlauf seiner Weihnachtspredigt kommt Luther immer wieder auf die Entsprechung des Evangeliums zu Taufe und Absolution zurück, um den Unterschied des Evangeliums zu Heiligenlegenden und ähnlichen Texten zum Ausdruck zu bringen. Während die Legenden von Heiligen großartige Beispiele enthalten, die auf Nachahmung abzielen, enthalten die biblischen Texte ein Evangelium, für das Christus nicht nur bis zuletzt eingestanden ist, sondern durch das er weiterhin wirkt, indem er der Schenkende und Austeilende seines Wortes bleibt. Christus ist nicht darauf angewiesen, daß sein Wort durch menschliche Taten wahr und wirksam gemacht wird. Es kommt vielmehr auf den Glauben an, der dem durch sein Wort wirkenden und austeilenden Christus Raum gibt, indem die Auslegung der den biblischen Texten zugrunde liegenden Einheit von Wort und Tat in Jesus selber gewahr wird. Darum geht es, wenn Luther am Abschluß der Weihnachtspredigt noch einmal zusammenfaßt, was er mit einem „sacramentaliter meditari" meint:

„Hactenus de Sacramentali meditationi Evangelii. Evangelium sane meditamur sacramentaliter, hoc est verba per fidem hoc ipsum in nobis operantur, quod pre se ferunt. Christus natus est; crede tibi natum esse, et tu renasceris. Christus vicit mortem, peccatum: Crede tibi vicisse, et tu viceris. Et hoc proprium habet Evangelium, quod humanis historiis non datur." (WA 9, 442)

Konnte ein Prediger im Mittelalter statt des biblischen Textes auch Legenden von Heiligen zur Hand nehmen und seine Predigt mit moralischen Appellen zur Nachfolge füllen, so kann man das nicht mehr, wenn man die Entsprechung von Evangelium und Sakrament und damit die Einmaligkeit des biblischen Textes begriffen hat. Muß der mittelalterlich Gläubige die Predigt des exemplarisch verstandenen Christus durch Aktionen der imitatio verwirklichen, so wird man das als eine Überforderung des Menschen erkennen, wenn sich Auslegung und Predigt des biblischen Textes an der sakramentalen Einheit von Wort und Tat in Jesus selber orientieren[13].

Ehe wir in Predigt und Auslegung vollends in mittelalterliche Zustände der Gesetzlichkeit zurückfallen, sollten wir bei Luther wieder eine Orientierung am Sakrament lernen, wie es das „sacramentaliter meditari" von Mt 1,1 in der Predigt von 1519 gezeigt hat und wie Luther es in der *Sache* — nämlich in dem Verständnis des Evangeliums als „Gabe" und „Geschenk" — weiterhin vertieft hat. Eine solche Orientierung am Sakrament kann uns helfen, bei dem meditierenden Hin- und Hergehen zwischen dem biblischen Text und der Hörersituation in den Bereich Christi zu gelangen, eben in das Ereignis einer sakramentalen Gleichzeitigkeit, von der Luther am Schluß seiner Weihnachtspredigt über Mt 1,1 sagt: „Meditiere Christus sakramental, d. h. erwarte, daß er selbst es ist, der dir dies (sc. die Fähigkeit zu dienen und Frieden zu stiften) schenken wird" (442,32 f.).

Im Bereich eines nicht nur exemplarisch, sondern sakramental verstandenen Christus ist auch über die Notwendigkeit der Predigt hinaus ein Zwang zur Predigt zu erfahren, der sich bei Paulus in den Worten von 1. Kor 9,16 widerspiegelt: „Wehe mir, wenn ich das Evangelium nicht predigte. Ich muß es tun." Ein Zwang zur Predigt ist dort zu erfahren, wo man begriffen hat, daß man es nicht nur den mal steigenden und mal fallenden Bedürfnissen der Hörer, sondern allem zuvor seinem Herrn schuldig ist, das „Ja der Liebe" weiterzusagen. Das gilt auch dann, wenn man das „Ja" als richtendes „Nein" zu predigen hat, weil man es — wie Jeremia — nicht verschweigen kann (Jer 20,9).

---

[13] Daß Luther den Sakramentsbegriff so stark erweitert und an mehreren Stellen seiner Weihnachtspredigt Taufe, Abendmahl und Evangelium miteinander gleichsetzt, scheint mir eine deutliche Kritik an einer liturgischen Verengung des Sakramentsbegriffs auf besondere Handlungen wie Taufe, Absolution und Abendmahl zu enthalten. Bahnt sich hier nicht schon die Gleichsetzung von Predigt und Sakrament an, die für Luther alsbald entscheidend sein wird? Das wird man gerade dann festhalten müssen, wenn Luther in den der Predigt von 1519 verwandten Ausführungen der Weihnachtspostille (WA 10, 1,1; 11, 1—13,2) auf die Verwendung des Sakramentsbegriffs verzichtet und statt dessen von der Geschichte Christi als „Gabe" und „Geschenk" spricht. Damit will, so *G. Ebeling,* Evangelische Evangelienauslegung, S. 425, Luther eine „Loslösung von dem Mißverständnis von ‚sakramental' als ‚allegorisch'" erreichen. Der Blick auf die Parallele von 1519 hält jedoch fest, daß Begriffe wie „Gabe" und „Geschenk" bei Luther auf ein als Sakrament verstandenes Evangelium zurückgehen. Streitet Luther nicht auch mit Zwingli und den Täufern um das Evangelium als Sakrament, das um seine Wirkung gebracht ist, wollte man es bloß signifikatorisch verstehen?

Im Bereich Jesu Christi ist einem aber auch die Sorge genommen, die man sich als Prediger zuweilen macht, wenn man an seine eigene Einfallskraft denkt: Wird es denn noch zur nächsten Predigt reichen, oder bin ich schon zu ausgepumpt und leer? Christus sakramental zu verstehen, heißt in diesem Zusammenhang zunächst nichts anderes, als ihm zuzutrauen, daß er mir auch für den nächsten Predigttext die nötige Einfallskraft schenken wird. Es ist ja schließlich *sein* Wort, für das er selber „ein für allemal" eingestanden ist, und das er durch die geschichtlich gewordene Gestalt der geschriebenen Texte hindurch immer wieder selber gewährt und austeilt. Geht man mit einer so sakramental orientierten Erwartung an den Text heran, dann gleicht der biblische Text einem gedeckten Tisch, um dessen Nachschub wir uns nicht zu sorgen brauchen. Christi Speicher sind gefüllt! Das werden wir rechtzeitig genug erfahren: Immer dann, wenn wir es nötig haben, daß Christus uns durch sein Wort aus seinem Überschuß austeilt.

DIE WEIHNACHTSGESCHICHTE LUKAS 2,1—20[*]

WALTER SCHMITHALS

Die lukanische Weihnachtsgeschichte hat nicht zufällig ihre Faszination aus jener Zeit, da sie das einzige Weihnachtsgeschenk unter Christen zu sein pflegte, auch in unserer Zeit, in der Jahr um Jahr ein neuer Umsatzrekord des Einzelhandels erzielt wird, im Kreise der Glaubenden und darüber hinaus behalten.

Dies mag zum Teil an der großartigen erzählerischen Gestaltung unserer Legende liegen, die, wenn ich recht sehe, kein formales Gegenstück im Neuen Testament besitzt.

Die Geschichte umfaßt drei etwa gleich lange Szenen.

In der ersten Szene wird der Blick des Lesers von dem mächtigen Kaiser Augustus, dem Beherrscher des Weltkreises, sogleich auf die intimen, uns menschlich so nahen Probleme eines jungen Ehepaares gelenkt, das sich auf Befehl des allgewaltigen Herrschers auf einen beschwerlichen Weg machen muß, obschon die letzten Tage der Schwangerschaft Marias angebrochen sind und die junge Frau dann auch — in der Stadt der Väter zwar, aber unter nicht eben bequemen Umständen — noch während der ‚Schätzung' ihr Kind zur Welt bringt.

Die zweite Szene wechselt den Schauplatz, von der Stadt auf das Land, von der Herberge auf das freie Feld, vom Tag in die Nacht. Auch diese Szene lebt von Kontrast, nicht von dem erträglichen Gegenüber des Herrschers und des gehorsamen Bürgers freilich, sondern von der erschüt-

---

[*] Im Auftrag des Kollegiums der Kirchlichen Hochschule Berlin grüße ich mit dem vorliegenden Beitrag unseren ehemaligen Kollegen und Lehrer Ernst Fuchs zu seinem 70. Geburtstag in Dankbarkeit für seine nicht nur unvergessene, sondern auch immer noch wirksame Lehrtätigkeit in Berlin und eingedenk seines grundlegenden hermeneutischen Satzes, daß ein biblischer Text erst dann verstanden ist, wenn er zur Predigt nötigt.

ternden Begegnung der Hirten mit den Boten Gottes, der irdischen Finsternis mit dem himmlischen Licht.

In der dritten Szene finden sodann die beiden ersten zusammen. Die Hirten suchen das Kind in der Krippe und erzählen, was ihnen die himmlischen Gesandten über das Neugeborene gesagt haben: eine Kunde, über die alle sich wundern, die sie hören, und die Maria in ihrem Herzen bewahrt.

Der letzte Vers des Ganzen trägt den Charakter eines Chorschlusses: „Die Hirten kehrten zurück, priesen und lobten Gott für alles, was sie gehört und gesehen hatten, wie es zu ihnen gesagt worden war." Dieser Chorschluß weist als solcher darauf hin, daß wir es bei der Weihnachtsgeschichte des Lukas mit einer Epiphaniegeschichte zu tun haben: Gott läßt unter den Menschen seine Herrlichkeit erscheinen, so daß die Menschen loben können. Ein solcher Chorschluß, der formal eine Epiphaniegeschichte abschließt, öffnet sie zugleich zum Leser hin: Der Leser wird gefragt, ob er in das Lob der unmittelbar Beteiligten einstimmen will; ob auch er sich hat sagen lassen, was den Hirten gesagt war und was sie bestätigt gefunden haben:

,Des ewgen Vaters einig Kind
jetzt man in der Krippe findt' —

wie Luther den Skopos der Geburtsgeschichte einprägsam formuliert.

Damit aber führt uns die Beobachtung der erzählerischen Gestalt zur Frage nach dem theologischen Gehalt der Weihnachtsgeschichte, eine Frage, die freilich nicht beantwortet werden kann, ohne daß zuvor und dabei noch auf Einzelheiten der formalen Gestalt geachtet wird.

Von Martin Dibelius stammt eine 1932 in den Sitzungsberichten der Heidelberger Akademie der Wissenschaften erschienene Untersuchung zur Geburtsgeschichte Jesu im Lukasevangelium unter dem Titel ‚Jungfrauensohn und Krippenkind'[1], ein Kleinod auch unter den exegetischen Studien dieses großen Gelehrten. Dibelius weist mit Recht darauf hin, daß die Weihnachtsgeschichte des Lukas ein in sich abgeschlossenes und aus sich verständliches Überlieferungsstück darstellt. Vor allem besteht keine ursprüngliche Verbindung mit den Vorgeschichten dieser Geburt in Lk. 1, also mit den Täufererzählungen und mit den Berichten vom Besuch des Engels bei der Jungfrau Maria und von der Begegnung zwischen Maria und Elisabeth. In der Weihnachtsgeschichte werden Maria und Joseph neu eingeführt; sie sind offensichtlich ein Ehepaar, das in die

---

[1] Ich zitiere nach ‚Botschaft und Geschichte' I, S. 1—78.

Heimat des Mannes reist, und nichts deutet auf eine wunderbare Empfängnis hin. Maria erfährt aus dem Munde der Hirten anscheinend zum ersten Mal, zu welcher Aufgabe ihr Kind von Gott auserwählt wurde.

Zwar lesen die besten Handschriften in V. 5 ‚mit Maria, seiner Verlobten', aber in unsere Geschichte paßt diese Lesart nicht hinein, auch wenn sie möglicherweise die im Evangelium des Lukas ursprüngliche ist, die dann aber auf die Hand des Evangelisten zurückgeht, der unsere Erzählung an den Bericht von der Verkündigung des Engels angleichen mußte. Allerdings lesen einige altlateinische Zeugen und die beste syrische Handschrift ‚mit Maria, seiner Frau', und diese Lesart wird indirekt auch von dem Mischtext der ‚Koine' bezeugt, aus dem das uns durch Luthers Übersetzung geläufige ‚mit Maria, seinem vertrauten Weibe' (eigentlich: ‚... seiner mit ihm verlobten Frau') stammt. Das spricht dafür, daß auch Lukas noch das zur Geschichte allein passende σὺν Μαριὰμ τῇ γυναικὶ αὐτοῦ aus seiner Vorlage beibehalten hatte, das dann in Alexandrien im 3. Jahrhundert aus naheliegenden christologischen Gründen in das τῇ ἐμνηστευμένῃ αὐτῷ verwandelt wurde. Nun, dies mag sein, wie ihm wolle; die ursprüngliche Geschichte kannte jedenfalls Maria und Joseph als Ehepaar. Darin ist Dibelius zuzustimmen.

Dibelius aber bezweifelt auch abgesehen von dieser textkritischen Einzelfrage die Integrität des Überlieferungsstücks.

Er dürfte mit seiner Ansicht im Recht sein, daß das κατάλυμα die ‚Herberge', wie Luther übersetzt, der große Wohnraum des damaligen wie heutigen orientalischen Bauernhauses ist, in dem die Menschen auf einer um einige Stufen erhöhten Terrasse, die Tiere zu ebener Erde Platz finden. „In ihm sind Futtertröge in Nischen der Wand, am Rand der Terrasse oder auf dem Boden angebracht" (S. 58). Man war dort, wo Maria und Joseph Unterkunft fanden, auf die Ankunft eines neuen Erdenbürgers nicht vorbereitet. So legte man das Kind, nachdem es in Windeln gewickelt war, in eine Krippe, womit die Hirten zugleich ein gutes Erkennungszeichen hatten; denn als solches Erkennungszeichen, auffällig, wenn auch kaum einmalig, dient die Krippe, nicht als Hinweis auf die Armut der Eltern oder auf besonders erniedrigende Umstände der Geburt.

„*Hirten und Krippe gehören zusammen*", schreibt Martin Dibelius (S. 59), „es ist die Krippe der eignen Herden, in der die Hirten — sehr begreiflicherweise — zuerst suchen und sogleich finden." Diese Argumentation hat manches für sich: die Hirten sind mit ihren Tieren draußen; Haus und Krippe bieten Platz für die Gäste.

Dagegen scheint mir unbillig zu sein, mit Dibelius zu folgern, daß dann ursprünglich erzählt worden sein müsse, „wie Josef und Maria gerade in dies κατάλυμα geraten sind" (S. 59). Denn es würde nicht nur der szenischen Gestaltung unserer Geschichte widersprechen, wenn die Hirten — und zwar als abwesende — bereits bei der Herbergsuche der Eltern Jesu begegneten; in V. 8 werden auch zu Beginn der zweiten Szene die Hirten auf dem Felde deutlich genug erst eingeführt. So genau will die Legende gar nicht wissen, in welcher Weise die Wanderer zu ihrer Unterkunft kommen und die Hirten die richtige Krippe finden. Daß *nach Gottes Willen* das Kind in Bethlehem zur Welt geboren werden und die Schar der Hirten in ihm das Licht der Welt begrüßen soll, könnte eine detaillierte Darstellung der Suche nach Herberge und Krippe nur verdunkeln.

Glücklicher ist aufs Ganze gesehen eine andere von Dibelius geäußerte Vermutung zur Integrität der Weihnachtsgeschichte. Zu V. 2: ‚Dies war die erste Registrierung, die stattfand, und sie geschah, als Quirinius Statthalter von Syrien war', bemerkt er: „Der Umstand, daß zum ersten Male jedermann für einen Zensus eingetragen wurde, kümmert nicht den Legendenerzähler, der von dem Wunder der Weihnacht berichten will, wohl aber den Historiker, der dieses weihnachtliche Geschehen in den Lauf der Weltbegebenheiten einzufügen gedenkt" (S. 56). V. 2 geht also sicher auf die Hand des Evangelisten zurück; darüber besteht unter den Forschern Einmütigkeit. Aber fällt mit V. 2 auch V. 1 und damit der Census selbst hin: ‚Es geschah in jenen Tagen, daß ein Gebot von dem Kaiser Augustus ausging, der ganze Weltkreis müsse sich registrieren lassen'? So meint es Dibelius, und er nimmt dabei in Kauf, daß mit V. 1 auch das Motiv für die Reise Josefs und Marias nach Bethlehem in Fortfall kommt und daß damit konsequenterweise V. 1—5 insgesamt, also fast die ganze erste Szene, auf die Hand des Evangelisten zurückgehen müssen, weil noch in V. 5 von dem Census gesprochen wird.

Indessen besteht zu solch weitgehenden Eingriffen in unseren Text kein Anlaß, denn die bei V. 2 zu beobachtende ‚historisierende' Tendenz fehlt in V. 1 durchaus. Nicht nur ist das ἐγένετο ἐν ταῖς ἡμέραις ἐκείναις eine typisch legendarische Einleitung — man vergleiche nur Lk. 1,5: ‚Es geschah in den Tagen des jüdischen Königs Herodes ...' —, auch der Hinweis auf den längst legendarischen Kaiser Augustus, der einen Census über den ganzen Weltkreis verordnet haben soll, paßt durchaus in das literarische Genus der Legende.

Nun stößt sich Dibelius freilich daran, daß die Erzählung jedes Interesse an der ἀπογραφή in dem Augenblick verliert, „da das Zensusgebot der Anlaß zur Reise Josefs geworden ist" (S. 57). Er scheint das Empfinden zu haben, die Einleitung trage etwas zu dick auf, wenn sie für die Reise der unbekannten jungen Eheleute gleich den Kaiser Augustus und seine weltumfassende Steuerpolitik bemüht. Diese Empfindung mag nicht ganz unbegründet sein, und es bleibt zu fragen, ob unsere Erzählung wirklich keinen weiteren Gebrauch von dem Kaiser und dem Census macht als den, im äußersten Winkel des römischen Reiches ein mühseliges Menschenpaar auf den Weg nach Bethlehem zu bringen.

Zur Beantwortung dieser Frage müssen auch wir nun die Szene wechseln und uns bei den Hirten auf dem Felde umsehen, die des Nachts ihre Herde bewachten. Jedes bukolische Idyll ist von dieser Szene ebenso fernzuhalten wie sozialkritisches Mitleid. Es trifft ja wohl zu, daß die Hirten in den rabbinischen Schriften gerne mit den Heiden und Zöllnern auf eine Stufe gestellt und aller möglichen Untugenden verdächtigt werden. Aber unsere Geschichte gehört nicht in den Umkreis eines palästinisch-pharisäischen, sondern eines hellenistischen Judentums bzw. Judenchristentums, wie sich bald zeigen wird. Schon deshalb muß man Dibelius zustimmen: „... es ist unserer Legende wahrhaftig nicht anzumerken, daß sie mit bewußter Paradoxie die Weihnachtsbotschaft zuerst zu Räubern oder verdächtigen Leuten gelangen lasse. Und auch eine andere Paradoxie ist ihr fremd, die wir gern in den Text hineinzulegen pflegen: die Meinung, daß die Hirten hier Vertreter besonders armer Volkskreise seien" (S. 65). Auch wenn es nicht zutreffen sollte, daß wir uns die Hirten als Bewohner Bethlehems und als Eigentümer jenes Hauses vorzustellen haben, in dem das Kind in der Krippe liegt, denkt der Erzähler doch nicht daran, sie in die ehrenvollen Lumpen des palästinischen Proletariats zu kleiden.

Wir müssen uns vielmehr daran erinnern, daß Gott einst Samuel nach *Bethlehem* sandte, um David zu salben (1.Sam 16,11 f.), der die Schafe hütete; daß Samuel ihn wegholte von den ‚säugenden Schafen', weil ‚er sein Volk Jakob weiden sollte und sein Erbe Israel', wie es in Ps. 78, 70 f. heißt. Die Hirten auf dem Felde zu Bethlehem, der Stadt Davids, konnten also schwerlich als verachtete oder ausgestoßene oder besonders arme Leute gelten, zumal auch sonst in orientalischen und griechischen Sagenkreisen die Hirten oft eine geachtete Stellung besitzen und gar als besonders fromme Leute gelten. Sie sind zweifellos wie zu Davids Zeiten die normalen Bewohner jener Gegend oder auch des Dorfes Bethlehem selbst, und wir treffen sie des Nachts auf dem freien Felde an, weil allein dort der Glanz des Himmels sie allseits umstrahlen und das große himmlische Heer ihnen begegnen kann, wie ähnlich einst Samuel im Auftrag Gottes den Hirten David auf den Feldern Bethlehems zum Gesalbten Israels berief.

Damit stehen wir unzweifelhaft bei dem Höhepunkt unserer Erzählung, bei der Botschaft des Engels und bei dem Lobgesang der himmlischen Heerscharen. Ein alter Ausleger schreibt zu unserer Geschichte: „Des Kaisers Augustus Gebot war, daß alle Welt geschätzt würde, daß folglich alle Welt noch mehr bedrückt werden und also Geld und wiederum Geld hergeben sollte für des Kaisers und Roms Gelüste. Da kam ihm Gott mit seinem eigenen Gebot in die Quere, und wo den Armen nun auch Haut und Leben sollte genommen werden, da machte Gott ein Gebot daraus, daß alle Welt errettet würde von Sünde, Tod, Teufel und Hölle."[2] Dieser Ausleger hat, fern von allen historisch-kritischen Erwägungen, die Struktur unserer Erzählung besser erfaßt als viele moderne Exegeten und auch begriffen, daß der Kaiser Augustus und der Census nicht nur bemüht werden, Maria und Josef auf den Weg zu bringen, sondern vor allem dazu dienen, die Worte des Engels zu erläutern. Unsere Erzählung lebt als Ganze aus dem Gegenüber von Gebot des Kaisers und Botschaft des Engels, von irdischer und himmlischer Macht, von staatlichem Befehl und göttlicher Zusage.

In der Kaiserzeit stiegen die öffentlichen Lasten laufend an. Eine riesige Grenze mußte verteidigt, ein großes stehendes Heer unterhalten, ein bürokratischer Riesenapparat finanziert, das Verkehrswesen ausgebaut, die kaiserliche Hofhaltung bezahlt, zahllose Beamte besoldet, die wachsenden Forderungen der Massen befriedigt, die öffentlichen Bauten geschaffen und unterhalten, die sozialen Ansprüche einer Wohlstandsgesellschaft erfüllt werden. Mit jedem Census griff die öffentliche Hand nach einem größeren Anteil vom Sozialprodukt. Die Klagen der Provinzen über das, was Rom aus ihnen herauspreßte, wuchsen um so mehr, je stärker die Erinnerung an die Zeit des Bürgerkrieges verblaßte, in der jeder nahm, was er wollte. Die kaiserliche ἀπογραφή, der Census, war mitten im Frieden der Schrecken aller Welt. Um dies dem zeitgenössischen Leser deutlich zu machen, genügte es dem Erzähler, das dürre Gebot zu nennen, ‚daß alle Welt registriert würde'.

Dem entgegen tritt die Botschaft des Engels: ‚Fürchtet euch nicht; siehe, ich verkündige euch große Freude'. Inmitten dieser Welt mit ihren

---

[2] *Kohlbrügge*, Festpredigten, 1895², S. 95.

ökonomischen Zwängen wird eine Freude verkündigt, die nicht von dieser Welt ist.

Von dieser freudigen Botschaft wird gesagt, was auch von dem drückenden Gebot des Kaisers gilt: sie ist universal. Betrifft das Gebot des Kaisers die *ganze Ökumene,* so ist die große Freude *für alles Volk* bestimmt. Diese Parallelität ist beabsichtigt; kaiserliches Gebot und Engelsbotschaft interpretieren sich gegenseitig[3].

Diese Erkenntnis erlaubt, die antithetische Interpretation des Gebotes und der Botschaft weiterzuführen und im Lobgesang der himmlischen Scharen, welche die Freudenbotschaft des Engels mit der Verheißung des Friedens auf Erden unterstützen, eine Reaktion auf das Lob der pax romana, der pax augusta zu vernehmen, das weithin im ersten Jahrhundert gesungen wurde.

Mitten im Bürgerkrieg noch, 41 oder 42, dichtete Virgil seine 4. Ekloge, kündete die Geburt des Weltheilands an, nährte die Utopie des anbrechenden Friedensreiches — wie manche Forscher meinen: in der Hoffnung auf Augustus und sein Haus. Als Augustus 29 v. Chr. nach beendigtem Bürgerkrieg nach Rom zurückkehrte, war seine erste Handlung, auf Anordnung des Senats den Janustempel, den Tempel des Kriegsgottes, zu schließen. Im Jahre 17 weckte er einen vergessenen Brauch auf und veranstaltete eine Säcularfeier, mit der das alte saeculum begraben und ein neues Zeitalter des Heils heraufgeführt werden sollte. Im Jahre 13 wurde die ara pacis Augustae gestiftet und im Jahre 9 geweiht.

Aus allen Teilen des Reiches klingt das Lob dessen, der nach langen Zeiten des Schreckens der Welt Ruhe, Wohlstand und die Segnungen des Friedens zurückgegeben hatte. Der Dank für den Frieden des Augustus war allgemein.

Aber dieser Friede war teuer und er war ständig bedroht — zur Zeit des Augustus und zu der Zeit, da etwa zwei Generationen nach dem Tode des Augustus unsere Erzählung aufgezeichnet wurde. Ringsum an den Grenzen standen die römischen Heere in ständiger Wachsamkeit und in hier und dort stets neu aufflammenden Kämpfen. Der Erzähler blickt vermutlich auch bereits auf den blutigen jüdischen Krieg und die Zerstörung Jerusalems zurück. Der Friede beruhte auf der Macht der römischen Waffen, auf der Abschreckung der inneren und äußeren Gegner. Man bezahlte für ihn mit Freiheit und mit Geld und war seiner doch nie sicher. Nicht mit ‚großer Freude', nur mit bangem Herzen und vager

---

[3] Vgl. schon *Hippolyt,* in Dan IV 9.

Hoffnung konnte die ‚Ökumene' die pax romana loben, die im Zeichen des Census steht, der Eskalation der Rüstung und des Drucks auf Minderheiten.

Breite Ströme zeitgenössischer Frömmigkeit, z. B. die Apokalyptik, die Gnosis und die Mysterienkulte, waren weit davon entfernt, in dieser pax romana die Zeichen des göttlichen Heils zu sehen. Sie verkündigten das Gericht Gottes über das stolze, hochnackige Rom und sagten die kommende Revolution an, die angeblich den wahren Frieden bringen werde.

Doch ist es nicht nur und nicht einmal vor allem die *Fragwürdigkeit* des augusteischen Friedens, die unseren Erzähler veranlaßt, den durch das Kind in der Krippe *schon* geschenkten wahren Frieden auszurufen. Das Problem liegt für ihn tiefer. Der Engel verkündigt den Hirten: ‚Heute ist euch der Heiland geboren, welcher ist Christus der Herr, in der Stadt Davids.' Dibelius hat die Erläuterung ὅς ἐστιν Χριστὸς κύριος als lukanischen Zusatz ausgeschieden. In der Tat erscheint eine solche Glossierung als Stilbruch, und die asyndetische Zusammenstellung der beiden christologischen Titel Χριστός und κύριος ist zumindest ungewöhnlich. In V. 9 und in V. 15 wird κύριος zudem als Bezeichnung Gottes verwendet, so daß die Verwendung des gleichen Terminus in V. 11 als Titulatur Jesu überrascht, weshalb manche Forscher in V. 11 ein ursprüngliches Χριστὸς κυρίου konjiziert haben: der ‚Christus des Herrn', wie wir in 2,26 lesen. Indessen wäre die Erklärung des Titels σωτήρ auch nur durch den Titel Χριστός bei unserem hellenistischen Erzähler so wenig motiviert, daß man am ehesten mit einer Erläuterung des Begriffs σωτήρ, der im Evangelium des Lukas als christologischer Hoheitstitel sonst nicht begegnet, durch den Evangelisten rechnen darf. Wie es sich damit aber auch verhält, der Engel legt den Ton jedenfalls auf den Titel σωτήρ: ‚Euch ist heute der *Heiland* geboren in der Stadt Davids.'

Zum Verständnis dieser Engelsbotschaft müssen wir nun einen bekannten, für unsere Erzählung aber meines Wissens noch nie hinreichend beachteten Text heranziehen. Vermutlich im Jahre 9 v. Chr., als in Rom die ara pacis geweiht wurde, beschließt der ‚Landtag' der asiatischen Griechenstädte, den Jahresanfang auf den Geburtstag des Augustus, den 23. September zu legen. In der entsprechenden Urkunde heißt es: Wäre dieser Tag nicht gekommen, der aller Welt (παντὶ τῷ κόσμῳ) ein neues Aussehen gegeben hat, so wäre die Welt dem Untergang verfallen. „Denn richtig urteilt, wer in diesem Geburtstag den Anfang des Lebens und aller Lebenskräfte für sich erkennt; nun endlich ist die Zeit vorbei, da man es bereuen mußte, geboren zu sein. Von keinem anderen Tag empfangen der einzelne und die Gesamtheit so viel Gutes wie von diesem allen gleich glücklichen Geburtstag ... Unmöglich ist es, in gebührender Weise Dank zu sagen für die so großen Wohltaten, welche dieser Tag gebracht hat ... Die Vorsehung, die über allem Leben waltet, hat den Augustus (Σεβαστόν) zum Heil der Menschen mit solchen Gaben geschmückt, daß sie ihn uns und den kommenden Geschlechtern als Heiland (σωτήρ) gesandt hat. Allem Krieg wird er ein Ende machen und alles herrlich ausgestalten. In der Erscheinung des Cäsars sind die Hoffnungen der Vorfahren erfüllt. Er hat nicht nur die früheren Wohltäter der Menschheit sämtlich übertroffen, sondern es ist auch unmöglich, daß je ein größerer käme. Der Geburtstag des Gottes hat für die Welt die an ihn (sc. den Geburtstag; vgl. die 4. Ekloge Virgils) sich knüpfenden Freudenbotschaften (εὐαγγελία) heraufgeführt..."[4]

Uns sind Teile von 4 Fassungen dieser Inschrift aus 4 kleinasiatischen Städten erhalten, nämlich aus Priene, Apameia, Eumeneia, Dorylaion. Auch in Pergamon wurde sie aufgestellt. Sie enthält den Antrag des Prokonsuls und den entsprechenden Beschluß des Landtages. Ein verwandter Text aus etwas späterer Zeit stammt aus Halikarnaß: „Da das ewige und unsterbliche Allwesen den Menschen das höchste Gut für überschwengliche Wohltat schenkte, uns das allerglücklichste Leben bringend, den Kaiser Augustus, den Vater seines Vaterlandes, des göttlichen Roms, den väterlichen Zeus und den Heiland des ganzen Menschengeschlechts, hat die Vorsehung die Gebete aller nicht nur erfüllt, sondern auch übertroffen. Erde und Meer nämlich kommen zum Frieden, Städte blühen in guter Ordnung, Eintracht und Glück; es ist die Zeit, in der alles Gute wächst und gedeiht, die schönsten Hoffnungen auf die Zukunft, die Heiterkeit im Blick auf die Gegenwart..."

Schon aus dem Jahre 48 stammt ein verwandter Beschluß der Hellenen, der auf einer Steintafel in Ephesus erhalten blieb und Cäsar „den von Ares und Aphrodite stammenden Gott" nennt, der auf Erden erschien, „den allgemeinen Heiland des menschlichen Lebens". Diese Inschriften enthalten alle wesentlichen Inhalte der Engelsbotschaft: Mit dem Geburtstag des göttlichen Kaisers, des θεός, beginnt für alle Welt

---

[4] Die Übersetzung im wesentlichen nach *A. v. Harnack*, Reden und Aufsätze I S. 301 ff. Vgl. im übrigen *E. Norden*, Die Geburt des Kindes, 1924, S. 157; *A. Deißmann*, Licht vom Osten 1923⁴ S. 313 ff.; *Dittenberger*, Orientis Graeci Inscriptiones Selectae II 458; *P. Wendland*, Die hellenistisch-römische Kultur, 1907, S. 87 ff.; *H. Lietzmann*, Der Weltheiland, in: Kleine Schriften I S. 25 ff.

die Erfüllung der Freudenbotschaften, die Wende zum Äon des ewigen Friedens, das Ende der Lebensfurcht. Augustus ist der Weltheiland, der die Hoffnungen und Weissagungen der Väter erfüllt; er bringt das eschatologische Heil, die große Freudenkundschaft.

Nachdem Cäsar im Jahre 42, also nach seinem Tode, als divus Julius unter die Staatsgötter aufgenommen worden war, nannte sich Augustus Divi filius, ein Titel, der im Orient in seiner griechischen Fassung υἱὸς θεοῦ sofort die weitestgehenden Assoziationen auslösen mußte. Augustus hat im Westen zwar jede Verehrung als Gott bzw. als Gottessohn abgelehnt, sie aber im Osten akzeptiert. σωτήρ war, wie schon in der Diadochenzeit, bevorzugter Titel für den göttlichen Herrscher. Augustus ließ es auch zu, daß überall in den östlichen Provinzen Tempel für ihn und die Göttin Roma errichtet wurden: er wollte zwar nur als Vertreter Roms geehrt werden, so aber ließ er sich die göttlichen Ehren durch die Hellenen gefallen, während sich zur gleichen Zeit im Westen der Kult seines Genius ausbreitete, der dem römischen Empfinden entsprach.

Welch feine Ironie liegt darin, daß der kaiserliche σωτὴρ τοῦ κόσμου Augustus in der Weihnachtsgeschichte als derjenige vorgestellt wird, der *für alle Welt* den drückenden Census befiehlt, und daß dieser großmächtige Befehl des Kaisers von Gott benutzt wird, in der Stadt Davids die Geburt des wahren Weltheilands zu veranstalten, also in jenem Winkel des römischen Reiches, über den die Nachfolger des Augustus, nämlich Vespasian und Titus, zur Zeit unseres Erzählers zu triumphieren meinten, nicht wissend, daß jenes Land und Volk längst *den* Heiland geboren hat, der in seiner himmlischen Hoheit auch die mächtigen Cäsaren zu seinen Werkzeugen machen kann.

Wir können an dieser Stelle nicht die direkten historischen und geographischen Beziehungen zwischen den genannten und verwandten Inschriften einerseits und dem lukanischen Werk bzw. der Weihnachtsgeschichte andererseits untersuchen. Ich kann hier nur meiner Überzeugung Ausdruck geben, daß Lukas sein Doppelwerk im Bereich des nordwestlichen Kleinasiens geschrieben hat, also dort, wo überall in den griechischen Städten jener den Geburtstag des Augustus betreffende Beschluß und verwandte Inschriften zu lesen waren und wo das Jahr mit dem Geburtstag des Kaisers am 23. September und dem Kaisarios genannten ersten Monat begann. Die enge Beziehung der Engelsbotschaft zu der asiatischen Geburtstagseloge auf Augustus läge indessen auch bei indirekter Beziehung beider Texte am Tage.

Unser Erzähler wendet sich nicht gegen den Friedenswunsch der Völker und gegen die ‚sozialethischen' Friedensbemühungen der Kaiser. Daß Josef und Maria sich aufmachen, dem kaiserlichen Gebot zu gehorchen, kann den Christen jener Zeit, die allem Zelotentum absagten, nur angemessen erschienen sein. Insofern ist es nicht völlig abwegig, wenn Bischof Melito aus der kleinasiatischen Stadt Sardes in seiner Apologie dem Kaiser Mark Aurel gegenüber in deutlicher Anspielung auf unsere Geschichte erklärt, daß die christliche Religion mit Augustus ihren Anfang genommen habe und zugleich mit dem römischen Reiche groß geworden sei und daß seit dieser Zeit auch dem römischen Reiche nichts Schlimmes widerfahren sei[5].

Aber damit wird die Intention unseres Erzählers dennoch gänzlich ignoriert, der sich polemisch gegen die politische Theologie wendet, die sich mit der Friedenspolitik der Kaiser verbindet.

‚Politische Theologie' ist ein antiker Fachausdruck. Varro unterscheidet, wie uns Augustin (de civitate Dei 6,5) überliefert, die politische Theologie von der ‚mythischen' der Dichter und der ‚physischen' der Philosophen und bezeichnet mit ihr die aus Gründen der Staatsräson oder der Gesellschaftsordnung benötigten theologischen Gedanken und Ordnungen.

Die zentrale, die οἰκουμένη verbindende politische Idee der frühen Kaiserzeit war der Gedanke des Weltfriedens, der durch die Vergöttlichung des Kaisers als des σωτὴρ τοῦ κόσμου theologisch überhöht wurde. Für diese politische Theologie fielen das Heil der Welt, die σωτηρία, und die pax Augusta zusammen. Damit wurde die kaiserliche Politik zur unmittelbar sinngebenden Macht des menschlichen Daseins, das angemessene politische Verhalten zum eschatologischen Tun, der Mensch, durch die Gestalt des Kaisers repräsentiert, zu seinem eigenen Erlöser. Wo immer die pax romana scheiterte, die Grenze blutig verteidigt werden mußte, nationale Aufstände ausbrachen, soziale Spannungen sich entluden und der politische Zwang sich zeigte, mit dem der Friede erkauft wurde, da scheiterte mehr als der Friede und als ein politisches Programm: da starb der Gott, da ging das Heil verloren, da verschwand der Sinn aus dem Dasein für Menschen, die politische Weisheit vergöttlichten.

Daß unser Erzähler die Fragwürdigkeit solcher politischen Heilserwartung aufdeckt, indem er die Gestalt des Weltheilands seines Nimbus entkleidet und ihn als jenen Autokraten in den Blick rückt, der für alle

---

[5] *Euseb*, KG IV 26,7 ff.

Welt den Census befiehlt, ist nur die vorläufige und vorbereitende Kritik, die insoweit von vielen Zeitgenossen ähnlich vorgebracht werden konnte.

Die eigentliche Kritik liegt in der Botschaft, daß der wirkliche σωτήρ, der ‚allem Volk' das Heil in Wahrheit bringt, in der Stadt Davids in einer Krippe geboren wurde: in einem abgelegenen Winkel des Reiches; in einem Dorf voller Hirten; von einfachen Menschen, die dem Befehl des Augustus folgen müssen; in einem Bauernhaus, das für den neugeborenen König nur eine Viehkrippe bereitstellen kann. Eine Winkelgeburt wird erzählt, mit der zwar — wir sind in Bethlehem — die Verheißungen der Propheten und die Hoffnungen der Väter erfüllt werden (Micha 5,1), die im übrigen aber allen göttlichen Glanzes entbehrt und niemand verleitet, von der irdischen Macht dieses Kindes Heil zu erwarten.

Bringt dies Kind das Heil in die Welt, so gehören das heilvolle ‚Fürchtet euch nicht' und die Ohnmacht des Menschen zusammen. Jochen Klepper hat dies in seinem Weihnachtslied richtig erfaßt:

‚Dein Urteilsspruch ist längst gefällt,
das Kreuz ist dir schon aufgestellt.'

Die theologia crucis des Paulus war in jener kleinasiatischen Landschaft, in der unsere Erzählung in der Generation nach dem Wirken des Apostels entstand, noch nicht in Vergessenheit geraten. Und das ‚Ärgernis des Kreuzes' zeigte sich ja auch bei Paulus bereits in der Geburt: Jesus, der Christus, ‚wurde geboren von einem Weibe' (Gal 4,4) und: ‚Er nahm Knechtgestalt an, wurde den Menschen gleich und an Gestalt wie ein Mensch erfunden' (Phil 2,7; Paulus ergänzt: ‚gehorsam bis zum Tode am Kreuz') und: ‚Gott sandte seinen Sohn in die Gestalt des sündlichen Fleisches' (Röm 8,3). Solche Bekenntnisse wurden gesprochen, als man von Augustus längst Legenden wie die erzählte, daß er als Säugling seine Wiege verlassen habe und auf einem hohen Turm gefunden wurde, das Gesicht der aufgehenden Sonne zugekehrt[6].

Eben darin ist das Kind in der Krippe der Heiland der Welt, daß die Hirten um seinetwillen, das heißt um der gnädigen Zuwendung Gottes zu dem *ohnmächtigen* Menschen willen, dem Gott in der Höhe die Ehre geben können: ‚Ehre sei Gott in der Höhe und Friede auf Erden', so singt der himmlische Chor, und diese Worte sind die entscheidenden Worte der Engelsbotschaft überhaupt.

---

[6] Vgl. *E. Norden,* aaO, S. 160.

Der Friede auf Erden kann nicht dort erwartet werden, wo dem Menschen göttliche Ehre dargebracht wird, sondern wo der Gott in der Höhe zu Ehren kommt. Das Heil für die Welt bleibt aus, wo sich der Mensch, und sei es der Kaiser, als Heiland auf den Thron Gottes setzt; aber es stellt sich ein, wo er im Wissen um seine eigene Ohnmacht dem Gott in der Höhe die Ehre gibt. Das Zeichen für die Hirten ist ein idyllischer Zug unserer Geschichte so wenig wie ein sozialkritischer Protest. Wie die Hirten auf dem Felde die alltäglichen Menschen sind, so symbolisiert die Krippe menschliches Wesen schlechthin, und die Geburt des Kindes im Stall weist auf die Niedrigkeit und Hinfälligkeit des Menschen überhaupt hin.

In diesem Sinne will die Krippe, das Erkennungszeichen für die Hirten, zugleich ein göttliches Zeichen für *alles* Volk sein: ‚Wer das Reich Gottes nicht empfängt wie ein Kind, wird nicht hineinkommen' (Mk 10,15). Wir sind Bettler: dies zu wissen ist unserer Erzählung zufolge die Bedingung des wahren Friedens.

Die politische Theologie des Imperium Romanum und mit ihr alle politische Theologie ist auf dem falschen Weg. Der Kaiser vermag zwar mit seiner politischen Vernunft und militärischen Gesinnung die Feinde von den Grenzen fernzuhalten, die Bürgerkriege zu beenden und den sozialen Ausgleich vorwärtszutreiben. Auch die Christen bitten zur Zeit des Lukas allerorten Gott, er möchte dem Kaiser und den Statthaltern solche Vernunft schenken, daß alle Menschen ein friedliches Leben führen können. Aber das Heil der Welt, der wahre Friede, wird nur in leere Hände gelegt, weil er höher ist als alle Vernunft, auch als die politische Vernunft. ‚Er ist unser Friede' heißt es deshalb in Eph. 2,14, wiederum in der Nachbildung der Sprache, mit der die kleinasiatischen Griechen den Kaiser verherrlichten.

Das bedeutet freilich, daß der Friede, den die himmlischen Heerscharen ausrufen, auch mit den idealen Vorstellungen der pax romana nicht identisch ist. Die pax romana ist Abwesenheit von Krieg als Bedingung ökonomischen und sozialen Fortschritts. Das Glück dieses Friedens kam über die Menschen wie zuvor das Unglück des Krieges. Es war von außen verordnet. Dieser Friede war eine bloß äußere Bedingung ihres Daseins und als solche des Friedens eigener Feind. Die pax romana war in einem die Ursache allgemeinen Wohlstands und der Nährboden von Pessimismus und Fatalismus. Die weltentsagenden dualistischen Religionen des Ostens breiteten sich gerade in den Wohlstandszentren des Reiches aus. Manifestiert sich die religiöse Wirklichkeit des Zeitalters in dem zum

Weltheiland erhobenen Kaiser, so begegnet der Mensch, will er des Göttlichen ansichtig werden, stets nur seinen eigenen politischen Möglichkeiten; wie sollte er dann *nicht* dem Pessimismus verfallen!

Denn politischer Friede auch in der in unserer Welt seither nicht wieder erreichten Vollkommenheit der pax romana ist eines, ‚Heil' ist ein anderes. Der Friede Gottes macht sich gerade nicht von den politischen Möglichkeiten und Unmöglichkeiten der Menschen abhängig. Er ist Friede auch inmitten des irdischen Unfriedens; er hält sich durch, wo den Menschen angesichts der Brüchigkeit, der Gefährdung, der Relativität, des Risikos und der Kosten des irdischen Friedens ein großer Schrecken anfällt. Der von den Engeln ausgerufene und durch das Kind in der Krippe gebrachte Friede macht die politischen Heilande zunichte, profaniert die Politik und verbietet, von unseren noch so moralischen und noch so erfolgreichen politischen Anstrengungen Heil zu erwarten.

Der Engel kann deshalb die große Freude ausrufen, weil er keinen kaiserlichen Frieden verordnet, sondern die göttliche Botschaft des Friedens ausruft. Joh. 14,27 ist insofern eine authentische Interpretation unserer Geschichte: ‚Meinen Frieden gebe ich euch. Ich gebe euch nicht, wie die Welt gibt. Euer Herz erschrecke nicht und fürchte sich nicht.' Das heißt gewiß nicht, daß dem von außen verordneten Frieden der bloß innere Friede entgegengesetzt wird. Aber wenn der auf dem Feld von Bethlehem verkündigte Friede der ‚Friede unter den Menschen des Wohlgefallens' ist, dann handelt es sich jedenfalls nicht um einen durch äußere Macht oder wissenschaftliche Erkenntnis objektiv fabrizierten und dem Weltkreis befohlenen, sondern um einen religiös und das heißt zugleich anthropologisch fundierten Frieden, um einen Frieden, der auf den dem unfriedlichen Menschen geschenkten Bedingungen des Friedens beruht.

Daß ἐν ἀνθρώποις εὐδοκίας tatsächlich vom Frieden unter den Menschen des (göttlichen) Wohlgefallens spricht, daß also Luthers Übersetzung ‚und den Menschen ein Wohlgefallen' ebenso unzutreffend ist wie die Übertragung der Vulgata, die von den ‚hominibus bonae voluntatis' redet, steht fest, seit durch die Loblieder von Qumran eindeutige Parallelen zu der strittigen Formulierung bekannt geworden sind, die zugleich eine enge prädestinatianische Füllung dieser Formel unwahrscheinlich machen. Die ‚Kinder seines Wohlgefallens' sind die Frommen, die ‚Heiligen', auf denen Gottes Wohlgefallen ruht, weil sie, wie die himmlischen Heerscharen sagen, Gott die Ehre geben. Die Bedingung des wahren Friedens ist also, daß der Mensch Gott die Ehre gibt. Ja, es ist dieser

Friede selbst, daß der Mensch Gott die Ehre gibt, weil er dadurch aus dem tödlichen Zwang befreit wird, in allem, was er tut, letztlich sich selbst bestätigen, seine Gerechtigkeit aufrichten, seine Ehre suchen zu müssen.

Dieser Friede erlaubt den Mächtigen, die untragbare Verantwortung für den Frieden dieser Welt zu tragen, weil sie sich selbst und die Welt noch im Scheitern in Gottes Frieden geborgen wissen. Er erlaubt den Ohnmächtigen, die unvermeidlichen Lasten des stets unvollkommenen irdischen Friedens in Geduld zu tragen, weil Gottes Wohlgefallen ihnen ewigen Frieden schenkt. Er erlaubt uns allen, den politischen Frieden hochzuschätzen, ohne ihn mit dem Heil Gottes zu verwechseln, ihn politisch zu erstreben, ohne ihn theologisch zu überhöhen, und auch im Unfrieden dieser friedlosen Welt vom Frieden Gottes umfangen zu bleiben.

Dann gilt freilich von diesem Frieden, was Luther zufolge für alle Verheißungen Gottes „unüberwindlich fest" steht: „Wo göttliche Verheißung ist, da steht jeder einzelne für sich allein, sein Glaube wird verlangt, jeder soll für sich Rechenschaft geben und seine Last tragen."[7] In diesem Sinne ist der Glaube in einem die anthropologische Bedingung für den hier verkündigten Frieden und dieser Friede selbst, der, wie es rechtem Glauben entspricht, nicht ein Friede jenseits der Welt und jenseits des Heute, sondern, wie die Engel singen, ein ‚Friede auf Erden' ist, also ein Friede auch in den unfriedlichen Strukturen dieser Welt und trotz des von Augustus verordneten Census.

Die pax romana war auch der Wunsch der Christen. Indem diese den Kriegsdienst verweigerten, richteten sie ein Zeichen dessen auf, daß sie sich in der Sorge um den irdischen Frieden von niemandem übertreffen lassen wollten. Die Kraft beispielhaft gelebter Bruderschaft bedeutete für den Erfolg ihrer Mission nicht weniger als das verkündigte Wort.

Aber auch diese vernünftigen Taten des Friedens waren Ausdruck des Friedens, der höher ist als alle Vernunft, des ‚Friedens ohne Ende auf dem Thron Davids' (Jes 9,6), des eschatologischen und insofern umfassenden Friedens, der sich dort ‚auf Erden' zeigt, wo der Mensch dem ‚Gott in der Höhe' die Ehre gibt, weil er ‚in der Kraft Seiner Stärke' und der ‚Fülle Seines Erbarmens über alle Kinder Seines Wohlgefallens' (על כול בני רצונו) erkennt, ‚daß bei dem Menschen keine Gerechtigkeit ist', wie es in den ‚Lobliedern' heißt, die Bedingungen des Friedens, den unsere Geschichte verkündigt, beschreibend[8].

---

[7] WA 6, 521,19 ff.
[8] 1 QH 4,30 ff.

Die Aktualität unseres Textes liegt am Tage.

Der Mensch auf dem Thron Gottes, der Mensch als ‚Herr', der Herrenmensch wird seines Nimbus entkleidet. Der Mensch, der Gott getötet hat, wird selbst getötet, damit er aus Gott leben kann.

Dazu greift unser Erzähler diesen Menschen nicht an einer schwachen Stelle an, sondern an seiner stärksten: er sieht ihn in dem allerorten gepriesenen Kaiser verkörpert, der den Traum der Menschheit wahrgemacht hat und der Ökumene Frieden schenkte, so daß die Mauern der Städte zerfallen, Wohlstand und Kultur, Bildung und Harmonie gedeihen.

Unser Erzähler sieht auch in diesen revolutionär veränderten Strukturen der Welt die Strukturen der alten, der heillosen Welt. Er läßt die Humanisierung nicht als Heil gelten. Er verwehrt dem Menschen, den Sinn seines Daseins in seiner Aktivität, in seiner Leistung zu suchen, sei diese auch so human, so moralisch und so erfolgreich, daß sie den einzigartigen Zustand der pax Augusta schaffen konnte. Er vermag die Humanität und das Humanum nicht zu vergöttlichen; er verwechselt die Ethik, auch die politische Ethik, nicht mit der Theologie.

Die einmalige Quantität des erfreulich Guten, der einzigartige Wohlstand der Welt, schlägt für ihn nicht um in die Qualität des Heils.

Auch wenn die Hoffnungen und Erwartungen seiner Zeitgenossen in Erfüllung gegangen wären und die pax romana sich zum immerwährenden Frieden entwickelt hätte, wie er in den Utopien von Virgil bis Marx Ausdruck findet, bliebe der weihnachtliche Protest unseres Erzählers erhalten.

Denn er sieht den Sinn des menschlichen Daseins in dem Nicht-Machbaren, in der Gnade Gottes, die dem Menschen erlaubt, als Empfangender zu leben, im Scheitern seiner Werke doch selbst nicht zu scheitern, auch als Irrender in der Wahrheit zu bleiben.

Er weiß, daß der Mensch sich in den machbaren Sinn von Welt und Dasein als in ein selbstgebautes Gefängnis einschließt, das ihn so wenig freigibt wie die Schlinge den Vogel, und *öffnet* deshalb den Menschen*kindern* mit dem Kind in der Krippe die unverfügbare Zukunft Gottes. Er läßt ihn hoffen auch jenseits des Höchsten, was er von sich erhoffen kann. Er erlaubt ihm, *Mensch* zu sein und Gott die Ehre zu geben.

Die Hirten, die Bewohner jener Gegend, machen sich, als sie diese himmlische Botschaft empfangen haben, eilends auf den Weg, um zu erkunden, ob es sich so verhielte, wie zu ihnen gesagt war, und sie finden die Verkündigung des Engels und seines himmlischen Hofstaates bestätigt. Das heißt aber, da ja das Zeichen der Krippe ein Zeichen für die *Welt* ist und die Hirten die Repräsentanten ‚allen Volkes' sind, dem die große Freude zugedacht ist: sie finden bestätigt, daß dem Kind zu huldigen den wahren Frieden bringt, weil diese Huldigung Absage bedeutet an den verzweifelten Wahn des Menschen, *er* sei der Heilbringer, ein Wahn, der in der ironisierenden Darstellung des Weltheilands Augustus, der aller Welt den Census auferlegt, sinnfällig demonstriert wird. So kehren denn die Hirten mit dem erfahrenen Frieden als Menschen des Wohlgefallens in ihre Welt zurück — Friede auf Erden! —, indem sie Gott loben und preisen für alles, was sie gesehen und gehört hatten, καθὼς ἐλαλήθη πρὸς αὐτούς.

Dies ‚wie es zu ihnen gesagt war' des Chorschlusses klappert merkwürdig nach, nicht aus Ungeschick des begabten Erzählers, sondern als ein geschickter, für den Leser bestimmter abschließender Hinweis auf den Kern der Geschichte, die himmlische Botschaft. Der *Leser* also, dem sich der Chorschluß zuwendet, soll sich diese Botschaft gesagt sein lassen. Er soll mit den Hirten gehen, die alltäglichen Menschen heute mit den alltäglichen Menschen damals, das *Gehörte* auf die ihm innewohnende Wahrheit hin zu erproben, um, wenn sie sich dabei selbst als Menschen des göttlichen Wohlgefallens erfahren, in ihren Alltag zurückzukehren als Boten und Zeugen des Friedens.

TEXTVERSTÄNDNIS, TEXTBEGRIFF UND TEXTTHEORIE

GERD SCHUNACK

Die Hermeneutik von Ernst Fuchs setzt mit der Frage nach dem Text oder besser: bei der hermeneutischen Erfahrung mit neutestamentlichen Texten ein[1]. Sie begründet sich nicht, indem vorgängig existentiale Strukturen des Verstehens im Horizont der Frage nach dem Sinn von Sein entworfen werden, um daraufhin die Texte existential (und struktural) zu interpretieren. Gleichwohl läßt sich diese ‚Sprachlehre des Glaubens' als Hermeneutik des Daseins auf die fundamentale, ‚allgemeine' Aufgabe der Hermeneutik, auf die Frage nach der Existentialität und Sozialität, nach der Sprachlichkeit und Kommunikabilität der Existenz ein. Sie tut dies im Geleit der konkreten, in Wahrheit zeitgemäßen ‚Wo-Frage', z. B. der Frage, wo ein Mensch von sich selbst zu sich selbst befreit wird. Für diese ‚neue' Hermeneutik haben die biblischen Texte konstitutive, doch nicht dogmatische Bedeutung. Sie veranlassen hermeneutische Reflexion nicht nur, weil sie exegetische Probleme aufwerfen; die Texte sind selbst entschieden und kritisch-unterscheidend an der konkreten, geschichtlichen Beantwortung der ‚Wo-Frage' beteiligt. In diesen Texten ist — mehr oder weniger entschieden deutlich — eine Unterscheidung *in* der geschichtlichen Existenz zwischen dem neuen „Text der Offenbarung"[2] und dem alten Text der sich selbst behauptenden Existenz geboten. Dieser „Text der Offenbarung" ist hermeneutisch noch nicht begriffen, wenn er in irgendeiner Weise mit den biblischen Texten als Dokumenten oder Quellen einer Nachricht gleichgesetzt wird. Als Antwort darauf, „daß Gott sich selbst in Jesus Christus als Ja zum Menschen ausgesprochen hat", ist der im Namen Jesu Christi verkündigte „freie Mensch selbst als Text der Offenbarung" zu verstehen[3]. Entscheidend ist deshalb für

---

[1] Vgl. Hermeneutik (Tübingen ⁴1970), 3 ff.
[2] *E. Fuchs*, aaO, 10.   [3] Ebda.

die daran beteiligten Texte und somit auch für die ‚neue' Hermeneutik, daß diese Texte „Gottes Ja zum Menschen als Gottes Wort in dem Sein Gottes für den Menschen *ausschließlich ‚am' Menschen*" explizieren[4]. So ist der konkrete geschichtliche Mensch sich — um Christi willen — durch den Text entzogen, weil er sich im Text finden kann als der neue Mensch, an dem sich Gott selbst ausgelegt hat.

Theologie ist an ihre Texte gebunden. Denn sie erreicht ihr Thema und ihre Sache durch diese Texte und konstituiert ihre wissenschaftliche Sachlichkeit, indem sie sich auf die in diesen Texten gebotene Sache bezieht. Diese Sache ist, kurz zu sagen versucht, Gott als unsere (eschatologische) Alternative. Konkret heißt dies, daß Gott Liebe ist, die sich menschlichem Lieben im Wort des Glaubens erschließt und verheißt.

Es steht sicherlich im Zusammenhang mit der kritischen Reflexion auf Thema und Sache der Theologie, daß gegenwärtig intensiv nach dem ‚hermeneutischen Horizont der historisch-kritischen Exegese'[5], nach den Prinzipien historischer Interpretation von Texten, nach der Bedeutung und ‚Relevanz' der Exegese gefragt wird. Die Warnung vor einem ‚Textfetischismus' verbindet sich mit einer ideologiekritischen Beurteilung der Autorität des Textes in emanzipatorischer Absicht[6]. Es wird Ausschau gehalten nach einem „neuen integrierenden Ansatz für eine umfassende Geschichtskonzeption (oder) wenigstens einem integrierenden Ansatz für eine maßgebende Anthropologie als Element solcher Geschichtsschau"[7].

Die Beschwörungsformel aktueller Textbehandlung ist die Frage nach der Relevanz. Allerdings wird man einen Menschen kaum im guten kennenlernen, wenn man ihm mit der Frage entgegentritt: ‚Sind Sie relevant?' Gilt Analoges auch für die Begegnung mit und für das ‚Vernehmen' von Texten? Die Frage zielt darauf, ob Texte mehr sind als Lieferanten von Daten, Fakten, Befunden und Informationen, die bei einer bestimmten Problemstellung erforderlich und für ein adäquates Problemlösungsverhalten nützlich sind. Mit anderen Worten: Sind Texte am Leben selbst und an dessen Aporien so beteiligt, daß ihnen eine dem Leben entsprechende und es vielleicht sogar bewegende Lebendigkeit zukommt? Die Frage wird, so allgemein gestellt, kaum zu verneinen sein. Das be-

---

[4] AaO, 10 f.

[5] Vgl. *K. Lehmann*, Der hermeneutische Horizont der historisch-kritischen Exegese: Einführung in die Methoden der biblischen Exegese (Würzburg 1971), S. 40—80.

[6] Vgl. *D. Sölle*, Politische Theologie. Auseinandersetzung mit Rudolf Bultmann (Stuttgart 1971), S. 19 ff.

[7] *P. Stuhlmacher*, Neues Testament und Hermeneutik: ZThK 68, S. 144.

weist per nefas schon die Relevanzfrage, mit der man sich bestimmter Texte und ihres autoritären Anspruchs erwehren will. Die Frage soll hier auch nicht in dieser Allgemeinheit erörtert werden; sie soll konzentriert werden auf die Bedeutung der biblischen Texte. Darunter ist zunächst so etwas wie die Lebendigkeit, Sprachkraft und Autorität dieser Texte zu verstehen; erst daraufhin kann sinnvollerweise nach deren Relevanz als Faktoren und Komponenten eines (geschichtlichen) Systems oder Verhaltens gefragt werden. Natürlich ist diese Unterordnung der Relevanzfrage durch das Vorverständnis geleitet, daß sich in diesen Texten Gott am Menschen expliziert. Die quasi-wissenschaftstheoretische Basis der folgenden Überlegungen ist denn auch die hermeneutische Erfahrung mit den biblischen Texten.

Theologische Hermeneutik kann schon bei der Erörterung der hermeneutischen Situation und der die Interpretation leitenden Frage[8] nicht von der hermeneutischen Erfahrung mit den neutestamentlichen Texten absehen. Eben in dieser Hinsicht ist sie theologische Hermeneutik.

E. Fuchs bezeichnet als die Aufgabe einer solchen ‚neuen', an der hermeneutischen Erfahrung mit den Texten orientierten und um dieser Texte willen ‚existentialen' Hermeneutik, „den Text ... aus einer Quelle der Tradition wieder zum Text der Verkündigung zu machen", „den Text wieder als Text der Verkündigung (Gen. *und* Dat.) zurück(zu)gewinnen"[9]. Es geht mir im folgenden um den Versuch, in der Auseinandersetzung mit dem für die historisch-kritische Methode maßgeblichen Textbegriff einerseits, grundlegenden Aspekten linguistischer Texttheorien andererseits hermeneutische Kriterien eines theologischen Textverständnisses zu gewinnen.

I.

1. Es mag nützlich sein, sich durch die Bedeutung des lat ‚textus' daran erinnern zu lassen, in welche hermeneutische Situation ein ‚Text' gehört. ‚textum' bzw. seit Lukrez ‚textus' ist das Gewebe, die Zusammenfügung, der Zusammenhang, v. a. der Zusammenhang und deshalb der Inhalt und das Thema der Rede[10]. Die sinnvolle, treffliche und zusammenhän-

---

[8] Vgl. dazu auch *Stuhlmacher*, aaO, 149, in der Aufnahme einer Äußerung C. F. v. Weizsäckers.
[9] Jesus, Wort und Tat (Tübingen 1971), 139 f.
[10] Vgl. Latin Dictionary, ed. Ch. T. Lewis/Ch. Short, Oxford 1966, s. v.; *A. Walde/*

gende Darlegung von Sachverhalten, Taten oder Geschehnissen bildet einen Text[11]; nach Abschweifungen, Erläuterungen usw. wieder zum Thema zu kommen, ist eine Rückkehr zum Text[12]. Der Text ist das, was der Rede voraus- oder zugrunde liegt, aber so, daß dies erst in der Rede, als Text oder Wortlaut der Rede zur Sprache kommt. Zweierlei ist bemerkenswert: (1) Die Rede ist Text, weil sie durch einen Sachzusammenhang bestimmt ist, der ihren Inhalt und ihr Thema ausmacht. (2) Der Text macht die Rede sachgemäß und verbindlich, er verleiht ihr Zusammenhang und setzt sie der Öffentlichkeit aus.

Die hermeneutische Situation des Textes ist die Rede, meist eine öffentliche Rede über eine Menschen gemeinsame und sie verbindende Sache. Ist die Rede gehalten, so kommt es auf deren Text als den genauen Wortlaut an. Dieser Wortlaut ist nun verbindlich. Damit kommt das Moment in den Blick, das nun vor allem den Begriff des Textes bestimmt: der zeitliche und situative Abstand zum Ereignis der Rede macht deren Text oder Wortlaut verbindlich, sofern der Sachzusammenhang, der den Text der Rede ausmachte, erneut zur Sprache kommt. Das wird in der hermeneutischen Situation sichtbar, wo im besonderen Texte, und zwar meist in schriftlicher Form, relevant sind: in der Situation der Rechtsprechung. Der Gesetzeswortlaut, der Text des Gesetzes ist ‚scriptum'; die vorgängig vorliegende Schriftlichkeit dieses ‚Textes' dokumentiert dessen Verbindlichkeit und Autorität. Gleichwohl bedarf dieser Text um seiner Bedeutung willen der Auslegung; doch gehört die Interpretation des Gesetzestextes in der Anwendung auf einen bestimmten Fall zu der bereits vom Text intendierten Verstehenssituation.

Es ist von Interesse, sich kurz der bei H. Lausberg[13] angeführten hermeneutischen Gesichtspunkte zur Interpretation von Gesetzestexten zu versichern, zumal da Lausberg diese ‚juristische' Hermeneutik zum Modell der Interpretation und Kritik sowohl von Sprachkunstwerken als

---

J. B. Hofmann, Lateinisches etymologisches Wörterbuch (Heidelberg ³1954), II, s. v. — Interessant ist, daß bei Lukrez ‚texta', ‚textus', ‚textura' das unterschiedlich dichte, feine etc. Gewebe, den Zusammenhalt, die Struktur der Dinge selbst (Erde, Himmel, Meer; Eisen; Seele; Bilder) meint; vgl. I 247, III 209, IV 158. 196. 657. 728. 743, V 94, VI 351. 776. 1054, 1084.

[11] Vgl. Quint. 9,4,13; 9,4,17; 8,6,57?; Ammian. Marcell. 27,12,11 (hoc comperto textu gestorum, Sapor ... efferatus); 27,12,18 (textus foederum).

[12] Ammian. Marcell. 14,6,26 (ergo redeundum ad textum); vgl. ferner 15,5,4; 15,7,6; 15,8,1; 22,15,8.

[13] Handbuch der literarischen Rhetorik (München 1960), I. II.

auch von Sprechakten macht[14]. Die Bedeutung des Wortlauts ist die vis verbi bzw. verborum; deren entscheidende Komponente ist jedoch „die dem Wortlaut des Gesetzes vom Gesetzgeber... beigegebene (intendierte) Bedeutung", die voluntas (§ 115). Auf diesen ‚Textwillen', also den im Gesetzestext, aber auch in Testamenten, Verträgen usw. manifest werdenden Willen des ‚Autors' kommt es bei der Interpretation an. Die in den Blick gefaßte hermeneutische Situation, die Rechtsprechung, ist insgesamt durch zwei, nur abstrakt zu trennende Komponenten charakterisiert: (1) die Beurteilung einer Handlung, eines factum, auf Grund des Gesetzestextes (genus rationale); (2) die Beurteilung des Gesetzestextes anläßlich eines vorliegenden factum (genus legale). Im ersten Fall ergeben sich keine nennenswerten Interpretationsprobleme, weil die Tat, das factum, sozusagen für sich selbst spricht oder besser: im Licht des Gesetzestextes ausgelegt ist. Im zweiten Fall muß der Gesetzestext ausgelegt und möglicherweise kritisch interpretiert werden, weil sich die Entsprechung des Textes zur gegenwärtigen Situation, die Anwendung auf den vorliegenden Fall trotz der Verbindlichkeit und Autorität des Textes (Gesetz, Testament usw.) nicht von selbst versteht. Nun muß ausdrücklich nach der voluntas des Autors gefragt werden, und zwar unter der hermeneutischen Voraussetzung, daß die voluntas mit der aequitas übereinstimmt. Das Vorverständnis auf seiten des Interpreten und Kritikers ist der Sinn für die aequitas als normative Voraussetzung der Interpretation. Der Konflikt, der zwischen dem scriptum, dem linguistisch zugänglichen Gesetzestext und der durch den Sinn für die aequitas erschlossenen voluntas des Textes aufbricht, muß in einem Streit entschieden werden, der vor dem Richter stattfindet und durch ihn zu einer kritischen Interpretation des Gesetzestextes führt. Zwei Dinge sind also auseinanderzuhalten: (1) die Anwendung des Textes im Urteil (verba sententiae) über eine dem Text entsprechende Sache, d. h. wenn das scriptum apertum ist; (2) die kritische Interpretation des Textes auf dessen voluntas hin, wenn das scriptum sich anläßlich einer konkreten Sache als obscurum oder ambiguum erweist. In beiden Fällen wird der Text in einem Urteil zur Sprache gebracht; im letzteren Fall aber so, daß der Text auf Grund einer für das Verstehen vorausgesetzten ‚Norm' präzisiert, ergänzt oder ‚historisch-kritisch' interpretiert, d. h. als historisch-soziales Phänomen verstanden wird.

Wie sehr dieses Modell der juristischen Interpretation von Texten den

---

[14] Vgl. aaO, I, §§ 115 ff. 198 ff.

Begriff und die Auslegung der biblischen Texte beeinflußt hat, zeigt Tertullians ‚juristische' Hermeneutik, vor allem dessen Tendenz, angesichts der Ambiguität der Texte auf die ‚regula fidei' als Interpretationsnorm zu rekurrieren[15]. Freilich hat man sich vor verallgemeinernden Schlüssen zu hüten. Bemerkenswert ist jedoch, daß der Begriff des Textes nunmehr deutlich durch die Relation zum Kommentar, zur Glosse, zur kritischen Interpretation bestimmt ist[16]. Der Text hat als scriptum um des zeitlichen und situativen Abstands willen *relative Autorität*.

2. H. G. Gadamer betont, „daß die Hermeneutik ursprünglich und vor allem das Verstehen von Texten zur Aufgabe hatte"[17]. Texte sind wie selbstverständlich schriftlich überlieferte Texte[18]. Ihre Schriftlichkeit dokumentiert jedenfalls, daß sie höheren Ranges und höherer Bedeutung sind, als dies allgemein für Überreste aus der Vergangenheit gilt. Die Lebendigkeit und relative Autorität von Texten erscheint zunächst in deren Überlieferung. Doch um der Lebendigkeit und Autorität, d. h. um der geschichtlichen Bedeutung der Texte willen bedarf die Überlieferung der Interpretation in Kommentaren, Anmerkungen, Glossen, systematischen Auszügen usw. Die Tradition entfremdet sich die Texte, diese entziehen sich der Überlieferung und machen sich auf befremdende Weise gegen die Tradition geltend, wo es fast nur noch die Überlieferung und die sie tragende Autorität ist, die den Texten Leben, Sprachkraft und Autorität verleiht.

Diese veränderte hermeneutische Erfahrung mit Texten verdichtete sich in einem neuen Begriff des Textes: dessen Charakter als scriptum und lex tritt zurück hinter einer Erfahrung des Textes als fons, als Quelle von Wahrheit. In diesem mit dem Humanismus der Renaissance aufkommenden Textbegriff wird neuplatonisch-plotinisches Wahrheitsverständnis erneuert[19]; im Text, d. h. in bestimmten klassischen Texten, erscheint Wahrheit in ursprünglicher Weise. Der Text wird Thema und

---

[15] Vgl. dazu O. *Kuss,* Zur Hermeneutik Tertullians: Schriftauslegung (1972), 55—87.

[16] Vgl. insbesondere A. *Blaise,* Dictionnaire Latin-Français des Auteurs Chrétiennes (Strasbourg 1954), s. v.

[17] Wahrheit und Methode. Grundzüge einer philosophischen Hermeneutik (Tübingen 1960), 369.

[18] „In der Schriftlichkeit gewinnt die Sprache ihre wahre Geistigkeit, denn der schriftlichen Überlieferung gegenüber ist das verstehende Bewußtsein in seine volle Souveränität gelangt. Es hängt in seinem Sein von nichts ab" — erklärt Gadamer aaO, 368.

[19] Vgl. *Gadamer,* aaO, 400. 474.

Gegenstand philosophischer Philologie. Prämisse ist, daß die Texte die Tradition übertreffen. Eingelöst und verifiziert wird diese Hinwendung zum Text als einem Ort ursprünglicher Wahrheitserfahrung in einer durch historische Kritik der Überlieferung ermöglichten philologischen und philosophischen, vom klassisch-antiken Vorbild geleiteten Interpretation. Uneingestandene und unreflektierte Verstehensvoraussetzung ist ein ästhetisch-ethisches Verhältnis zum Text; er ist klassisches Vorbild einer vom Interpreten selbst zu gestaltenden authentischen Wirklichkeitserfahrung.

Sobald der Ort ursprünglicher Wahrheitserkenntnis und authentischer Wirklichkeitserfahrung eher im ‚Buch der Natur' (Galilei)[20] und im Licht der Vernunft aufgesucht wird, konstituieren Texte ein ausdrücklich historisch-kritisches Interesse und werden vorwiegend Gegenstand historisch-kritischer Interpretation, ohne daß dadurch die philologische, am ethisch-ästhetischen Wert des Textes selbst orientierte Interpretation sogleich verdrängt würde. Doch ist eine Veränderung der Perspektive und damit ein Wandel im Begriff des Textes wie der Verstehenssituation unverkennbar. Gadamer macht auf diesen Unterschied zwischen dem philologischen und dem historischen Interesse an Texten aufmerksam und hebt hervor, daß der Historiker den Text als Ausdruck und Zeugnis einer Wirklichkeit begreife, die durch den Text unausdrücklich oder gar nicht angesprochen wird und also eigentlich ‚hinter' dem Text aufzusuchen ist, während der Philologe (im Historiker) den gegebenen Text zu verstehen suche und dessen Intention folge[21].

---

[20] Vgl. dazu *J. Mittelstrass*, Neuzeit und Aufklärung. Studien zur Entstehung der neuzeitlichen Wissenschaft und Philosophie (Berlin/New York 1970), 201. 312 f.; *E. R. Curtius*, Europäische Literatur und lateinisches Mittelalter (Berlin 1961³), 323 ff. (zur Buchmetapher).

[21] Der Historiker „befragt seinen Text ... auf etwas hin, was der Text von sich aus nicht hergeben will"; „für den Historiker (gilt) grundsätzlich, daß die Überlieferung in einem anderen Sinne zu interpretieren ist, als die Texte von sich aus verlangen". (Wahrheit und Methode 318. 319) Gadamer meint zwar, letzten Endes „eine innere Einheit von Philologie und Historie" erweisen zu können (323), weil die Weltgeschichte als großer Text eines Sinnes zu begreifen sei, der sich im wirkungsgeschichtlichen Bewußtsein eröffne, so daß historisches Verstehen „sich als eine Art Philologie im großen" erweise (322). Doch scheint diese Ansicht nur vertretbar zu sein, wenn das Wesen der Sprache in der Sphäre der „Idealität des Sinnes" (370) erfahren, und Texte darum, auf ihre Schriftlichkeit gleichsam fixiert, zu Bei-Spielen sinnvoller Horizontverschmelzung werden. Aber diese wenn auch nur virtuell universalgeschichtliche Sinndeutung unterwirft zumindest neutestamentliche Texte einer historischen Interpretation sozusagen *zweiten* Grades. Die Unterscheidung zwischen dem eschatologi-

3. Gemeinsam ist philologischer wie historischer Interpretation trotz der sich differenzierenden Verstehensvoraussetzung, daß der Interpret sich in die Situation des ursprünglichen Adressaten oder Lesers zu versetzen sucht. Gefragt wird nach dem ‚sensus litteralis historicus'. „Wenn du die Bücher des Neuen Testaments ganz und gar verstehen willst, versetze dich in die Person derer, denen sie zuerst von den Aposteln zum Lesen gegeben worden sind. Versetze dich im Geiste in jene Zeit und jene Gegend, wo sie zuerst gelesen wurden."[22] Welche Textauffassung und welches produktive hermeneutische Vorurteil korrespondiert dieser Fragestellung? Ich orientiere mich zunächst an J. S. Semler, dem Begründer historisch-kritischer Exegese[23]. Semler kämpft um der richtigen und lauteren Offenbarungserkenntnis willen gegen eine „theologische Metaphysik", die nicht nur den Text der heiligen Schrift als Arsenal von ‚dicta probantia' betrachtet, sondern die Exegese der Dogmatik unterordnet. Es ist die klar erkannte Aufgabe der Hermeneutik, deren „gründliche Erkenntnis ... die erheblichste Wissenschaft für einen Theologen" ist[24], die Begründung der den biblischen Texten entsprechenden und diese erreichenden Exegese zu liefern. Bestimmend wird hierbei die authentische Autorität der Texte im Sinne der Intention ihrer Urheber. „Die Heiligen Schriftsteller müssen allein Herren und Meister davon sein, was sie wirklich gemeint haben."[25] Diese ursprüngliche, auf das Verstehen der ersten Leser zielende Intention zu erkennen, heißt historische Textinterpretation.

Es scheint mir von Bedeutung, das in dieser Textauffassung waltende hermeneutische Vorurteil nicht zu übersehen; die Texte geben zu verstehen, was ihre Verfasser historisch *wirklich gemeint* haben. Das Gesagte

---

schen Ereignis und der (dadurch) präzisierten geschichtlichen Situation, eine Unterscheidung, an der die Texte mehr oder weniger entschieden beteiligt sind, kann gerade nicht im Sinne einer temporalen Differenz zwischen Tradition und Gegenwart begriffen, und die Sache der Texte darum nicht in einer Verschmelzung des Sinn-Horizonts, der Welt des Textes, mit gegenwärtiger Sinnerfahrung aufgenommen werden. ‚Welt' ist kein sachgemäßer Verstehenshorizont der neutestamentlichen Texte, auch nicht eine sog. Welt Gottes oder etwa eine apokalyptisch extrapolierte Welt.

[22] *J. J. Wettstein;* zit. nach W. G. *Kümmel,* Das Neue Testament. Geschichte der Erforschung seiner Probleme (1958), 54.

[23] Vgl. dazu auch G. *Hornig,* Die Anfänge der historisch-kritischen Theologie. Johann Salomo Semlers Schriftverständnis und seine Stellung zu Luther (Göttingen 1961).

[24] Anleitung, I. Anhang, 130 — zit. nach Hornig.

[25] Anleitung, 205.

ist auf das historisch Gemeinte hin zu interpretieren[26]. Bestärkt und befördert wurde nach Semler dieses Textverständnis durch die Einsicht, daß die heilige Schrift kein ‚totum homogenum', sondern ein ‚totum historicum' ist, und nicht zuletzt auch durch „die Kenntnis der Geschichte des Textes und der varianten Lesarten", die die „spätere lateinische Theorie von einer wörtlichen Inspiration ganz und gar unbrauchbar macht"[27]. Das Historische am Text erschließt sich, indem der Sprachgebrauch der Bibel und die historischen Umstände einer biblischen Rede erforscht werden[28]. Die Sache des Textes, die Mitteilung des Wortes Gottes in der Historie Jesu Christi, erscheint in der Akkomodation an die zeitgeschichtlichen Bedingungen des Verstehens; Semler unterschied deshalb zwischen der „*historischen* Auslegung, die wirklich in jene Zeiten des ersten Jahrhunderts, als *damaliger* Inhalt und Umfang der Vorstellung dieser Zeitgenossen gehört und der jetzigen wirklichen *Anwendung zur Belehrung* unserer Christen aus den richtig erklärten Stellen"[29].

Die Akkomodationstheorie, das hermeneutische Instrument der beginnenden Aufklärung zur Unterscheidung zwischen der ‚forma externa scripturae' und dem in der Schrift enthaltenen Inhalt, zerbrach in der Anwendung an den Texten; dessen hermeneutische Funktion ging auf die Mythoskritik über. Das Mythische erwies sich als ein Konstituens der biblischen Texte. Daran brach sich auch die ältere Ideologiekritik. Hermeneutisch maßgeblich blieb, daß die Texte bei aller zeitgeschichtlichen, historischen Bedingtheit ihres weithin mythologischen Wortlauts eine Sache zum Ausdruck brachten und daran partizipierten, die sich als allgemeine Wahrheit der Geschichte und des Menschheitslebens kritisch, d. h. jenseits der Texte in der Dimension geschichtlichen Lebens eruieren und vermitteln ließ. Das gilt sowohl da, wo ein Lehrbegriff Resultat der Exegese ist, als auch da, wo der Text Ausdruck einer Idee (D. F. Strauß), Medium des Prinzips des christlichen Bewußtseins (F. C. Baur) oder Komponente einer Offenbarungs- bzw. Religionsgeschichte ist. Allerdings macht sich, entgegen der Devise, die neutestamentlichen Texte seien auf dieselbe Weise wie jede andere überlieferte Literatur zu lesen und zu interpretieren, eine in der Sache dieser Texte begründete hermeneutische Voraussetzung geltend, die in Spannung zur historisch-kritischen Methode tritt. Dafür zwei Beispiele:

Hegel kritisiert das „große neue Prinzip der Exegese, daß die Schrif-

---

[26] Vgl. auch *R. Bultmann*, Das Problem einer theologischen Exegese des Neuen Testaments: ZdZ 3 (1925), 339 ff.
[27] Kanon IV, 256.
[28] Vgl. Hermeneutik I, 160.
[29] Lebensbeschreibung I, 208 f.

ten des Neuen Testaments behandelt werden sollen wie ein griechischer oder lateinischer und anderer Schriftsteller, kritisch, philologisch, historisch". Es ist „ein verkehrtes Beginnen einer störrischen Exegese, auf solche äußerliche philologische Weise die Wahrheit der christlichen Religion zu erweisen" — denn das „wesentliche Verhalten des Geistes ist nur für den Geist"[30].

M. Kähler sieht sich angesichts der Methodik der Geschichtsforschung, die die Texte kritisch als Quellen und Urkunden von Tatsachen und Aussagen wertet, vor eine Alternative gestellt: „Entweder ... müssen wir auf den offenbaren Gott verzichten — oder es muß ... einen anderen Weg (geben) zum geschichtlichen Christus zu gelangen als den der quellenprüfenden und historisch-analogisch konstruierenden Kritik der historischen Theologie."[31] Hermeneutische Erfahrung, d. h. das geschichtlich erwachsene Verhältnis zwischen Kirche (Verkündigung) und Schrift, erschließt die den Texten entsprechende geschichtliche Interpretation. Die Sache der Texte ist die Wirklichkeit Jesu Christi als dessen Werk und Wirkung im Glauben der ersten Jünger. Die Texte sind deshalb Urkunde und Zeugnis dieser „durchschlagenden Wirkung"[32] Jesu im Glauben seiner Jünger.

Zumal die durch die Texte selber veranlaßte Differenzierung der historisch-kritischen Interpretation in Text- und Literarkritik, form-, traditions- und redaktionsgeschichtliche Fragestellung macht die hermeneutische Voraussetzung einer historischen Beurteilung der Texte fragwürdig, wenngleich keineswegs hinfällig[33]. Die Erkenntnis des soziologischen ‚Sitzes im Leben' verschärft die Frage nach der hermeneutischen Situation, in der die Texte ihre Sache — das ist nun nicht nur ihre Intention, das Gemeinte, sondern das durch sie Gesagte — zu verstehen geben.

4. Die durch die neutestamentlichen Texte selbst veranlaßte und also exegetisch verifizierte hermeneutische Kritik der historischen Interpretation erhält Konturen, wenn nach dem Textbegriff dezidiert historischer Wissenschaft gefragt wird.

Ich beschränke mich darauf, einige Momente hervorzuheben. Der

---

[30] Vorlesungen über die Geschichte der Philosophie III (Suhrkamp), 56; vgl. Vorlesungen über die Philosophie der Religion I/1, Begriff der Religion (Hamburg 1966), 37 f.; II/2, Die absolute Religion, 24 ff.

[31] Der sogenannte historische Jesus und der geschichtliche, biblische Christus (München 1953), 37; vgl. Die Wissenschaft der christlichen Lehre, 52 f.

[32] Der sog. historische Jesus ..., 39.

[33] Vgl. insbesondere K. Lehmann, Der hermeneutische Horizont der historisch-kritischen Exegese.

Historik sind Texte Quellen (sources und documents); Droysen etwa differenziert das „historische Material" in „Überreste" und „Quellen", d. h. „schriftliche Überlieferung", „Tradition". Dazwischen stehen „Denkmäler" (Urkunden, Inschriften usw.), wie denn überhaupt die Grenzen zwischen Überrest und Quelle nicht definitiv sind. Es ist Sache der Heuristik, die richtigen Fragen, das Sachinteresse zu formulieren und (neue) Quellen zu erschließen[34]. Quellen wie Überreste sind „historisches Material, weil sie Kenntnis von Geschehnissen vergangener Zeiten geben, also von Willensakten... Nicht mehr das Geschehene und Getane, die sog. Tatsachen in ihrer einstigen Wirklichkeit, liegen vor, ... sondern nur, was von ihnen noch unvergangen und gegenwärtig ist, diese Überreste, diese Überlieferungen, diese Denkmäler"[35]. Es ist von entscheidender Bedeutung, daß die wissenschaftlich entworfene, wenngleich nicht unbedingt wissenschaftlich begründete[36] Fragestellung den Text zur historischen Quelle macht[37]. Klar ist, daß „das Verhältnis der Historie zu den Vergangenheiten" mit der „Prüfung der ‚Quellen'", d. h. der Beurteilung v. a. von Texten als Quellen, „auf den wissenschaftlich maßgebenden Punkt gestellt" ist[38]. „Sichere Geschichtsschreibung beginnt erst mit einer Quellenkritik, welche aus den Überresten der Handlung selber und den Berichten darüber den wirklichen Tatbestand feststellt, und wahre Geschichtsschreibung erst mit einer Quelleninterpretation, welche diesen Tatbestand als Äußerung menschlichen Innenlebens zu verstehen vermag."[39] Texte sind für die Historik Materialien der Interpretation, indem auf Grund dieser Quellen oder Zeugnisse der vergangene Tatsachen- bzw. Geschehenszusammenhang, die vergangene Wirklichkeit rekonstruiert, pragmatisch und/oder thematisch interpretiert und in geeigneter Weise dargestellt wird[40]. Worauf es ankommt, sind die Bedingungen, Entwicklungslinien, die treibenden, bewegenden Kräfte und die Fol-

---

[34] Vgl. *J. G. Droysen*, Historik (Darmstadt ⁴1960), 37 f. 332 ff. 85; ähnlich *E. Bernheim*, Lehrbuch der Historischen Methode und der Geschichtsphilosophie I. II (New York⁶ = Leipzig 1908), 256 ff. 465 ff.

[35] *Droysen*, aaO, 98; vgl. *Bernheim*, aaO, 252: „Quellen sind Resultate menschlicher Betätigungen, welche zur Erkenntnis und zum Nachweis geschichtlicher Tatsachen entweder ursprünglich bestimmt oder doch vermöge ihrer Existenz, Entstehung und sonstiger Verhältnisse vorzugsweise geeignet sind."

[36] Vgl. *W. Dilthey*, Ges. Schriften III, 218.

[37] Vgl. *Bernheim*, aaO, 253 f.

[38] *Droysen*, Kunst und Methode: Historik, S. 420.

[39] *Dilthey*, Ges. Schriften III, 219.

[40] Vgl. *Bernheim*, aaO, 562 ff. 620. 779 ff.; *Droysen*, aaO, 339. 153 ff.

gen historischer Geschehnisse. Das Zeugenverhör als Modell der Historik zeigt, daß Texte als Zeugnisse einem Kriterium unterworfen werden, das im und vor allem hinter dem Gesagten einen Sinn aufzudecken nötigt, der dem Text erst geschichtliche und historische Bedeutung verleiht. Sinn heißt, daß der Text einem ihn umgreifenden Überlieferungsgeschehen eingeordnet wird — und die „Einheit dieses Ganzen der Überlieferung" ist nach Gadamer der wahre hermeneutische Gegenstand des historischen Verstehens[41]. Daraus würde, wenn neutestamentliche Texte Gegenstand solchen historischen Verstehens werden, wohl folgen, daß deren hermeneutischer Ort in einem überlieferungs- oder wirkungsgeschichtlichen Bewußtsein aufzusuchen wäre. Wieweit dies etwa bei M. Kähler zuträfe, kann gefragt werden. Wo indessen, wie bei W. Wrede u. a. die neutestamentlichen Texte als „geschichtliche Urkunden, Denkmäler einer religiösen Geschichte"[42] aufgefaßt werden, ist es nur folgerichtig, daß ‚theologische Exegese' überwunden und ersetzt wird durch eine Darstellung der „Physiognomie" des ältesten Christentums[43], der „urchristlichen Religionsgeschichte"[44].

II.

1. Es ist eine offene Frage, in welchem Maße linguistische Texttheorien theologisches Textverständnis fördern, konstituieren oder korrigieren können. Dieser Frage hat sich v. a. E. Güttgemanns gewidmet. Sie ist für ihn freilich in dem Maße entschieden, als „Ntl Theologie auf linguistisch-literaturwissenschaftlicher Basis ... nur ein *Derivat einer allgemeinen Texttheorie* sein" kann[45]. Eine solche allgemeine Texttheorie wäre also die Voraussetzung textgemäßer Exegese wie auch theologischer Hermeneutik. Begründet werden soll diese Texttheorie in der sog. ‚Generativen Poetik'[46]. Gefragt wird nach einer den Sinn und die Relevanz des Textes wie seiner Sache fundierenden, „generierenden" Grammatik, oder — allgemeiner ausgedrückt, gefragt wird: was macht einen Text zum Text? was ist die Texthaftigkeit des Textes? Güttgemanns orientiert sich in der

---

[41] Wahrheit und Methode, 322.

[42] Die Entstehung der Schriften des Neuen Testaments (Tübingen 1907), 3.

[43] Vgl. Über Aufgabe und Methode der sog. Neutestamentlichen Theologie (Göttingen 1897), 41.

[44] Ebda., S. 80.

[45] LingBibl 13/14 (1972), 9.

[46] Ebda.; vgl. *Jiri Levý*, Generative Poetik (1966): Strukturalismus in der Literaturwissenschaft (Köln 1972), 106—117.

Abhandlung, ‚Text' und ‚Geschichte' als Grundkategorien der Generativen Poetik'[47] an einer m. E. hermeneutisch unzureichenden Alternative: Sind Texte „als ‚Zeugnis', d. h. als kerygmatische = für Verkündigungszwecke vorgenommene sprachliche Widerspiegelungen (= intratextuale Icone) der ‚Wirklichkeit' " (sc. der Auferstehungs-‚Geschichte') anzusehen, stammt also „der intratextuale ‚Sinn' des ‚Textes' von einem extratextualen, auch ohne ‚Text' bedeutungshaften Datum ... oder stammt der intratextuale ‚Sinn' aus einer ‚Grammatik des Textes', nach der sich auch das angeblich extratextuale ‚Sinn'-datum richten muß"[48]? Die Antwort ist klar: Text und Geschichte sind gleichermaßen ‚Sinn-tragende', semiotische Phänomene; die Voraussetzung für Sinn überhaupt ist eine Sinn-Grammatik, so etwas wie ein Regelsystem und universales Repertoire aller nur möglichen Sinnbezüge — oder umgekehrt, Sinn wird nur verstanden, wenn er sich aus einer Grammatik ‚generieren', d. h. auf Grund einer Kompetenz erzeugen läßt. Text und Geschichte wie das Verhältnis beider sind also *semiotisch* zu bestimmen. Wie „‚Geschichte' ... überhaupt nur in der Form des ‚Textes'" bzw. „innerhalb eines geschichtlichen Kontextes" vorkommt[49], so ist der „‚Text' die ‚Sinn'-Gestalt der ‚Geschichte'"[50]. Weil es der ‚generativen Poetik' generell um Sinn geht — das ist die undiskutierte metalinguistische Voraussetzung! —, ist der hermeneutische Horizont für das Verstehen der neutestamentlichen Texte ‚Welt', d. h. eine „Relevanzstruktur" der Wirklichkeit, die im Text Gestalt gewinnt, aber letzten Endes in einer „Grammatik der Handlungen" fundiert ist[51]. Insofern ist dann die Relevanz das „Subjekt der ‚Grammatik der Geschichte' und der ihr parallelen ‚Grammatik des Textes'"[52].

Man wird Güttgemanns darin zuzustimmen haben, daß eine Exegese, die den Text als Zeugnis im Sinne eines iconischen Zeichens extratextualer Geschichtswirklichkeit betrachtet, sowohl den Text als auch die Geschichte verfehlt. Deutlich ist, daß das Verhältnis von Text und Geschichte mit der Frage zu tun hat, was Sache des Textes ist, inwiefern der Text an seiner Sache beteiligt ist, sie mitteilt und daran teilgibt. Doch diese Frage steht, was die neutestamentlichen Texte anbelangt, herme-

---

[47] Thesen zur aktuellen Diskussion um die ‚Wirklichkeit' der Auferstehungstexte: LingBibl 11/12 (1972), 2—12; die Arbeit bemüht sich um eine Übertragung und Anwendung der ‚sprachphilosophischen Grundlagen einer transphrastischen Analyse' [so der Untertitel des Aufsatzes von *S. J. Schmidt*, ‚Text' und ‚Geschichte' als Fundierungskategorien: Beiträge zur Textlinguistik (1971), 31—52] auf neutestamentliche Texte.
[48] LingBibl 11/12, 2.4.   [49] AaO, 6.
[50] AaO, 8.   [51] Vgl. aaO, 9.   [52] AaO, 12.

neutisch *nicht* als Sinnfrage zur Entscheidung; sie ist auf der semiotischen Ebene zwar zu behandeln, aber sie ist da sozusagen noch nicht ‚bei der Sache'. Allerdings hat Güttgemanns eine offene hermeneutische Frage aufgenommen, sofern z. B. Bultmann die durch den Text gebotene und in der Anrede des Kerygmas geforderte wie ermöglichte Existenzentscheidung durch die Sinnkategorie zu erfassen suchte — wiewohl damit die Sinnfrage faktisch verabschiedet wurde[53]. Indessen ist der Glaube, der die Sache des Textes — und eben nicht nur dessen Sinn, es sei denn als ‚Sinn' der Existenz! — wahrnimmt, annimmt und versteht, für Bultmann nun doch kein Existential, während Güttgemanns genötigt zu sein scheint, die Bedeutsamkeit (Relevanz) des Textes aus einem wie auch immer gearteten Arsenal von Universalien zu beziehen. Muß Güttgemanns die für Bultmann entscheidende Frage „In welchem Sinne kann mir denn überhaupt etwas Neues gesagt werden?"[54] nicht für erledigt erklären? Die Transformation des (kerygmatischen) Sprachphänomens ‚Text' in eine Relevanzerscheinung zeigt sich pointiert in den programmatisch gemeinten Thesen XII und XIII in LingBibl 11/12[55]: die ‚Generative Poetik' ersetzt den Begriff des performativen Text-Wortlauts durch den der Text-Grammatik der betreffenden Textsorte. Doch bereits an der schlechthin entscheidenden Geltung der beiden korrelativen linguistischen Grundkategorien ‚Kompetenz' und ‚Performanz'[56] erweist sich m. E. am augenfälligsten, daß eine allgemeine linguistische Texttheorie gar nicht erreicht, was Sache des (neutestamentlichen) Textes ist. Einerseits sind die Texte zweifellos Performanztexte; andererseits ‚generieren' diese Texte selbst in der Relation zur Verkündigung die ‚Kompetenz', zu verstehen, was Sache der Texte ist. Denn in ihnen wird das Evangelium wiederholt, geschichtlich präzisiert und in der Existenz der Angeredeten so ausgelegt, daß diesen die ‚Kompetenz' (das Vermögen, die Freiheit zum Wort) des Glaubens zugemutet wird, in ihrer Existenz zwischen dem Evangelium und dem (alten) Text ihrer Existenz zu unterscheiden. An dieser Sache der neutestamentlichen Texte zerbrechen die auf dem

---

[53] Vgl. Eschatologie und Geschichte, 184.
[54] Glauben und Verstehen I, 155.
[55] S. 18.
[56] N. Chomsky hat mit dieser Unterscheidung (competence: Sprachkenntnis und Sprachbesitz des idealen Sprechers/Hörers, „die ‚angeborene Prädisposition' für Regelordnungen" [*W. Schulz*, Philosophie in der veränderten Welt, 1973, S. 585]; performance: die Sprachverwendung (produktiv und rezeptiv) [vgl. Aspekte der Syntaxtheorie (1971), 14] die Differenzierung de Saussures zwischen langue und parole aufgenommen und modifiziert.

Felde der Linguistik sachgemäßen Kategorien ‚Kompetenz' und ‚Performanz'[57].

2. Die Versuche zur Begründung und Ausarbeitung einer allgemeinen Textlinguistik und Texttheorie sind über das Stadium der Heuristik bisher kaum hinausgekommen. Die Linguistik erlangte ihre methodische Durchsichtigkeit und Sicherheit in einer strukturalen Analyse des Satzes (der Aussage) bzw. in einer Syntax-Theorie. *Text*linguistik wird unabweisbar, sobald erkannt ist, daß „sämtliche Sprecher ... nur in Texten (sprechen), nicht in Worten, auch nicht in Sätzen, sondern höchstens mit Sätzen aus Worten in Texten"[58]. Gefragt wird dann nach einer Grammatik, deren Domäne der Text ist, nach einem Regelsystem, aus dem sich die Kompetenz, in Texten zu sprechen, generieren läßt[59]. Ob es überhaupt gelingen kann, „die Eigenschaften, die die Konnexität von Sätzen innerhalb eines Textes bestimmen, durch eine abschließende formale Theorie" zu erfassen, „ist ein absolut offenes Problem"[60]. Die Schwierigkeit zeigt sich bereits an dem Desiderat eines allgemeinen formalen Textbegriffs, abgesehen von der Aufgabe, unter der hermeneutisch anfechtbaren Voraussetzung, ein Text sei ein Makro-Zeichen, eine Textsemantik zu entwickeln. Es charakterisiert das linguistische Erkenntnisinteresse, daß auf invariante Strukturen in Textvorkommen geachtet wird[61]. Damit wird ein Moment der ursprünglichen Bedeutung von ‚textus', nämlich die ‚Textur' aufgenommen. Textlinguistik befaßt sich also mit einem Einzeltext nur als der Realisation einer Textsorte oder -klasse, der Performanz einer Kompetenz. Der Einzeltext ist als solcher Gegenstand der Stilistik usw.; der Textlinguistik geht es um die Texthaftigkeit[62]. Sie ist zwar nicht eigentlich eine Linguistik der langue, son-

---

[57] Schon die Begründung einer Theorie der *kommunikativen* Kompetenz ist linguistisch nicht mehr zu leisten! Vgl. *J. Habermas*, Vorbereitende Bemerkungen zu einer Theorie der kommunikativen Kompetenz: in *ders./N. Luhmann*, Theorie der Gesellschaft oder Sozialtechnologie (Frankfurt 1971), 101—141.
[58] *P. Hartmann;* zit. bei *S. J. Schmidt*, Beiträge zur Textlinguistik S. 37; vgl. ferner *H. Weinrich*, Linguistik der Lüge, 15: „Wir reden normalerweise nicht in vereinzelten Wörtern, sondern in Sätzen und Texten, und unsere Rede ist eingebettet in eine Situation." „Wörter gehören also in Sätze, Texte und Situationen." (19).
[59] Vgl. z. B. *H. Isenberg*, Überlegungen zur Texttheorie: Literaturwissenschaft und Linguistik I (Grundlagen und Voraussetzungen, ed. J. Ihwe, 1971), 156. 159.
[60] *M. Bierwisch* in: Literaturwissenschaft und Linguistik I, 153.
[61] Vgl. *P. Hartmann* in: Beiträge S. 21.
[62] Vgl. *Hartmann*, aaO; *U. Fries*, Textlinguistik: Linguistik und Didaktik 2 (1971), 220.

dern sollte die einer pragmatischen oder besser: kommunikativen Kompetenz sein, weil Texte „nicht Repräsentationen des Sprachsystems, sondern der Verwendung von Sprachsystemen" sind[63]. Gleichwohl werden die Fragen der sog. Textwirkung und der Textverarbeitung konsequenterweise nur im Rahmen strukturaler Linguistik behandelt[64].

3. H. Glinz bietet eine vorläufige Definition von ‚Text': „unter *Text* verstehen wir ein von seinem Hersteller von vornherein als mehr oder weniger dauerhaft intendiertes (oder, wenn es von einem anderen stammt, dauerhaft gemachtes) sprachliches Gebilde. Dieses Gebilde kann in Schrift aufbewahrt sein... Das Konstitutive ist der *Abstand*... zwischen der *Produktion* des Gebildes und seiner *Rezeption*"[65]. In ‚Textanalyse und Verstehenstheorie I'[66] ordnet Glinz diese Definition derjenigen unter, die P. Hartmann vorgeschlagen hat: „Der Text, verstanden als die grundsätzliche Möglichkeit des Vorkommens von Sprache in manifestierter Erscheinungsform, und folglich jeweils ein bestimmter Text als manifestierte Einzelerscheinung funktionsfähiger Sprache, bildet das originäre sprachliche Zeichen. Dabei kann die materiale Komponente von jedem sprachmöglichen Zeichenträgermaterial gebildet werden."[67]

In gewisser Weise ist Ausgangspunkt jeder linguistischen Texttheorie L. Hjelmslevs Definition des Textes als einer Kettenverbindung von (sprachlichen) Zeichenelementen[68]. Jedoch ist dieser ‚texte infini' (= used language) faktisch nur in endlichen Teilmengen vorhanden. Die Frage aber, was diese ‚Teilmenge' von einem bloßen ‚Satzagglomerat' unterscheidet, welche angebbaren Kriterien also zur Konstitution eines Textes beitragen, ist überaus schwierig zu beantworten. R. Harweg will ein ‚Textdefiniens' in der ‚ununterbrochenen pronominalen Verkettung' oder Substitution aufweisen[69] und dadurch u. a. ‚Pseudotextsorten' ausschalten, die z. B. M. Bense einem erweiterten Begriff des Textes subsu-

---

[63] *Hartmann* in: Beiträge, 17.

[64] Vgl. z. B. *G. Wienhold,* Textverarbeitung. Überlegungen zur Kategorienbildung in einer strukturellen Literaturgeschichte: LiLi 1/2 (1970/71), 59 ff.

[65] Linguistische Grundbegriffe und Methodenüberblick (²1971), 122. 124; vgl. W. Ulrich, Wörterbuch. Linguistische Grundbegriffe (1972), s. v.; *H. J. Vermeer,* Einführung in die linguistische Terminologie (1971), 54 ff.

[66] Methodenbegründung — soziale Dimension — Wahrheitsfrage — acht ausgeführte Beispiele (1973).

[67] *P. Hartmann,* Texte als linguistisches Objekt: Beiträge zur Textlinguistik (1971), 10; bei *Glinz,* aaO, 20.

[68] Vgl. *L. Hjelmslev,* Die Sprache. Eine Einführung, 41 f.

[69] Text ist dann „ein durch ununterbrochene pronominale Verkettung konstituiertes Nacheinander sprachlicher Einheiten". Pronomina und Textkonstitution (1968), 148.

miert[70]. Andere Kriterien sind einfach außerlinguistischer Art (Typographie, Pause usw.).

Deutlich ist, daß die Textlinguistik auch da, wo sie einen einzelnen (Performanz-)Text ‚interpretiert' und nicht allein an einer Texttheorie bzw. an der Textkonstitution und der ‚Grammatik des Textes' interessiert ist, auf strukturelle Invarianzen zielt. Dies beeinträchtigt ihre linguistische Relevanz keineswegs, reduziert aber ihre Bedeutung für die theologische Exegese der neutestamentlichen Texte beträchtlich.

4. Einen diskutablen Weg, strukturale Erklärung und das Verstehen von Texten in hermeneutischer Reflexion zu verbinden, beides als Akt des Textes verstanden, weist P. Ricoeur[71]. Es gibt zwei Möglichkeiten, zu einem Text in Beziehung zu kommen. Der Text ist nicht ohne „référence"; aber im Unterschied zu dem, was im Wort (parole) geschieht, ist der Bezug des Textes zur Situation, zur Sache, zum Autor im Text eigentümlich suspendiert, gleichsam in der Schwebe. Wir können nun als Leser in dieser Dimension, „dans le suspens du texte"[72], verharren oder gar diese ‚Suspendierung' des Situations- und Sachbezugs intensivieren: das ist dann die Explikation des Textes durch seine inneren Bezüge, Oppositionen usw., durch seine Struktur. „Ou biens nous pouvons lever le suspens du texte, achever le texte en paroles, le restituant à la communication vivante"[73]: das ist Interpretation. In dieser letzteren Einstellung (attitude) erreicht der Text erst seine Bedeutung, doch ist das Verhältnis von Explikation und Interpretation ‚dialektisch'[74]. Interpretation heißt nun, die Intention und Bewegung des Textes so aufzunehmen, daß sich die Aneignung (appropriation) seines Sinnes in der Interpretation des Selbst eines Subjekts („dans l'interprétation de soi d'un sujet"[75]) vollendet. Aber da in dieser hermeneutischen Reflexion, in der die Konstitution des Selbst und die des Sinnes gleichzeitig sind[76], der Intention des Textes Raum gegeben wird, ist die Interpretation nicht so sehr ein „acte *sur* le texte" als vielmehr „l'acte *du* texte"[77]. Damit hat Ricoeur auf seine Weise den Versuch unternommen, eine grundlegende Einsicht der (neuen) Hermeneutik für das Textverständnis fruchtbar zu machen.

---

[70] Vgl. Einführung in die informationstheoretische Ästhetik. Grundlegung und Anwendung in der Texttheorie (rde 1969), 74 ff.

[71] Qu'est-ce qu'un Texte? Expliquer et Comprendre: Hermeneutik und Dialektik II (Tübingen 1970), 181—200; vgl. auch Exégèse et Herméneutique (Paris 1971), 35 ff. 301 ff.

[72] AaO, 188.   [73] AaO, 188.   [74] Vgl. aaO, 189. 194 f.
[75] Vgl. aaO, 194.   [76] Vgl. aaO, 195.   [77] AaO, 198.

„Das primäre Verstehensphänomen ist nicht das Verstehen *von* Sprache, sondern das Verstehen *durch* Sprache."[78]

III.

Die neutestamentlichen Texte sind mit unbestreitbarem Recht Gegenstand historisch-kritischer Exegese; ebenso sind sie legitimerweise Objekt der Linguistik. Denn sie sind historische Tatsache und sprachliches Gebilde. Sie sind aber zunächst und darüber hinaus ein Sprachphänomen; sie sprechen, indem sie gelesen werden, zum Leser oder im Leser. Indem der Text zur Sprache kommt, ist der Leser als Hörer oder zumindest vernehmend bei der Sache des Textes[79]. Kommt nun die Sache der neutestamentlichen Texte, weil diese historische Tatsachen und sprachliche Gebilde sind, nur eben im Rahmen der Historik und der Linguistik zu Wort?

Historisch-kritische Exegese vor allem, aber auch eine kritische Textlinguistik[80] nötigen *um der Texte willen*, wie die Differenzierung der exegetischen ‚Methoden' zeigt, die ontologischen und wissenschaftstheoretischen Prämissen der historisch-kritischen Methode und einer ‚Generativen Transformationsgrammatik' kritisch zu revidieren[81] — und sich auf eine hermeneutische Erfahrung mit den Texten einzulassen. Es gehört zur Prämisse der historischen Methode, den Text und seine Sache in einen Zusammenhang historisch relevanter Tatsachen zu transformieren, wie auch die Transformation des Textes in Relevanzstrukturen der Prämisse linguistisch-struktualer Textanalyse entspricht.

Der ursprüngliche Ort hermeneutischer Erfahrung mit den neutestamentlichen (und deshalb auch mit alttestamentlichen) Texten ebenso wie der ihrer Überlieferung ist weder das historische Bewußtsein noch die Rezeption von Literatur, so intensiv sich das eine wie das andere auch als Verstehenshorizont aufdrängt, sondern kirchliche Verkündigung in

---

[78] G. *Ebeling,* Wort und Glaube I, 333; vgl. *Ricoeur,* aaO, 199.

[79] Vgl. dazu *Th. Bonhoeffer,* Die Gotteslehre des Thomas von Aquin als Sprachproblem (1961), 29 ff.

[80] Das würde sich bei einer Analyse der ‚Gattungen' und Formen des literarischen Evangeliums, der (paulinischen) Briefe usw. herausstellen.

[81] Bezeichnend ist die hermeneutisch sozusagen noch vor-Hegelsche cartesianische Position, die etwa *J. J. Katz,* Philosophie der Sprache (Frankfurt 1970; engl. 1966) bezieht; vgl. *J. A. Fodor/J. J. Katz,* The Structure of Language: Readings in the Philosophy of Language, 1964.

weitem Sinne oder, konkreter, das Reden von Gott. Die biblischen Texte sind in der Relation zur Verkündigung, zum Reden von Gott zu verstehen. Sie dienen der Verkündigung des Wortes Gottes, indem sie geschehene Verkündigung geschichtlich präzisierend wiederholen und indem sie ihre Sache in geschehener Verkündigung zu verstehen geben. Diese Beziehung zwischen Text und Verkündigung, den Weg von der Verkündigung zum Text, vom Text zur Verkündigung[82] zu klären, ist Sache der Hermeneutik. Das wird nicht ohne die Exegese, die Auslegung des Textes vor sich gehen können. Doch ist dabei entscheidend, daß die Interpretation auf die im Text erschlossene Situation eingeht, daß die Exegese die hermeneutische Situation des Textes mitbedenkt. Diese Situation ist nicht primär ein soziologisch zu definierender ‚Sitz im Leben'. Es ist vor allem die *eschatologische Situation*, die durch die Verkündigung und deshalb in dem die Verkündigung wiederholenden Text angesagt, mitgeteilt, ausgelegt und präzisiert wird, eine Situation also, die *im Namen Jesu Christi* ‚gegeben' ist. Der Text ist an dieser Situation aktiv beteiligt, sofern er in der geschichtlichen, soziologischen Situation auf der eschatologischen, homologischen Situation und somit gerade auf einer Unterscheidung beider besteht. Diese *Unterscheidung*, also z. B. zwischen Gesetz und Evangelium, Geist und Buchstaben, Gnade und Gericht, Eschatologie und Geschichte, schließlich auch zwischen Christus als Grund des Glaubens und den Glaubenden, ist zunächst einmal die Sache des Textes. Diese Intention des Textes ist freilich auf das Sprachereignis des Glaubens bezogen; hier findet diese Unterscheidung als Unterscheidung *in* der Existenz der am Text Beteiligten statt. Der hermeneutische Vorrang neutestamentlicher Texte besteht also darin, daß sie im Namen Jesu Christi diese Unterscheidung voraussetzen, einräumen, ermöglichen und gebieten. In diesen Texten ist vorausgesetzt, eingeräumt, ermöglicht und geboten, daß im Namen Jesu Christi eindeutig von Gott zu reden ist. Die Texte machen demnach eine Unterscheidung geltend, der sie selbst unterworfen sind. Sie räumen ihre Sache literarisch ein oder wiederholen sie, indem sie diese weder als historische Tatsache voraussetzen noch als Text (etwa im Stil eines Kerygma-Dogma, einer ‚nova lex', einer Credo-Formel usw.) konstituieren, obwohl diese Sache als Intention des Textes sowohl (historische) Tatsache als auch (literarischer, kanonisierter) Text geworden ist. Würde man Exegese als Literatur- oder (Heils-)Geschichtswissenschaft und die neutestamentlichen Texte als Li-

---

[82] Vgl. *Chr. Möller*, Von der Predigt zum Text (München 1970).

teratur oder (heilsgeschichtliche) Quelle begreifen wollen, so wäre die Unterscheidung mißachtet, die sie im Namen Jesu Christi geltend machen. Die Charakterisierung dieser Texte als ‚heilige Schrift' besagt ja, wenn dies nicht eine dogmatische Fiktion ist, daß die *Differenz* zum Historischen wie zum Literarischen in diesen Texten selbst zum Vorschein kommt.

Aus dieser Intention der Texte folgt m. E., daß der sach- und textgemäße Verstehenshorizont in keiner Weise so etwas wie ‚Welt' (Sinn-Horizont, Relevanz) sein kann, auch nicht eine aus der Rückwendung zur Tradition gewonnene Geschichts- und Menschenkonzeption[83], ebensowenig die „Quasi-Welt der Literatur"[84] oder der ‚Schnürboden' einer Grammatik des Textes.

Historisch und literarisch gesehen sind die Texte Wiederholung, Interpretation, Erinnerung, Kommentar, also geschichtliche Präzisierung dessen, was im Namen Jesu Christi zu verkündigen ist. Natürlich ist es im Grunde Aufgabe der Exegese, darüber im einzelnen zu befinden. In einer gewissen Verallgemeinerung läßt sich aber sagen, daß die Texte intentional auf die Situation der Adressaten, der am Text Beteiligten eingehen. So scheint es mir angemessener, von der Intention des Textes als von der des Autors zu sprechen. Denn wenn etwa der Autor Paulus sich äußert, so tut er dies als Apostel, d. h. er unterscheidet seinerseits zwischen sich und dem Kyrios, der autorisiert, was Paulus zu sagen hat. Mit anderen Worten: Paulus bezieht sich im Text seines Briefes auf die eschatologische Existenz der Adressaten, auf *deren* ‚Sein in Christus', auf die Gegenwart des ‚pneuma' und damit eben auf das Wort von der Versöhnung, das ihn zusammen mit den Adressaten in der eschatologischen Situation vereint. Was seinen Text geschichtlich autorisiert, ist sein *apostolisches* Selbstverständnis und *deshalb* die Antwort des Glaubens bei den am Text Beteiligten. Diese Intention des Textes prägt die keineswegs belanglose Kommunikationsform, etwa die der Lehre, der Homologie, des Imperativs, der Erinnerung, der Paränese, der kritischen Unterscheidung, der Antithese, des Briefs, des literarischen Evangeliums usw. In alledem wird das eschatologische Ereignis der Liebe, Gnade, Gerechtigkeit Gottes in der Person Jesu Christi so ausgelegt, daß geschichtlich präzisiert wird, inwiefern die am Text Beteiligten in dieses eschatologische Ereignis einbezogen sind. In gewisser Weise ist somit Jesus Christus als eschatologisches Phänomen der Text, der in der Unterscheidung

---

[83] Gegen *Stuhlmacher!*   [84] Vgl. *Ricoeur*, aaO.

zum alten Text der Existenz als neuer Text der eschatologischen Existenz der Glaubenden ausgelegt wird.

Was ist nun für neutestamentliche Texte konstitutiv? Es ist nicht zu verhehlen, daß die Überlegungen damit an einem kritischen Punkt angelangt sind. Die Texte sind so verschiedenartig, sie sind so sehr an unterschiedliche geschichtliche Situationen gebunden, daß auf jeden Fall die Exegese an der Reihe ist — und damit eben die exegetischen Methoden. Zudem ist keineswegs ausgemacht, in welchem Sinne von einer Homogenität ‚des' oder ‚der' Texte, von deren Einheit und Zusammenhang in sich und untereinander die Rede sein kann. ‚Urliteratur' ist ein bloßer Grenzbegriff; eine allgemeine, historische und/oder linguistische Texttheorie, der auch die neutestamentlichen Texte zu subsumieren sind, drängt sich in der Tat auf. Dennoch meine ich, es ließen sich Konstitutiva der neutestamentlichen Texte nennen und hermeneutisch erwägen, Konstitutiva, die an den Texten selbst zum Vorschein kommen und weder dekretiert noch auf einem sekundär hinzutretenden Werturteil oder einer jenseits der Texte extrapolierten Geschichte basieren, die also theologische Exegese konstituieren und gleichwohl von allgemeiner hermeneutischer Bedeutung sind.

Anzuführen ist erstens die Unterscheidung zwischen Ereignis und Tatsache, zwischen dem eschatologischen Sprachereignis, dem Heilsgeschehen, und der dadurch definierten geschichtlichen Situation. Der Text geht auf die geschichtliche Situation ein, ohne in dieser historischen Situation aufzugehen, obwohl er als theologischer, kritisch Stellung nehmender, in das Leben eingreifender und es verändernder Text zusammen mit dieser Situation historisch wird.

Neben dieser Intention der Texte ist deren auch noch an der Peripherie des Neuen Testaments stets entscheidender Bezug auf Jesus Christus zu nennen. Sie interpretieren, ohne Biographie oder Geschichtsbericht zu sein, die Person Jesu in deren eschatologischer Bedeutung, als „maxima persona"[85]; sie feiern im Evangelium die ‚doxa' des Gekreuzigten als die des ‚kyrios'; sie beantworten Wort und Tat Jesu in christologischer Homologie, im Rühmen des Glaubens, ohne Jesus als Vorbild oder in der Wiederholung seiner Lehre als Lehrer vorzustellen. Jesus wird existential bzw. geschichtlich interpretiert, weil die geschichtliche Existenz aller christologisch auszulegen ist. Die Texte sind, z. B. in der Auslegung des Getauft-seins, *Auslegung Jesu als Sakrament des Wortes Gottes.*

---

[85] *M. Luther,* WA 40/1; 439,1 ff.

Zur Erläuterung diene eine freilich sehr beschränkte Zwischenreflexion zu Luthers Textverständnis. Der Text ist historisch im Literalsinn auszulegen, geleitet durch die Grundintention, den Generalskopus der Schrift, Christus zu verkündigen. Das sozusagen ‚Historische', die Geschichte Jesu Christi, übertrifft um der Person Christi willen, in dem Gott sich finden läßt, alle anderen Geschichten. Diese sind Geschichten von Toten, jene ist einzig lebendige Geschichte, ‚magna historia'. Weil es somit um der Sache dieser Texte willen auf den ‚usus' ankommt, lehrt und bietet die ‚historia' Jesu Christi den Glauben, ist sie eschatologische Geschichte, eine ‚historia', die kein Ende hat, in der, was einmal geschehen ist, nicht aufhört zu geschehen[86]. Die durch den Text erschlossene Sache ist als ‚factum' ‚donum'; die Sache dieser ‚historia' macht aus den dargestellten ‚exempla' das ‚sacramentum'. Luther versuchte eine Zeitlang, diese Intention der Texte in einer sakramentalen Auslegung bzw. einem ‚sacramentaliter meditari' wahrzunehmen[87], scheint dies aber später durch christologische Interpretation aufgenommen und präzisiert zu haben[88].

Konstitutiv für die neutestamentlichen Texte scheint also zu sein, daß die Sache des Textes im Text als (wunderbare, befremdende, einzigartige) *Ausnahme* und *zugleich* als *selbstverständlich* gegeben erscheint. Die Entscheidung und das Selbstverständnis des Glaubens sind für die Texte die in Christus entschiedene und darum selbstverständliche Wahrheit der menschlichen Existenz. Für den Text entscheidend ist der Bezug auf das zuvor in Christus Geschehene; doch der Horizont und die Wahrheit dieses Geschehens eröffnen und erschließen sich nicht historisch, im Rückgang hinter den Text, sondern ‚in, mit und unter' dem Text. Das Zweite, der Text, bietet und präzisiert in der Wiederholung des Ersten das ein für allemal Geschehene. Im Text geht es nicht primär um das Selbstverständnis des Autors, sondern um das *für den Text Selbstverständliche*, die Gabe Gottes in Christus, die nach der Intention des Textes die *eschatologische Ausnahme*, das schlechthin Unselbstverständliche, das historisch Unverständliche ist[89]. Insofern ist der neutestamentliche Text ein eschatologisch-sakramentales Phänomen. Gewiß ist es problematisch, den Text hermeneutisch in Analogie zum Sakrament zu verstehen. Aber er-

---

[86] Vgl. z. B. WA 46; 226 und dazu G. *Ebeling,* Evangelische Evangelienauslegung, 409 ff.

[87] Vgl. bei *Ebeling,* aaO.

[88] Vgl. dazu K. *Bornkamm,* Luthers Auslegungen des Galaterbriefs von 1519 und 1531. Ein Vergleich (Berlin 1963).

[89] Vgl. *K. Barth,* Fragen und Antworten, 24 f.

stens wird das durch die Texte selbst nahegelegt; zweitens könnte an der seit alters bestehenden Korrelation zwischen Sakramentslehre und einer nicht auf Signifikationshermeneutik bzw. Semiotik einzuschränkenden Hermeneutik des Textes deutlich werden, was in den Texten wie im Sakrament für den Glauben selbstverständlich gegeben, was deshalb Sache theologischer Exegese ist. Die These jedenfalls ist: „Der Text will ‚sakramental' verstanden werden, sozusagen als Gabentisch, der austeilt, satt macht, weil er zur Sprache bringt, worin der *Überfluß* Gottes besteht."[90]

---

[90] *E. Fuchs,* Jesus. Wort und Tat, 140.

UNTERRICHT ZWISCHEN GESETZ UND EVANGELIUM

ROBERT SCHUSTER

Daß es im Umkreis des Evangeliums auch einen Unterricht gibt, zeigt nur, daß die christliche Gemeinde von Anfang an die Existenz von Schülern *im* Evangelium und *im* Glauben akzeptiert hat, ja daß sie sich selbst als Schülerschaft verstehen mußte. Ein Ausweis dieses Selbstverständnisses ist das Fragen[1], und Teile der Paulusbriefe sind dadurch veranlaßt worden, so daß Paulus, der Verkündiger des Evangeliums, in der Folge seiner Verkündigung ins Lehramt gedrängt wurde[2].

Kann aber das Evangelium zusammen mit einer Lehre oder einem Unterricht bestehen, ohne dabei zum Gesetz zu werden? Gibt es einen *evangelischen* Unterricht, durch den das Evangelium selbst auch noch im Lehren und Lernen *gehört* werden kann?

Nach Rudolf Bultmann kann das Kerygma selbst zu einer Lehre werden, weil es Anrede *in* der Mitteilung von Ereignissen ist, weil in der Anrede zugleich immer auch ein Verstehen vermittelt wird, und weil solches Verstehen sich explizieren muß. Lehre und Verkündigung sind durch eine hermeneutische Einsicht verbunden, die sieht, daß auch in der Mitteilung von Fakten Anrede gegeben sein kann, so daß nicht nur „Wissensvermehrung und Erweiterung des Weltverständnisses" verschafft wird, sondern eine neue Möglichkeit des Selbstverständnisses. Es ist möglich, auch eine Faktenmitteilung zu *hören*[3].

---

[1] *R. Bultmann*, Kirche und Lehre im Neuen Testament 1929, Glauben u. Verstehen I S. 154: „In jedem Fall ist bei der Mitteilung von Lehre vorausgesetzt, daß der Hörende sie versteht. Das bedeutet aber, daß er schon, ehe er sie hört, ein bestimmtes Verhältnis zu ihr hat, daß er etwa in der Möglichkeit steht, sie zu entdecken, oder daß er auf sie angewiesen ist, nach ihr fragt (im Fragen zeigt sich ja, daß der Fragende ein Verhältnis zu dem hat, wonach er fragt)."

[2] Vgl. 1.Kor 7,1 ff.; 7,25 ff.; 8,1 ff.; 121 ff.

[3] *R. Bultmann*, aaO, S. 159.

Besonders Martin Stallmann hat die durch Bultmann eingeschärfte Unterscheidung zwischen distanzierter Betrachtungsweise und eigentlichem Hören auf den evangelischen Unterricht hin bedacht. Er kommt dabei aber gerade zu einer Kritik am evangelischen Unterricht, sofern er sich selbst als Unternehmen der Verkündigung versteht, als Propädeutik des Glaubens. Das Problem des evangelischen Unterrichts ist, „daß die von ihm zu behandelnde Wirklichkeit sich in ihrer Wirksamkeit im Unterricht nicht herbeizitieren läßt"[4]. Daß historischer Bericht und kerygmatisches Zeugnis eine Einheit sind, ist nach Stallmann für die Verkündigung selbst festzuhalten, nicht aber in einem unterrichtlichen Vollzug, in dem dann doch versucht werden müßte, das Hören als letzte Stufe der Beschäftigung mit Tatsachen zu erreichen. Aber „das Wort ist keine Erläuterung zu Gottes Werk, es ist nicht ein Kommentar zum Heil..."[5].

Für den evangelischen Unterricht zog Stallmann die Schlußfolgerung: „Er muß grundsätzlich jeden Schein vermeiden, als könne oder sollte er auf irgendeine wenn auch noch so entfernte Weise zum Wirksamwerden des Evangeliums beitragen. Vor jeder Verfälschung der Verkündigung ist er erst geschützt, wenn er sich von ihr selbst her nicht nur als möglich, sondern als notwendig erweisen läßt."[6]

Notwendig wird christlicher Unterricht, weil auch „bei der Begegnung mit der christlichen Verkündigung mit Notwendigkeit Fragen aufbrechen, denen die Antwort nicht verweigert werden darf"[7]. Nur ist es dann für Stallmann nicht einfach, zu zeigen, in welchem Sinn aus der Predigt erwachsene Fragen überhaupt zu beantworten sind. Stallmann meint, es gehe eigentlich nicht um Antworten im erklärenden Sinn, sondern um eine Veränderung der Frage selbst: „Der Fragende, der zunächst nach einer Begründung der Wahrheit im Bereich des aufweisbar Verfügbaren forscht, wird zur Frage nach sich selbst veranlaßt, in dem die scheiternden Versuche, aus der Welt- oder Selbsterfahrung des Grundes göttlicher Wahrheit und eigenen Glaubens mächtig zu werden, ihm seine Wortbedürftigkeit, d. h. sein Angewiesensein auf das Wort göttlichen Zutrauens, verständlich werden lassen."[8] Durch eine solche Veränderung des Fragens zur Frage nach sich selbst kann der fragende Hörer mit dem Wort der Verkündigung einig werden[9].

---

[4] *Martin Stallmann*, Hermeneutik und Didaktik, in: Die Biblische Geschichte im Unterricht 1963 S. 231.
[5] Ebd. S. 237.
[6] Ebd. S. 240.
[7] Ebd. S. 240.
[8] Ebd. S. 243.
[9] *Martin Stallmann*, aaO, S. 243.

Aber was wäre das anderes als tatsächlich doch eine Propädeutik des Glaubens? Läßt sich christlicher Unterricht, wie Stallmann wollte, von der Verkündigung unterscheiden und zugleich von ihr her als notwendig erweisen?

In einem Vortrag des Jahres 1933, der später als Aufsatz herausgegeben wurde, hat Paul Schempp das Problem des christlichen Unterrichts unter dem Stichwort der „religiösen Bildung" behandelt[10]. Die Abhandlung stellt gegenüber den uns geläufigen Versuchen, Unterricht und Evangelium einander zuzuordnen, eine Verschärfung des Problems dar. Schempps Behauptung ist, „daß man christlich den Religionsunterricht und jede religiöse Bildung überhaupt nur als Notstandsarbeit betrachten und betreiben kann"[11]. Dieser Satz ist von Luther her gesprochen und verweist auch den christlichen Unterricht in das Unternehmen eines gesetzlichen Handelns, auf das diese Welt aus Not angewiesen ist. Gerade Paul Schempp hat damals davon gesprochen, wie nötig Staat und Gesellschaft auf religiöse Bildung angewiesen sind, um überhaupt ein wirkungsvolles Bildungswesen zu halten. „Gehören Bildung und Zeit (nämlich Gegenwart) zusammen, so gehören auch Bildung und Ort (nämlich Geographie) zusammen. Der Mensch ist religiös bildungsfähig heißt: Er hat zu allen Zeiten und an allen Orten Anlagen für Glauben und Unglauben, Angst und Sehnsucht, Lieben und Hassen, Beten und Fluchen; er kann ohne Altäre nicht leben — die Bibel drückt das so aus, daß mit dem Sündenfall die Religion begonnen habe; aber das heißt auch, daß die Bildung in Raum und Zeit geschieht und daß man also nur in einer bestimmten Zeit an einem bestimmten Ort bestimmten Menschen eine bestimmte Religion einpflanzen kann."[12] Der konkreteste Ort solcher religiösen Bildung wäre nach Schempp die Gemeinde[13].

Schempp drängte auch hier gegen die oberflächlich Kompromißbereiten auf die Wahrnehmung der Fronten gegen eine „freie religiöse Erziehung" mit Beteiligung der christlichen Kirchen, denn: „Christliche Erzieher müssen doch ‚Freiheit' in ganz anderem Sinne verstehen als nichtchristliche; für sie gibt es ausschließlich in Christus Freiheit, und das ist gerade strengster, völliger, freiwilliger Gehorsam. Sie können nur im Bekenntnis zu Christus als dem Sohne Gottes, innerhalb der Kirche und in sie hinein, im Anschluß an die Schrift, mit gebundener Marschroute erziehen"[14]. Schempp wollte hier an der christlichen Erziehung zugleich

---

[10] *Paul Schempp*, Der religiöse Bildungsvorgang, Ges. Aufsätze 1960 S. 25 ff.
[11] Ebd. S. 36.
[12] Ebd. S. 27 f.
[13] Ebd. vgl. S. 30.
[14] *Paul Schempp*, aaO, S. 33.

die Bedingungen jeder religiösen Erziehung klarstellen, die immer nur so lange Aussicht auf Erfolg haben kann, als sie sich an eine bestimmte Religion und an eine feste doctrina hält.

Für die christliche Bildung wie für alle religiöse Bildung ist nach Schempp aber auch nur *ein* Erfolg denkbar: der *Pharisäer*. Schempp beschreibt ihn als das Musterbeispiel *erfolgreicher* religiöser Erziehung[15], als Inbegriff alles dessen, was in einem Religionsunterricht erreicht werden kann. Damit bezeichnet Schempp dem christlichen Religionsunterricht seine Grenze: „Denn Glauben an Christus vermitteln, durch Erziehung bewirken, kann man im Ernst nicht wollen, wenn man bekennt, daß unser Glaube Geschenk des Heiligen Geistes ist."[16]

Damit wollte Schempp den Religionsunterricht nicht ad absurdum führen. Er kennzeichnete damit aber das pädagogische Geschäft auch einer christlichen Bildung so, daß es sich aus seinen menschlichen und weltlichen Bedingungen heraus *theologisch* verstehen läßt, nämlich *als* menschliches Unternehmen. Wenn Schempp sagt „Wir wollen religiöse Erziehung. Wir wollen, daß der Mensch bis auf Essen und Trinken religiös sei", dann meint er gerade damit ein menschliches Bildungswesen, das nur menschliche Frömmigkeit bilden kann. So will er davon sprechen, daß auch der christliche Unterricht unter dem *Vorbehalt* geschehen muß, der für alle menschlichen Unternehmungen gilt: „Wir tun ersteres mit dem kritischen Vorbehalt des Gerichts und der Gnade Gottes, von dem immer und allein nur zu *zeugen* ist, d. h. in bezug auf diesen Vorbehalt, auf diesen die religiöse Bildung begleitenden und unmerklich auch beherrschenden Verzicht auf religiöse Bildung, auf menschliche Gerechtigkeit vor Gott."[17] Dem von Schempp ernstlich vorgetragenen „wir wollen den Pharisäer" ist zur Seite gestellt: „Wir wollen zugleich, daß der religiöse Mensch, der christlich-religiöse Mensch, Christus als das Ende seiner Religion anerkennt; daß er erkennt, daß Religion auf keinen Fall selig macht und die religiöse Erziehung vor Gott keinen Vorzug hat, daß diese menschlich echten Vorzüge vor Gott Kot und Dreck sind."[18]

Ist im Umkreis des Evangeliums Unterricht möglich, ohne daß durch solchen Unterricht Evangelium zum Gesetz wird? Paul Schempp hat uns darauf aufmerksam gemacht, daß wir im evangelischen Unterricht dem Evangelium nur gerecht werden können, wenn wir den Unterricht selbst, auch den christlichen, bis zu seinem Unterrichtserfolg hin als gesetzliches

---

[15] Ebd. vgl. S. 34.
[16] Ebd. S. 35.
[17] *Paul Schempp*, aaO, S. 35 f.
[18] Ebd. S. 35.

Unternehmen erkennen und *wollen*. Auch ohne daß dabei Luther ausdrücklich zitiert wurde, hat Paul Schempp damit auch die Religionspädagogen auf eine Fährte gesetzt, die von Luther aus gegangen werden muß. Er hat sein Urteil über den evangelischen Unterricht von einem Urteil über Lehrer und Schüler abhängig gemacht, das als Urteil des Evangeliums über den Menschen wahrgenommen werden muß — de homine.

Gerade mit diesem Urteil hat sich Luther gegen einen leitenden Grundsatz der Pädagogik gestellt, noch nicht in einer seiner katechetischen Schriften, sondern in seiner Auseinandersetzung mit der scholastischen Theologie. In einem Brief an Spalatin schreibt er: „Denn nicht, wie Aristoteles meint, werden wir durch gerechtes Tun gerecht[19], es sei denn zum Schein, sondern gerecht werdend sozusagen und seiend wirken wir Gerechtes. Zuerst muß die Person geändert werden und danach die Werke."[20] Ein Zeugnis dieser Auseinandersetzung Luthers mit der aristotelischen Anthropologie sind die 97 Disputationsthesen gegen die scholastische Theologie. „Die Wahrheit ist, daß der Mensch als schlechtgewordener Baum nicht anders kann, als Böses wollen und tun."[21] Die Forderung aller Gebote, Gott über alle Dinge zu lieben, ist von der Natur des Menschen gesagt eine Täuschung, denn der Mensch kann von Natur aus nicht wollen, daß Gott Gott sei[22].

Zwar hat auch die scholastische Theologie den Willen des Menschen nicht als guten Willen angesehen, sofern es um sein faktisches Wollen geht. Dennoch wurde vorausgesetzt, daß im Menschen kraft seiner Vernunftanlage ein natürlicher Wille sei, der von sich aus das Gute will, wenn auch schwach und kümmerlich, wenn ihn die Gnade nicht unterstützt[23]. Das entspricht aber aristotelischer Anthropologie, daß der gute Wille des Menschen als Anlage gedacht wird, die auch noch in ihrer geschwächtesten Form ebenso wie Vernunft und Urteilskraft dem Menschen zuzusprechen ist[24]. Nach Luther aber kommt der Gnade vom Menschen aus nichts entgegen als Ungeeignetheit, ja Aufruhr[25]. Deshalb ist für ihn jede moralische Tugend Hochmut oder Schwermut und der

---
[19] *Aristoteles*, Nikomachische Ethik 1103 a; vgl. auch 1105 b9.
[20] Luther an Spalatin 19. 10. 1516.
[21] *Luther*, Disputatio contra schol. theol. 1517, WA 1 S. 224.
[22] Ebd. S. 225.
[23] Vgl. *P. Lombardus*, Sent. lib. II XXIV/5.
[24] Vgl. hierzu, wie Th. v. Aquin die charitas abhandelt, S. th. II 2 qXXIII a2.
[25] *M. Luther*, contra schol. theol. These 30; vgl. De servo arbitrio WA 18 S. 774: Sensus carnis est inimicitia contra Deum.

Mensch selbst nicht Herr seiner Handlungen, sondern Knecht, und in der 34. These gegen die scholastische Theologie wiederholt Luther den an Spalatin geschriebenen Satz: „Wir werden nicht gerecht durch gerechtes Handeln, sondern gerecht gemacht handeln wir gerecht."

Auch die Thesen gegen die scholastische Theologie zeigen: Luther versteht den Menschen als *Wille*. Soll der Mensch geändert werden, dann muß sein Wille geändert werden. Ein neues Verhältnis des Willens zum Gesetz, dem der natürliche Mensch nur Widerwillen entgegenbringen kann, ist allein durch die Gnade möglich: „Es ist die Gnade als Vermittlerin nötig, das Gesetz mit dem Willen zu versöhnen."[26] Erst in der Liebe kann der Wille mit dem Gesetz einig werden. Aber die Gottesliebe muß sich gegen die natürliche Vorliebe des Menschen durchsetzen: „Gott lieben heißt, sich selbst hassen und außer Gott nichts kennen."[27] Gottesliebe heißt, unseren Willen ganz dem göttlichen Willen gleichförmig machen[28].

So richtet sich die Gnade, die am Willen des Menschen überhaupt keinen Anhalt hat, nach Luther gerade auf den Willen des Menschen.

Zur selben Zeit las Luther über den Galaterbrief. Er spricht da eine freiere Sprache als in den Thesen. In der Auslegung von Gal 3,3 kommt er aber zur selben anthropologischen Einsicht. Der Mensch *ist* Fleisch (Gen 6,3), und das Wort „fleischlich" kennzeichnet den Menschen gerade in seinem Denken[29]. Der geistliche Mensch ist gegenüber dem fleischlichen nicht der höhere Teil, sondern der entgegengesetzte Mensch. Er ist uns selbst verborgen, der neue und innere Mensch, das Bild Gottes. Es ist der Mensch, der *gerufen* wird.

Ist der Mensch *reiner Werkstoff* Gottes[30], wie sollte er dann noch Objekt oder Subjekt irgendeiner Pädagogik werden können? Muß nicht gerade der an Pädagogik Interessierte (zum Beispiel Erasmus) das anthropologische Urteil Luthers bekämpfen?

Aber Luthers Satz „zuerst muß die Person geändert werden und danach die Werke" enthält seinerseits ja auch einen pädagogischen Grundsatz und bringt das Ziel aller Pädagogik, die Person selbst, ins Spiel. Luther meint auch mit seiner Rede vom Menschen als der pura materia

---

[26] *M. Luther*, contra schol. theol. These 89.
[27] Ebd. These 95. [28] Ebd. These 96.
[29] ‚Carnalis' autem est homo rationalis seu secundum animam. WA 57 S. 78.
[30] *M. Luther*, Decem praecepta Witt. pop. praed. WA 1 S. 456,14; Disputatio de homine WA 39 I S. 177; Quare homo huius vitae est pura materia Dei ad futurae formae suae vitam.

Dei nichts anderes als die Person. Die Misere der Pädagogik könnte darin bestehen, daß sie mit dieser Person, dem vir vocatus, nichts anfangen kann und deshalb auf Anlagen, auf „Tugenden" und Fähigkeiten ausweichen muß. Hat Luther, wie Schempp andeutet, davon gesprochen, daß die Person selbst unserer Pädagogik überhaupt vorenthalten bleibt, weil sie durch keine Erziehung und auf keinem Weg von uns hervorgerufen werden kann? Aber welche Pädagogik würde dieser Lage gerecht?

Und doch ist für Luther der Mensch von Anfang an *als* Person angesprochen: als Täter *seiner* Werke, als der *selbst* Denkende und Sprechende. Nicht nur Gott, sondern auch der Mensch ist auf Gerechtigkeit hin anzusprechen. Den Menschen auf seine Gerechtigkeit hin anzusprechen heißt aber bei Luther, ihn auf die Gerechtigkeit Christi ansprechen. Denn meine Gerechtigkeit verhält sich zur Gerechtigkeit Christi wie die Frucht oder Folge zur Ursache und zum Ursprung[31]. Die Gerechtigkeit des Menschen ist „fremd und von außen eingegeben", und doch ist im Glauben mein, „was Christus gelebt hat". Die bei Luther unterschiedene zweite Gerechtigkeit, die als Frucht und Folge aus der Gerechtigkeit Christi bei mir entspringt, ist nicht Habitus oder Aneignung der Gerechtigkeit Christi durch den Menschen, denn die Person selbst ist schon Inhaber der Gerechtigkeit Christi, die nicht erst durch mein eigenes Tun meine Gerechtigkeit wird, sondern schon in der Taufe und fortwährend in der Buße meine Gerechtigkeit ist. Was bleibt dann aber der allein aus der Gnade gerechtfertigten Person, was Luther dazu veranlaßt, von einer zweiten Gerechtigkeit zu sprechen? Es bleiben ihr die Werke[32]. Ja eigentlich ist die zweite Gerechtigkeit nichts anderes als opus. Sie ist das Werk, das seines Grundes (fundamentum), seiner Notwendigkeit (causa) und seines Ursprungs (origo) *gewiß* ist. Sie ist das freie Werk, das die Person nicht mehr für sich selbst beanspruchen muß: *fructus*. Die Person bedarf der Werke überhaupt nicht mehr, weil sie alles schon hat, was Christus hat. So bleiben ihr die Werke zu tun übrig, eine secunda iustitia.

Der Kernsatz einer der Rechtfertigungslehre entsprechenden Anthropologie Luthers ist ein neutestamentlicher, zwar vorpädagogischer, aber doch alle Pädagogik bewegender Grundsatz: Die Frucht ist wie der Baum[33]. Der gute Mensch bringt aus dem guten Vermögen seines Her-

---

[31] *M. Luther,* Sermo de duplici iustitia 1519 WA 2.

[32] „Weil ein jeder für sich selbst genug hat an seinem Glauben und alle anderen Werke und Leben ihm übrig sind, seinem Nächsten damit aus freier Liebe zu dienen." Von der Freiheit eines Christenmenschen WA 7 S. 35,10.

[33] Mt 7,16 ff.; Lk 6,43 f.; Mt 12,33.

zens Gutes hervor, der böse aus dem bösen Vermögen Böses[34]. Es kommt also darauf an, was einer *hat*. Damit spricht der Vergleich von dem, was den Menschen zur Person macht und was ihm zugleich entzogen ist. Im Herzen hat er sein Eigenstes. Aber darüber ist er nicht Herr; er kann nur hervorbringen, was ihn als das Seine schon erfüllt (thesauros).

Dieser neutestamentlichen Anthropologie folgt Luther ausdrücklich in einer seiner frühen katechetischen Arbeiten, der „kurzen Erklärung der zehn Gebote" von 1518[35]. Er verfolgt das Vergehen, das im Gebot genannt wird, auf seine Wurzel zurück. Das Gebot verbietet nicht nur den Ehebruch und den Diebstahl, sondern die ganze Begierde: „... darum so wird hier der Baum mit den Früchten verboten, Geiz und was aus Geiz folgen mag."[36] Hinter der traditionellen Kasuistik der Beichtspiegel ist erst aufzudecken, was die Person ist und was sie als das ihre hat. So formuliert Luther zwei Lehrsätze:

Sein selbst eigen Liebe und Gottes und des Nächsten Verachtung nimmt Gott das sein ist und entzieht ihm, was ihr ist. Nimmt dem Nächsten, was sein ist und entbietet ihm nicht, das ihr ist. Also tut die Natur ihr selbst gelassen durch Adams erste Sünde.
Die Liebe Gottes und des Nächsten und sein selbst Verachtung enthält sich der Güter und Namen Gottes und entbietet ihm ihr bloßes Nichts. Enthält sich der Güter des Nächsten und entbietet ihm das ihr und sich selbst. Also tut die Gnade Gottes durch Christum unseren Herrn[37].

Die beiden Gegenbilder vom Menschen sind jeweils durch den Gegenstand ihrer Liebe bestimmt. Dabei entscheidet der Gegenstand über die Liebe, das, was einer *hat* über das, was er *tut*. Die Person wird durch das bestimmt, was sie liebt. Welcher Art die Liebe ist, zeigt sich daran, ob sie „entzieht" und verweigert, oder ob sie sich „enthält" und „entbietet". Was entboten oder entzogen wird, ist *die Person selbst*.

Das Urteil, das der Glaube dem Menschen über sich selbst gestattet, daß wir Nichts sind und Gott alles in allen[38], ist bei Luther zugleich das Urteil der Liebe. Für die Liebe allein kann das Nichts noch Gegenstand sein. Deshalb wendet sich Luther gegen eine Definition des Petrus Lombardus, nach der die Hoffnung aus den Verdiensten komme[39]. Die Hoffnung des Glaubens kann allein die Barmherzigkeit Gottes vor sich ha-

---

[34] Lk 6,45.

[35] In einer späteren Umarbeitung von Luther selbst als „eine kurze Form der zehn Gebote" zusammen mit „einer kurzen Form des Glaubens" und „einer kurzen Form des Vaterunsers" 1520 als ein erster Katechismus herausgegeben.

[36] WA 1 S. 251.   [37] WA 1 S. 254 f.   [38] WA 1 S. 428.

[39] sine meritis enim aliquid sperare, non spes, sed praesumtio dici potest. P. Lombardus sent. lib. III dist. XXXVI.

ben, unsere eigene Wirksamkeit ist dagegen viel eher Ursprung der Verzweiflung[40]. Die Gebotsauslegung Luthers von 1518 will den Menschen dorthin führen, wo er das Urteil über sich selbst sprechen kann, zum ersten Gebot. Das Gebot sagt, was wir Gott schuldig sind: uns selbst. Das Gebot spricht den Menschen auf das an, was er liebt.

Wie verhält sich das dazu, daß Luther die Person als Wille versteht? Für Luther sind Wille und Liebe dasselbe: Voluntas ipsa est charitas[41]. Diese Identität bestimmt durchgehend die Gebotsauslegung Luthers 1516 und 1517. In den Decem praecepta[42] will er zeigen, daß alle Gebote geistlich und das heißt *affirmativ* auszulegen sind. Gott will, daß der Mensch *selbst* dem Gebot entspricht. Das Gebot ruft nach der Person, nach der Einheit von Wollen und Lieben: „Aber alle Gebote, wie ich sagte, suchen die Liebe, denn ohne Liebe, das heißt leicht, sofort, fröhlich, freiwillig, sind sie nicht zu erfüllen."[43] Die Liebe wird vom Gebot beim Menschen als dessen Wille gesucht.

Warum genügt dann das Liebesgebot nicht überhaupt? Luther rechnet damit, daß wir uns selbst über die Liebe täuschen[44]. Aus diesem Grund brauchen wir den Dekalog als Spiegel. Aber kann solche Selbsterkenntnis im Spiegel einer *geistlichen* Auslegung der Gebote zu etwas anderem führen als zu der Einsicht von Rm 7,14, daß das Gesetz geistlich ist, ich aber bin fleischlich? Die Einsicht, daß gerade das „gerne wollen" und das „fröhlich tun" nicht in meiner Verfügung stehen, zeigt, daß das Ziel alles Gebotsunterrichts, die Person selbst, dem Unterricht vorenthalten bleibt, ja als das Vorbehaltene erst erkannt werden muß.

Luther hat 1520 in seiner Vorrede zur kurzen Form[45] versucht, die durchs Gebot herbeigeführte Selbsterkenntnis in den Zusammenhang eines christlichen Unterrichts für den einfachen Christen zu stellen. Die Stücke dieses Unterrichts sind, wie später im kleinen Katechismus, die Gebote, der Glaube und das Vaterunser, darin für Luther die Schrift „gründlich und überflüssig begriffen" ist, denn diese drei Stücke enthalten „alles, was einem Christen not ist zu wissen", und das heißt für Luther, „was ihm not ist zur Seligkeit". Luther sieht den Menschen als Patienten, der an den Geboten erfährt, was er tun und lassen soll und dabei, daß er es nicht tun noch lassen kann aus eigener Kraft. Am Glau-

---

[40] WA 1 S. 428 vgl. S. 130 ff.
[41] WA 6 S. 462.
[42] *M. Luther*, Decem praecepta Witt. populo praedicata 1518, geht auf die Gebotspredigten zwischen 1516 und 1517 zurück. WA 6.
[43] WA 6 S. 437.   [44] WA 6 S. 437, 36 ff.   [45] WA 7 S. 204 f.

ben erfährt er, „wo er's nehmen und suchen und finden soll", und im Vaterunser wird er gelehrt, „wie er es suchen und holen soll". Daß Luther vom Menschen als dem Patienten spricht, erinnert daran, daß er pura materia der Gnade ist. Der Christ ist der Patient Gottes. Was Luther an den drei Stücken des christlichen Unterrichts darstellt, ist für ihn aber zugleich die Pädagogik der ganzen Schrift: „Das sein die drei Ding in der ganzen Schrift." Es ist eine Pädagogik der Not, aus der Luther dann 1529 im Großen Katechismus den Zusammenhang der drei Hauptstücke erläutert[46].

So führt Luther aber in seinem Unterricht mit dem Glauben nicht von den Geboten weg, sondern zu ihnen zurück: „Denn so wir könnten aus eigenen Kräften die zehn Gebote halten, wie sie zu halten sind, bedürften wir nichts weiter, weder Glauben noch Vaterunser."[47] Der Katechismus entspricht einem aus der Not des Menschen nötigen Unterricht. Die Not besteht darin, daß der Mensch nicht glaubt, was das erste Gebot sagt und deshalb keines der Gebote erfüllen kann.

Paul Schempp hat die Pädagogik dieser Not dargelegt: „Damit ist auch gegeben, daß man christlich den Religionsunterricht und jede religiöse Bildung überhaupt nur als Notstandsarbeit betreiben kann. Ernst und zielbewußt, aber in dem Bewußtsein, daß eben darin der ganze Fehler liegt, daß man religiös bilden muß neben, über oder vor anderer Bildung, anstatt daß Religion nur die Innenseite aller Bildung und alles Lebens wäre, daß zum Beispiel das Essenlernen zugleich ein ‚andächtig und dankbar Essenlernen' wäre. Daß sich das Religiöse leider nicht von selber versteht, das ist das einzige und letzte Hindernis, das den Pharisäer vom Christen trennt (denn beim Christen versteht es sich von selber!)."[48]

Der anscheinende Aufbau des christlichen Unterrichts bei Luther in Stufen kann also täuschen, denn das Ziel ist der Anfang. Der Unterricht kann sein Ziel nur erreichen, wenn er zurückführt. Der Inhalt und der Gegenstand des evangelischen Unterrichts *bleibt* das Gebot.

Dem entspricht es, daß wir selbst nach Luther schließlich die Schüler des Katechismus bleiben[49]. Er wollte, daß der Katechismus täglich gelesen und gesprochen wird[50], wie sich Gott selbst nicht schämt, „solches

---

[46] Vgl. die Einleitung zum Glauben und zum Vaterunser. Die Bekenntnisschriften der evang.-luth. Kirche S. 646 u. S. 662.
[47] Bekenntnisschriften S. 646. [48] *Paul Schempp,* aaO, S. 36.
[49] Neue Vorrede z. Gr. Katechismus zum Gr. Katechismus, Bekenntnisschriften S. 548.
[50] Vorrede zum Gr. Katechismus, Bekenntnisschriften S. 557; 559.

täglich zu lehren, als der nichts Besseres wisse zu lehren, und immer solch Einerlei lehret und nichts Neues noch Anderes vornimmt..."[51].

Wie sieht ein Unterricht aus, der sich auf das Tägliche einläßt? Von unseren Vorstellungen aus können wir da nur an Wiederholung und „Einerlei" denken. Das mag daran liegen, daß unsere Schulpädagogik die Not, von der Luther sprach, nicht kennt und daß wir nicht verstehen, was das sein soll: ein Wissen zur Not[52]. Dahinter steckt, daß uns die Zeit dieser Not selbst fremd ist, das Tägliche.

Das Tägliche ist für Luther die Zeit, die dem *Wort* zugehört. Gerade der Glaube ist täglich angefochten. Die Anfechtung richtet sich gegen die Gebote, die ich gelernt habe[53], und gegen den Glauben, den ich geglaubt habe[54]. Wir selbst sind der Gegenstand, den das Wort täglich zu bearbeiten hat[55]. Der Wortlaut, auf den Luther bei der Kinderlehre im Katechismus so großen Wert legt, bleibt auch für den Glaubenden aus der täglichen Not der Anfechtung der Wortlaut des Wortes, das täglich neu gehört werden muß.

Die Täglichkeit, zu der der evangelische Unterricht vor allem nach der neuen Vorrede zum Großen Katechismus bestimmt ist, ist in der Vorstellung eines allmählich voranschreitenden Unterrichts nicht mehr leicht unterzubringen. Trotzdem hat Luther einen regelrechten Unterricht vorgesehen. Worin soll aber dann der Zuwachs dieses Unterrichts bestehen, wenn sein Grundzug die Rückkehr zum selben Wortlaut bleibt? Was heißt hier *Lernen*?

In der Erklärung des dritten Gebotes im Großen Katechismus schreibt Luther: „Darum wisse, daß es nicht allein um Hören zu tun ist, sondern auch soll gelernt und behalten werden, und denke nicht, daß es in deiner Willkür stehe oder nicht große Macht daran liege, sondern daß es Gottes Gebot ist, der es fordern wird, wie du sein Wort gehört, gelernt und geehrt habest."[56] Das Hören des Wortes in der Predigt genügt Luther nicht, es muß auch gelernt werden; Hören und Lernen gehören beim Wort zusammen, wie auch die Erklärung zum dritten Gebot im Kleinen Katechismus sagt. Dasselbe Wort, das als Evangelium nur gehört werden

---

[51] Neue Vorrede zum Gr. Katechismus, Bekenntnisschriften S. 551.
[52] In der Verlegenheit wurde dann allzuoft nur von den Schützengräben gesprochen.
[53] Großer Katech. Bek. Schriften S. 585 f.
[54] Großer Katech. Bek. Schriften S. 686.
[55] Großer Katech. Bek. Schriften S. 659: „Denn jetzt bleiben wir halb und halb reine und heilig, auf daß der heilige Geist immer an uns arbeite durch das Wort und täglich Vergebung austeile..."
[56] Bek. Schriften S. 585.

kann, ist für Luther seinem Wortlaut nach Gegenstand des Unterrichts, eines tatsächlich gesetzlichen Lernens, zu dem Eltern und Lehrer ihre Kinder anhalten müssen, ihn „von Wort zu Wort" zu sprechen und zu üben[57]. „Und soll die Kinder dazu gewöhnen täglich, wenn sie des Morgens aufstehen, zu Tisch gehen und sich abends schlafen legen, daß sie es müssen aufsagen, und ihnen nicht Essen noch Trinken geben, sie hätten es denn gesagt."[58]

Luther hat in seiner Vorrede zur deutschen Messe die Erwartung ausgesprochen, daß nicht nur der Verstand, sondern das Herz selbst nach und nach die „ganze Summa des christlichen Verstandes" zu fassen bekommt[59]. Aber das Herz, das Luther dort wie ein Gefäß darstellt, in dem die Worte der Predigt nach und nach aufgenommen werden können, ist genau gesehen für ihn *Glaube* und *Liebe*, nicht ein unbestimmtes Fassungsvermögen des Schülers[60]. Der Wortlaut des Unterrichts, wie er in einem Katechismus gefaßt werden kann, ist der Wortlaut, der dem Glauben und der Liebe vorgesprochen wird, das Wort, das nur von Glauben und Liebe selbst gesprochen werden kann: „Ich erwäge und setze mein Trauen allein auf den bloßen unsichtlichen unbegreiflichen einigen Gott, der Himmel und Erde geschaffen hat und allein über alle Kreatur ist."[61] „Ich glaube nichts desto weniger in Gott, ob ich arm, unverständig, ungelehrt, verachtet bin oder alles Dings mangle. Ich glaube nichts desto weniger, ob ich ein Sünder bin. Denn dieser mein Glaube soll und muß schweben über alles was da ist und nicht ist, über Sünde und Tugend und über alles, auf daß er in Gott lauter und rein sich halte, wie mich das erste Gebot dringt."[62]

Das Ausstehende des evangelischen Unterrichts ist die Person, die im Glauben und in der Liebe so sprechen kann. Luther wußte, daß diese Person beim Unterricht nicht vorausgesetzt werden durfte. Die bereits Christen sind, bedürfen eigentlich keiner Ordnung und keines Unterrichts, „sie haben ihren Gottesdienst im Geist"[63]. Letzten Endes aber hat Luther nicht zwei Christenstände unterschieden, sondern für sich selbst und für alle anderen die tägliche Rückkehr in den Anfangsunterricht verlangt.

Daß aus der Predigt heraus, die zum Hören bestimmt ist, von Luther

---

[57] Vorrede zum Gr. Katech. Bek. Schr. S. 559.
[58] Vorrede zum Gr. Katech. Bek. Schr. S. 557.
[59] Deutsche Messe WA 19 S. 77.
[60] Deutsche Messe WA 19 S. 77.
[61] Kurze Form WA 7 S. 216.
[62] Kurze Form WA 7, S. 216.
[63] Deutsche Messe WA 19 S. 73.

ein evangelischer Unterricht, ein *Lernen* gefordert und mit Hilfe der Katechismen betrieben wird, erweckt den Anschein, als sollte mit den Mitteln des Gesetzes, mit Haus- und Gemeindeordnung das Evangelium gesichert werden. In Wirklichkeit aber ist für Luther ein evangelischer *Unterricht* und das heißt freilich ein gesetzliches Lernen nötig, weil es gar nicht in unserer Verfügung steht, ob wir das uns bestimmte Wort als Wortlaut des Evangeliums oder als Wortlaut des Gesetzes zu hören vermögen. Das zeigt Luther am deutlichsten an der Gebotsauslegung. Gelernt und betrieben werden müssen die Gebote so oder so, und das heißt als Gesetz. Erfüllt werden können sie aber nur geistlich, das heißt im Glauben und in der Liebe. Die Rückkehr des evangelischen Unterrichts zum Wortlaut des Gebotes entspricht dem Stand unserer eigenen Täglichkeit, in der entschieden wird, ob uns dasselbe Gebot als Gesetz begegnen muß oder ob wir dasselbe Gebot selbst „gerne" bejahen können. Der Zuwachs, auf den der evangelische Unterricht aus ist, ist diese freie Person. Aber das Lernen schafft diese Person nicht, sondern läßt sie vorbehalten sein. So muß gerade im evangelischen Unterricht der paidagogos eis Christon sein Recht bekommen. Der Vorbehalt, von dem Paul Schempp sprach, macht auch den evangelischen Unterricht zu einem Tun unter dem Gesetz, aber um des Evangeliums willen. Es soll gelernt werden, Gesetz und Evangelium an mir selbst zu unterscheiden. Diesem Lernen wollten die Erklärungen Luthers zu den Geboten im Kleinen Katechismus helfen: die doppelte Auslegung, die als Gesetz dem alten Menschen gerecht werden muß, indem sie verneint, verbietet und fordert und im selben Wort doch den neuen Menschen ruft, indem sie sein eigenes Ja, das Werk *seines* Glaubens vorsagt.

WAS HEISST WIRKLICHKEIT?

WILHELM WEISCHEDEL

Vorbemerkung

In den Gesprächen, die Ernst Fuchs und ich in unserer gemeinsamen Marburger Studentenzeit und in unserer gemeinsamen Berliner Professorenzeit geführt haben, hat uns das Problem der theologischen Wirklichkeit, der Wirklichkeit des Glaubens und seines Gegenstandes, besonders beschäftigt. Das kann es rechtfertigen, daß ich im Gedenken an den 70. Geburtstag des Freundes die Frage nach der Wirklichkeit in einem umfassenderen Rahmen zu bedenken versuche.

I. Der Begriff der Wirklichkeit

Seit alters ist die Frage nach der Wirklichkeit die Grundfrage der Philosophie. Aristoteles stellt sie in der Form: τί τὸ ὄν; was ist das Seiende oder das Wirkliche? Platon fragt nach dem ὄντως ὄν, dem wahrhaft Wirklichen. Was heißt in diesem Zusammenhang Wirklichkeit? Was ist, dem Begriffe nach, das Wirkliche?

Spannt man den Bogen der Fragestellung so weit, dann genügt es nicht, inhaltliche Antworten zu geben. Man kann also nicht von vornherein sagen, wie es das materialistische Denken unternimmt: Die Wirklichkeit ist die Materie. Ebensowenig aber kann man von vornherein behaupten, wie es idealistische Denker wollen: Die Wirklichkeit ist der Geist. Es kann vielmehr vorerst nur um eine formale Bestimmung des Begriffs der Wirklichkeit gehen. Was also ist gemeint, wenn man sagt: Etwas ist wirklich?

Einen ersten Hinweis kann die sprachliche Fügung des Wortes „Wirklichkeit" geben. Dieses leitet sich von „wirken" ab. Das Wirkliche ist somit das Wirkende, das Wirksame. Es äußert sich in einer Einwirkung auf den erkennenden und handelnden Menschen. So etwa, wenn ich auf einen Tisch zugehe und dabei einen Anstoß erfahre. Eben in dieser wirksamen Widerständigkeit wird mir die Wirklichkeit des Tisches offenbar. Aber es ist nicht notwendig, daß ich ausdrücklich auf ein Ding zugehe. Manches Wirkliche kommt auf mich zu: etwa ein Mensch, der mich anredet. Auch hier wird die Wirklichkeit des Anredenden als Wirksamsein erfahren. Wirklichkeit bedeutet also in einem ersten Hinblick soviel wie Wirksamkeit.

Nun kann ich aber etwas als auf mich einwirkend erfahren, was sich bei näherem Zusehen als nicht wirklich herausstellt. Dergleichen geschieht etwa in Halluzinationen, aber auch im Traum oder in Phantasievorstellungen. All das ist zwar als subjektiver Vorgang wirklich; es vollzieht sich ja faktisch in meinem Geiste. Aber die Gegenstände solcher Einbildungen, wenn sie mir auch wirksam entgegentreten, sind doch offenbar nicht wirklich. Sie sind Gebilde meiner Einbildungskraft, von mir hervorgebracht, aber nicht von sich selber her seiend. Eben darum spreche ich ihnen Wirklichkeit ab. Der Begriff der Wirklichkeit als Wirksamkeit reicht also offenbar nicht aus. Es gehört dazu, daß sich das Wirkliche von sich selber her als seiend präsentiere, sei es nun, daß es von sich selber her wirksam auf mich eindringe, sei es, daß es aus sich heraus wirksamen Widerstand leiste. Wirklichkeit ist somit in ihrem zweiten Moment Wirksamkeit von sich selber her.

Ein drittes, für den Begriff der Wirklichkeit charakteristisches Moment kommt hinzu. Wirklichkeit korrespondiert immer einer Erfahrung; sie ist immer Wirklichkeit für ein erfahrendes Wesen; sie hat immer einen Bezug auf Subjekte. Eine Aussage über ein Wirkliches, das jenseits aller möglichen Erfahrbarkeit stünde, wäre sinnlos. Dabei darf man freilich den Begriff der Erfahrung nicht auf die Sinneswahrnehmung einschränken. Es muß vielmehr offen bleiben, ob es etwa Erfahrungen von besonderer Art gibt, denen dann auch ein spezifisches Wirkliches entsprechen würde. Jedenfalls aber bleibt der Zusammenhang von Wirklichkeit und Erfahrung unabdingbar. Wirklichkeit ist erfahrbare Wirksamkeit von sich selber her.

Wie aber läßt sich Wirkliches von nicht Wirklichem unterscheiden? Offensichtlich gibt es dafür kein objektives, allgemein anwendbares Kriterium. Ich kann allerdings im Einzelfalle entscheiden, ob etwa der Mensch, dem ich im nächtlichen Walde zu begegnen meine, tatsächlich ein Mensch oder in Wirklichkeit ein Baum ist. Das geschieht dadurch, daß ich zu ihm hinzutrete. Dieser Sachverhalt führt zu einem vierten

Moment im Wesen der Wirklichkeit. Die nähere Betrachtung schafft Möglichkeiten, etwas als Wirkliches bestätigt oder widerlegt zu bekommen. Das gilt in einem allgemeinen Sinne. Immer dann, wenn ein dem Anschein nach Wirkliches fragwürdig wird, bedarf es des genaueren Hinsehens. Bewährt sich das fraglich gewordene Wirkliche in diesem Geschehen als Wirkliches, das heißt also von sich selber her Wirksames, dann habe ich ein Recht, ihm den Namen eines Wirklichen zu geben. So gehört denn die Bewährbarkeit im genaueren Betrachten zum vollen Begriff der Wirklichkeit. Wirklich ist etwas, wenn es sich in der Nachprüfung als wirksam erweist.

Nunmehr läßt sich das Ergebnis der bisherigen Überlegungen über den formalen Begriff der Wirklichkeit zusammenfassen. Wirklich ist das, was mir in einer Erfahrung als von sich selber her wirksam entgegentritt, und zwar so, daß es sich in der Nachprüfung als wirksam erweist.

II. Die Ebenen der Wirklichkeit

Mit der formalen Bestimmung des Begriffs der Wirklichkeit ist noch nicht viel gewonnen. Zwar ist deutlich geworden: Unserem Sprachverständnis nach ist das jetzt Ausgelegte gemeint, wenn wir von „Wirklichkeit" reden. Aber es ist noch nichts darüber ausgemacht, was inhaltlich als Wirklichkeit bezeichnet werden kann, was der Sache nach das Wirkliche ist. Hier nun zeigt sich: Es gibt verschiedene Aspekte, unter denen je verschiedene Wirklichkeitsebenen erblickt werden. Einige davon sollen im folgenden kurz gekennzeichnet werden.

Der erste Aspekt mag der des alltäglichen Lebens sein. Wenn hier auch viel an Täuschung und Schein vorkommt, gibt es doch unbestreitbar Wirkliches, das sich in der Erfahrung als von sich selber her wirksam aufdrängt und als solches auch dem näheren Zusehen standhält, das also den formalen Begriff der Wirklichkeit erfüllt. Etwa dieser Tisch da. Er ist ein Gebrauchsding; er zeichnet sich durch Nützlichkeit aus. Er hat eine quadratische Fläche, vier Beine, eine braune Farbe; er ist glatt poliert; ihm eignet eine in der Berührung erfahrbare Dichtigkeit. Er steht in einem Raum, zwischen Stühlen, die nicht ohne Bezug zu ihm sind; er wird bestrahlt von einer Lampe. Kurz: wir bewegen uns im Alltag unter lauter Wirklichem; wir leben in einer wirklichen Welt.

Hier tritt jedoch eine Schwierigkeit auf. Es gibt eine Betrachtungsweise, der der Tisch unter ganz anderem Aspekt und auf einer ganz anderen Ebene von Wirklichkeit begegnet: die mikrophysikalische Sicht. Ihr gemäß ist der Tisch, exakt betrachtet, nicht jenes Anschauliche, als das er sich in der alltäglichen Perspektive zeigt. Er ist vielmehr ein Unanschauliches, erst aus den Experimenten Erschließbares: ein Konglomerat von Atomen bzw. Atombestandteilen oder ein Geflecht von Wellen. Kein Zweifel: Auch hier ist der formale Begriff der Wirklichkeit erfüllt. Was sich im Experiment, das ja eine Art von Erfahrung darstellt, zeigt, tritt wirksam entgegen und erweist sich darin als von sich selber her seiend, und zwar so, daß es auch im ständig wiederholten Experiment, das zu seiner versuchsweisen Widerlegung angesetzt werden kann, sich durchhält.

Es treten also gleich zu Beginn unserer Überlegungen zwei Wirklichkeitsebenen auf. So sehr sie miteinander in Widerstreit stehen — denn der Tisch, so scheint es, ist doch entweder ein Gebrauchsding oder ein Atomgehäufe und ein Wellengeflecht —, so wenig kann man dem in den beiden Betrachtungsweisen Erscheinenden den Charakter der Wirklichkeit absprechen. In diesem Dilemma besteht der einzige Ausweg offenbar darin, daß man annimmt, die jeweilige Wirklichkeit des Wirklichen stehe zu unserer jeweiligen erfahrenden Betrachtungsweise in Bezug. Stellt man sich auf den Blick des Alltags ein, dann erscheint der Tisch in der Wirklichkeit seines Dastehens als Gebrauchsding mit den genannten Bestimmungen; stellt man sich in den Blickpunkt der Atomphysik, dann erscheint der Tisch als das geschilderte Gehäufe von Atomen oder Geflecht von Wellen. Keine der beiden Betrachtungsweisen kann man also gegen die andere ausspielen; man muß sie beide nebeneinander als mögliche Perspektiven bestehen lassen. Man kann nicht sagen: Dies ist wirklich und jenes nicht. Man kann nur sagen: Aus diesem Gesichtspunkt ist dieses, aus jenem jenes das Wirkliche.

Das bestätigt sich, wenn man hinzunimmt, daß die Atomphysik ja keineswegs die klassische Physik außer Kraft setzt, wenn diese nur in dem ihr angemessenen, dem makrophysikalischen Bereich bleibt. Unter diesem dritten Aspekt erscheint die Wirklichkeit wiederum anders als in den beiden bisher genannten Betrachtungsweisen. Sie zeigt sich als eine Welt von Dingen und von diese durchwaltenden Kräften, die in Raum und Zeit existieren und zueinander in naturgesetzlich geregelten Beziehungen stehen. Auch das ist kein willkürlich ausgedachtes Phantasiebild. Die makrophysikalische Welt zeigt sich vielmehr in den Experimenten als eine besondere Ebene von Wirklichkeit; sie wird als ein von sich selber her Wirksames erfahren und wird im wiederholten Experiment als solches erweislich. Wieder aber muß man sich davor hüten, diesen Gesichtspunkt zu verabsolutieren und dem darin Erscheinenden allein das Prädikat der Wirklichkeit zuzuschreiben. Auch die klassische physikalische Sicht ist nur eine unter vielen Betrachtungsweisen der Wirklichkeit, und das in ihr zum Vorschein kommende Wirkliche ist wirklich nur unter der Voraussetzung dieser Sicht.

Die Bedeutung des Gesichtspunktes für die Frage nach der Wirklichkeit zeigt sich noch eindringlicher, wenn man andere mögliche Sichten auf das Wirkliche heranzieht. Darunter zählt etwa die konsequent gedachte positivistische Betrachtungsweise. Ihr gemäß sind ursprünglich nicht Tische, Häuser, Bäume, Menschen gegeben. Ursprünglich gegeben sind vielmehr nur Sinneseindrücke und Sinnesdaten. Der Tisch etwa ist als solcher nichts unmittelbar Vorfindliches; seine Wirklichkeit besteht in bestimmten Empfindungen, die den Erfahrenden dazu bringen, von einem Tisch, von seiner Gestalt, seiner Farbe, seiner Dichtigkeit zu sprechen. Wirklich sind also in dieser Betrachtungsweise nur gewisse psychische Gegebenheiten, während von einer an sich seienden gegenständlichen Wirklichkeit nicht die Rede sein kann; an deren Stelle tritt das aufgrund der Sinneseindrücke mit den Mitteln des menschlichen Erkenntnisvermögens entworfene Bild einer Welt. Wichtig aber ist, daß auch jene Sinneseindrücke die Bedingungen erfüllen, unter denen etwas als wirklich bezeichnet werden kann. Sie treten in der Erfahrung als von sich selber her wirksam auf, und sie können dem Versuch, sie in Frage zu stellen, erfolgreich Widerstand leisten; so bilden sie eine eigene — die vierte — Ebene der Wirklichkeit.

Bei der positivistischen Betrachtungsweise besteht in erhöhtem Maße die Gefahr, daß sie sich als die einzig mögliche Sicht auf die Wirklichkeit ausgibt. Dieser Anspruch würde jedoch den Tatbestand verfälschen. Denn in unserem nächsten konkreten Dasein sind ja primär nicht Sinneseindrücke, sondern Dinge und Beziehungen zwischen solchen gegeben. Es bedarf einer ausdrücklichen Reflexion, um darauf zu schließen, daß die Vorstellung von Dingen letztlich auf Sinneseindrücken beruht. Die positivistische Blickweise ist also keine natürliche Sicht; sie entsteht vielmehr durch Abblendung von der unmittelbaren Betrachtungsweise. Das aber heißt: Sie darf sich nicht absolut setzen, sondern muß andere mögliche Blickweisen auf die Wirklichkeit neben sich dulden.

Das gilt ebenso für einen subjektiven Idealismus, wie ihn etwa Fichte in seiner Frühzeit vertritt. Er soll das fünfte Beispiel eines Aspektes auf die Wirklichkeit darstellen. Fichtes Grundthese lautet: Das einzig Wirkliche ist das Ich; die Außenwelt ist ohne jede ursprüngliche Wirklichkeit. Welthafte Vorstellungen sind immer nur Bilder, die das Ich aufgrund seiner besonderen Struktur und seiner moralischen Verfassung entwirft. Die ihnen entsprechende Welt ist nichts eigenständig Seiendes; was als Welt erscheint, ist vielmehr nur ein Produkt des Ich. So will denn Fichte in einem großartigen Denkversuch alle Wirklichkeit als eine Weise konstruieren, wie das sich selber setzende endliche und doch zugleich unendliche Ich eine Welt aus sich hinaussetzt.

In dieser idealistischen Wirklichkeitssicht drückt sich ein berechtigtes Interesse des Denkens aus: daß nämlich die besondere Eigenart des Geistes und des Ich, des Subjekts der geistigen Akte, nicht vergessen werde. Es genügt ja offensichtlich nicht zu behaupten, das Denken oder Fühlen bestehe in physiologisch erfaßbaren Gehirnströmen. Insofern kann man sagen, daß es einer besonderen Betrachtungsweise, in die man ausdrücklich eintreten muß, bedarf, damit ichhafte und geistige Vorgänge ans Licht treten. Sie nun erscheinen als Wirklichkeiten; denn sie erfüllen den formalen Begriff der Wirklichkeit. Zwar sind sie weder greifbar noch sinnlich anschaubar. Dennoch treten sie dem Menschen so entgegen, daß sie als von sich selber her wirksam erfahren werden können und daß sie sich auch im näheren Nachprüfen durchhalten. Wenn jedoch der frühe Fichte darüber hinaus alle Erscheinungsweisen von Wirklichkeit auf das sich selber setzende Ich und auf dessen Wirklichkeit zurückführen will, dann greift er weit über den Bereich eines besonnenen Denkens hinaus. Ein Beweis dafür ist, daß es ihm nicht gelingt, das erscheinende Wirkliche in seiner konkreten Fülle vom Ich aus zu entwerfen; er muß sich mit einer Konstruktion der allgemeinsten Seinsstrukturen begnügen. Dieser Mangel aber zeigt, daß sich auch die radikale idealistische Betrachtungsweise nicht als die einzig gültige setzen kann.

Wirkliches von besonderer Art tritt dem Menschen entgegen, wenn er sich — sechstens — auf die Gebilde richtet, die man seit Hegel als den objektiven Geist zu bezeichnen pflegt: Gesellschaft, Recht, Staat, Kunst, Religion. Diese Gebilde sind zwar ersichtlich Produkte des individuellen Geistes; aber als von diesem geschaffen und hingestellt bekommen sie eine eigene Wirklichkeit. Ein Werk der bildenden Kunst etwa begegnet dem Menschen als etwas, das nicht nur als Ding, sondern gerade in seinem Charakter als Werk der Kunst sich der spezifischen Erfahrung als von sich selber her wirksam erweist, und zwar so, daß es diese seine Wirklichkeit im näheren Zusehen bewähren kann. Aber auch hier bedarf es einer besonderen Zuwendung und einer besonderen Erfahrungsweise, um solche Wirklichkeiten des objektiven Geistes zu Gesicht zu bekommen.

Eine andere — die siebente — Weise des Wirklichkeitsverständnisses kann etwa die Ideenlehre Platons darstellen. Ihr gemäß ist das uns umgebende Wirkliche nur ein abgeleitetes Wirkliches. Eigentlich wirklich ist das, was sich in ihm ausdrückt, sind die reinen Gestalten. Jeder Akt der Gerechtigkeit ist, was er ist, nur durch Teilhabe an der wahren Wirklichkeit, der Idee der Gerechtigkeit als solcher. Es gibt also — wie der Mythos im „Phaidros" zeigt — eine Welt jenseitiger Bilder, die sich der Schau als das ὄντως ὄν, als das eigentlich Wirkliche, darstellen. Sie zu erreichen bedarf es aber — wie das „Symposion" ausführt — einer eigenen Zuwendung, eines Aufstiegs. Auch die Ideen im Sinne Platons erfüllen den formalen Begriff der Wirklichkeit. Sie zeigen sich dem, der den Aufstieg vollzieht, in dieser Erfahrung als von sich selber her wirklich, und der Versuch, ihrer Wirklichkeit nachzufragen, kann den Menschen ihrer versichern.

Mit dem Hinweis auf die platonische Ideenlehre ist die Untersuchung — achtens — in die Nähe des religiösen Wirklichkeitsverständnisses, wie es sich in der christlichen Sicht manifestiert, gerückt. Danach geht die religiöse Auffassung von der Wirklichkeit zwar von der Betrachtung der Welt aus: aber sie sieht deren Wirklichkeit, genau genommen, nicht in ihr selber; das Wirklichsein der Welt ist vielmehr ihr Geschaffensein. So verweist diese religiöse Erfahrung auf eine eigene übergeordnete Wirklichkeitsebene: auf die Wirklichkeit Gottes als des Schöpfers. Vor ihr verblassen alle irdischen Wirklichkeiten. Man kann ihr aber den formalen Charakter der Wirklichkeit nicht absprechen. Das göttliche Wirkliche begegnet in einer Erfahrung, und zwar als von sich selber her wirksam, und der — etwa in der Anfechtung geschehende — Versuch, sich seiner zu entledigen, kann damit enden, daß es sich um so mächtiger aufdrängt. Doch wiederum zeigt sich auch hier, daß, um das zu erfahren, eine bestimmte Blickweise erforderlich ist; es ist der Glaube, der die so verstandene göttliche Wirklichkeit erfassen kann.

Blickt man auf das in diesem Abschnitt Erörterte zurück, dann zeigt sich, daß sich der formal betrachtet einheitliche Begriff der Wirklichkeit in eine Fülle von Wirklichkeitsebenen aufspaltet. Wirkliches kann in ganz verschiedener Weise begegnen und demgemäß auch einen ganz verschiedenen Charakter tragen. Die Wirklichkeit des Atomphysikers ist eine andere als die des Platonikers, die Wirklichkeit des Alltags eine andere als die der religiösen Erfahrung. Inhaltlich betrachtet ist also die

Wirklichkeit zerklüftet; sie differenziert sich je nach dem Blickpunkt, unter dem sie erscheint. Es gibt offensichtlich nicht *die* Wirklichkeit, sondern es gibt viele unterschiedliche Wirklichkeitsebenen. Das aber besagt: Man kann und darf nicht einen bestimmten Aspekt auf die Wirklichkeit verabsolutieren; denn dann rebellieren die anderen Aspekte.

III. Die Einheit der Wirklichkeit

Ist das aber nicht ein bestürzendes Ergebnis? Wenn alles sich in eine verwirrende Fülle von Wirklichkeitsebenen zerspaltet, wo bleibt dann die Wirklichkeit als solche? Ist das letzte Wort, daß der Mensch im Angesicht einer Vielzahl von Wirklichkeitsebenen, unter denen er sich nur mühsam orientieren kann, sein Leben zu führen hat? Muß ihm nicht daran liegen, durch die Vielfalt hindurch doch noch auf die eine und einzige, die allem zugrunde liegende Wirklichkeit zu stoßen?

Nun gibt es offensichtlich insofern eine Einheitlichkeit der Wirklichkeitsebenen, als die Aspekte, unter denen sie erfaßt werden, als Möglichkeiten im Erkennenden verbunden sind. Der Mensch ist es ja, der all die genannten — und noch einige weitere — Gesichtspunkte einnehmen kann: den alltäglichen und den mikrophysikalischen bis hin zum platonischen und zum religiösen. Daraus könnte eine Aspektenlehre des menschlichen Daseins entwickelt werden, die das, was im II. Abschnitt angedeutet worden ist, zur Vollständigkeit bringen könnte. Je nach der subjektiven Einstellung bestimmt sich dann auch die Wirklichkeit, die der Erkennende als die für ihn wahre Wirklichkeit erfaßt. Dabei können die Aspekte ebenso wie die Wirklichkeitsebenen einander widerstreiten; sie können sich aber auch vereinbaren lassen. Widerstreit wird sich im Regelfall etwa zwischen der positivistischen und der platonischen Betrachtungsweise finden, Verträglichkeit etwa zwischen der mikrophysikalischen und der alltäglichen, ja vielleicht sogar der religiösen Einstellung. Fragt der sich orientierende Mensch dann danach, welche der verschiedenen Wirklichkeitsebenen die wahre ist, dann wird er diese Frage nicht anders beantworten können als so, daß er unter den Aspekten den für ihn selber wahren und richtigen wählt. Dafür finden sich freilich keine vorgegebenen Kriterien; das ist eine Sache der freien Entschließung.

Diese Rückführung der Problematik auf die Subjektivität ist freilich unbefriedigend. Denn es bleibt ja, trotz der Einheitlichkeit des Subjekts der Gesichtspunkte, bei der Uneinheitlichkeit, Zersplitterung und teilweisen Widersprüchlichkeit der Wirklichkeitsebenen. Die Frage ist also immer noch, ob sich innerhalb der so verschieden erscheinenden Wirklichkeitsebenen eine zugrunde liegende Einheit findet. Hier nun muß der Gedanke resignieren. Es läßt sich nicht aufzeigen, daß die verschiedenen Wirklichkeitsebenen in einer einheitlichen Ebene der Wirklichkeit überhaupt befaßt sind. Der Grund hierfür liegt darin, daß eine solche — gesetzt, es gäbe sie — nur immer in den Aspekten und durch diese hindurch erfaßt werden könnte, nie aber rein als solche. So kann die Überlegung nicht über die Einsicht Kants hinauskommen, daß wir zwar um des Abschlusses unserer Erkenntnis willen ein „Ding an sich" notwendig annehmen müssen, daß wir es aber auf keine Weise begreifen können. Das heißt aber auch — im Kantischen Geiste —, daß wir danach streben müssen, in eindringlicher geistiger Bemühung in die Vielfalt der Wirklichkeitsebenen so viel Einheit wie möglich zu bringen, um wenigstens im notgedrungen unvollkommenen Widerschein die wahre und einheitliche Wirklichkeit erahnen zu können.

VERZEICHNIS DER VERÖFFENTLICHUNGEN VON ERNST FUCHS

JOHANNES BRANTSCHEN

GA = Gesammelte Aufsätze Bd. I—III, Tübingen
Die in dieser Bibliographie verwendeten Abkürzungen der *Zeitschriften* sind aus „Die Religion in Geschichte und Gegenwart" (3. Auflage) übernommen.

1927

1 [Besprechung von] Martin Heidegger: Sein und Zeit.
Halle 1927. In: Kirchl. Anzeiger für Württemberg 36 (1927) 201—202.

1931

2 Glaube und Tat in den Mandata des Hirten des Hermas. Teil 1.
Marburg/Lahn: Bauer 1931. 56 S. (Vollständig unter dem Titel: Das Verhältnis des Glaubens zur Tat im Hermasbuch. Marburg. Theol. Diss. v. 17. Nov. 1929).

1932

3 Christus und der Geist bei Paulus. Eine biblisch-theologische Untersuchung.
Leipzig: J. C. Hinrichs'sche Buchhandlung 1932. 132 S.
4 Die Auferstehung Jesu Christi und der Anfang der Kirche.
ZKG 3. F. II, 51 (1932) 1—20 (Probevorlesung, gehalten in Bonn am 13. 2. 1932). Leicht verändert wiederabgedruckt in: GA III, 49—69.
5 Was heißt: »Du sollst deinen Nächsten lieben wie dich selbst«? (Habilitationsantrittsvorlesung, gehalten in Bonn am 24. 2. 1932).
ThBl 11 (1932) Sp. 129—140 (= GA II, 1—20).
6 Theologische Exegese und philosophisches Seinsverständnis. Zu Bultmanns Jesus-Buch.
ZThK 13 (1932) 307—323 (= GA III, 32—48).
7 Drei Marburger Theologenvorträge zur Krisis der Gegenwart [Besprechung von Rudolf Bultmann, Hans Frh. v. Soden, Heinrich Frick: Krisis des Glaubens, Krisis der Kirche, Krisis der Religion. Gießen 1931]
ThBl 11 (1932) Sp. 54—57.

8 [Besprechung von] Erwin Reisner: Kennen — Erkennen — Anerkennen. Eine Untersuchung über die Bedeutung von Intuition und Symbol in der dialektischen Theologie.
München 1932. — ThBl 11 (1932) Sp. 312—314.

1933

9 Theologie und Metaphysik. Zu der theologischen Bedeutung der Philosophie Heideggers und Grisebachs.
ZZ 11 (1933) 315—326. Wiederabgedruckt in: Heidegger und die Theologie. Beginn und Fortgang der Diskussion. Hrsg. v. Gerhard Noller. München: Kaiser 1967, S. 136—146 (ThB, 38).
10 [Besprechung von] E. G. Gulin: Die Freude im Neuen Testament. I. Teil: Jesus, Urgemeinde, Paulus.
Helsinki 1932. — ThBl 12 (1933) Sp. 180—181.
11 [Besprechung von] Heinrich Molitor: Die Auferstehung der Christen und Nichtchristen nach dem Apostel Paulus.
Münster i. W. 1933. — ThLZ 58 (1933) Sp. 357—359.

1935

12 Die trinitarische Bezogenheit der Lehre vom Worte Gottes.
EvTh 2 (1935) 261—273. Wiederabgedruckt unter dem Titel: »Vom Glaubensbekenntnis« (A) in: GA III, 70—83.
13 Art. „ἐκτείνω, ἐκτενής (ἐκτενέστερον), ἐκτένεια, ὑπερεκτείνω".
ThW, Bd. 2 (1935) 458—463. [Engl. Übers. s. Nr. 112].

1936

14 Die Grenze der Kirche.
EvTh 3 (1936) 41—57 (= GA III, 97—115).
15 Die unteilbare Liebe. Predigt über Lukas 7, 36—50 (gehalten in Winzerhausen/Württbg. am 27. 10. 1935).
In: Predigten aus Württemberg. München: Kaiser 1936, S. 15—21 (ThEx, 38).

1944

(vgl. Nr. 21)

1946

16 Christentum und Sozialismus.
Stuttgart: W. Kohlhammer 1946. 48 S. (Kirche für die Welt, Heft 1).
Darin: Christentum und Sozialismus
(Vortrag, gehalten am 29. Januar 1946 vor den Stuttgarter Jungsozialisten) S. 7—26.

Schuld und Sühne
(Gedächtnisrede, gehalten an der vom Gewerkschaftsbund am 25. Nov. 1945 in Schwäbisch Hall veranstalteten Ehrung der Opfer des Faschismus) S. 27—43.
Predigt über 1. Korinther, 13
(gehalten am Sonntag Estomihi, den 3. März 1946 in Oberaspach) S. 44—48.

17 Die Aufgabe der neutestamentlichen Wissenschaft für die kirchliche Verkündigung heute.
Vortrag vor den Theologen der Marburger Studentengemeinde am 25. Mai 1946. Gießen: Wilhelm Schmitz Verlag 1946. 11 S. (= GA II, 55—65).

1947

18 Probleme der neutestamentlichen Theologie.
[Besprechung von E. Stauffer: Die Theologie des Neuen Testaments. Stuttgart 1941] — VF (Theologischer Jahresbericht 1942/46). München: Kaiser 1946/47, S. 168—182.

1948

19 Andacht über Philipper 2, 12—18.
Gehalten am 22. Juli 1947. — EvTh 7 (1947/48) 97—98 (= GA I, 320 bis 322).

1949

20 Die Freiheit des Glaubens. Römer 5—8 ausgelegt.
München: Kaiser 1949. 123 S. (BEvTh, 14).
21 Jesus Christus in Person. Zum Problem der Geschichtlichkeit der Offenbarung.
[Manuskript 1944]. Erstmals veröffentlicht in: Festschrift Rudolf Bultmann zum 65. Geburtstag überreicht. — Stuttgart u. Köln: W. Kohlhammer 1949, S. 48—73 (= GA II, 21—54).
22 Christus das Ende der Geschichte.
EvTh 8 (1948/49) 447—461 (= GA II, 79—99).
23 Verheißung und Erfüllung.
[Besprechung von W. G. Kümmel: Verheißung und Erfüllung. Untersuchungen zur eschatologischen Verkündigung Jesu. Basel 1945] — VF (Theologischer Jahresbericht 1947/48). — München: Kaiser 1949, S. 75 bis 82 (= GA II, 66—78).

1950

24 Das Problem der theologischen Exegese des Neuen Testaments.
EvTh 9 (1949/50) 1—11. Mit geringfügigen Änderungen abgedruckt in: GA I, 138—153.

25 [Besprechung von] Karl Barth: Das christliche Verständnis der Offenbarung.
   München 1948. — ThLZ 75 (1950) Sp. 434—437.
26 [Besprechung von] Friedrich Heiler: Der Vater des katholischen Modernismus Alfred Loisy (1857—1940).
   München 1947. — ThLZ 75 (1950) Sp. 548—549.

1951

27 Warum fordert der Glaube an Jesus Christus von uns ein Selbstverständnis?
   ZThK 48 (1951) 342—359 (= GA I, 237—260).
28 Bultmann, Barth und Kant. [Zu Walter Klaas: Der moderne Mensch in der Theologie Rudolf Bultmanns. Zollikon-Zürich 1947].
   ThLZ 76 (1951) Sp. 461—467.
29 [Besprechung von] Heinz Schürmann: Aufbau und Struktur der neutestamentlichen Verkündigung. Paderborn 1949.
   ThLZ 76 (1951) Sp. 415—417.

1952

30 Das theologische Programm Rudolf Bultmanns.
   In: Studium Generale (Zeitschr. für die Einheit der Wissenschaften im Zusammenhang ihrer Begriffsbildungen u. Forschungsmethoden) 5 (1952) 106—110.
31 Das entmythologisierte Glaubensärgernis.
   EvTh 11 (1951/52) 398—415 (= GA I, 211—236).
32 Frontwechsel um Bultmann? [Zu Bornkamm G. und W. Klaas: Mythos und Evangelium. München 1951].
   ThLZ 77 (1952) 11—19.

1953

33 Was ist Theologie?
   Tübingen: J. C. B. Mohr 1953. 44 S. (SgV, 203/204).
34 Das Sakrament im Lichte der neueren Exegese.
   Bad Cannstatt: R. Müllerschön Verlag 1953. 10. S.
35 [Besprechung von] Wilhelm Weischedel: Die Tiefe im Antlitz der Welt. Entwurf einer Metaphysik der Kunst.
   Tübingen 1952. — ThLZ 78 (1953) Sp. 298—300.

1954

36 Hermeneutik.
   Bad Cannstatt: R. Müllerschön Verlag 1954. 271 S.
37 Das Programm der Entmythologisierung.
   Mit einem Nachwort an O. Michel. Bad Cannstatt: R. Müllerschön Verlag

1954. 20 S. (Schriftenreihe der Kirchlich-Theologischen Sozietät in Württemberg, Heft 3).
38 Jesu Selbstzeugnis nach Matthäus 5.
ZThK 51 (1954) 14—34 (= GA II, 100—125).
39 Gesetz, Vernunft und Geschichte. Antwort an Erwin Reisner.
ZThK 51 (1954) 251—270.
40 Die vollkommene Gewißheit. Zur Auslegung von Matthäus 5,48. In: Neutestamentliche Studien für Rudolf Bultmann zu seinem siebzigsten Geburtstag am 20. August 1954.
Berlin: Töpelmann 1954 (1957)² S. 130—136 (= GA II, 126—135).
41 Bemerkungen zur Gleichnisauslegung.
ThLZ 79 (1954) 345—348 (GA II, 136—142).
42 Entmythologisierung und Säkularisierung.
[Besprechung von Friedrich Gogarten: Entmythologisierung und Kirche. Stuttgart 1953 und: Verhängnis und Hoffnung der Neuzeit. Die Säkularisierung als theologisches Problem. Stuttgart 1953] — ThLZ 79 (1954) Sp. 723—732.
43 [Besprechung von] Hans von Soden: Urchristentum und Geschichte. Ges. Aufs. u. Vorträge. Hrsg. v. H. von Campenhausen. I: Grundsätzliches u. Neutestamentliches. Tübingen 1951.
VF (Theologischer Jahresbericht 1951/52). München: Kaiser 1953/54, S. 223—224.
44 Lasset uns hinzutreten! Predigt über Hebräer 4, 14—16.
Predigten für Jedermann. 1. Jahrgang, Nr. 6. Bad Cannstatt: R. Müllerschön Verlag 1954. 8 S.

1955

45 Begegnung mit dem Wort
(Rede anläßlich der Emeritierung von Friedrich Gogarten auf Einladung der Theol. Fachschaft in Göttingen am 25. Februar 1955 gehalten). Bad Cannstatt: R. Müllerschön Verlag 1955. 27 S.
46 [Besprechung von] Jos. R. Geiselmann: Jesus der Christus. Die Urform des apostolischen Kerygmas als Norm unserer Verkündigung und Theologie von Jesus Christus.
Stuttgart 1951. — ThLZ 80 (1955) Sp. 29—32.
47 [Predigt — Meditation zu] Joh. 2,1—11 (2. Sonntag nach Epiphanias).
In: Göttinger Predigt — Meditationen 9 (1954/55) 48—51.
48 [Predigt — Meditation zu] Joh. 10,12—16 (Misericordias Domini).
In: Göttinger Predigt — Meditationen 9 (1954/55) 122—125.
49 [Predigt — Meditation zu] Lk 16,19—31 (1. Sonntag nach Trinitatis).
In: Göttinger Predigt — Meditationen 9 (1954/55) 160—164.

1956

50 Die Frage nach dem historischen Jesus.
ZThK 53 (1956) 210—229 (= GA II, 143—167). Engl. Übers.: The Quest of the historical Jesus. In: Fuchs, E.: Studies ... p. 11—31 [s. Nr. 104].

51 Jesu Freude als des Christen Trost und Mut. Predigt über Lukas 15,11 bis 32.
Predigten für Jedermann. 3. Jahrgang, Nr. 9. Bad Cannstatt: R. Müllerschön Verlag 1956. 8 S.

1957

52 Glaube und Geschichte im Blick auf die Frage nach dem historischen Jesus. Eine Auseinandersetzung mit G. Bornkamms Buch über »Jesus von Nazareth«.
ZThK 54 (1957) 117—156 (= GA II, 168—218).
53 Artikel »Bultmann«.
In: RGG³, Bd. I (1957) Sp. 1511—1512.

1958

54 Das urchristliche Sakramentsverständnis.
Vorlesungen. Bad Cannstatt: R. Müllerschön Verlag 1958. 41 S. (Schriftenreihe der Kirchlich-Theologischen Sozietät in Württemberg, Heft 8).
55 Hermeneutik. 2. Aufl. [nebst] Ergänzungsheft mit Registern.
Bad Cannstatt: R. Müllerschön Verlag 1958, V, 271; Ergänzungsheft. 28 S. [s. Nr. 36].
56 Die der Theologie durch die historisch-kritische Methode auferlegte Besinnung.
EvTh 18 (1958) 256—268 (= GA II, 219—237).
Engl. Übers.: The reflection which is imposed on theology by the historical-critical method. In: Fuchs, E.: Studies . . . p. 32—47. [s. Nr. 104].
57 Jesus und der Glaube.
ZThK 55 (1958) 170—185 (= GA II, 238—257). Engl. Übers.: Jesus and Faith (1958). In: Fuchs, E.: Studies . . . p. 48—64. [s. Nr. 104].
58 Artikel »Freiheit« (I. Im NT).
In: RGG³, Bd. 2 (1958) Sp. 1101—1104.
59 Artikel »Gemeinschaft und Individuum« (III. Im NT).
In: RGG³, Bd. 2 (1958) Sp. 1355—1357.
60 Jesu meine Freude. Predigt über Joh 11,20—27.
Predigten für Jedermann. Jahrgang 5, Nr. 4. Bad Cannstatt: R. Müllerschön Verlag 1958. 8 S.

1959

61 Zum hermeneutischen Problem in der Theologie. Die existentiale Interpretation. (Gesammelte Aufsätze, I).
Tübingen: Mohr 1959. VIII, 365 S. (= GA I). Darin an unveröffentlichten Aufsätzen u. Vorträgen:
Glaube u. Wirklichkeit. Vorlesungen zum Kampf um die rechte Auslegung des Neuen Testaments (1952), S. 1—44.
Der Ursprung des christlichen Glaubens (Antrittsvorlesung, 1956 Berlin), S. 45—64.

Was ist existentiale Interpretation? A* (Vortrag, Göttingen 1952), S. 65 bis 90.
Was ist existentiale Interpretation? B* (Vortrag, Mainz 1959), S. 91—106.
Was ist existentiale Interpretation? C* (1959), S. 107—115.
Das Problem der theologischen Hermeneutik. Ein Gruß an Rudolf Bultmann anläßlich der Beendigung seiner akademischen Tätigkeit in Marburg (1951), S. 116—137.
Prolegomena zu einer Vorlesung über Anthropologie des Neuen Testaments. Ein Entwurf (1958), S. 154—166.
Die Theologie im Gespräch mit den andern Wissenschaften. Ein Vortrag (1955/56), S. 167—180.
Der Mensch zwischen Geburt und Auferstehung. Referat für eine Diskussion zwischen Naturwissenschaftlern und Theologen (1955), S. 181—196.
Die Auferstehungsgewißheit nach 1. Korinther 15 (Vortrag 1955), S. 197 bis 210.
Die biblische Auffassung vom Menschen (1959), S. 261—280.
Das Sprachereignis in der Verkündigung Jesu, in der Theologie des Paulus und im Ostergeschehen (Vortrag 1959), S. 281—305.
Die missionarische Verkündigung der Kirche und der Mensch der Gegenwart (Vortrag, Berlin 1956), S. 306—319.
Das Wort Gottes (1952), S. 323—333.
Du sollst nicht töten! (1955), S. 334—344.
Was sollst Du predigen? Ein Brief, S. 345—348.
Wiederabgedruckt in: DtPfrBl 63 (1963) 256—257.
Zum Predigtentwurf (Exeget.-homilet. Proseminar, Berlin 1959), S. 349 bis 351.

62 Die Sprache im Neuen Testament.
In: Das Problem der Sprache in Theologie und Kirche. Referate vom Deutschen Evangelischen Theologentag vom 27.—31. Mai 1958 (Berlin: Töpelmann 1959), S. 21—35 (= GA II, 258—279). Engl. Übers.: Language in the New Testament. In: Fuchs, E.: Studies... p. 65—83. [s. Nr. 104].

63 Was wird in der Exegese des Neuen Testaments interpretiert? Rudolf Bultmann zum 75. Geburtstag.
ZThK 56 (1959) Beiheft 1, S. 31—48 (= GA II, 280—303). Engl. Übers.: What is Interpreted in the Exegesis of the New Testament? To Rudolf Bultmann, on his seventy-fifth birthday (1959). In: Fuchs, E.: Studies... p. 84—103. [s. Nr. 104].

64 Fuchs, Ernst — Martin Fischer: Exegetisches und praktisch-theologisches Gutachten der Kirchlichen Hochschule Berlins über Diakonie und Innere Mission als Dienste der Kirche.
ThViat 6 (Jahrbuch der Kirchlichen Hochschule Berlin 1954/1958). Berlin: Lettner Verlag 1959, S. 42—53.

65 The Parable of the Unmerciful Servant (Matt 18,23—25).
In: Studia Evangelica (Texte und Untersuchungen V, 18) Berlin 1959, S. 487—494.

1960

66 Programm der Entmythologisierung.
Zweite, neu durchgesehene Auflage. Bad Cannstatt: R. Müllerschön Verlag 1960, 28 S. — [ohne Nachwort an O. Michel. s. Nr. 37].

67 Zur Frage nach dem historischen Jesus. (Gesammelte Aufsätze, II).
Tübingen: J. C. B. Mohr 1960. 458 S. (= GA II).
Darin an unveröffentlichten Aufsätzen u. Vorträgen:
Das Zeitverständnis Jesu (1960), S. 304—376. Engl. Übers.: Jesus' understanding of time. In: Fuchs, E.: Studies ... p. 48—64. [s. Nr. 104].
Die Theologie des Neuen Testaments und der historische Jesus (1960), S. 377—404. (Dieser Vortrag wurde anläßlich des »Interfac« in Boldern bei Zürich gehalten und von G. Ebeling in Thesen zusammengefaßt. Diese thesenhafte Zusammenfassung findet sich in: ZThK 57 (1960) 296—301.)
Engl. Übers.: The Theology of the New Testament and the historical Jesus. In: Fuchs, E.: Studies ... p. 167—190. [s. Nr. 104].
Übersetzung und Verkündigung. Hermeneutisches Korreferat, S. 405—423.
Engl. Übers.: Translation and proclamation. A hermeneutical lecture. In: Fuchs, E.: Studies ... p. 191—206. [s. Nr. 104].
Was ist ein Sprachereignis? Ein Brief (1960), S. 424—430. Engl. Übers.: What is a Language-Event? A letter. In: Fuchs, E.: Studies ... p. 207 bis 212. [s. Nr. 104].
Das Weihnachtsevangelium (1959), S. 431—435.

68 Hermeneutik?
ThViat 7 (Jahrbuch der Kirchlichen Hochschule Berlin 1959/60). Berlin: Lettner Verlag 1960, S. 44—60 (= GA III, 116—135).

69 Die Verkündigung Jesu. Der Spruch von den Raben.
In: Der historische Jesus und der kerygmatische Christus. Beiträge zum Christusverständnis in Forschung und Verkündigung. Hrsg. v. Helmut Ristow und Karl Matthiae. Berlin: Evangelische Verlagsanstalt 1960, S. 385—388.

70 Artikel »Logos«.
In: RGG³, Bd. 4 (1960) Sp. 434—440.

71 Ostern.
In: Neue Zürcher Zeitung. Jahrg. 181, Nr. 1296 vom 17. 4. 1960. S. 1 (= GA II, 436—441).

72 Zusatz [zu Bultmanns Artikel »Mythos und Mythologie«. IV im NT].
In: RGG³, Bd. 4 (1960) Sp. 1282.

73 Meditationen zu Ernst Haenchens Kommentar über die lukanische Apostelgeschichte.
VF (Theologischer Jahresbericht 1958/59). München: Kaiser 1960/62, S. 67—70.

74 Denken und Sein? (Besprechung von Heinrich Ott: Denken und Sein. Der Weg Martin Heideggers und der Weg der Theologie.
Zollikon 1959). — PhR 8 (1960) 106—108.

75 [Besprechung von] Friedrich Gogarten: Die Wirklichkeit des Glaubens. Zum Problem des Subjektivismus in der Theologie.
Stuttgart 1957. — ThLZ 85 (1960) Sp. 214—215.
76 Unser Vater. Predigt über Lukas 16,19—31.
Predigten für Jedermann. Jahrgang 7, Nr. 9. Bad Cannstatt: R. Müllerschön Verlag 1960. 7 S.

1961

77 Das Neue Testament und das hermeneutische Problem.
ZThK 58 (1961) 198—226 (= GA III, 136—173). [s. auch Nr. 123].
[Engl. Übers. s. Nr. 105; it. Übers. s. Nr. 140].
78 Muß man an Jesus glauben, wenn man an Gott glauben will? Vorerwägungen zur Auslegung von 1. Kor 15,1—11.
ZThK 58 (1961) 45—67 (= GA III, 249—279). [Engl. Übers. s. Nr. 125].
79 Über die Aufgabe einer christlichen Theologie. Zum Aufsatz Ernst Käsemanns über »Die Anfänge der christlichen Theologie« [ZThK 57 (1960) 162—185].
ZThK 58 (1961) 245—267. [Engl. Übers. s. Nr. 148].
80 Artikel »Jesus Christus«.
In: Paed. Lexikon. Stuttgart: Kreuz-Verlag 1961, Sp. 421—423.
81 Zum Geleit — [zum Buch von Eta Linnemann: Gleichnisse Jesu. Einführung und Auslegung.
Göttingen 1961], S. 7.
82 Der Kaiser ist gewarnt. (23. Sonntag nach Dreifaltigkeit).
In: Sonntagsblatt Nr. 45, v. 5. Nov. (Hamburg 1961), S. 3.
83 [Predigt — Meditation zu] Mt 15,21—28 (Reminiszere).
In: Göttinger Predigt — Meditationen 15 (1960/61) 89—91.
84 [Predigt — Meditation zu] Lk 14,15—24 (2. Sonntag nach Trinitatis).
In: Göttinger Predigt — Meditationen 15 (1960/61) 190—192.

1962

85 Alte und neue Hermeneutik.
In: Hören und Handeln. Festschrift für Ernst Wolf zum 60. Geburtstag. Hrsg. v. H. Gollwitzer u. H. Traub. München: Kaiser 1962, S. 106—132 (= GA III, 193—230).
86 Das Wesen des Sprachgeschehens und die Christologie. Warum hat die Predigt des Glaubens einen Text?
ThViat 8 (Jahrbuch d. Kirchlichen Hochschule Berlin 1961/62). Berlin: de Gruyter 1962, S. 38—51 (= GA III, 231—248). Engl. Übers.: The Essence of the »Language — Event« and Christology. In: Fuchs, E.: Studies ... p. 213—228. [s. Nr. 104].
87 Die Spannung im neutestamentlichen Christusglauben.
ZThK 59 (1962) 32—45 (= GA III, 280—297).
88 Existentiale Interpretation von Römer 7,7—12 und 21—23. Dem Freunde Gerhard Ebeling zum 50. Geburtstag.
ZThK 59 (1962) 285—314 (= GA III, 364—401).

89 Proclamation and Speech-Event.
   ThToday 19 (1962) 341—354.
90 Artikel »Wahrheit« (I. Im NT).
   In: RGG³, Bd. Bd. 6 (1962) Sp. 1515—1517.
91 Artikel »Universalismus und Partikularismus« (III. Im NT).
   In: RGG³, Bd. 6 (1962), Sp. 1162—1164.
92 Antwort an Hans Werner Bartsch.
   MPTh 51 (1962) 348—350.
93 Friedrich Gogarten zum 75. Geburtstag am 13. Januar 1962.
   ThLZ 87 (1962) 231—232.
94 Das Wunder der Güte. Predigt über Mt 20,1—16.
   Predigten für Jedermann. Jahrgang 9, Nr. 3. Bad Cannstatt: R. Müllerschön Verlag 1962. 8 S. (= GA III, 471—479).
95 [Predigt — Meditation zu] Röm 13,8—10 (4. Sonntag nach Epiphanias).
   In: Göttinger Predigt — Meditationen 16 (1961/62) 92—94.
96 [Predigt — Meditation zu] Röm 6,19—23 (7. Sonntag nach Trinitatis).
   In: Göttinger Predigt — Meditationen 16 (1961/62) 254—257.

1963

97 Hermeneutik [nebst] Ergänzungsheft mit Registern.
   3. Auflage [Neuauflage von Nr. 36 — bzw. Nr. 55].
98 Das Christusverständnis bei Paulus und im Johannesevangelium. In: Jesus Christus. Das Christusverständnis im Wandel der Zeiten. Eine Ringvorlesung der Theologischen Fakultät der Universität Marburg. (Marburger Theologische Studien, 1). Marburg: N. G. Elwert Verlag 1963, S. 11—20 (= GA III, 298—313).
99 Was hat die christliche Verkündigung zu sagen?
   DtPfrBl 63 (1963) 479—483 (= GA III, 416—432).
100 Theologie oder Ideologie. Bemerkungen zu einem heilsgeschichtlichen Programm [zu W. Pannenberg: Offenbarung als Geschichte. Göttingen 1961].
   ThLZ 88 (1963), Sp. 257—260.
101 Der Glaube muß her.
   In: Sonntagsblatt Nr. 19, v. 12. 5. (Hamburg 1963), S. 3.
102 Apostolicum und neuer Glaube (Aus einem Brief von Ernst Fuchs).
   Kirche in der Zeit 18 (1963) 111—112.
103 [Predigt — Meditation zu] Lk 9,57—62. (5. Sonntag nach Trinitatis).
   In: Göttinger Predigt — Meditationen 17 (1962/63) 255—258.

1964

104 Studies of the Historical Jesus. Trans. by Andrew Scobie.
    London: SCM Press 1964. 239 p. (Studies in Biblical Theology, No. 42).
105 The New Testament and the hermeneutical problem.
    In: The New Hermeneutic. (New Frontiers in Theology. Discussions among continental and American Theologians, Vol. II). New York — London: Harper & Row 1964, p. 111—145. [dt. s. Nr. 77 und Nr. 123].

106 Response to the American discussion.
In: The New Hermeneutic ... [s. Nr. 105], p. 232—243. [dt. s. Nr. 124].
107 Jesus Christus.
In: Theologie für Nichttheologen. ABC protestantischen Denkens. Zweite Folge. Hrsg. v. H. J. Schultz. Stuttgart: Kreuz-Verlag 1964, S. 87—92 (= GA III, 445—451).
[»Theologie für Nichttheologen. ABC protestantischen Denkens« erschien zuerst in 4 Einzelbänden und wurde 1966 vom Kreuz-Verlag in einem Band zusammengefaßt herausgegeben. Fuchs' Artikel »Jesus Christus« dort S. 185—189].
108 Das hermeneutische Problem.
In: Zeit und Geschichte. Dankesgabe an Rudolf Bultmann zum 80. Geburtstag. Im Auftrage der Alten Marburger u. in Zusammenarbeit mit Hartwig Thyen, hrsg. v. Erich Dinkler. Tübingen: J. C. B. Mohr 1964, S. 357—366.
109 Artikel „σήμερον".
ThW, Bd. 7, 269—274. [Engl. Übers. s. Nr. 154].
110 Artikel „σινιάζω".
ThW, Bd. 7, S. 290—291. [Engl. Übers. s. Nr. 155].
111 Artikel „σκοπός, σκοπέω, κατασκοπέω, κατάσκοπος".
ThW, Bd. 7, S. 415—419. [Engl. Übers. s. Nr. 156].
112 Artikel „ἐκτείνω, ἐκτενής (ἐκτενέστερον), ἐκτένεια, ὑπερεκτείνω".
In: Theological Dictionary of the New Testament (Kittel). Translator and Editor: G. W. Bromiley. Vol. II. Grand Rapids (Michigan): Eerdmans Publishing Company 1964, p. 460—465. [dt. s. Nr. 13].
113 Rudolf Bultmann. Ein Gruß seiner Fakultät zum 80. Geburtstag.
ThLZ 89 (1964) Sp. 795—796.
114 Kritik an Jesus? Eine Pfingstbetrachtung.
In: Kirche in der Zeit 19 (1964) 244—246.
115 Thesen zur Auferstehungsfrage.
In: Kirche in der Zeit 19 (1964) 581.
116 [Besprechung von] Lothar Steiger: Die Hermeneutik als dogmatisches Problem. Eine Auseinandersetzung mit dem transzendentalen Ansatz des theologischen Verstehens.
Gütersloh 1961. — ThLZ 89 (1964) Sp. 295—300.
117 [Predigt — Meditation zu] Offb 3,1—6 (2. Advent).
In: Göttinger Predigt — Meditationen 18 (1963/64) 13—17.
118 [Predigt — Meditation zu] 1. Thess 1,2—10 (14. Sonntag nach Trinitatis).
In: Göttinger Predigt — Meditationen 18 (1963/64) 299—303.

1965

119 Glaube und Erfahrung. Zum christologischen Problem im Neuen Testament. (Gesammelte Aufsätze, III).
Tübingen: J. C. B. Mohr 1965. 523 S. (= GA III). Darin an unveröffentlichten Aufsätzen u. Vorträgen:

Einleitung. Zur Frage nach dem historischen Jesus. Ein Nachwort, S. 1—31.
Vom Glaubensbekenntnis B. (1935), S. 83—96.
Über die Möglichkeit, Gott zu erfahren (1963), S. 174—192.
Über die Selbstbeherrschung als Bedingung einer christlichen Existenz im Selbstverständnis des Apostels Paulus (1961), S. 314—333.
Die Zukunft des Glaubens nach 1. Thess 5,1—11 (1963), S. 334—363.
Das Fest der Verlorenen. Existentiale Interpretation des Gleichnisses vom verlorenen Sohn (1963), S. 402—415.
Der historische Jesus als Gegenstand der Verkündigung (1963), S. 433 bis 444.
Die Wirklichkeit Jesu Christi. Zu einer Disputation mit Prof. W. Künneth (1964), S. 452—470.
Adventsansprache (1963), S. 480—486.

120 Zum hermeneutischen Problem in der Theologie. Die existentiale Interpretation.
2., durchgesehene Auflage [s. Nr. 61].

121 Zur Frage nach dem historischen Jesus.
2., durchgesehene Auflage [s. Nr. 67].

122 Das urchristliche Sakramentsverständnis. Vorlesungen.
2., erweiterte Auflage. Bad Cannstatt: R. Müllerschön Verlag 1965. 58 S. [s. Nr. 54. Die zweite Auflage wurde um Teil C, einen in Kassel 1962 gehaltenen Vortrag »Erwägungen über das Abendmahl im Neuen Testament« erweitert].

123 Das Neue Testament und das hermeneutische Problem.
In: Die Neue Hermeneutik (Neuland in der Theologie. Ein Gespräch zwischen amerikanischen und europäischen Theologen, II). Hrsg. v. James M. Robinson u. John B. Cobb, jr. Zürich — Stuttgart: Zwingli-Verlag 1965, S. 147—186 [Wiederabdruck v. Nr. 77. — Engl. Übers., s. Nr. 105].

124 Antwort auf die amerikanischen Beiträge.
In: Die Neue Hermeneutik ... [s. Nr. 123], S. 299—311. — [Engl. Übers., s. Nr. 106].

125 Must One Believe in Jesus if He Wants to Believe in God? Preliminary Reflections on the Interpretation of I Cor 15,1—11.
Journ. Theol. Church 1 (1965) 147—168 [dt. s. Nr. 78].

126 Der Streit geht um das kirchliche Amt. Offener Brief an Pfarrer lic. E. Günther.
DtPfrBl 65 (1965) 57—60.

127 [Besprechung von] Otto Küster: Glauben müssen? Theologische Essays. Stuttgart: Klett-Verlag 1963. — MPTh 54 (1965) 313—314.

128 [Predigt — Meditation zu] Mk 1,9—15 (Epiphanias).
In: Göttinger Predigt — Meditationen 19 (1964/65) 63—68.

129 Ewiges Leben. Predigt über Joh 5,24.
Predigten für Jedermann. 12. Jahrgang, Nr. 11. Bad Cannstatt: R. Müllerschön Verlag 1965. 9 S.

1966

130 Kanon und Kerygma. Ein Referat.
ZThK 63 (1966) 410—433.
131 Die Logik des paulinischen Glaubens.
In: Geist und Geschichte der Reformation. Festgabe Hanns Rückert zum 65. Geburtstag, dargebracht von Freunden, Kollegen und Schülern. Berlin: Walter de Gruyter 1966, S. 1—14.
132 Der Weg des Glaubens, ein Weg in die Zukunft.
DtPfrBl 66 (1966)⁴/648 — ⁸/653 [Sonderausgabe].
133 Der Theologe Karl Barth. Zu seinem 80. Geburtstag.
ZThK 63 (1966) 188—199.
134 Zur Bekenntnisbewegung. Ein Interview mit Professor Ernst Fuchs.
In: Blick in die Kirche. Informationsdienst für die Evangelische Kirche von Kurhessen — Waldeck, Heft 2 (1966) 10—13. Auch in: JK 27 (1966) 488—491. Ebenso in: Protestantische Texte aus dem Jahre 1966. Dokument — Bericht — Kommentar. Stuttgart — Berlin: Kreuz-Verlag 1967, S. 119—125.
135 Nicht irgend jemand, sondern Gott selbst.
In: Sonntagsblatt, Jahrgang 19, Nr. 13 vom 27. März (Hamburg 1966) S. 14.
136 Kein Urlaub vom Nächsten. 9. Sonntag nach Trinitatis (Glauben und Verstehen, X).
In: Sonntagsblatt, Jahrgang 19, Nr. 32 vom 7. August (Hamburg 1966), S. 3.
137 [Predigt — Meditation zu] 1. Tim 1,12—17 (3. Sonntag nach Trinitatis).
In: Göttinger Predigt — Meditationen 20 (1965/66) 274—277.
138 Programm der Entmythologisierung.
Dritte um eine Ansprache und eine Predigt erweiterte Auflage [s. Nr. 37 bzw. Nr. 66]. Bad Cannstatt: R. Müllerschön Verlag 1967. 50 S. (Die Ansprache vom 25. Dez. 1966 trägt den Titel: »Das Wort ward Fleisch« . . ., S. 41—50. Die Predigt über Matth 17,2—9 vom 15. 1. 1967 trägt den Titel: »Der Sohn Gottes«, S. 33—39).
139 Was ist Wirklichkeit? Anmerkungen zum Wesen der Sprache.
In: Theologia Practica 2 (1967) 1—14. Wiederabgedruckt als Schlußstück der »Marburger Hermeneutik« . . . [s. Nr. 144], S. 227—248.
140 Il Nuovo Testamento e il problema ermeneutico. Nel: Robinson, James M. ed Ernst Fuchs: La nuova ermeneutica.
Edizione italiana a cura di Antonio Ornella. Traduzione di Giovanni Torti. Brescia: Paideia 1967, p. 99—140. [Übersetzung von Nr. 77].
141 Freiheit zur Theologie.
In: Der Evangelische Erzieher. Zeitschrift für Pädagogik und Theologie 19 (1967) 165—171.
142 Die Liebe (Predigt über 1. Kor 13).
In: Predigten für Jedermann, Jahrgang 14. Nr. 7. Bad Cannstatt: R. Müllerschön Verlag 1967. 5 S. Wiederabgedruckt als Anhang zur »Marburger Hermeneutik« [s. Nr. 144], S. 249—252.

143 [Predigt — Meditation zu] Apostelgeschichte 13, 14—16 a, 26—33, 37—39 (Ostermontag).
In: Göttinger Predigt — Meditationen 21 (1966/67) 182—184.

1968

144 Marburger Hermeneutik.
Tübingen: J. C. B. Mohr 1968. 277 S.

1969

145 Gebet und Gebetssituation. Ein Vortrag. — EvTh 29 (1969) 133—144.
146 Glauben und Verstehen.
(Rundfunkansprache v. 17. 8. 1969 zu Rudolf Bultmanns 85. Geburtstag.)
— ZThK 66 (1969) 345—353.
147 Glaube sans phrase. Zur Auslegung von 2. Kor 5,1—5. In: Studien zur Geschichte und Theologie der Reformation.
Festschrift für Ernst Bizer. Hrsg. v. Luise Abramowski u. J. F. Gerhard Goeters. Neukirchen: Neukirchener Verlag 1969, S. 21—31.
148 On the Task of a Christian Theology. On Ernst Käsemann's Essay »The Beginnings of Christian Theology«.
Journ. Theol. Church 6 (1969) 69—98. [dt. s. Nr. 79]

1970

149 Jesus. Wort und Tat.
(Vorlesungen zum Neuen Testament, 1) Tübingen: J. C. B. Mohr 1970. 160 S.
150 Hermeneutik.
4., durchgesehene Auflage [s. Nr. 36, 55, 97] Tübingen: J. C. B. Mohr 1970. 294 S. [Die 1.—3. Auflage erschien bei R. Müllerschön Verlag, Bad Cannstatt].
151 Das Doppelgebot der Liebe.
In: Maßstäbe für die Zukunft. Neue Aspekte christlicher Ethik in einer veränderten Welt. Hrsg. v. H. J. Girock. Hamburg: Furche-Verlag 1970, S. 13—23.
152 Gott und Mensch im Text und als Text.
ZThK 67 (1970) 321—334.

1971

153 Die sakramentale Einheit von Wort und Tat.
ZThK 68 (1971) 213—226.
154 Artikel „σήμερον".
In: Theological Dictionary ... [s. Nr. 112] Vol. VII, p. 269—275.
[dt. s. Nr. 109].

155 Artikel „σινιάζω".
In: Theological Dictionary ..., p. 291—292 [dt. s. Nr. 110].
156 Artikel „σκοπός, σκοπέω, κατασκοπέω, κατάσκοπος".
In: Theological Dictionary ..., p. 413—417. [dt. s. Nr. 111].

1972

157 Neues Testament und Wort Gottes.
Rückblick auf zwei Vorlesungen in Kopenhagen und Aarhus (30. 9./1. 10. und 2./3. 10. 1968). — ThLZ 97 (1972), Sp. 1—16.
158 Neun einleitende Thesen zum Ansatz einer christlichen Theologie (Marburg, 21. 1. 1970).
In: Rien Heijne: Sprache des Glaubens. Systematische Darstellung der Theologie von Ernst Fuchs. Tübingen: Mohr 1972, S. 178 f.
159 Vom Absoluten. Predigt am 1. Sonntag nach Epiphanias (11. 1. 1970) im Marburger akademischen Gottesdienst.
In: Rien Heijne: Sprache ... [s. Nr. 158], S. 180—185.
160 Nachwort von Ernst Fuchs [zu Rien Heijne: Sprache... (s. Nr. 158)], S. 186.

1973

161 Am Ostersonntag.
In: Neue Zürcher Zeitung. Jahrg. 194, Nr. 185 vom 22. April 1973, S. 1.
162 Fuchs, Ernst — Walter Künneth: Die Auferstehung Jesu Christi von den Toten. Dokumentation eines Streitgesprächs. Nach einer Tonbandaufzeichnung hrsg. von Christian Möller.
Neukirchen: Neukirchener Verlag 1973. 172 S.
163 Sprache und Menschwerdung. — In: Bijdragen. Tijdschrift voor Filosofie en Theologie 44 (1973), S. 2—14.
164 Die Herrschaft Christi. Zur Auslegung von 1 Kor 6,12—20. In: Neues Testament und christliche Existenz. Festschrift für Herbert Braun z. 70. Geburtstag am 4. Mai 1973. Hrsg. v. H. D. Betz u. L. Schottroff. Tübingen: J. C. B. Mohr 1973, S. 183—193.